Kurt Boesch / Andreas Güngerich / Reto Strittmatter

TAFELN zur Schweizerischen Zivilprozessordnung

Kurt Boesch / Andreas Güngerich / Reto Strittmatter

TAFELN

zur Schweizerischen Zivilprozessordnung

Helbing Lichtenhahn Verlag

Bibliographische Information der Deutschen Nationalbibliothek

Die Deutsche Nationalbibliothek verzeichnet diese Publikation in der Deutschen Nationalbibliographie; detaillierte bibliographische Daten sind im Internet unter http://dnb.d-nb.de abrufbar.

ISBN 978-3-7190-3525-9

www.helbing.ch

Vorwort

Die «Tafeln zur Schweizerischen Zivilprozessordnung» haben ihren Ursprung in verschiedenen in Vorträgen und Seminaren zum Zivilprozessrecht verwendeten Folien. Ihre Zusammenführung und Ergänzung ergab eine Übersicht über das Luzerner Zivilprozessrecht. Im Hinblick auf die Inkraftsetzung der Schweizerischen Zivilprozessordnung auf den 1. Januar 2011 entstand eine auf dem bisherigen Konzept basierende Neufassung. Die reiche Gerichtspraxis, die auch viele offene Fragen klärte, machte schon bald eine Überarbeitung notwendig. Ergebnis sind diese um die Darstellung der Rechtsprechung und der Gerichtsorganisation der Kantone Zürich und Bern erweiterten «Tafeln zur Schweizerischen Zivilprozessordnung». Sie behandeln das Verfahren vor kantonalen Instanzen, nicht aber das dem BGG unterstehende Verfahren vor Bundesgericht.

Ziel der Tafeln ist, die Grundbegriffe der ZPO, den Inhalt der einzelnen Gesetzesbestimmungen, ihre Zusammenhänge und die Verfahrensabläufe in Tabellen, ergänzt durch grafische Übersichten und Ablaufschemen, einfach, strukturiert und einprägsam darzustellen.

Die Tafeln richten sich damit an alle Personen, die sich mit der Schweizerischen Zivilprozessordnung befassen. Den Studierenden sowie den künftigen Anwältinnen und Anwälten können sie als Hilfsmittel zur Prüfungsvorbereitung dienen, den Praktikern als nützliches Arbeitswerkzeug, mit dem sich auf einfache Weise eine Orientierung gewinnen und eine schnelle Antwort auf viele prozessuale Fragen finden lässt. Die Tafeln beschränken sich ihrer Natur nach auf die wesentlichen Punkte und erheben keinen Anspruch auf Vollständigkeit. Die zahlreichen Verweise auf die neuere Rechtsprechung (Stand: Ende März 2015) schaffen aber einen raschen Zugang zu vertiefter Auseinandersetzung mit einzelnen Themen.

Die Autoren danken dem Helbing Lichtenhahn Verlag, insbesondere Frau MLaw Dorothea Schöll, Rechtsanwältin, für die umsichtige Betreuung und die sorgfältige Produktion dieser Publikation, und Herrn stud. iur. Michael Meyer für die Erarbeitung des Gesetzesregisters.

Im Juni 2015

Kurt Boesch
Sursee

Andreas Güngerich
Bern

Reto Strittmatter
Zürich

Inhaltsübersicht

Inhaltsverzeichnis

Abkürzungsverzeichnis

AG	Aktiengesellschaft
AHV	Eidgenössische Alters- und Hinterlassenenversicherung
aLugÜ	Übereinkommen über die gerichtliche Zuständigkeit und die Vollstreckung gerichtlicher Entscheidungen in Zivil- und Handelssachen (Lugano-Übereinkommen), abgeschlossen in Lugano am 16. September 1988, in Kraft getreten für die Schweiz am 1. Januar 1992 (aufgehoben)
AnwG [ZH]	Anwaltsgesetz vom 17. Januar 2003 (LS 215.1)
AnwGebV [ZH]	Verordnung des Obergerichts des Kantons Zürich über die Anwaltsgebühren vom 8. September 2010 (LS 215.3)
ArG	Arbeitsgericht
Art.	Artikel
BankG	Bundesgesetz vom 8. November 1934 über die Banken und Sparkassen (Bankengesetz; SR 952.0)
BBl	Bundesblatt der Schweizerischen Eidgenossenschaft
BE	Kanton Bern
BetmG	Bundesgesetz vom 3. Oktober 1951 über die Betäubungsmittel und die psychotropen Stoffe (Betäubungsmittelgesetz; SR 812.121)
BeurkV [LU]	Verordnung vom 24. November 1973 über die öffentlichen Beurkundungen (Beurkundungsverordnung; SRL Nr. 256)
BezVG [ZH]	Bezirksverwaltungsgesetz vom 10. März 1985 (LS 173.1)
BG	Bezirksgericht
BGer	Schweizerisches Bundesgericht; nicht in der amtlichen Sammlung veröffentlichter Entscheid des Bundesgerichts
BGG	Bundesgesetz vom 17. Juni 2005 über das Bundesgericht (Bundesgerichtsgesetz; SR 173.110)
BG-KKE	Bundesgesetz vom 21. Dezember 2007 über internationale Kindesentführung und die Haager Übereinkommen zum Schutz von Kindern und Erwachsenen (SR 211.222.32)
BSG	Bernische systematische Gesetzessammlung

BV	Bundesverfassung der Schweizerischen Eidgenossenschaft vom 18. April 1999 (SR 101)
bzw.	beziehungsweise
DesG	Bundesgesetz vom 5. Oktober 2001 über den Schutz von Design (Designgesetz; SR 232.12)
d.h.	das heisst
DSG	Bundesgesetz vom 19. Juni 1992 über den Datenschutz (Datenschutzgesetz; SR 235.1)
EAV [BE]	Verordnung vom 20. Oktober 2010 über die Entschädigung der amtlichen Anwältinnen und Anwälte (BSG 168.711)
EG SchKG [LU]	Einführungsgesetz vom 22. Oktober 1996 zum Bundesgesetz über Schuldbetreibung und Konkurs (SRL Nr. 290)
EG SchKG [ZH]	Einführungsgesetz vom 26. November 2007 zum Bundesgesetz über Schuldbetreibung und Konkurs (LS 281)
EG ZSJ [BE]	Einführungsgesetz vom 11. Juni 2009 zur Zivilprozessordnung, zur Strafprozessordnung und zur Jugendstrafprozessordnung (BSG 271.1)
EMRK	Konvention zum Schutze der Menschenrechte und Grundfreiheiten, abgeschlossen in Rom am 4. November 1950, in Kraft getreten für die Schweiz am 28. November 1974 (SR 0.101)
ER	Einzelrichter/in
EuGH	Gerichtshof der Europäischen Union
ev.	eventuell
FN	Fussnote
FusG	Bundesgesetz vom 3. Oktober 2003 über Fusion, Spaltung, Umwandlung und Vermögensübertragung (Fusionsgesetz; SR 221.301)
GBV	Grundbuchverordnung vom 23. November 2011 (SR 211.432.1)
GebV OG [ZH]	Verordnung des Obergerichts vom 8. September 2010 über die Gerichtsgebühren (LS 211.11)
GebV SchKG	Gebührenverordnung vom 23. November 1996 zum Bundesgesetz über Schuldbetreibung und Konkurs (SR 281.35)
GlG	Bundesgesetz vom 24. März 1995 über die Gleichstellung von Frau und Mann (Gleichstellungsgesetz; SR 151.1)
GmbH	Gesellschaft mit beschränkter Haftung
GOG [ZH]	Gesetz vom 10. Mai 2010 über die Gerichts- und Behördenorganisation im Zivil- und Strafprozess (LS 211.1)

GOKG [LU]	Geschäftsordnung für das Kantonsgericht des Kantons Luzern vom 26. März 2013 (SRL Nr. 266)
GSOG [BE]	Gesetz vom 11. Juni 2009 über die Organisation der Gerichtsbehörden und der Staatsanwaltschaft (BSG 161.1)
HG	Handelsgericht
HRegV	Handelsregisterverordnung vom 17. Oktober 2007 (SR 221.411)
i.d.R.	in der Regel
IPRG	Bundesgesetz vom 18. Dezember 1987 über das Internationale Privatrecht (SR 291)
i.S.	im Sinne
i.S.v.	im Sinne von
IV	Eidgenössische Invalidenversicherung
i.V.m.	in Verbindung mit
JusG [LU]	Gesetz vom 10. Mai 2010 über die Organisation der Gerichte und Behörden in Zivil-, Straf- und verwaltungsgerichtlichen Verfahren (Justizgesetz; SRL Nr. 260)
JusKV [LU]	Verordnung vom 26. März 2013 über die Kosten in Zivil-, Straf- und verwaltungsgerichtlichen Verfahren (Justiz-Kostenverordnung; SRL Nr. 265)
JusV [LU]	Verordnung vom 26. März 2013 zum Gesetz über die Organisation der Gerichte und Behörden in Zivil-, Straf- und verwaltungsgerichtlichen Verfahren (Justizverordnung; SRL Nr. 262)
KAG	Bundesgesetz vom 23. Juni 2006 über die kollektiven Kapitalanlagen (Kollektivanlagengesetz; SR 951.31)
KAG [BE]	Kantonales Anwaltsgesetz vom 28. März 2006 (BSG 168.11)
KG	Bundesgesetz vom 6. Oktober 1995 über Kartelle und andere Wettbewerbsbeschränkungen (Kartellgesetz; SR 251)
KHG	Kernenergiehaftpflichtgesetz vom 18. März 1983 (SR 732.44)
Komm	Kommentar
Kt.	Kanton
KV BE	Verfassung des Kantons Bern vom 6. Juni 1993 (BSG 101.1)
KV LU	Verfassung des Kantons Luzern vom 17. Juni 2007 (SRL Nr. 1)
KV ZH	Verfassung des Kantons Zürich vom 27. Februar 2005 (LS 101)
KVG	Bundesgesetz vom 18. März 1994 über die Krankenversicherung (SR 832.10)

LGVE	Luzerner Gerichts- und Verwaltungsentscheide
LPG	Bundesgesetz vom 4. Oktober 1985 über die landwirtschaftliche Pacht (SR 221.213.2)
LS	Zürcher Loseblattsammlung
LU	Kanton Luzern
LugÜ	Übereinkommen über die gerichtliche Zuständigkeit und die Anerkennung und Vollstreckung von Entscheidungen in Zivil- und Handelssachen (Lugano-Übereinkommen), abgeschlossen in Lugano am 30. Oktober 2007, für die Schweiz in Kraft getreten am 1. Januar 2011 (SR 0.275.12)
MitwG	Bundesgesetz vom 17. Dezember 1993 über die Information und Mitsprache der Arbeitnehmerinnen und Arbeitnehmer in den Betrieben (Mitwirkungsgesetz; SR 822.14)
MSchG	Bundesgesetz vom 28. August 1992 über den Schutz von Marken und Herkunftsangaben (Markenschutzgesetz; SR 232.11)
MWST	Mehrwertsteuer
NotG [ZH]	Notariatsgesetz vom 9. Juni 1985 (LS 242)
NYÜ	Übereinkommen über die Anerkennung und Vollstreckung ausländischer Schiedssprüche, abgeschlossen in New York am 10. Juni 1958, in Kraft getreten für die Schweiz am 30. August 1965 (SR 0.277.12)
OG	Obergericht
OG LU	Obergericht des Kantons Luzern (seit 1.6.2013: Kantonsgericht des Kantons Luzern)
OG ZH	Obergericht des Kantons Zürich
OR	Bundesgesetz vom 30. März 1911 betreffend die Ergänzung des Schweizerischen Zivilgesetzbuches (Fünfter Teil: Obligationenrecht; SR 220)
PartG	Bundesgesetz vom 18. Juni 2004 über die eingetragene Partnerschaft gleichgeschlechtlicher Paare (Partnerschaftsgesetz; SR 211.231)
PatG	Bundesgesetz vom 25. Juni 1954 über die Erfindungspatente (Patentgesetz; SR 232.14)
PKV	Verordnung vom 17. Mai 2006 über die Bemessung des Parteikostenersatzes (Parteikostenverordnung; BSG 168.811)
RG	Regionalgericht
Rz	Randziffer
s.	siehe
SB	Schlichtungsbehörde

SchKG	Bundesgesetz vom 11. April 1889 über Schuldbetreibung und Konkurs (SR 281.1)
SchlT	Schlusstitel
SICAF	Investmentgesellschaft mit festem Kapital nach Art. 110 ff. KAG
SICAV	Investmentgesellschaft mit variablem Kapital nach Art. 36 ff. KAG
SJZ	Schweizerische Juristen-Zeitung (Zürich)
SR	Systematische Sammlung des Bundesrechts
SRL	Systematische Rechtssammlung des Kantons Luzern
sog.	sogenannt
StGB	Schweizerisches Strafgesetzbuch vom 21. Dezember 1937 (SR 311.0)
StPO	Schweizerische Strafprozessordnung vom 5. Oktober 2007 (Strafprozessordnung; SR 312.0)
UeStG [LU]	Übertretungsstrafgesetz vom 14. September 1976 (SRL Nr. 300)
UN-KRK	Übereinkommen über die Rechte des Kindes (UN-Kinderrechtskonvention), abgeschlossen in New York am 20. November 1989, in Kraft getreten für die Schweiz am 26. März 1997 (SR 0.107)
UR	unentgeltliche Rechtspflege
URG	Bundesgesetz vom 9. Oktober 1992 über das Urheberrecht und verwandte Schutzrechte (Urheberrechtsgesetz; SR 231.1)
u.U.	unter Umständen
UWG	Bundesgesetz vom 19. Dezember 1986 gegen den unlauteren Wettbewerb (SR 241)
VeÜ-ZSSV	Verordnung vom 18. Juni 2010 über die elektronische Übermittlung im Rahmen von Zivil- und Strafprozessen sowie von Schuldbetreibungs- und Konkursverfahren (SR 272.1)
VKD [BE]	Dekret vom 24. März 2010 betreffend die Verfahrenskosten und die Verwaltungsgebühren der Gerichtsbehörden und der Staatsanwaltschaft (Verfahrenskostendekret; BSG 161.12)
VMWG	Verordnung vom 9. Mai 1990 über die Miete und Pacht von Wohn- und Geschäftsräumen (SR 221.213.11)
VOG [ZH]	Verordnung vom 3. November 2011 über die Organisation des Obergerichts (LS 212.51)
VRG [LU]	Gesetz vom 3. Juli 1972 über die Verwaltungsrechtspflege (SRL Nr. 40)
VRG [ZH]	Verwaltungsrechtspflegegesetz vom 24. Mai 1959 (LS 175.2)

VRPG [BE]	Gesetz vom 23. Mai 1989 über die Verwaltungsrechtspflege (BSG 155.21)
VVG	Bundesgesetz vom 2. April 1908 über den Versicherungsvertrag (Versicherungsvertragsgesetz; SR 221.229.1)
z.B.	zum Beispiel
ZBJV	Zeitschrift des Bernischen Juristenvereins (Bern)
ZGB	Schweizerisches Zivilgesetzbuch vom 10. Dezember 1907 (SR 210)
ZH	Kanton Zürich
Ziff.	Ziffer
ZPO	Schweizerische Zivilprozessordnung vom 19. Dezember 2008 (Zivilprozessordnung; SR 272)
ZPO-Botschaft	Botschaft zur Schweizerischen Zivilprozessordnung (ZPO) vom 28. Juni 2006, BBl 2006 7221 ff.
ZPO LU	Gesetz vom 27. Juni 1994 über die Zivilprozessordnung (des Kantons Luzern) (aufgehoben; früher SRL Nr. 260a)
ZR	Blätter für Zürcherische Rechtsprechung (Zürich)
ZStV	Zivilstandsverordnung vom 28. April 2004 (SR 211.112.2)

Literatur

Baker & McKenzie (Hrsg.), Schweizerische Zivilprozessordnung (ZPO), Stämpflis Handkommentar, Bern 2010

Bohnet François/Haldy Jacques/Jeandin Nicolas/Schweizer Philippe/Tappy Denis, CPC – Code de procédure civile commenté, Basel 2011

Cocchi Bruno/Terzini Francesco/Bernasconi Giogio A., Commentario al Codice di diritto processuale civile svizzero (CPC), Lugano 2011

Gasser Dominik/Rickli Brigitte, Schweizerische Zivilprozessordnung (ZPO), Kurzkommentar, 2. Aufl., Zürich/St. Gallen 2014

Güngerich Andreas (Koord.), Schweizerische Zivilprozessordnung, Berner Kommentar, 3 Bände, Bern 2012/2014

Hauser Robert/Schweri Erhard/Lieber Viktor, GOG, Kommentar zum zürcherischen Gesetz über die Gerichts- und Behördenorganisation, Zürich 2012

Jozic Cornelia/Boesch Kurt, Die unentgeltliche Rechtspflege im Zivilprozess, Praxis des Obergerichts des Kantons Luzern, 4. Aufl., Mai 2012 (abrufbar unter <www.gerichte.lu.ch>/Rechtsprechung/Publikationen)

Leuenberger Christoph/Uffer-Tobler Beatrice, Schweizerisches Zivilprozessrecht, Bern 2010

Meier Isaak, Schweizerisches Zivilprozessrecht, Zürich/Basel/Genf 2010

Niggli Marcel Alexander/Uebersax Peter/Wiprächtiger Hans (Hrsg.), Bundesgerichtsgesetz, Basler Kommentar, 2. Aufl., Basel 2011

Oberhammer Paul (Hrsg.), ZPO Schweizerische Zivilprozessordnung, Kurzkommentar, 2. Aufl., Basel 2013

Schwander Ivo/Gasser Dominik/Brunner Alexander (Hrsg.), ZPO – Schweizerische Zivilprozessordnung, Kommentar, Zürich/St. Gallen 2011

Seiler Hansjörg/von Werdt Nicolas/Güngerich Andreas, Bundesgerichtsgesetz (BGG), Stämpflis Handkommentar, Bern 2007

Spühler Karl/Dolge Annette/Gehri Myriam, Schweizerisches Zivilprozessrecht, 9. Aufl., Bern 2010

Spühler Karl/Tenchio Luca/Infanger Dominik (Hrsg.), Schweizerische Zivilprozessordnung, Basler Kommentar, 2. Aufl., Basel 2013

STAEHELIN ADRIAN/STAEHELIN DANIEL/GROLIMUND PASCAL, Zivilprozessrecht, 2. Aufl., Zürich 2013

SUTTER-SOMM THOMAS, Schweizerisches Zivilpozessrecht, 2. Aufl., Zürich 2012

SUTTER-SOMM THOMAS/GROB-ANDERMACHER BÉATRICE, Tafeln zum Schweizerischen Zivilprozessrecht, Zürich 2011

SUTTER-SOMM THOMAS/HASENBÖHLER FRANZ/LEUENBERGER CHRISTOPH (Hrsg.), Kommentar zur Schweizerischen Zivilprozessordnung (ZPO), 2. Aufl., Zürich 2013

ALLGEMEINE BESTIMMUNGEN 1. Teil

§ 1 Gegenstand und Geltungsbereich (Art. 1–3 ZPO)

I. Anwendungsbereich der ZPO (Art. 1 und 2 ZPO)

1.1

Anwendbarkeit ZPO (Art. 1 ZPO)	**Bereiche**	
	– streitige Zivilsachen[1] – gerichtliche Anordnungen der freiwilligen Gerichtsbarkeit[2] – gerichtliche Angelegenheiten des Schuldbetreibungs- und Konkursrechts – Schiedsgerichtsbarkeit	
Einschränkungen	**Bereich**	**Kompetenz**
	Kindes- und Erwachsenenschutzrecht	kantonales Recht kann sinngemässe Anwendung der ZPO ausschliessen (Art. 450*f* ZGB); in diesem Fall ist kantonales Recht anwendbar
	von kantonalen Verwaltungsbehörden behandelte Zivilsachen	Kanton entscheidet, ob ZPO oder kantonales Verfahrensrecht anwendbar ist (Art. 54 Abs. 3 SchlT ZGB)[3]; erklärt er die ZPO als anwendbar, stellt diese kantonales Recht dar
	Binnenschiedsgerichtsbarkeit	– Grundsatz: ZPO ist anwendbar – Ausnahme: Parteien vereinbaren die Anwendung von Art. 176 ff. IPRG (Art. 353 Abs. 2 ZPO); Form: Art. 358 ZPO
	internationale Schiedsgerichtsbarkeit	– Grundsatz: Art. 176 ff. IPRG ist anwendbar – Ausnahme: die Anwendung der ZPO wird von den Parteien vereinbart oder vom Schiedsgericht festgelegt (Art. 182 Abs. 1 und 2 IPRG).
Ausschluss	**Bereich**	**anwendbare Bestimmungen**
	Registersachen: – Grundbuch – Handelsregister – Zivilstandsregister – Register des geistigen Eigentums	einschlägige Spezialerlasse (GBV, HRegV, ZStV etc.)
	öffentliche Beurkundung	kantonales Recht (Art. 55 SchlT ZGB)

1 Definition: BGer 4A_215/2013 vom 5.9.2013, E. 2.4.1. – Beispiele: BGE 138 III 558 E. 3; LGVE 2012 I Nr. 29, 2012 I Nr. 28.

2 Definition und Anwendungsbereich: BGE 139 III 225 E. 2; 136 III 178 E. 5.2.

3 Das Verfahren vor den Verwaltungsbehörden sowie das entsprechende Rechtsmittelverfahren vor dem Verwaltungsgericht bzw. Kantonsgericht richtet sich im Kt. **ZH** grundsätzlich nach dem VRG (§§ 1 ff. VRG), im Kt. **BE** nach dem VRPG (Art. 1 ff. VRPG) und im Kt. **LU** nach dem VRG (§§ 1 ff. VRG).

(Ausschluss)	(Bereich)	(anwendbare Bestimmungen)
	Verfügungen der Vollstreckungsorgane im Schuldbetreibungs- und Konkursrecht	SchKG
	betreibungsrechtliche Beschwerde	Art. 17 ff. SchKG

Hinweis

Bei internationalen Verhältnissen gehen die Bestimmungen des Staatsvertragsrechts und des IPRG vor (Art. 2 ZPO).

II. Organisation der Gerichte und Schlichtungsbehörden

1.2

Grundlage	**Art. 3 ZPO**
Grundsatz	Regelung im **kantonalen Recht**
Ausnahmen	Vorschriften in der **ZPO**: – paritätische Zusammensetzung der Schlichtungsbehörde für Streitigkeiten aus Miete und Pacht von Wohn- und Geschäftsräumen (Art. 200 Abs. 1 ZPO) – paritätische Zusammensetzung der Schlichtungsbehörde für Streitigkeiten nach dem Gleichstellungsgesetz (Art. 200 Abs. 2 ZPO) – nur eine einzige vom Kanton zu bezeichnende kantonale Gerichtsinstanz für bestimmte Verfahren (Art. 5 ZPO)
	Vorschrift im **BGG**: – Grundsatz der *double instance* ⇒ Kantone setzen als letzte kantonale Instanzen obere Gerichte ein, die als Rechtsmittelinstanzen entscheiden (Art. 75 Abs. 2 BGG) – Ausnahmen: s. Art. 75 Abs. 2 lit. a–c BGG

Instanzen (Übersicht)		Normalfall	Ausnahme
	allgemein	1. Instanz (kantonal) ↓ 2. Instanz (kantonal) ↓ letze Instanz (Bundesgericht)	einzige kantonale Instanz ↓ letzte Instanz (Bundesgericht)
	ZH	Bezirksgericht (mit Arbeits- und Mietgericht)[4] Schlichtungsbehörde[5] ↓ Obergericht ↓ Bundesgericht	Handelsgericht/ Obergericht ↓ Bundesgericht
	BE	Regionalgericht/ Schlichtungsbehörde[6] ↓ Obergericht ↓ Bundesgericht	Handelsgericht/ Obergericht ↓ Bundesgericht
	LU	Bezirksgericht/ Arbeitsgericht/ Schlichtungsbehörde[7] ↓ Kantonsgericht ↓ Bundesgericht	Kantonsgericht ↓ Bundesgericht

4 Die Arbeits- und Mietgerichte im Kt. **ZH** sind keine eigenständigen Gerichte, sondern Teil des jeweiligen Bezirksgerichts (§ 3 Abs. 1 lit. a GOG; Hauser/Schweri/Lieber, N 3 zu § 3 GOG).

5 Schlichtungsbehörde: nur im Entscheidverfahren nach Art. 212 ZPO.

6 Schlichtungsbehörde: nur im Entscheidverfahren nach Art. 212 ZPO.

7 Schlichtungsbehörde: nur im Entscheidverfahren nach Art. 212 ZPO.

III. Organisation der Schlichtungsbehörden in den Kantonen

1. Schlichtungsbehörden des Kantons Zürich

1.1. Übersicht

1.3

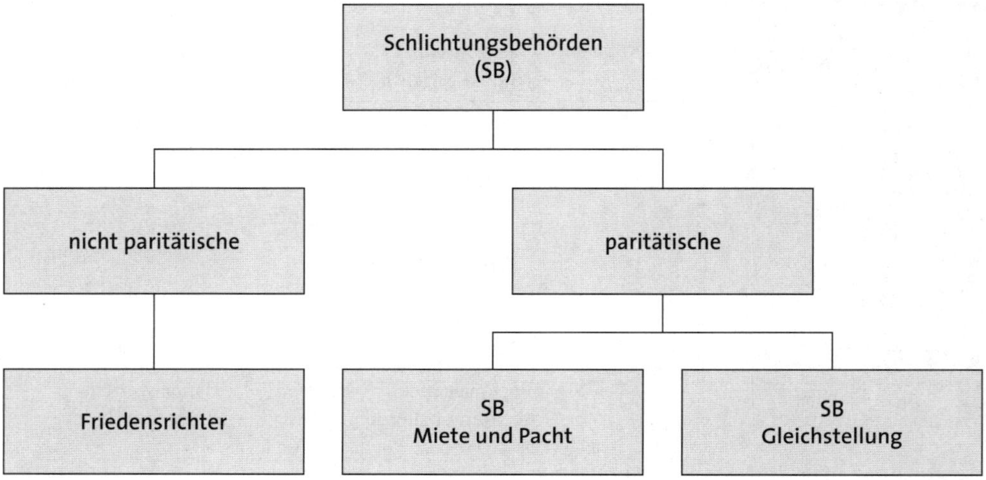

1.2. Organisation und Zuständigkeit

1.4

	Friedensrichter	SB Miete und Pacht	SB Gleichstellung
Anzahl	jede politische Gemeinde hat mindestens eine Friedensrichterin oder einen Friedensrichter; mehrere Gemeinden desselben Bezirks können die Aufgaben der Friedensrichterin oder des Friedensrichters gemeinsam besorgen lassen[8]	12 (eine pro Bezirk)	1
Sitz		Sitz des jeweiligen Bezirksgerichts	Zürich
örtliche Zuständigkeit		Bezirk	ganzer Kanton

8 § 53 Abs. 1 GOG; die Friedensrichterämter des Kt. **ZH** sind aus dem Ämterverzeichnis des Verbands der Friedensrichterinnen und Friedensrichter des Kantons Zürich (<www.friedensrichter-zh.ch/aemterverzeichnis.html>) ersichtlich.

sachliche Zuständigkeit	alle Streitigkeiten, für die keine andere Schlichtungsbehörde zuständig ist (Art. 197 ff. ZPO, § 57 GOG)	– Streitigkeiten aus Miete und Pacht von Wohn- und Geschäftsräumen – Gesuche um Hinterlegung von Miet- und Pachtzinsen gestützt auf Art. 259*g* und 288 OR. Hinterlegungsstelle ist die Kasse des Bezirksgerichts (Art. 200 Abs. 1 ZPO, § 66 GOG)	Streitigkeiten aus Gleichstellungsgesetz (Art. 200 Abs. 2 ZPO, § 58 GOG)
Organisation	organisatorisch selbständig	administrativ dem jeweiligen Bezirksgericht angegliedert; das Bezirksgericht regelt die Geschäftsführung der Schlichtungsbehörde (§ 65 GOG)	administrativ dem Bezirksgericht Zürich angegliedert (§ 60 Abs. 1 GOG)

2. Schlichtungsbehörden des Kantons Bern

2.1. Übersicht

1.5

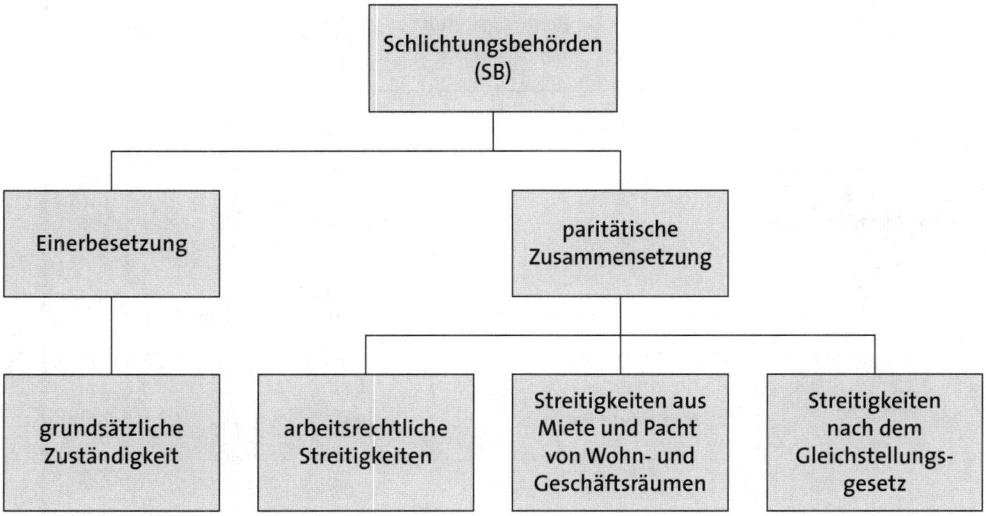

2.2. Organisation und Zuständigkeit

1.6

	Schlichtungsbehörde
Anzahl	4
Sitz	– Bern – Biel/Moutier – Thun – Burgdorf
örtliche Zuständigkeit	entspricht den Gerichtsregionen (Art. 84 Abs. 1 GSOG)
sachliche Zuständigkeit	alle Streitigkeiten, in denen ein Schlichtungsverfahren stattzufinden hat
Organisation	räumlich einem erstinstanzlichen Gericht angegliedert (Art. 84 Abs. 3 GSOG) organisatorisch selbständig

3. Schlichtungsbehörden des Kantons Luzern

3.1. Übersicht

1.7

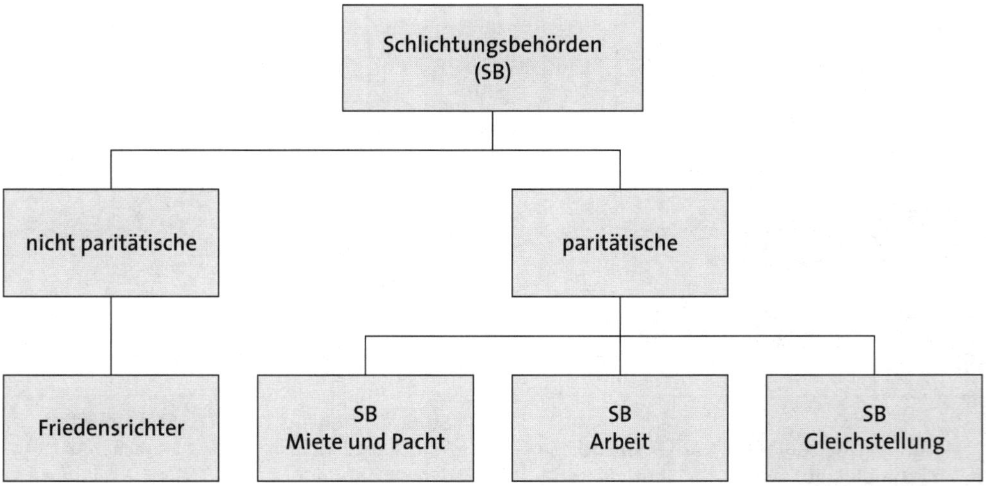

3.2. Organisation und Zuständigkeit

1.8

	Friedensrichter	SB Miete und Pacht	SB Arbeit	SB Gleichstellung
Anzahl	4	1	1	1
Sitz	– Luzern – Kriens – Hochdorf – Willisau	Luzern	Luzern	Luzern
örtliche Zuständigkeit	Friedensrichterkreis (entspricht Bezirksgerichtskreis)	ganzer Kanton	ganzer Kanton	ganzer Kanton
sachliche Zuständigkeit	alle Streitigkeiten, für die keine andere Schlichtungsbehörde zuständig ist	– Streitigkeiten aus Miete und Pacht von Wohn- und Geschäftsräumen – Hinterlegungsstelle (Art. 259*g* Abs. 1 OR) – Genehmigung Formulare (Art. 266*l* Abs. 2 und Art. 269*d* Abs. 1 OR) (Art. 200 Abs. 1 ZPO, § 47 JusG)	Streitigkeiten aus privatrechtlichem Arbeitsverhältnis (§ 49 Abs. 2 JusG)	Streitigkeiten aus Gleichstellungsgesetz (Art. 200 Abs. 2 ZPO)
Organisation	räumlich und teilweise administrativ einem erstinstanzlichen Gericht angegliedert (§ 85 JusV)	organisatorisch selbständig	dem Arbeitsgericht angegliedert (§ 48 Abs. 1 JusG, § 91 Abs. 2 JusV)	dem Arbeitsgericht angegliedert (§ 50 Abs. 1 JusG, § 96 Abs. 2 JusV)

Hinweis

Anstelle des Friedensrichters sind zuständig (§ 46 JusG):

- die **Bezirksgerichte**
  - in familienrechtlichen Streitigkeiten bei Kinderbelangen
  - in Vermittlungsverfahren, in denen mit dem Begehren um Vermittlung ein Begehren um unentgeltliche Rechtspflege gestellt wird
- das **Kantonsgericht** als einzige kantonale Instanz (nach Art. 5 und 8 ZPO) in Vermittlungsverfahren, in denen mit dem Begehren um Vermittlung ein Begehren um unentgeltliche Rechtspflege gestellt wird

IV. Zivilgerichte in den Kantonen

1. Zivilgerichte des Kantons Zürich

1.1. Organisation

1.9

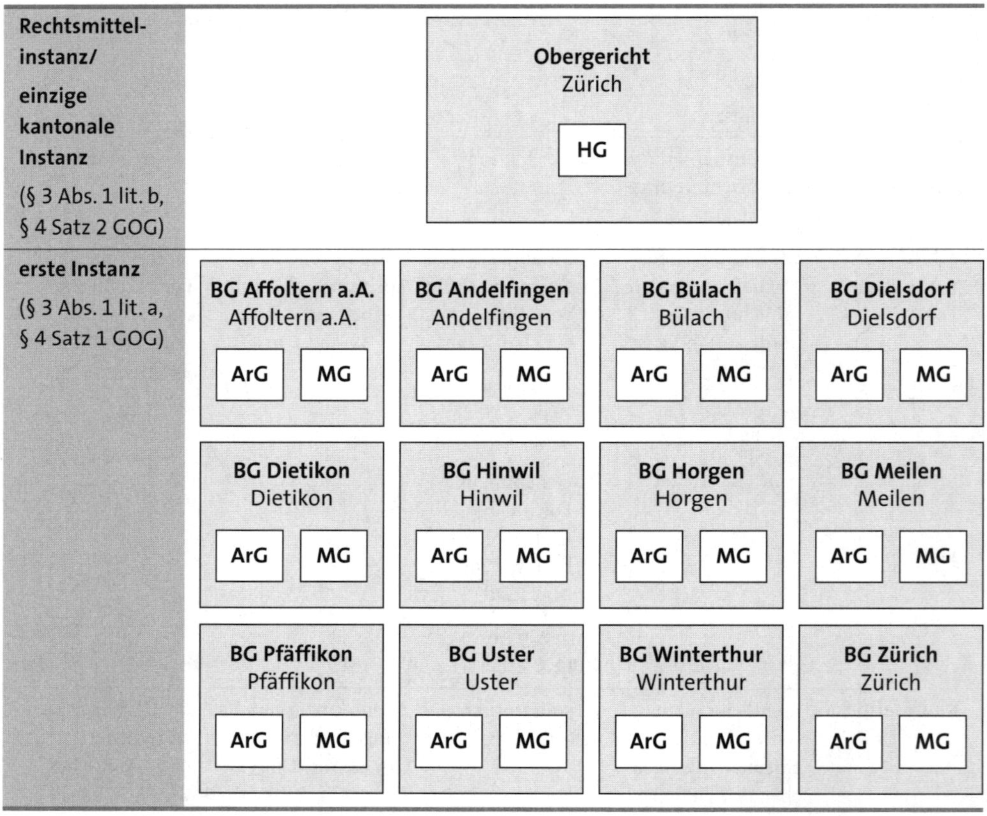

1.2. Zuständigkeit

1.10

Gericht örtliche Zuständigkeit	sachliche Zuständigkeit
BG zuständig für Bezirk	– entscheidet im Allgemeinen erstinstanzlich Streitigkeiten, für die das ordentliche Verfahren gilt, sofern nicht ein anderes Gericht zuständig ist (§ 19 GOG) – entscheidet als **Arbeitsgericht** erstinstanzlich (§ 20 Abs. 1 GOG): a. Streitigkeiten aus dem Arbeitsverhältnis zwischen Arbeitgebenden und Arbeitnehmenden b. Streitigkeiten zwischen Verleihenden und Arbeitnehmenden c. Streitigkeiten aus dem Vermittlungsverhältnis zwischen Vermittlerinnen oder Vermittlern und Stellensuchenden d. Klagen von Organisationen gemäss Art. 7 GlG. e. Streitigkeiten nach dem MitwG (Art. 243 Abs. 2 lit. d ZPO) ist für eine Streitigkeit auch ein anderes Gericht zuständig, können die Parteien schriftlich dessen Zuständigkeit vereinbaren; der Ausschluss des Arbeitsgerichts darf nicht im Voraus vereinbart werden (§ 20 Abs. 2 GOG) – **Mietgericht** entscheidet erstinstanzlich Streitigkeiten (§ 21 Abs. 1 GOG) a. aus Miet- (Art. 253*a* OR) und aus Pachtverhältnissen (Art. 276 OR) für Wohn- und Geschäftsräume b. aus landwirtschaftlicher Pacht gemäss Art. 17 Abs. 2, Art. 26 und Art. 28 LPG ist für eine Streitigkeit auch ein anderes Gericht zuständig, können die Parteien schriftlich dessen Zuständigkeit vereinbaren; der Ausschluss des Mietgerichts darf nicht im Voraus vereinbart werden (§ 21 Abs. 2 GOG) – **Einzelgericht** (am Bezirksgericht) entscheidet erstinstanzlich über (§ 24 GOG): a. Streitigkeiten im vereinfachten Verfahren gemäss Art. 243 ZPO, die nicht einer andere Instanz zugewiesen sind b. Klagen aus dem SchKG gemäss Art. 198 lit. e Ziff. 2–8 ZPO c. Angelegenheiten und Streitigkeiten im summarischen Verfahren (2. Teil, 5. Titel ZPO, Art. 248 ff. ZPO), die keiner anderen Instanz zugewiesen sind d. besondere eherechtliche Verfahren, Kinderbelange in familienrechtlichen Angelegenheiten, Verfahren bei eingetragenen Partnerschaft (2. Teil, 6.–8. Titel ZPO, Art. 271 ff. ZPO) und Klagen aus Verwandtenunterstützung e. die Vollstreckung (2. Teil, 10. Titel ZPO), insbesondere die Anerkennung, Vollstreckbarerklärung und Vollstreckung ausländischer Entscheide

(BG) zuständig für Bezirk	der Präsident des Arbeitsgerichts entscheidet als Einzelgericht Streitigkeiten gemäss § 20 GOG bis zu einem Streitwert von CHF 30 000; er ist berechtigt und bei Streitwerten von mindestens CHF 15 000 auf Verlangen einer Partei verpflichtet, die Streitigkeit dem Kollegialgericht zu unterbreiten (§ 25 GOG) die Präsidentin des Mietgerichts entscheidet als Einzelgericht Streitigkeiten gemäss § 21 GOG bis zu einem Streitwert von CHF 30 000; sie ist berechtigt und bei Streitwerten von mindestens CHF 15 000 auf Verlangen einer Partei verpflichtet, die Streitigkeit dem Kollegialgericht zu unterbreiten (§ 26 GOG)
OG zuständig für ganzen Kanton	– entscheidet als einzige Instanz (§ 43 GOG): a. Streitigkeiten gemäss Art. 5 Abs. 1 lit. f ZPO b. Streitigkeiten gemäss Art. 8 ZPO c. Streitigkeiten, in denen ein Bundesgesetz eine einzige kantonale Instanz vorschreibt und das kantonale Recht keine andere Zuständigkeit bestimmt – zuständiges Gericht gemäss Art. 356 Abs. 1 und 2 lit. a und b ZPO (§ 46 GOG) – Berufungs- und Beschwerdeinstanz gemäss ZPO (§ 48 GOG)
HG zuständig für ganzen Kanton	– entscheidet als einzige Instanz (§ 44 GOG) Streitigkeiten gemäss a. Art. 5 Abs. 1 lit.a–e und h ZPO b. Art. 6 Abs. 2, 3 und 4 lit. b ZPO, deren Streitwert mindestens CHF 30 000 beträgt – der Präsident des Handelsgerichts oder ein von diesem bezeichnetes Mitglied des Handelsgerichts entscheidet als einzige Instanz und Einzelgericht (§ 45 GOG): a. Streitigkeiten gemäss Art. 5 Abs. 1 lit. g ZPO b. über Anordnungen gemäss Art. 5 Abs. 2 und Art. 6 Abs. 5 ZPO c. Streitigkeiten gemäss Art. 250 lit. c ZPO, deren Streitwert mindestens CHF 30 000 beträgt d. über den Rechtsschutz in klaren Fällen (Art. 257 ZPO) im Zuständigkeitsbereich des Handelsgerichts

1.3. Bezirke

1.11

Hinweise

- Der Kt. ZH ist in die **Bezirke** Zürich, Affoltern, Horgen, Meilen, Hinwil, Uster, Pfäffikon, Winterthur, Andelfingen, Bülach, Dielsdorf und Dietikon eingeteilt (§ 1 Abs. 1 Bezirksverwaltungsgesetz, LS 173.1). Er umfasst 169 politische Gemeinden.
- Der Kt. ZH ist in 44 **Notariatskreise** eingeteilt, die identisch sind mit den **Grundbuchkreisen** und **Konkurskreisen** (§ 2 NotG, § 16 EG SchKG ZH; Beschluss des Kantonsrates über die Notariatskreise vom 7. November 1988; vgl. dazu die graphische Darstellung auf <www.notariate.zh.ch/ind_def.php>).
- Ein **Betreibungskreis** umfasst das Gebiet einer oder mehrerer, in der Regel im gleichen Bezirk liegenden politischen Gemeinden (§ 1 Abs. 1 EG SchKG ZH). Zurzeit zählt der Kanton Zürich 59 Betreibungskreise (vgl. dazu den Anhang zum EG SchKG ZH).
- Für den ganzen Kt. ZH besteht ein **Handelsregisteramt**.

2. Zivilgerichte des Kantons Bern

2.1. Organisation

1.12

Rechtsmittelinstanz/ einzige kantonale Instanz (Art. 35 Abs. 1 und 3 GSOG)	**Obergericht** Bern; **HG**
erste Instanz (Art. 81 Abs. 1 und 2 GSOG)	**RG Berner Jura-Seeland** Biel und Moutier; **RG Emmental-Oberaargau** Burgdorf; **RG Bern-Mittelland** Bern; **RG Oberland** Thun

2.2. Zuständigkeit

1.13

Gericht örtliche Zuständigkeit	**sachliche Zuständigkeit**
RG zuständig für Gerichtsregion	generelle Zuständigkeit (Art. 8 Abs. 1 EG ZSJ) – Entscheid unabhängig vom Streitwert über alle Streitigkeiten und Vollstreckungssachen, die nicht ausdrücklich einem andern Gericht zugewiesen sind
OG zuständig für ganzen Kanton	Zuständigkeit in Fällen von Art. 6 Abs. 2 EG ZSJ – Klagen nach dem Kernernergiehaftpflichtgesetz (Art. 5 Abs. 1 lit. e ZPO) – Klagen gegen den Bund (Art. 5 Abs. 1 lit. f ZPO) – direkte Klagen beim oberen Gericht (Art. 8 ZPO)
HG zuständig für ganzen Kanton	Zuständigkeit nach Art. 7 EG ZSJ – Klagen i.S.v. Art. 5 Abs. 1 lit. a–d, g und h ZPO und handelsrechtliche Klagen nach Art. 6 ZPO – Streitigkeiten aus dem Recht der Handelsgenossenschaften und Genossenschaften gemäss Art. 6 Abs. 4 lit. b ZPO, sofern der Streitwert mindestens CHF 30 000 beträgt

2.3. Gerichtsregionen[9]

1.14

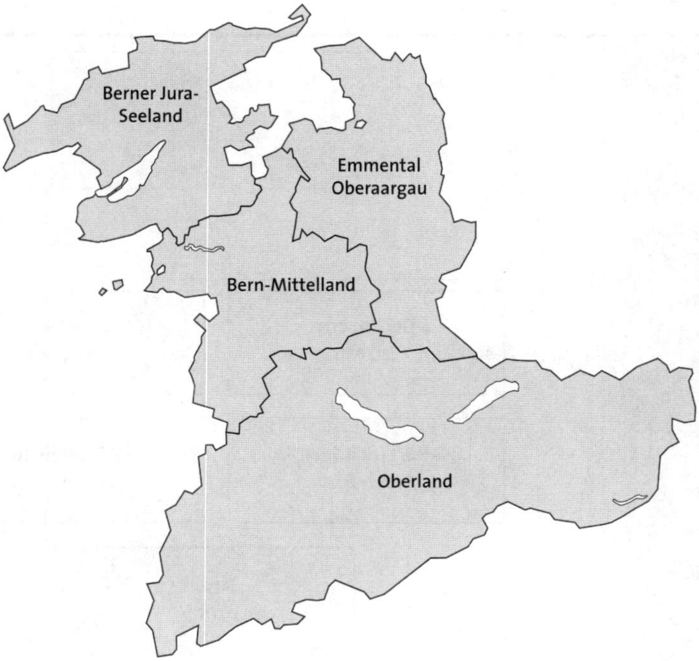

Hinweise

- Je ein **Betreibungs- und Konkursamt** sowie ein Grundbuchamt werden für jede der fünf Verwaltungsregionen geführt (Berner Jura, Seeland, Oberaargau-Emmental, Bern-Mittelland und Oberland).
- Für den ganzen Kt. BE besteht ein **Handelsregisteramt**.

9 Art. 80 GSOG.

3. Zivilgerichte des Kantons Luzern

3.1. Organisation

1.15

Rechtsmittel-instanz/ einzige kantonale Instanz (§ 3 Abs. 2 lit. a JusG)	**Kantonsgericht**[10] Luzern
erste Instanz (§ 3 Abs. 2 lit. b und c JusG)	**BG Luzern** Luzern; **BG Kriens** Kriens; **BG Hochdorf** Hochdorf; **BG Willisau** Willisau; **ArG** Luzern

10 Per 1.6.2013 wurde das Obergericht mit dem Verwaltungsgericht unter dem neuen Namen Kantonsgericht vereinigt. – Im Kt. LU besteht kein Handelsgericht.

3.2. Zuständigkeit

1.16

Gericht örtliche Zuständigkeit	sachliche Zuständigkeit
BG zuständig für Bezirksgerichts-kreis	– alle Zivilverfahren und gerichtlichen Angelegenheiten des SchKG, soweit nicht das Kantonsgericht oder das Arbeitsgericht zuständig sind – Vollstreckungsgericht in Zivilsachen – untere Aufsichtsbehörde im Schuldbetreibungs- und Konkurswesen (§ 3 Abs. 2, § 31 JusG, § 4 Abs. 1 EG SchKG)
ArG zuständig für ganzen Kanton	– alle Streitigkeiten aus dem privatrechtlichen Arbeitsverhältnis, insbesondere gemäss Art. 319 ff. OR – einzige Instanz in Schiedsgerichtssachen (Art. 356 Abs. 2 ZPO) (§ 32 JusG)
KG zuständig für ganzen Kanton	– einzige kantonale Instanz (Art. 5 und 8 ZPO sowie Art. 7 BG KKE) – Berufungen und Beschwerden – Revisionen in Fällen, in denen es als letzte Instanz in der Sache entschieden hat – Rechtshilfegesuche, soweit es aufgrund von Staatsverträgen zuständig ist – oberes Gericht in Schiedsgerichtssachen (Art. 356 Abs. 1 ZPO) – Vollstreckungen gemäss BG-KKE (Art. 12) – obere kantonale Aufsichtsbehörde im Schuldbetreibungs- und Konkurswesen (§ 15 JusG, § 4 Abs. 2 EG SchKG)

3.3. Bezirksgerichtskreise[11]

1.17

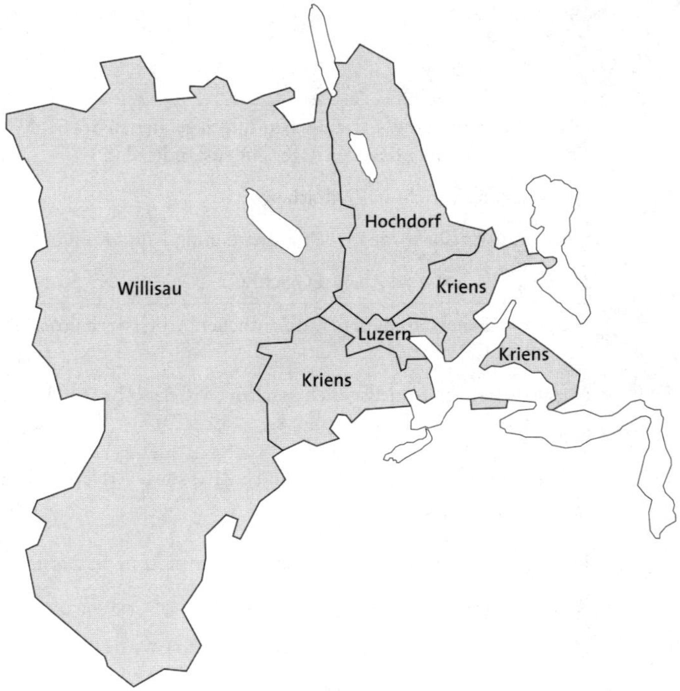

Hinweise

- Die **Friedensrichter**- und **Konkurskreise** sind mit den Bezirksgerichtskreisen identisch.
- Die **Betreibungskreise** umfassen das Gebiet einer oder mehrerer Einwohnergemeinden.
- **Grundbuchkreise**:
  - ∟ Der Grundbuchkreis Luzern Ost umfasst das Gebiet der Bezirksgerichtskreise Luzern, Kriens und Hochdorf.
  - ∟ Der Grundbuchkreis Luzern West umfasst das Gebiet des Bezirksgerichtskreises Willisau.
- Für den ganzen Kt. LU besteht ein **Handelsregisteramt**.

11 § 24 JusG; § 2–5 Kantonsratsbeschluss über die Sitze der Gerichte und Schlichtungsbehörden und die Einteilung des Kantons in Gerichtsbezirke.

§ 2 Zuständigkeit der Gerichte und Ausstand (Art. 4–51 ZPO)

I. Sachliche und funktionelle Zuständigkeit (Art. 4–8 ZPO)

2.1

Grundsatz	Regelung im **kantonalen Recht** (Art. 4 Abs. 1 ZPO)
Ausnahmen	**Bundesrecht** – bezeichnet Verfahren, die von einer einzigen kantonalen Instanz zu beurteilen sind: └ Streitigkeiten im Zusammenhang mit geistigem Eigentum (inkl. Streitigkeiten betreffend Nichtigkeit, Inhaberschaft, Lizenzierung, Übertragung und Verletzung solcher Rechte) └ kartellrechtliche Streitigkeiten └ Streitigkeiten über den Gebrauch einer Firma (Art. 956 OR) └ Streitigkeiten nach dem UWG (wenn Streitwert CHF 30 000 übersteigt oder der Bund sein Klagerecht ausübt) └ Streitigkeiten nach dem Kernenergiehaftpflichtgesetz (KHG) └ Klagen gegen den Bund (soweit nicht das BGer nach Art. 120 BGG zuständig ist) └ Einsetzung eines Sonderprüfers (Art. 697*b* OR) └ Streitigkeiten nach dem Bundesgesetz über die kollektiven Kapitalanlagen (KAG) └ Streitigkeiten nach dem Börsengesetz (BEHG) └ Anordnung vorsorglicher Massnahmen in diesen Streitigkeiten[12] (Art. 5 ZPO)[13] – umschreibt sachliche Zuständigkeit der Handelsgerichte, die von den Kantonen (als einzige kantonale Instanz) eingesetzt werden können (Art. 6 ZPO)[14] └ **ZH**: Einsetzung eines Handelsgerichts mit § 38 GOG └ **BE**: Einsetzung eines Handelsgerichts mit Art. 7 EG ZSJ └ **LU**: kein Handelsgericht – erlaubt dem Kanton, für Streitigkeiten aus Zusatzversicherungen zur sozialen Krankenversicherung (nach VVG) ein Gericht als einzige kantonale Instanz zu bezeichnen (Art. 7 ZPO)

12 Vor und nach Eintritt der Rechtshängigkeit der Klage.

13 Zuständigkeitsbestimmungen existieren auch ausserhalb der ZPO. So sieht Art. 7 Abs. 1 BG-KKE vor, dass für die Beurteilung von Rückführungsgesuchen, einschliesslich der Massnahmen zum Schutz von Kindern, das obere Gericht des Aufenthaltskantons des Kindes als einzige Instanz zuständig ist.

14 Begriff der handelsrechtlichen Streitigkeit: Art. 6 Abs. 2 ZPO; BGE 140 III 409 E. 3; 140 III 355 E. 2; 139 III 457 E. 3; BGer 5A_592/2013 vom 29.10.2013, E. 5.1.
Die Regelung der Verfahrensart geht jener über die sachliche Zuständigkeit der Handelsgerichte vor (BGE 139 III 457 E. 4).
Liegt eine handelsrechtliche Streitigkeit vor, ist das Handelsgericht zwingend bzw. ausschliesslich zuständig (BGE 140 III 155 E. 4); Ausnahme: für die einfache passive Streitgenossenschaft (Art. 71 ZPO) kann der Kanton eine einheitliche Zuständigkeit des ordentlichen Gerichts vorsehen (BGE 138 III 471 E. 5.1). Angelegenheiten der freiwilligen Gerichtsbarkeit: BGE 140 III 550 E. 2.3 ff.

(Ausnahmen)	– ermöglicht Prorogation der sachlichen Zuständigkeit bei der oberen kantonalen Instanz – die dann als einzige kantonale Instanz entscheidet – bei Streitwert von mindestens CHF 100 000 (Art. 8 ZPO) – bestimmt das für die Widerklage zuständige Gericht (Art. 14 und 224 Abs. 2 ZPO) – bestimmt das für die Hauptintervention zuständige Gericht (Art. 73 Abs. 1 ZPO) – bestimmt das für die Streitverkündungsklage zuständige Gericht (Art. 81 Abs. 1 ZPO) – fixiert die Zuständigkeit des angerufenen Gerichts bei der unbezifferten Forderungsklage (Art. 85 Abs. 2 ZPO) – bestimmt das zuständige Gericht bei Klageänderung, wenn neuer Streitwert andere sachliche Zuständigkeit begründet (Art. 227 Abs. 2 ZPO) – fixiert die Zuständigkeit des angerufenen Gerichts bei einer Beschränkung der Klage (Art. 227 Abs. 3 ZPO) – bestimmt das für die Vollstreckung vorsorglicher Massnahmen zuständige Gericht (Art. 267 ZPO) – bestimmt das für die Aufhebung oder Änderung vorsorglicher Massnahmen des Eheschutzgerichts zuständige Gericht (Art. 276 Abs. 2 ZPO) – bestimmt das für die Änderung rechtskräftig entschiedener Scheidungsfolgen zuständige Gericht (Art. 284 Abs. 1 ZPO/Art. 134 Abs. 3 ZGB) – bestimmt das für vorsorgliche Massnahmen bei der Unterhalts- und Vaterschaftsklage zuständige Gericht (Art. 304 ZPO) – macht Vorgaben für die Zuständigkeit der zur Unterstützung der Schiedsgerichte tätigen staatlichen Gerichte (Art. 356 ZPO)	
Verbindlichkeit für Parteien	**Grundsatz**	die sachliche Zuständigkeit ist der Parteidisposition entzogen; Art. 17 ZPO ist nicht anwendbar[15]
	Ausnahme	Gesetz sieht Wahlmöglichkeit vor (Art. 6 Abs. 3, Art. 8 Abs. 1 ZPO)[16]

15 BGE 138 III 471 E. 3.1.

16 Voraussetzungen des Klägerwahlrechts nach Art. 6 Abs. 3 ZPO: BGE 138 III 694 E. 2.2 ff.

II. Örtliche Zuständigkeit (Art. 9–46 ZPO)

1. Gerichtsstandsvorschriften

2.2

internationale Verhältnisse	– Staatsverträge (z.B. LugÜ) – IPRG
Binnenverhältnisse	– Art. 30 Abs. 2 BV – Art. 9–46 ZPO – Art. 339 Abs. 1 ZPO (Vollstreckung) – Art. 355 Abs. 1–3 ZPO (Sitz des Schiedsgerichts) – SchKG (soweit dessen Bestimmungen einen Gerichtsstand vorsehen) [Verweis in Art. 46 ZPO] – Art. 119 Abs. 2 lit. b StPO (Adhäsionsklage[17]) [Verweis in Art. 39 ZPO] – Art. 1165 Abs. 3 und 4 OR (Ermächtigung zur Einberufung der Gläubigerversammlung bei Anleihensobligationen) [Verweis in Art. 44 ZPO]

17 Der Adhäsionsprozess richtet sich primär nach Art. 122–126 StPO. Ergänzend können Grundsätze und Regeln des Zivilprozesses angewendet werden.

2. Gerichtsstände der ZPO

2.3

zwingender Gerichtsstand	teilzwingender Gerichtsstand	dispositiver Gerichtsstand
Voraussetzung: Gesetz bezeichnet Gerichtsstand ausdrücklich als zwingend (Art. 9 Abs. 1 ZPO) ⇒ gesetzlicher Katalog der zwingenden Gerichtsstände ist abschliessend	Voraussetzung: Gesetz umschreibt Gerichtsstand ausdrücklich als teilzwingend ⇒ gesetzlicher Katalog der teilzwingenden Gerichtsstände ist abschliessend	übrige Gerichtsstände
keine Abweichung vom Gerichtsstand möglich (Art. 9 Abs. 2 ZPO)	vom Gerichtsstand kann nicht zum Voraus oder durch Einlassung abgewichen werden (Art. 35 Abs. 1 ZPO) möglich ist Abschluss einer Gerichtsstandsvereinbarung (Art. 17 ZPO) nach Entstehung der Streitigkeit, d.h. bei konkreten Meinungsverschiedenheiten der Parteien über Entstehung, Auslegung, Erfüllung oder Beendigung des Vertrags (Art. 35 Abs. 2 ZPO)	vom Gerichtsstand kann abgewichen werden – durch Parteivereinbarung nach Art. 17 ZPO[18] – durch Einlassung nach Art. 18 ZPO
Anwendungsfälle: – Art. 13 ZPO – Art. 19 ZPO – Art. 21–27 ZPO – Art. 28 Abs. 2 ZPO – Art. 29 Abs. 4 ZPO – Art. 30 Abs. 2 ZPO – Art. 38*a* ZPO – Art. 43 ZPO – Art. 44 ZPO (i.V.m. Art. 1165 Abs. 3 und 4 OR) – Art. 45 ZPO – Art. 339 Abs. 1 ZPO	Anwendungsfälle: – Art. 32–34 ZPO (für die in Art. 35 Abs. 1 ZPO erwähnten Parteien)	Anwendungsfälle: – Art. 10–12 ZPO – Art. 14–16 ZPO – Art. 20 ZPO – Art. 28 Abs. 1 und 3 ZPO – Art. 29 Abs. 1–3 ZPO – Art. 30 Abs. 1 ZPO – Art. 31 ZPO – Art. 32–34 ZPO (für die in Art. 35 Abs. 1 ZPO nicht erwähnten Parteien) – Art. 36–42 ZPO – Art. 46 ZPO – Art. 355 Abs. 1–3 ZPO

18 Möglich ist nur eine Vereinbarung der örtlichen, nicht aber der sachlichen Zuständigkeit (BGE 138 III 471 E. 3).

III. Ausstand (Art. 47–51 ZPO)

2.4

Grundlage	Art. 6 Abs. 1 EMRK; Art. 29 Abs. 1, Art. 30 Abs. 1 BV; Art. 47–51, 183 Abs. 2 ZPO
personeller Geltungsbereich[19]	– Gerichtsperson (Art. 47 Abs. 1 ZPO): ∟ Richter ∟ Gerichtsschreiber ∟ Protokollführer ∟ Mitglied Schlichtungsbehörde – Hilfsperson des Gerichts: ∟ Sachverständiger (Art. 183 Abs. 2 ZPO) ∟ Dolmetscher
Ausstandsgründe	– persönliches Interesse an der Sache (Art. 47 Abs. 1 lit. a ZPO) – Mitwirkung in anderer Stellung in gleicher Sache (Art. 47 Abs. 1 lit. b ZPO) – Ehe, Partnerschaft, Verwandtschaft oder Schwägerschaft mit Partei, Parteivertreter oder Mitglied der Vorinstanz (Art. 47 Abs. 1 lit. c, d und e ZPO) – Anschein der Befangenheit[20] aus anderen Gründen bei objektiver Betrachtungsweise = Generalklausel[21] (Art. 47 Abs. 1 lit. f ZPO)
keine Ausstandsgründe	**kein** Ausstandsgrund für sich allein ist die Mitwirkung – bei Entscheid über die unentgeltliche Rechtspflege (Art. 47 Abs. 2 lit. a ZPO) – beim Schlichtungsverfahren (Art. 47 Abs. 2 lit. b ZPO) – bei der Rechtsöffnung nach Art. 80–84 SchKG (Art. 47 Abs. 2 lit. c ZPO) – bei der Anordnung vorsorglicher Massnahmen (Art. 47 Abs. 2 lit. d ZPO) – beim Eheschutzverfahren (Art. 47 Abs. 2 lit. e ZPO) – in einem früheren Verfahren der gleichen Partei/en in diesen Fällen kommt es aber zum Ausstand, wenn ein Grund von Art. 47 Abs. 1 ZPO vorliegt

19 Ein Ausstandsbegehren kann sich nur gegen Personen und nicht gegen Behörden richten; nur die für eine Behörde tätigen Personen, nicht die Behörde als solche, können befangen sein. Zulässig sind allerdings Ausstandsbegehren gegen sämtliche Mitglieder einer Behörde, sofern gegen jedes einzelne Mitglied spezifische Ausstandsbegehren geltend gemacht werden (BGE 139 I 121 E. 4.3).

20 Eine tatsächliche Befangenheit ist nicht notwendig (BGE 140 III 221 E. 4.1; 139 III 120 E. 3.2.1). – Entscheide über Ausstandsgesuche (Beispiele): Befangenheit Richter und Gerichtsschreiber (BGer 5A_462/2013 vom 12.11.2013, E. 3); Befangenheit nebenamtlicher Richter (BGE 140 III 221 E. 4 f.; 139 I 121; 136 I 207 E. 3); frühere Tätigkeit des Richters (BGE 138 I 1 E. 2.2 ff.); Verfahrensfehler des Richters (BGE 115 Ia 400 E. 3b; BGer 4A_ 707/2012 vom 28.5.2013, E. 4); Äusserung eines Richters vor oder während des Prozesses (BGE 137 I 227 E. 2); Vorbefassung des Gerichtsexperten (BGer 4A_118/2013 vom 29.4.2013, E. 2).

21 Bei deren Konkretisierung sind die aus Art. 30 Abs. 1 BV fliessenden Grundsätze zu beachten (BGE 139 III 433 E. 2.2).

Form der Geltendmachung	– Selbstausstand der Gerichtsperson/Hilfsperson unter Offenlegung des Grundes (Art. 48 ZPO) – mündliches oder schriftliches begründetes Ausstandsgesuch einer Partei an das in der Sache zuständige Gericht[22] (Art. 49 Abs. 1 ZPO) – Einreichung des in der Hauptsache gegebenen Rechtsmittels (wenn Ausstandsgrund erst nach Eröffnung des Entscheids, aber vor Ablauf der Rechtsmittelfrist entdeckt wird) – Revisionsgesuch (Art. 328 ff. ZPO), wenn Ausstandsgrund erst nach Verfahrensabschluss entdeckt wird (Art. 51 Abs. 3 ZPO)
Zeitpunkt der Geltendmachung	– Ausstandsanzeige: rechtzeitig nach Entdeckung Ausstandsgrund (Art. 48 ZPO), d.h. vor (weiterem) Tätigwerden in der Sache[23] – Ausstandsgesuch: unverzüglich nach Entdeckung Ausstandsgrund (Art. 49 Abs. 1 ZPO)[24] – Ausstandsanzeige und Ausstandsgesuch sind in jedem Verfahrensstadium möglich – während noch laufender Rechtsmittelfrist entdeckter Ausstandsgrund: Geltendmachung in Berufung oder Beschwerde[25] – nach Ablauf Rechtsmittelfrist entdeckter Ausstandsgrund: Geltendmachung mit Revision nach Art. 328 ff. ZPO (Art. 51 Abs. 3 ZPO)

22 Der Kanton bestimmt das i.S.v. Art. 50 Abs. 1 ZPO zuständige Gericht (BGer 4A_337/2014 vom 25.11.2014, E. 4).

23 LGVE 2006 I Nr. 26, 2005 I Nr. 28.

24 BGE 139 III 120 E. 3.2.1.

25 BGE 139 III 466 E. 3.4.

Verfahren/ Entscheid

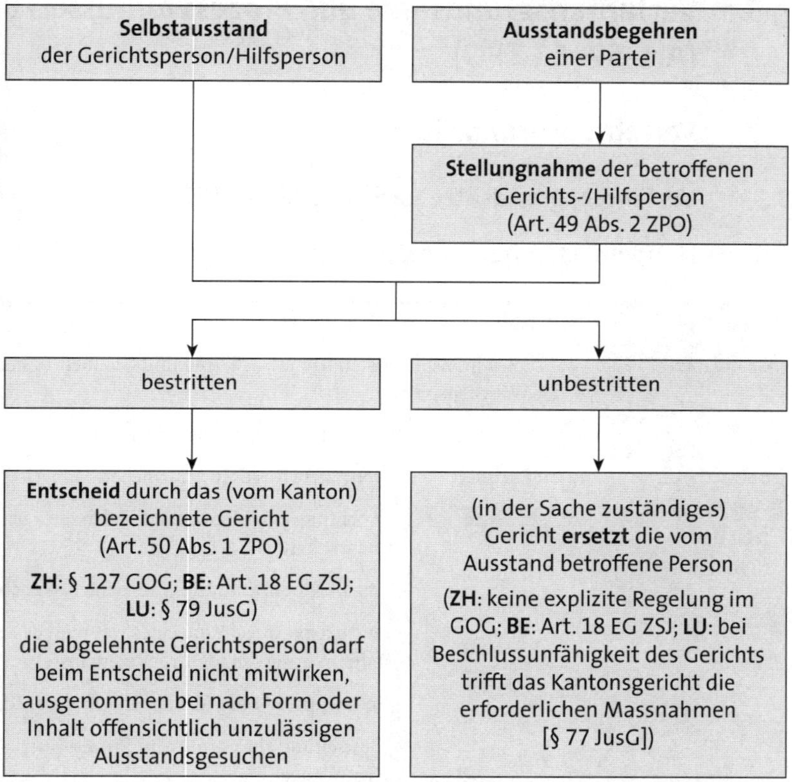

Rechtsmittel gegen selbständig eröffneten Ausstandsentscheid	entscheidende Instanz	Rechtsmittel
	untere kantonale Instanz	Beschwerde nach Art. 319 ff. ZPO (Art. 50 Abs. 2 ZPO)
	einzige oder letzte kantonale Instanz	Beschwerde in Zivilsachen ans Bundesgericht nach Art. 72 ff. BGG (Art. 92 Abs. 1 BGG)

Folgen der Verletzung der Ausstandsbestimmungen

- Aufhebung und Wiederholung der Amtshandlungen, an denen eine zum Ausstand verpflichtete Person mitgewirkt hat
  ⇒ nicht von Amtes wegen, sondern nur auf Verlangen einer Partei innert 10 Tagen seit Kenntnis des Ausstandsgrunds (Art. 51 Abs. 1 ZPO) bis zum Abschluss des Verfahrens vor der betreffenden Instanz (danach Anfechtung mit Rechtsmittel)
- nicht wiederholbare Beweismassnahmen dürfen berücksichtigt werden (Art. 51 Abs. 2 ZPO); dem allenfalls verminderten Beweiswert ist im Rahmen der freien Beweiswürdigung (Art. 157 ZPO) Rechnung zu tragen

§ 3 Verfahrensgrundsätze und Prozessvoraussetzungen (Art. 52–61 ZPO)

I. Verfahrensgrundsätze

1. Verfahrensgrundsätze nach Art. 52–58 ZPO

1.1. Handeln nach Treu und Glauben

3.1

Grundlage	**Art. 5 Abs. 3, Art. 9 BV; Art. 52 ZPO**	
Grundsatz	– alle Verfahrensbeteiligten haben nach Treu und Glauben zu handeln; sie unterstehen der Wahrheitspflicht – jede Art missbräuchlicher Prozessführung ist verboten	
Beispiele für Verstoss gegen Treu und Glauben	**durch Parteien**	– verspätete Rüge eines formellen Mangels[26] – Anrufung eines Beweises, auf den die Partei erstinstanzlich verzichtet hatte[27] – verspätete Anfechtung eines Schiedsgutachtens[28] – verspätete Anfechtung eines während des erstinstanzlichen Verfahrens ausgestellten Arbeitszeugnisses[29] – in unvernünftigen Abständen erhobene Klagen bzw. Gesuche[30] – Bestreitung einer früher im Prozess anerkannten Tatsache ohne Grundangabe[31]
	durch Gericht	– Handeln des Gerichts entgegen eigener Verfügung oder eigener Auskunft[32] – kurzfristiger Entscheid ohne Fristansetzung zur Nachreichung angekündigter Unterlagen[33]

26 BGE 135 III 334 E. 2.2; BGer 4A_340/2013 vom 28.3.2014, E. 7.3.
27 BGE 138 III 374 E. 4.3.2; BGer 5A_396/2013 vom 26.2.2014, E. 5.3.2.
28 LGVE 2008 I Nr. 36.
29 LGVE 2008 I Nr. 34.
30 LGVE 2005 I Nr. 12.
31 LGVE 2001 I Nr. 12.
32 BGE 137 I 69 E. 2.5.1; 131 II 627 E. 6.1; BGer 4A_226/2014 vom 6.8.2014, E. 4.2.
33 BGer 5A_897/2013 vom 8.7.2014, E. 3.2.

1.2. Rechtliches Gehör

Grundlage	**Art. 6 Abs. 1 EMRK; Art. 29 Abs. 2 BV; Art. 53 ZPO**	3.2
Grundsatz	die Parteien haben Anspruch, dass – sie ihre Sache dem Gericht vortragen können – sie die Eingaben der Gegenpartei bzw. die Vernehmlassung einer Vorinstanz rechtzeitig (auf jeden Fall vor Erlass eines Urteils) zugestellt bekommen, auch wenn diese keine neuen und/oder erheblichen Gesichtspunkte enthalten; die blosse Möglichkeit der Akteneinsicht genügt nicht[34] – sie sich zu den Eingaben der Gegenpartei bzw. zur Vernehmlassung einer Vorinstanz äussern können, auch wenn diese keine neuen und/oder erheblichen Gesichtspunkte enthalten[35]; Grenze der prozessualen Berücksichtigung bildet das Novenrecht – dass das Gericht ihnen ausdrücklich die Möglichkeit zur Stellungnahme (schriftlich oder an Verhandlung) einräumt, wenn es auf Noven der Gegenpartei abstellen will[36] – sie die Akten einsehen und Kopien anfertigen lassen können, soweit nicht überwiegende öffentliche oder private Interessen entgegenstehen (vgl. Art. 156 ZPO) – das Gericht sich ernsthaft mit ihren Vorbringen und Beweisen auseinandersetzt – ihre Beweismittel abgenommen werden, soweit sie für die Beurteilung erheblich sind[37] – sie an der Beweiserhebung mitwirken oder sich zumindest zum Beweisergebnis äussern können, wenn dieses den Entscheid zu beeinflussen vermag[38] – das Gericht sie vor einer überraschenden Rechtsanwendung noch besonders anhört[39] – das Gericht seinen Entscheid begründet (d.h. die massgebenden Überlegungen kurz nennt, so dass der Entscheid gegebenenfalls sachgerecht angefochten werden kann; das Gericht kann sich auf die wesentlichen Gesichtspunkte und Leitlinien beschränken und braucht sich nicht mit jedem sachverhaltlichen oder rechtlichen Einwand auseinanderzusetzen)[40], ausgenommen bei prozessleitenden Verfügungen	
Ausnahme	die Schutzschrift wird der Gegenpartei nur mitgeteilt, wenn diese das entsprechende Verfahren einleitet (Art. 270 Abs. 2 ZPO)	

34 BGE 137 I 195.

35 BGE 139 I 189 E. 3.2; 138 I 484 E. 2; BGer 4A_215/2014 vom 18.9.2014, E. 2; LGVE 2015 I Nr. 2 E. 3.3.

36 SJZ 2014, 374 f.

37 Die Rüge der Verletzung des Rechts auf Beweis stützt sich im Bereich des Privatrechts auf Art. 8 ZGB als *lex specialis* gegenüber der allgemeinen verfassungsrechtlichen Vorschrift von Art. 29 Abs. 2 BV (BGer 5A_748/2013 vom 25.11.2014, E. 4.1).

38 BGE 136 I 265 E. 3.2; 135 I 187 E. 2.2.

39 BGE 140 III 231 E. 3.5. Die Grundsätze zur überraschenden Rechtsanwendung finden dagegen keine analoge Anwendung auf die Beweiswürdigung (BGer 4A_305/2013 vom 2.10.2013, E. 4).

40 BGE 138 I 232 E. 5.1; 136 I 184 E. 2.2.1; 135 III 670 E. 3.3.1.

Verletzung des rechtlichen Gehörs (Folgen)	**Grundsatz**	Aufhebung des Entscheids im Rechtsmittelverfahren (auch wenn Mangel für den Verfahrensausgang nicht kausal war ⇒ formelle Natur des Gehörsanspruchs)
	Ausnahme	die nicht besonders schwerwiegende Verletzung des rechtlichen Gehörs kann geheilt werden, wenn – die Rechtsmittelinstanz den Sachverhalt und die Rechtslage frei überprüfen kann – dem Betroffenen die gleichen Mitwirkungsrechte zustehen wie in der Vorinstanz – der Betroffene sich vor der Rechtsmittelinstanz in Kenntnis aller wesentlicher Tatsachen umfassend äussern kann unter den genannten Voraussetzungen kann auch eine schwerwiegende Verletzung des rechtlichen Gehörs geheilt werden, wenn die Rückweisung an die Vorinstanz zu einem formalistischen Leerlauf führen würde[41]
Beispiele	– Nichtzustellen von Eingaben[42] – Nichtzustellen der schriftlichen Entscheidbegründung[43] – fehlende/ungenügende Entscheidbegründung[44] – keine Information über neu aufgelegte Akten[45] – Nichtdurchführen einer in Aussicht gestellten Verhandlung[46] aber: – keine Verletzung des rechtlichen Gehörs durch antizipierte Beweiswürdigung[47]	

41 BGE 137 I 195 E. 2.3.2.
42 LGVE 2004 I Nr. 45.
43 LGVE 2005 I Nr. 40.
44 LGVE 2003 I Nr. 30 und 44, 2002 I Nr. 43.
45 LGVE 2002 I Nr. 32.
46 LGVE 2004 I Nr. 37.
47 BGE 130 III 734 E. 2.2.3; LGVE 2000 I Nr. 34.

1.3. Öffentlichkeit des Verfahrens

3.3

Grundlage	Art. 30 Abs. 3 BV; Art. 54 ZPO
Grundsätze	– Verhandlungen sind öffentlich – Urteilsberatung ist nur öffentlich, wenn das kantonale Recht dies bestimmt – eine allfällige mündliche Eröffnung des Urteils ist öffentlich – erfolgt keine mündliche Urteilseröffnung, sind die Entscheidungen der Öffentlichkeit zugänglich zu machen (z.B. durch Auflegen in der Gerichtskanzlei oder durch Publikation im Internet)
Ausnahmen	– familienrechtliche Verfahren sind nicht öffentlich – Verhandlungen vor Schlichtungsbehörden sind nur in Ausnahmefällen öffentlich (Art. 203 Abs. 3 ZPO); entsprechend kann auch das Gericht die Öffentlichkeit von Vergleichsverhandlungen (vgl. Art. 124 ZPO) ausschliessen – die Öffentlichkeit kann ganz oder teilweise ausgeschlossen werden, wenn es das öffentliche Interesse oder das schutzwürdige Interesse einer Person erfordert

1.4. Verhandlungs- und Untersuchungsgrundsatz

1.4.1. Verhandlungsgrundsatz (Verhandlungsmaxime)

3.4

Grundlage	Art. 55 Abs. 1 ZPO
Grundsatz	es ist Sache der Parteien, dem Gericht die Tatsachen, auf die sie ihre Begehren stützen, darzulegen und die Beweismittel zu nennen[48] ⇒ **Grundregel des Zivilprozesses**
Ausnahmen	Ausnahmen im Beweisverfahren: – ein Augenschein kann von Amtes wegen durchgeführt werden (Art. 181 Abs. 1 ZPO), sofern er nur der Klärung und dem besseren Verständnis des Sachverhalts dient und keine Beweisfunktion hat – ein Gutachten kann von Amtes wegen eingeholt werden (Art. 183 Abs. 1 ZPO), sofern es nur der Klärung und dem besseren Verständnis des Sachverhalts dient und keine Beweisfunktion hat – eine Partei kann der Beweisaussage (unter Strafandrohung) von Amtes wegen unterstellt werden (Art. 192 Abs. 1 ZPO)

48 Anforderungen an Substanziierung: BGer 4A_271/2013 vom 26.9.2013, E. 6.1.

(Ausnahmen)	– anstelle einer beantragten Zeugeneinvernahme kann das Gericht von Amtes wegen eine schriftliche Auskunft von Amtsstellen und von Privatpersonen nach Art. 190 ZPO einholen[49] – alle Beweise können von Amtes wegen abgenommen werden, wenn an der Richtigkeit einer nicht streitigen Tatsache erhebliche Zweifel bestehen (Art. 153 Abs. 2 ZPO)
Beispiele aus Rechtsprechung	– kein Wechsel vom Verhandlungs- zum Untersuchungsgrundsatz nach Reduktion Klageforderung[50] – Inhalt des Verhandlungsgrundsatzes[51] – Beweisabnahme nur über behauptete Tatsachen[52]

1.4.2. Untersuchungsgrundsatz (Untersuchungsmaxime)

3.5

Grundlage	**Art. 55 Abs. 2 ZPO**
Grundsatz	die Sammlung des Prozessstoffs obliegt neben den Parteien auch dem Gericht ⇒ im Gesetz ausdrücklich für bestimmte Fälle vorgesehene **Ausnahme** von der Grundregel des Verhandlungsgrundsatzes
Abgrenzungen	Untersuchungsgrundsatz – betrifft nicht die Frage der Einleitung und Beendigung des Verfahrens – betrifft nicht die Frage der genügenden Formulierung der Rechtsbegehren – begründet keine Pflicht des Gerichts, die Parteien in prozessualen Fragen zu beraten[53]
Arten	nach ihrem Intensitätsgrad werden zwei Arten des Untersuchungsgrundsatzes unterschieden: – eingeschränkter («sozialer») Untersuchungsgrundsatz – uneingeschränkter Untersuchungsgrundsatz ⇒ folgende Tabelle → Rz 3.6

49 Die schriftliche Auskunft schliesst eine nachträgliche Zeugenbefragung nicht aus.
50 LGVE 2004 I Nr. 23.
51 LGVE 2002 I Nr. 14.
52 LGVE 1996 I Nr. 17.
53 BGE 137 III 617 E. 5.2.

1.4.3. Arten des Untersuchungsgrundsatzes

3.6

	beschränkter («sozialer») Untersuchungsgrundsatz	**uneingeschränkter Untersuchungsgrundsatz**
Anwendungsbereich	– vereinfachtes Verfahren: └ Fälle von Art. 243 Abs. 2 ZPO └ übrige Streitigkeiten aus Miete und Pacht von Wohn- und Geschäftsräumen sowie aus landwirtschaftlicher Pacht bis CHF 30 000 Streitwert └ übrige arbeitsrechtliche Streitigkeiten bis CHF 30 000 Streitwert – Verfahren vor Konkurs- und Nachlassgericht (Art. 255 lit. a ZPO) – freiwillige Gerichtsbarkeit (Art. 255 lit. b ZPO) – summarische eherechtliche Verfahren (Art. 272 ZPO) – summarische Verfahren bei eingetragener Partnerschaft (Art. 306 ZPO) – Scheidungsverfahren (Art. 277 Abs. 3 ZPO)[54], mit Ausnahme von └ güterrechtlicher Auseinandersetzung[55] └ nachehelichem Unterhalt └ Kinderbelangen	– bei Kinderbelangen in familienrechtlichen Angelegenheiten (Art. 295–304 ZPO) – Streitigkeiten betreffend Verwandtenunterstützungspflicht (Art. 329 Abs. 3 ZGB i.V.m. Art. 296 Abs. 1 ZPO)

54 Der eingeschränkte Untersuchungsgrundsatz gilt insbesondere für die Prüfung der Scheidungsvoraussetzungen (Art. 111 ff. ZGB) und für alle Fragen der beruflichen Vorsorge (Art. 122 ff. ZGB).

55 Hier und beim nachehelichen Unterhalt gilt der etwas eingeschränkte Verhandlungsgrundsatz (Art. 277 Abs. 1 und 2 ZPO).

		beschränkter («sozialer») Untersuchungsgrundsatz	uneingeschränkter Untersuchungsgrundsatz
(Anwendungsbereich)		– übrige Verfahren: bei erheblichen Zweifeln des Gerichts an Richtigkeit einer nicht streitigen Tatsache (Art. 153 Abs. 2 ZPO) – in allen Verfahren: Prüfung der Prozessvoraussetzungen (Art. 60 ZPO)	
Aufgabe Gericht		Feststellung des Sachverhalts von Amtes wegen[56]	Feststellung und Erforschung des Sachverhalts von Amtes wegen
Vorgehen		Gericht – darf unbehauptete Tatsachen berücksichtigen – darf über Unbestrittenes Beweis führen – ist nicht an die Beweisanträge der Parteien gebunden	Gericht hat jede Abklärung zu treffen, die nötig oder geeignet ist, den massgeblichen Sachverhalt zu ermitteln
Mitwirkungspflicht der Parteien	**Grundsatz**[57]	es bleibt in erster Linie Sache der Parteien (allenfalls unter Mithilfe des Gerichts), – den Sachverhalt darzulegen – die Beweismittel zu bezeichnen	
	Folgen der Missachtung	– Gericht hat sich über Vollständigkeit der Behauptungen und Beweise nur bei ernsthaften Zweifeln zu versichern[58] – keine Erforschung des Sachverhalts – Beweiserhebung kann unterbleiben	im Rahmen des Möglichen – trotzdem Erforschung des Sachverhalts – trotzdem Beweiserhebung

56 BGE 139 III 457 E. 4.4.3.2.
57 BGE 128 III 411 E. 3.2.1.
58 BGE 139 III 13 E. 3.2; BGer 4A_701/2012 vom 19.4.2013, E. 1.2.1.

		beschränkter («sozialer») Untersuchungsgrundsatz	uneingeschränkter Untersuchungsgrundsatz
Vorschuss für Gerichts- und Beweiskosten	**Grundsatz**	die Parteien sind nach Art. 98 und 102 ZPO vorschusspflichtig	
	Folgen der Nichtleistung Gerichtskostenvorschuss	nach Ablauf Nachfrist Nichteintreten auf Klage oder Gesuch (Art. 101 Abs. 3 ZPO)	
	Folgen der Nichtleistung Beweiskostenvorschuss	Beweisabnahme entfällt	Beweisabnahme muss grundsätzlich durchgeführt werden[59]
Beweismittel		zulässig sind nur die gesetzlich vorgesehenen Beweismittel (*numerus clausus*, Art. 168 Abs. 1 ZPO)	keine Beschränkung der Beweismittel (es gilt der sog. Freibeweis[60], Art. 168 Abs. 2 ZPO)
Beweiswürdigung		freie Beweiswürdigung → Rz 1.8	
Noven		echte und unechte Noven können bis zur Urteilsberatung vorgebracht werden[61]	

59 Ausnahmen sind denkbar, z.B. wenn die Vaterschaftsvermutung durch ein Gutachten umgestossen werden soll (vgl. BGer 5C.73/2004 vom 7.4.2004, E. 2).

60 BGE 122 I 53 E. 4a.

61 Bei verspätetem Vorbringen können der betreffenden Partei aber die dadurch entstandenen Mehrkosten auferlegt werden (Art. 108 ZPO).

1.5. Gerichtliche Fragepflicht

3.7

Hinweis

Formell (z.B. nicht unterschriebene) oder inhaltlich nicht korrekte (unleserliche, ungebührliche, unverständliche, weitschweifige, querulatorische, rechtsmissbräuchliche) Eingaben werden ohne weiteres oder zur Verbesserung zurückgewiesen (Art. 132 ZPO). Die gerichtliche Fragepflicht kommt erst bei einer korrekten Eingabe zum Zug.

	Bereich		
	Verhandlungsgrundsatz	**Verhandlungsgrundsatz mit verstärkter Fragepflicht (Art. 247 Abs. 1 ZPO)/beschränkter Untersuchungsgrundsatz**	**uneingeschränkter Untersuchungsgrundsatz**
Charakter	richterliche Fragepflicht – dient als Verfahrensgrundsatz der Ergänzung oder Klarstellung der Parteivorbringen – stellt kein Beweismittel dar[62]		
Anwendungsfälle	– bei unklaren, widersprüchlichen, unbestimmten oder **offensichtlich** unvollständigen Vorbringen einer Partei (Art. 56 ZPO)[63] – für die Beurteilung vermögensrechtlicher Scheidungsfolgen notwendige Unterlagen fehlen (Art. 277 Abs. 2 ZPO)	bei unklaren, widersprüchlichen, unbestimmten oder **möglicherweise** unvollständigen Vorbringen einer Partei[64]	

62 BGer 4A_498/2014 vom 3.2.2015, E. 3.3.

63 Vorausgesetzt ist aber, dass der Sachverhalt, das Rechtsbegehren oder der Beweisantrag zumindest rudimentär vorgetragen wurde. Fehlt die Substanziierung ganz, wird auf die Klage bzw. auf den nicht begründeten Antrag nicht eingetreten (BGer 4A_444/2013 vom 5.2.2014, E. 6.3).

64 Auch hier ist vorausgesetzt, dass der Sachverhalt, das Rechtsbegehren oder der Beweisantrag zumindest rudimentär vorgetragen wurde. Fehlt die Substanziierung ganz, wird auf die Klage bzw. auf den nicht begründeten Antrag nicht eingetreten (BGer 4A_444/2013 vom 5.2.2014, E. 6.3).

Tätigkeit Gericht	Gericht **gibt** Partei durch Fragen **Gelegenheit** zur Klarstellung und Ergänzung ihrer Vorbringen (Art. 56 ZPO) Gericht **fordert** Partei **auf**, die für die Beurteilung vermögensrechtlicher Scheidungsfolgen notwendigen Unterlagen aufzulegen (Art. 277 Abs. 2 ZPO) ⇒ Gericht ermittelt **nicht selber**	Gericht **wirkt darauf hin**, dass Partei – ihre Vorbringen klarstellt oder ergänzt – vorhandene Beweismittel bezeichnet (Art. 247 Abs. 1 ZPO) Novenrecht: – im Bereich des Verhandlungsgrundsatzes nach Art. 229 Abs. 1 und 2 ZPO – im Bereich des Untersuchungsgrundsatzes nach Art. 229 Abs. 3 ZPO ⇒ Gericht ermittelt **nicht selber**	Gericht **wirkt darauf hin**, dass Partei – ihre Vorbringen klarstellt oder ergänzt – vorhandene Beweismittel bezeichnet (Art. 247 Abs. 1 ZPO) Gericht **erforscht** Sachverhalt von sich aus und nimmt Beweise auch ohne Parteiantrag ab (Art. 296 Abs. 1 ZPO) ⇒ Gericht ermittelt **selber**
Umfang	abhängig von den konkreten Umständen des Einzelfalles (insbesondere Schwierigkeit des Falles, Kenntnisse bzw. Unbeholfenheit der betroffenen Partei)[65] richterliche Fragepflicht geht bei anwaltlich vertretener Partei weniger weit[66]		im Rahmen des dem Gericht Möglichen und Zumutbaren
Schranken	– Dispositionsfreiheit der Parteien (ausser beim uneingeschränkten Untersuchungsgrundsatz) – prozessuale Sorgfaltspflicht ⇒ keine Behebung prozessualer Nachlässigkeiten und Versäumnisse [67] – richterliche Unparteilichkeit ⇒ keine Bevorzugung oder Begünstigung einer Partei		
Verletzung Fragepflicht (mögliche Folgen)	– Vorbringen, die vom Gericht hätten erfragt werden müssen, sind im laufenden Verfahren auch ausserhalb des Novenrechts zuzulassen – bei Geltendmachung der Verletzung der Fragepflicht im Rechtsmittelverfahren (als unrichtige Rechtsanwendung; Art. 310 lit. a, Art. 320 lit. a ZPO): Berücksichtigung solcher Vorbringen bei Sachentscheid der Rechtsmittelinstanz oder Rückweisung der Sache an die Vorinstanz zur Sachverhaltsergänzung – Verletzung der richterlichen Unparteilichkeit (durch Bevorzugung oder Begünstigung einer Partei) kann Ausstandsgrund (Art. 47 Abs. 1 lit. f ZPO) bilden		

65 BGer 4A_78/2014 vom 23.9.2014, E. 3.3.3.

66 BGer 4A_57/2014 vom 8.5.2014, E. 1.3.2; BGer 4A_444/2013 vom 5.2.2014, E. 6.3; LGVE 2014 II Nr. 17 E. 3.5.

67 BGer 4D_57/2013 vom 2.12.2013, E. 3.2.

1.6. Rechtsanwendung von Amtes wegen

3.8

Grundlage	Art. 57 ZPO
Grundsatz	das Gericht wendet das in- und ausländische Recht (Prozessrecht und materielles Recht) von Amtes wegen an *(iura novit curia)*; es hat die zutreffenden Rechtssätze auf den festgestellten Sachverhalt anzuwenden[68]
Ausnahme	– zur Feststellung des ausländischen Rechts kann die Mitwirkung der Parteien verlangt werden; bei vermögensrechtlichen Ansprüchen kann ihnen dessen Nachweis überbunden werden (Art. 16 Abs. 1 IPRG); der Nachweis erfolgt nach den Regeln und in den Formen des Beweisverfahrens (Art. 150 Abs. 2 ZPO) – bei Säumnis der Parteien oder unbefriedigendem Ergebnis hat das Gericht seine Nachforschungen im Rahmen des Zumutbaren zu verstärken, wobei es bei vermögensrechtlichen Ansprüchen weniger weit zu gehen hat; verlaufen diese Nachforschungen erfolglos, ist ersatzweise schweizerisches Recht anzuwenden (Art. 16 Abs. 2 IPRG)

1.7. Dispositions- und Offizialgrundsatz

1.7.1. Dispositionsgrundsatz (Dispositionsmaxime, Verfügungsgrundsatz)

3.9

Grundlage	Art. 58 Abs. 1 ZPO
Grundsatz	die Parteien können über den Streitgegenstand verfügen; sie bestimmen: – ob, wann, in welchem Umfang und wie lange sie als **Kläger** Rechte gerichtlich geltend machen wollen – ob sie als **Beklagte** die eingeklagten Ansprüche anerkennen wollen dementsprechend darf das Gericht einer Partei – nicht mehr und nichts anderes zusprechen, als sie verlangt – nicht weniger zusprechen, als die Gegenpartei anerkennt ob ein Gericht mehr oder anderes zugesprochen hat, als eine Prozesspartei verlangt hat, misst sich in erster Linie an den gestellten Rechtsbegehren; deren Sinn nach objektiver Auslegung ermittelt werden kann[69] ⇒ **Grundregel des Zivilprozesses** (Art. 58 Abs. 1 ZPO)

68 BGE 115 II 464 E. 1.

69 Die objektive Auslegung erfolgt nach allgemeinen Grundsätzen unter Berücksichtigung von Treu und Glauben im Licht der Begründung (BGer 5A_657/2014 vom 27.4.2015, E. 8.1; 4A_440/2014 vom 27.11.2014, E. 3.3).

Beispiele aus Rechtsprechung	– bei Klage auf Zusprechung verschiedener, auf dem gleichen Grund beruhender Schadensposten ist das Gericht nur durch den Gesamtbetrag gebunden[70] – keine Rechtsöffnung für das gesetzliche Pfandrecht ohne Antrag[71] – keine Abänderung einer falschen Grundstücknummer durch den Grundbuchverwalter bei vorläufiger Eintragung eines Bauhandwerkerpfandrechts[72]

1.7.2. Offizialgrundsatz (Offizialmaxime) 3.10

Grundlage	**Art. 58 Abs. 2 ZPO**
Grundsatz	die Befugnis der Parteien, über den Streitgegenstand zu verfügen, ist eingeschränkt oder relativiert: – eine Klageanerkennung ist ausgeschlossen – das Gericht ist nicht an die Parteianträge gebunden und kann auch ohne Parteianträge entscheiden – Parteivereinbarungen im Ehescheidungs- und Unterhaltsprozess sind genehmigungsbedürftig ⇒ im Gesetz ausdrücklich für bestimmte Fälle vorgesehene **Ausnahme** vom Dispositionsgrundsatz als Grundregel des Zivilprozesses
Anwendungsfälle (Auswahl)	– Prüfung der Prozessvoraussetzungen von Amtes wegen (Art. 60 ZPO) – Festsetzung und Verlegung der Gerichtskosten von Amtes wegen (Art. 105 Abs. 1 ZPO) – Aufhebung oder Abänderung einer Anordnung der freiwilligen Gerichtsbarkeit von Amtes wegen (Art. 256 Abs. 2 ZPO) – Verpflichtung der gesuchstellenden Partei zu Sicherheitsleistung bei superprovisorischen Massnahmen von Amtes wegen (Art. 265 Abs. 3 ZPO) – Genehmigung von Parteivereinbarungen im Ehescheidungs- und Unterhaltsprozess (Art. 279 f. ZPO) – Entscheid über Teilung der Austrittsleistungen (Art. 281 Abs. 1 und 2 ZPO) – Neubeurteilung nicht angefochtener Kinderunterhaltsbeiträge im Rechtsmittelverfahren (Art. 282 Abs. 2 ZPO) – Entscheid über Kinderbelange in familienrechtlichen Angelegenheiten ohne Bindung an die Parteianträge (Art. 296 Abs. 3 ZPO)

70 BGE 123 III 115 E. 6d; 119 II 396 E. 2.
71 LGVE 1999 I Nr. 41.
72 LGVE 1998 I Nr. 20.

(Anwendungsfälle [Auswahl])	– Erläuterung und Berichtigung eines Entscheids von Amtes wegen (Art. 334 Abs. 1 ZPO) – Art der zu erteilenden Rechtsöffnung (definitive oder provisorische)[73]

2. Weitere Verfahrensgrundsätze

2.1. Gerichtliche Aufklärungspflicht

3.11

Grundlage	**Art. 97, 161, 183 Abs. 3 ZPO**
Grundsatz	Das Gericht hat – die nicht anwaltlich vertretene Partei über die mutmassliche Höhe der Prozesskosten sowie über die unentgeltliche Rechtspflege aufzuklären (Art. 97 ZPO) – die Parteien und Dritte über die Mitwirkungspflicht bei Beweiserhebungen, das Verweigerungsrecht und die Säumnisfolgen aufzuklären; bei unterlassener Aufklärung dürfen die erhobenen Beweise nur berücksichtigt werden, wenn die betroffene Person zustimmt oder die Verweigerung unberechtigt war (Art. 161 ZPO) – eigenes Fachwissen, das im Beweisverfahren eine Rolle spielt und insbesondere ein beantragtes Gutachten ersetzt, offenzulegen, damit die Parteien dazu Stellung nehmen können (Art. 183 Abs. 3 ZPO); Missachtung dieser Pflicht = Verletzung des rechtlichen Gehörs → Rz 3.2 – den Parteien von einer wesentlich abweichenden Rechtsauffassung und allenfalls von Erhebungen über den Inhalt ausländischen Rechts Kenntnis zu geben und ihnen zu ermöglichen, darauf zu reagieren; Missachtung dieser Pflicht = Verletzung des rechtlichen Gehörs → Rz 3.2

73 BGE 140 III 372 E. 3.5.

2.2. Grundsatz der richterlichen Prozessleitung

3.12

Grundlage	Art. 124–128 ZPO
Grundsatz	das Gericht leitet den Prozess und sorgt für dessen zügige Durchführung (Art. 124 Abs. 1 ZPO); es kann jederzeit versuchen, eine Einigung zwischen den Parteien herbeizuführen (Art. 124 Abs. 3 ZPO) aus verfahrensökonomischen Gründen kann ein Kollegialgericht die Prozessleitung an ein Mitglied delegieren (Art. 124 Abs. 2 ZPO)
Mittel	– das Gericht übt die Prozessleitung gegenüber den Parteien im Wesentlichen durch prozessleitende Verfügungen und notfalls durch gerichtspolizeiliche Massnahmen aus – die prozessleitenden Verfügungen müssen in der Regel nicht begründet werden – die prozessleitenden Verfügungen können jederzeit aufgehoben oder abgeändert werden **Beispiele** für prozessleitende Verfügungen: – Fristansetzung (für Rechtsschrift/Eingabe/Einreichung Unterlagen etc.) – Fristerstreckung (Art. 144 Abs. 2 ZPO) – Vorladung zur Verhandlung – Ausstandsentscheid (Art. 50 Abs. 1 ZPO) – Entscheid über Nebenintervention (Art. 75 Abs. 2 ZPO) – Entscheid über Streitverkündungsklage (Art. 82 ZPO) – Aufforderung zur Leistungen eines Kostenvorschusses (Art. 98, 102 ZPO) – Entscheid über Sicherheitsleistung (Art. 99 ff. ZPO) – Entscheid über die unentgeltliche Rechtspflege nach Klageeinleitung (Art. 117 ff. ZPO) – Massnahmen zur Prozessvereinfachung (Art. 125 ZPO) – Sistierung des Verfahrens (Art. 126 ZPO) – Überweisung Klage an zuerst angerufenes Gericht bei sachlich zusammenhängenden Verfahren (Art. 127 ZPO) – Sanktionierung von Verstössen gegen die Verfahrensdisziplin und von mutwilliger Prozessführung (Art. 128 ZPO) – Terminverschiebung (Art. 135 ZPO) – Beweisentscheid (Art. 154 ZPO)

2.3. Beschleunigungsgebot

3.13

Grundlage	Art. 6 Abs. 1 EMRK; Art. 29 Abs. 1 BV; diverse Artikel der ZPO
Grundsatz	über die Sache ist möglichst rasch, jedenfalls innert angemessener Frist[74] zu entscheiden
Umsetzung in der ZPO	– Beurteilung durch eine einzige kantonale Instanz in bestimmten Fällen (Art. 5–8 ZPO) → Rz 2.1 – Möglichkeit der Prozessvereinfachung wie Verfahrensbeschränkung auf einzelne Fragen oder Rechtsbegehren, Vereinigung oder Trennung von Verfahren, Prozessüberweisung (Art. 125, 222 Abs. 3 ZPO) – Fristerstreckungen und Terminverschiebungen nur aus zureichenden Gründen (wie etwa Krankheit, Spitalaufenthalt, Todesfall, Militärdienst, Inhaftierung, Auslandabwesenheit, Wohnsitz/Sitz im Ausland, Einigung der Parteien, Vergleichsverhandlungen, nicht beeinflussbare Arbeitsüberlastung) zulässig (Art. 135, 144 Abs. 2 ZPO) – Wegfall des (selbständigen) Schlichtungsverfahrens in bestimmten Fällen (Art. 198 ZPO) – fakultativer Parteiverzicht auf das Schlichtungsverfahren (Art. 199 ZPO) – Zeitvorgaben für Schlichtungsbehörde (Art. 202 Abs. 3, Art. 203 ZPO) und für Vollstreckungsgericht (Art. 341 Abs. 2 ZPO) – Formerleichterungen, Mündlichkeit und zielgerichtete Prozessleitung im vereinfachten Verfahren (Art. 243–247 ZPO) – Möglichkeit des mündlichen Gesuchs im summarischen Verfahren (in einfachen oder dringenden Fällen; Art. 252 Abs. 2 ZPO) – Beweismittelbeschränkung und Absehen von Verhandlung im summarischen Verfahren (Art. 254, 256 Abs. 1 ZPO) – gesetzliche und daher nicht erstreckbare Fristen für Rechtsschriftenwechsel im Rechtsmittelverfahren (Art. 311 Abs. 1, Art. 312 Abs. 2, Art. 314, 321 Abs. 1 und 2, Art. 322 Abs. 2 ZPO) – Unzulässigkeit der Anschlussberufung im summarischen Verfahren (Art. 314 Abs. 2 ZPO) – Unzulässigkeit der Anschlussbeschwerde (Art. 323 ZPO) der Prozessbeschleunigung dient auch der Eventualgrundsatz → Rz 3.14

74 BGer 5A_383/2014 vom 25.7.2014, E. 4.1.

2.4. Eventualgrundsatz (Eventualmaxime, Konzentrationsgrundsatz)

3.14

Grundlage	**Art. 227, 229, 230, 317, 326 ZPO**		
Grundsatz	die Parteivorbringen müssen in einem bestimmten Verfahrensstadium erfolgen und sind nachher nicht mehr zulässig		
Umsetzung in der ZPO	**Vorbringen neuer Tatsachen und Beweismittel**	**in erster Instanz**	– bis zum Aktenschluss (Art. 229 Abs. 1 und 2 ZPO) → Rz 15.11 – im Geltungsbereich des Untersuchungsgrundsatzes bis zur Urteilsberatung (Art. 229 Abs. 3 ZPO)
		im Berufungsverfahren	– nur unter eingeschränkten Voraussetzungen (Art. 317 Abs. 1 ZPO) – im Geltungsbereich des unbeschränkten Untersuchungsgrundsatzes bis zur Urteilsberatung (umstritten; → Rz 21.11)
		im Beschwerdeverfahren	– grundsätzlich ausgeschlossen (Art. 326 Abs. 1 ZPO) – zulässig └ in gesetzlich ausdrücklich vorgesehenen Fällen, z.B. bei Weiterziehung des Konkursdekrets nach Art. 174 SchKG oder der Arresteinsprache nach Art. 278 Abs. 3 SchKG (Art. 326 Abs. 2 ZPO) └ wenn erst der Entscheid der Vorinstanz Anlass zu Noven gibt[75]
	Klageänderung	**in erster Instanz**	– zulässig nur, wenn die Voraussetzungen von Art. 227 Abs. 1 ZPO erfüllt sind und └ nur bis zur Hauptverhandlung (Art. 230 Abs. 1 ZPO) bzw. bis zum Verzicht der Parteien auf die Hauptverhandlung[76] └ an der Hauptverhandlung nur noch, wenn sie auf neuen Tatsachen oder Beweismitteln beruht (Art. 230 Abs. 1 ZPO) – Umwandlung einer Scheidungsklage in eine Trennungsklage und einer Trennungsklage in eine Scheidungsklage bis zum Beginn der Urteilsberatung möglich (Art. 293, 294 Abs. 2 ZPO)

75 BGE 139 III 466 E. 3.4.

76 Es wird auch die Ansicht vertreten, die Klageänderung sei nur bis zum Aktenschluss zulässig (→ Rz 15.10).

		im Berufungsverfahren	zulässig nur, wenn die Voraussetzungen von Art. 227 Abs. 1 ZPO erfüllt sind und die Klageänderung auf neuen Tatsachen oder Beweismitteln beruht (Art. 317 Abs. 2 ZPO)
		im Beschwerdeverfahren	ausgeschlossen (Art. 326 Abs. 1 ZPO)

2.5. Unmittelbarkeit und Mittelbarkeit

3.15

Grundlage	**Art. 155 Abs. 1 und 2, Art. 226, 228–232, 246 Abs. 2, Art. 253, 291, 298 Abs. 1 ZPO**		
Unmittelbarkeit[77]	**Grundsatz**	die Verhandlungen und die Beweisabnahmen erfolgen unmittelbar vor dem ganzen urteilenden Spruchkörper	
	Anwendungsfälle	**obligatorisch**	– Beweisabnahme vor dem ganzen Spruchkörper aus wichtigen Gründen auf Verlangen einer Partei (Art. 155 Abs. 2 ZPO) – Hauptverhandlung (Art. 228 ff. ZPO)[78], sofern Parteien nicht gemeinsam darauf verzichten
		fakultativ	Verhandlungen und Beweisabnahmen, die auch von einem Instruktionsrichter durchgeführt werden könnten
Mittelbarkeit	**Grundsatz**	die Verhandlungen und die Beweisabnahmen erfolgen nicht vor dem ganzen urteilenden Spruchkörper	
	Anwendungsfälle	– Beweisabnahme durch Instruktionsrichter (Art. 155 Abs. 1 ZPO) – Beweisabnahme durch anderes Gericht im Rechtshilfeverfahren (Art. 196 ZPO) – Instruktionsverhandlung im ordentlichen und vereinfachten Verfahren (Art. 226 und 246 Abs. 2 ZPO) vor Instruktionsrichter – Verhandlung im Summarverfahren (Art. 253 ZPO) vor Instruktionsrichter – Einigungsverhandlung (Art. 291 Abs. 1 und 2 ZPO) vor Instruktionsrichter – Anhörung Kinder durch Instruktionsrichter oder beauftragte Drittperson (Art. 298 Abs. 1 ZPO) – Verhandlung im Rechtsmittelverfahren (Art. 316 Abs. 1, Art. 327 Abs. 2 ZPO) vor Instruktionsrichter	

77 Im sachlichen Zuständigkeitsbereich des Einzelrichters herrscht immer die Unmittelbarkeit (Ausnahme: Beweisabnahme durch ein anderes Gericht im Rechtshilfeverfahren, Art. 196 ZPO).

78 Die Hauptverhandlung findet – im Gegensatz zur Instruktionsverhandlung – immer vor dem ganzen Spruchkörper statt.

II. Prozessvoraussetzungen

1. Allgemeines

3.16

Grundlage	Art. 59–61 ZPO
Begriff	Prozessvoraussetzungen – sind Bedingungen des Eintretens auf die Sache (Sachurteilsvoraussetzungen) – müssen im Urteilszeitpunkt vorliegen[79] (bei Scheidungsklagen muss die örtliche Zuständigkeit schon bei Anhängigmachung der Klage gegeben sein[80]) die einmal begründete örtliche Zuständigkeit bleibt bestehen (*perpetuatio fori*, Art. 64 Abs. 1 lit. b ZPO), in bestimmten Fällen auch die sachliche (z.B. Art. 85 Abs. 2, Art. 227 Abs. 3 ZPO)
Prozessvoraussetzungen nach Art. 59 Abs. 2 ZPO	– Rechtsschutzinteresse[81] – Zuständigkeit des Gerichts (örtlich, sachlich, funktionell); Vorgehen bei Schiedsvereinbarung: s. Art. 61 ZPO[82] → Rz 3.18 – Partei- und Prozessfähigkeit (bzw. gesetzliche Vertretung bei Prozessunfähigkeit)[83] – keine anderweitige Rechtshängigkeit der (identischen) Sache – kein rechtskräftiger Entscheid über die (identische) Sache (*res iudicata*)[84] – Bezahlung des Vorschusses und der Sicherheit für die Prozesskosten
weitere Prozessvoraussetzungen	die Aufzählung in Art. 59 Abs. 2 ZPO ist nicht abschliessend; weitere Prozessvoraussetzungen sind insbesondere: – Zulässigkeit des Zivilrechtswegs (vgl. Art. 1 ZPO)[85] – Gerichtsbarkeit über die beklagte Partei (keine Immunität) – bei Klageänderung: Zulässigkeit der neuen Klage (Art. 227 Abs. 1, Art. 230 Abs. 1, Art. 317 Abs. 2 ZPO) – Zulässigkeit der gewählten Verfahrensart (s. z.B. Art. 257 Abs. 2 und 3 ZPO)

79 BGE 140 III 159 E. 4.2.4.

80 Diese Ausnahme bezieht sich nur auf die tatsächlichen Voraussetzungen der Wohnsitznahme, nicht auch auf das anwendbare Recht (BGE 116 II 209 E. 2 b/bb).

81 Beispiele: BGE 141 III 68 E. 2 (negative Feststellungsklage); BGE 131 I 153 E. 1.2 (aktuelles Interesse); 97 II 97 E. 5b (Unterlassungsklage); LGVE 2015 I Nr. 1, 2011 I Nr. 25 (mangelndes Feststellungsinteresse); ZR 112 (2013) Nr. 18 (die blosse Einreichung eines Schlichtungsgesuchs und die Ausstellung der Klagebewilligung stehen der sachlichen Zuständigkeit des Handelsgerichts nicht von vornherein entgegen; ist im Zeitpunkt des Eintretensentscheids die Gültigkeit der Klagebewilligung bereits abgelaufen und steht fest, dass der entsprechende Prozess nicht fortgesetzt wurde, steht die Rechtshängigkeit jenes Verfahrens dem Eintreten auf die spätere Klage nicht entgegen).

82 Grundsätze der Zuständigkeitsprüfung: BGE 137 III 32 E. 2.2 f.

83 Beispiel: LGVE 2003 I Nr. 35.

84 Beispiel: BGE 139 III 126 E. 3.

85 Beispiele: LGVE 2012 I Nr. 28, 2006 I Nr. 54.

(weitere Prozessvoraus-setzungen)	– bei obligatorischem Schlichtungsverfahren: gültige Klagebewilligung (Art. 209 ZPO)[86] – gehörige Verfahrenseinleitung (formell gültige Klage bzw. formell gültiges Gesuch) – Wahrung gesetzlicher Klagefristen – Zulässigkeit Parteiwechsel (Art. 83 ZPO) – Zulässigkeit Widerklage (Art. 224 ZPO) – gehörige Einreichung Rechtsmittel (Form, Frist) – Zulässigkeit der Rügen im Rechtsmittelverfahren
Abgrenzungen	keine Prozessvoraussetzungen sind: – Fehlen von Verjährung oder Verwirkung des eingeklagten Rechts – Sachlegitimation[87]
Heilung von Mängeln	gewisse Mängel der Prozessvoraussetzungen können geheilt werden; das Gericht hat dazu eine Frist anzusetzen Beispiele: – Verbesserung formell ungenügender Klagen/Gesuche (Art. 132 Abs. 1 ZPO) – Genehmigung der Klage/des Gesuchs einer prozessunfähigen Partei durch den gesetzlichen Vertreter

86 BGE 140 III 70 E. 5; 139 III 273 E. 2.1.

87 Die Sachlegitimation ist als materiellrechtliche Voraussetzung des eingeklagten Anspruchs von Amtes wegen zu prüfen, im Bereich des Verhandlungsgrundsatzes aber bloss nach Massgabe des behaupteten und festgestellten Sachverhalts (BGE 130 III 550 E. 2).

2. Prüfung der Prozessvoraussetzungen

3.17

Grundsatz	– Prüfung von Amtes wegen – Mitwirkungspflicht der Parteien bei Sammlung des Prozessstoffes[88]	
Ausnahmen	Prüfung nur auf Einrede der beklagten Partei: – örtliche Zuständigkeit (bei dispositiven Gerichtsständen, d.h. wenn Einlassung nach Art. 18 ZPO möglich ist) – Bestehen einer Schiedsvereinbarung (Art. 61 ZPO)	
Zeitpunkt	– immer zu Beginn des Verfahrens – später (bis zum Entscheidzeitpunkt) jederzeit möglich das Gericht kann den Prozess auf die Zulässigkeitsfrage beschränken (Art. 125 lit. a, Art. 222 Abs. 3 ZPO)	
Entscheidform	Möglichkeiten: – Prozessentscheid (Endentscheid) bei Fehlen einer Prozessvoraussetzung – prozessleitender Entscheid (Zwischenentscheid) bei Bejahen der Prozessvoraussetzungen – Sachentscheid (Endentscheid) bei Bejahen der Prozessvoraussetzungen	
Entscheid	**Prozessvoraussetzungen gegeben**	Eintreten auf Klage/Gesuch, anschliessend Durchführung des Verfahrens und Entscheid in der Sache
	Prozessvoraussetzungen nicht gegeben oder entfallen	Nichteintreten auf Klage/Gesuch[89]

88 In Verfahren mit Verhandlungsmaxime muss Gericht nicht von sich aus nach Tatsachen forschen, welche die Zulässigkeit der Klage berühren (BGE 139 III 278 E. 4.3).

89 Der Wegfall einer Prozessvoraussetzung nach Rechtshängigkeit wird in einem Teil der Literatur als Anwendungsfall von Art. 242 ZPO (Gegenstandslosigkeit aus anderen Gründen) betrachtet, der zu einem Abschreibungsentscheid führt.

3. Zuständigkeit des staatlichen Gerichts trotz Schiedsvereinbarung

3.18

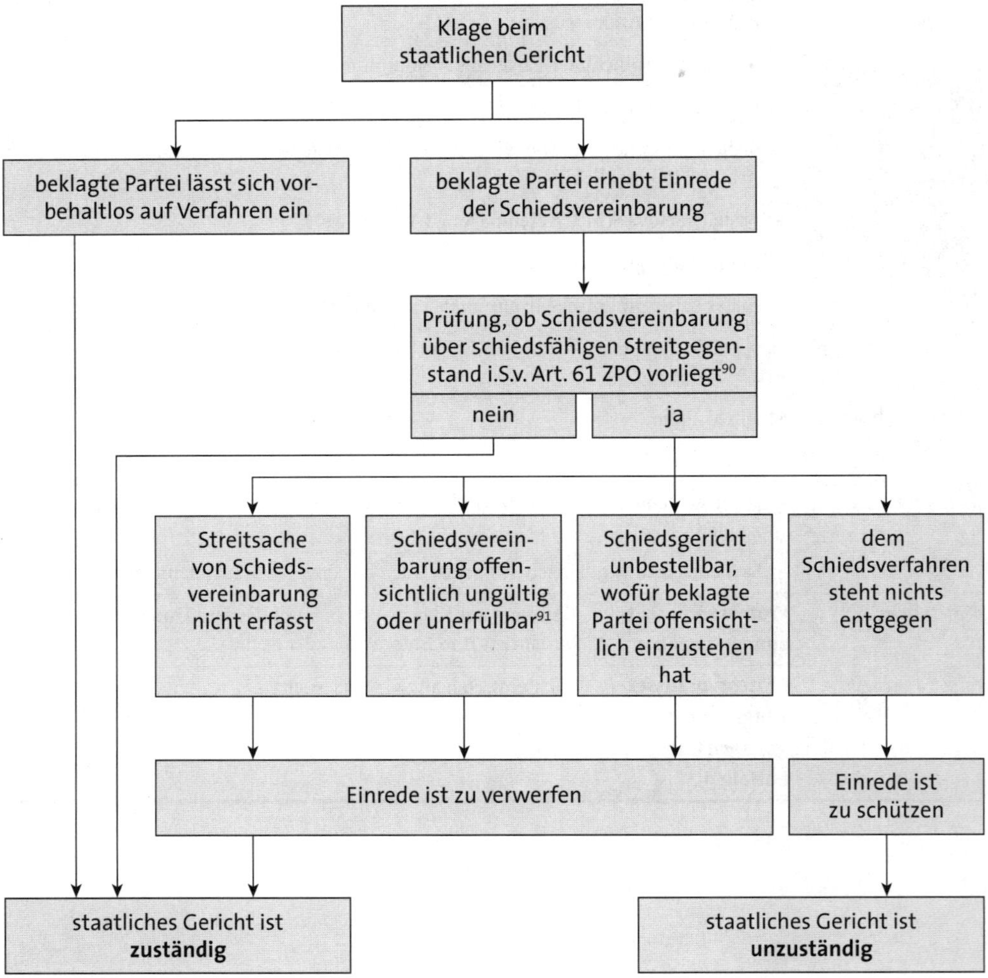

90 BGE 140 III 367 E. 2.2.3.

91 Das staatliche Gericht prüft bloss summarisch, ob diese Schiedsvereinbarung seine Zuständigkeit ausschliesst (BGE 138 III 681 E. 3.2).

§ 4 Rechtshängigkeit – Folgen des Klagerückzugs (Art. 62–65 ZPO)

I. Beginn der Rechtshängigkeit (Art. 62–63 ZPO)

1. Normalfall

4.1

Prozesseinleitung	Rechtshängigkeit
durch Schlichtungsverfahren (Fälle von Art. 197 ZPO)	mit Einreichung Schlichtungsgesuch
ohne Schlichtungsverfahren (Fälle von Art. 198 und 199 ZPO)	mit Einreichung Klage/Gesuch/gemeinsames Scheidungsbegehren

Bemerkungen

- Im internationalen Verhältnis gilt das Gleiche (Art. 9 Abs. 2 IPRG). Ausnahme: bei Anwendung von Art. 27 LugÜ[92] ist (nach Rechtsprechung des EuGH) für den Eintritt der Rechtshängigkeit an den Eintritt der Fortführungslast anzuknüpfen; massgebend ist demnach die Zustellung der Klage an die beklagte Partei (Art. 66 ZPO).
- Zur Rechtshängigkeit des Schiedsverfahrens s. Art. 372 ZPO.

2. Mangelhafte Prozesseinleitung

4.2

Mangel	Folge	Reaktion	Rechtshängigkeit
fehlende Zuständigkeit Gericht/ Schlichtungsbehörde	Nichteintretensentscheid oder Rückzug Klage/ Gesuch mangels (örtlicher, sachlicher oder funktioneller)[93] Zuständigkeit	neue Eingabe innert eines Monats[94] bei zuständiger Instanz	ab Einreichen der ersten Eingabe[95]
		neue Eingabe nach mehr als einem Monat[96] bei zuständiger Instanz	ab Einreichen der neuen Eingabe
		keine neue Eingabe	endet mit Entscheid oder Rückzug Eingabe

92 Art. 27 des LugÜ vom 30.10.2007 (für die Schweiz in Kraft seit 1.1.2011) entspricht Art. 21 aLugÜ. Lehre und Rechtsprechung zu Art. 21 aLugÜ sind daher weiterhin zu beachten.

93 BGer 4A_592/2013 vom 4.3.2013, E. 3.2.

94 Bzw. kürzere besondere Klagefrist nach SchKG (Art. 63 Abs. 3 ZPO), z.B. 20 Tage bei Aberkennungsklage (Art. 83 Abs. 2 SchKG) oder 10 Tage bei Arrestprosequierungsklage (Art. 279 SchKG). Fristbeginn: mit Zustellung des Nichteintretensentscheids (BGE 138 III 610 E. 2).

95 Dies gilt auch, wenn sich das zweite angerufene Gericht ebenfalls für unzuständig erklärt (BGE 138 III 471 E. 6).

96 Bzw. kürzere besondere Klagefrist nach SchKG (Art. 63 Abs. 3 ZPO).

Mangel	Folge	Reaktion	Rechtshängigkeit
Wahl einer falschen Verfahrensart	Nichteintretensentscheid oder Rückzug Klage/Gesuch wegen falscher Verfahrensart	neue Eingabe innert eines Monats[97] im richtigen Verfahren	ab Einreichen der ersten Eingabe
		neue Eingabe nach mehr als einem Monat[98] im richtigen Verfahren	ab Einreichen der neuen Eingabe
		keine neue Eingabe	endet mit Entscheid oder Rückzug Eingabe
Klageeinreichung ohne Klagebewilligung **a) Schlichtungsverfahren fand statt**	Aufforderung des Gerichts zu Einreichung Klagebewilligung (mit Androhung des Nichteintretens auf Klage)	Einreichen Klagebewilligung innert angesetzter Frist	ab Einreichung Schlichtungsgesuch
		kein Einreichen Klagebewilligung innert angesetzter Frist	endet mit Nichteintretensentscheid
b) Schlichtungsverfahren fand nicht statt	Nichteintreten auf Klage	---	durch Klage begründete Rechtshängigkeit endet mit Nichteintretensentscheid
Klageeinreichung nach Ablauf Klagebewilligung	Nichteintreten auf Klage	---	– durch Schlichtungsgesuch begründete Rechtshängigkeit endet mit Ablauf Klagefrist – durch Klage begründete Rechtshängigkeit endet mit Nichteintretensentscheid
Einreichung Schlichtungsgesuch trotz Ausschluss Schlichtungsverfahren (Fälle von Art. 198 ZPO)	Nichteintretensentscheid Schlichtungsbehörde	Einreichen Klage/Gesuch	mit Einreichen Klage/Gesuch
	Durchführung Schlichtungsverfahren (versehentlich oder weil nicht erkennbar war, dass ein Fall von Art. 198 ZPO vorliegt)	Einreichen Klage/Gesuch	mit Einreichen Klage/Gesuch (nicht mit Einreichen Schlichtungsgesuch)

97 Bzw. kürzere besondere Klagefrist nach SchKG (Art. 63 Abs. 3 ZPO).

98 Bzw. kürzere besondere Klagefrist nach SchKG (Art. 63 Abs. 3 ZPO).

II. Wirkungen der Rechtshängigkeit

1. Sperrwirkung und *perpetuatio fori*

4.3

Grundlage	**Art. 64 Abs. 1 ZPO**
Sperrwirkung	identische Klage[99] zwischen gleichen Parteien kann nicht an einem anderen Gericht oder am gleichen Gericht in einem späteren Verfahren[100] rechtshängig gemacht werden (internationale Verhältnisse ⇒ Art. 9 Abs. 1 IPRG, Art. 27 LugÜ)
perpetuatio fori	örtliche Zuständigkeit bleibt auch bei Wegfall der sie begründenden Tatsachen erhalten

2. Wahrung privatechtlicher Fristen

4.4

Grundlage	**Art. 64 Abs. 2 ZPO**
Grundsatz	Rechtshängigkeit nach ZPO ist massgebend für Wahrung einer gesetzlichen Frist des Privatrechts, die auf den Zeitpunkt der Klage, der Klageanhebung oder einen anderen verfahrenseinleitenden Schritt abstellt
Anwendungsbereich	– alle privatrechtlichen Verjährungs- und Verwirkungsfristen des Bundesrechts[101] – kantonale privatrechtliche Fristen

3. Weitere Wirkungen

4.5

prozessuale Wirkungen	– Rechtshängigkeit der Klage begründet Gerichtsstand der Widerklage (Art. 14 ZPO) – gegenüber späterer Klage in der gleichen Sache zwischen den gleichen Parteien kann die Einrede der Rechtshängigkeit erhoben werden (Art. 59 Abs. 2 lit. d ZPO) – Rechtshängigkeit der Scheidungs- bzw. Unterhaltsklage ist Voraussetzung für vorsorgliche Massnahmen nach Art. 276 und 303 Abs. 2 ZPO – bei unbezifferter Forderungsklage bleibt angerufenes Gericht zuständig, auch wenn der Streitwert (gemäss nachträglicher Bezifferung) die sachliche Zuständigkeit übersteigt (Art. 85 Abs. 2 ZPO) – übersteigt der Streitwert einer geänderten Klage die sachliche Zuständigkeit des Gerichts, ist der Prozess an das Gericht mit der höheren sachlichen Zuständigkeit zu überweisen (Art. 227 Abs. 2 ZPO) ⇒ die Rechtshängigkeit bleibt davon unberührt

99 Der Streitgegenstand bestimmt sich durch die Begehren und die zu ihrer Begründung vorgebrachten Tatsachen (BGE 136 III 123 E. 4.3.1).

100 BGer 4A_141/2013 vom 22.8.2013, E. 2.2.1 f.

101 Beispiele: Anfechtung von Vereinsbeschlüssen (Art. 75 ZGB), Anfechtung der Vaterschaft (Art. 256*c* ZGB), erbrechtliche Ungültigkeitsklage (Art. 521 ZGB), erbrechtliche Herabsetzungsklage (Art. 533 ZGB), Kündigungsanfechtung (Art. 273 Abs. 1 OR), Erstreckung des Mietverhältnisses (Art. 273 Abs. 2 und 3 OR), Entschädigung wegen missbräuchlicher Kündigung (Art. 336*b* OR).

materiell-rechtliche Wirkungen	– ein Ehegatte kann die Scheidung verlangen, wenn die Ehegatten bei Eintritt der Rechtshängigkeit der Klage oder bei Wechsel zur Scheidung auf Klage mindestens zwei Jahre getrennt gelebt haben (Art. 114 ZGB) – geschiedene Ehegatten haben zueinander kein gesetzliches Erbrecht und können aus Verfügungen von Todes wegen, die sie vor der Rechtshängigkeit des Scheidungsverfahrens errichtet haben, keine Ansprüche erheben (Art. 120 Abs. 2 ZGB) – die Auflösung des Güterstands wird auf den Zeitpunkt der Rechtshängigkeit zurückbezogen (Art. 204 Abs. 2, Art. 236 Abs. 2 ZGB) – jeder Ehegatte kann nach Rechtshängigkeit des Scheidungsverfahrens den gemeinsamen Haushalt aufheben (Art. 275 ZPO) – ein Schuldner, der mit der Zahlung von Zinsen oder mit der Entrichtung von Renten oder mit der Zahlung einer geschenkten Summe im Verzug ist, hat erst vom Tag der Anhebung der Betreibung oder der gerichtlichen Klage[102] an Verzugszins zu bezahlen (Art. 105 Abs. 1 OR) – ist die Streitsache rechtshängig und die abgetretene Schuld fällig, so kann jede Partei den Schuldner zur Hinterlegung anhalten (Art. 168 Abs. 3 OR) – nach Rechtshängigkeit einer Eigentumsklage gegen den Aufbewahrer ist dieser nicht mehr zur Rückgabe der hinterlegten Sache an den Hinterleger verpflichtet (Art. 479 Abs. 1 OR) – aus Verfügungen von Todes wegen, die vor Rechtshängigkeit des Auflösungsverfahrens errichtet worden sind, können keine Ansprüche erhoben werden (Art. 31 Abs. 2 PartG)

102 Das heisst ab Rechtshängigkeit des Prozesses nach Art. 62 f. ZPO.

4. Fortführungslast

4.6

<table>
<tr><td>Grundlage</td><td colspan="3">Art. 65 ZPO</td></tr>
<tr><td>Begriff</td><td colspan="3">Obliegenheit des Klägers, ab einem bestimmten Zeitpunkt das Verfahren fortzuführen ⟹ Klagerückzug[103] erhält Rechtskraftwirkung</td></tr>
<tr><td>Eintritt</td><td colspan="3">mit Zustellung der Klage an die beklagte Partei</td></tr>
<tr><td rowspan="4">Folgen bei Klagerückzug</td><td colspan="2">vor Eintritt der Fortführungslast</td><td rowspan="3">Neuerhebung Klage möglich</td></tr>
<tr><td rowspan="3">nach Eintritt der Fortführungslast</td><td>Klagerückzug wegen fehlender Zuständigkeit oder falscher Verfahrensart nach Art. 63 ZPO («Rückzug angebrachtermassen»)</td></tr>
<tr><td>Zustimmung der beklagten Partei zu Klagerückzug</td></tr>
<tr><td>übrige Fälle</td><td>Klagerückzug hat Wirkung einer Klageabweisung (Art. 241 Abs. 2 ZPO) ⟹ keine Neuerhebung Klage möglich (res iudicata)</td></tr>
</table>

103 BGE 140 III 159 E. 4.4.2.

§ 5 Parteien – Beteiligung Dritter (Art. 66–83 ZPO)

I. Partei- und Prozessfähigkeit

1. Parteifähigkeit

5.1

Grundlage	**Art. 66 ZPO**
Begriff	Recht, in einem Prozess Partei zu sein
Charakter	prozessuale Seite der Rechtsfähigkeit (von Amtes wegen zu prüfende Prozessvoraussetzung)
parteifähige Personen/ Gebilde	– rechtsfähige Personen: ∟ natürliche Personen ∟ juristische Personen – rechtsunfähige Gebilde, denen das Bundesrecht Parteifähigkeit zuerkennt: ∟ Kollektivgesellschaft (Art. 562 OR) ∟ Kommanditgesellschaft (Art. 602 OR) ∟ Investmentgesellschaft mit variablem Kapital nach Art. 36 ff. KAG (SICAV)[104] ∟ Investmentgesellschaft mit festem Kapital nach Art. 110 ff. KAG (SICAF) ∟ Kommanditgesellschaft für kollektive Kapitalanlagen (Art. 98 ff. KAG) ∟ Erbschaftsvermögen bei der amtlichen Nachlassliquidation (Art. 596 f. ZGB) ∟ Konkursmasse (Art. 240 SchKG)[105]
beschränkt parteifähige Gebilde	– Liquidationsmasse im Nachlassvertrag mit Vermögensabtretung (Art. 319 SchKG) – Verwaltung der AG (Art. 706 OR), der GmbH (Art. 808*c* OR), der Genossenschaft (Art. 891 OR) – Gläubigergemeinschaft bei Anleihensobligationen (Art. 1164 Abs. 1 OR) – Stockwerkeigentümergemeinschaft (Art. 712l ZGB) – unverteilte Erbschaft (Art. 49, 59 SchKG) – Behörden, soweit das öffentliche Recht sie zu Trägern eigener Rechte und Pflichten bestimmt, wie AHV, IV, Verbandsausgleichskassen, kantonale Ausgleichskassen, Ausgleichsfonds[106]

104 Die Rechtsform der Investmentgesellschaft mit variablem Kapital nach Art. 36 ff. KAG (SICAV) und der Investmentgesellschaft mit festem Kapital nach Art. 110 ff. KAG (SICAF) entspricht weitgehend derjenigen der Aktiengesellschaft. Diese Gesellschaften sind daher parteifähig.

105 Ausländische Konkursmasse: s. BGE 137 III 570 E. 2.

106 BGE 127 V 29 E. 2; 112 II 87 E. 1.

nicht parteifähige Gebilde	– einfache Gesellschaft (Art. 530 ff. OR) – Erbengemeinschaft[107] – Miteigentümergemeinschaft (Art. 646 ff. ZGB) – Zweigniederlassung (Art. 641, 778*a*, 836, 935 OR) – vertraglicher Anlagefonds (Art. 25 ff. KAG) – Trust (Art. 149*a* ff. IPRG) – Verwaltungseinheiten öffentlichrechtlicher Körperschaften

2. Prozessfähigkeit

5.2

Grundlage	**Art. 67 ZPO**	
Begriff	Fähigkeit, in einem Prozess rechtswirksam Handlungen vorzunehmen ⇒ Recht, den Prozess als Partei selbst oder durch selbst bestellte Vertreter zu führen	
Charakter	prozessuale Seite der Handlungsfähigkeit, (von Amtes wegen zu prüfende[108] Prozessvoraussetzung)	
Umfang	**urteilsfähige handlungsfähige Personen:** – urteilsfähige volljährige (natürliche) Personen – juristische Personen (nach Bestellen ihrer Organe)[109] – rechtsunfähige Gebilde, denen das Bundesrecht Parteifähigkeit zuerkennt → Rz 5.1	sind voll prozessfähig

107 Willensvollstrecker (Art. 518 ZGB), amtliche Erbschaftsverwalter (Art. 554 ZGB) und Erbenvertreter (Art. 602 Abs. 3 ZGB) können den Prozess anstelle der Erbengemeinschaft im eigenen Namen und als Partei führen.

108 Zur Notwendigkeit eines medizinischen Gutachtens: BGer 5A_88/2013 vom 21.5.2013, E. 3.3.2.

109 Zum Handeln für die juristische Person: BGE 141 III 80 E. 1.3.

(Umfang)	**urteilsfähige beschränkt handlungsunfähige Personen:** – urteilsfähige minderjährige (natürliche) Personen – urteilsfähige verbeiständete[110] Personen	**Grundsatz**	– Minderjährige sind nicht prozessfähig[111] – Verbeiständete sind nur im Bereich ihrer Handlungsfähigkeit prozessfähig
		Ausnahme	urteilsfähige handlungsunfähige Personen sind prozessfähig:[112] – hinsichtlich von Rechten, die ihnen um ihrer Persönlichkeit willen zustehen ⇒ höchstpersönliche Rechte (Art. 67 Abs. 3 lit. a ZPO)[113] – für notwendige Vorkehren, wenn Gefahr im Verzug ist (Art. 67 Abs. 3 lit. b ZPO) – in Prozessen hinsichtlich des vom Kind verwalteten freien Kindesvermögens (Art. 321–323 ZGB)
	urteilsunfähige Personen	**Grundsatz**	sind nicht prozessfähig
		Ausnahme	sind prozessfähig in Prozessen betreffend Anfechtung der Beistandschaft, betreffend Aufhebung der Beistandschaft und betreffend fürsorgerische Freiheitsentziehung[114]
Sonderfall	Vertretung des Kindes im Eheprozess der Eltern durch einen Beistand (Art. 299 f. ZPO)		
Handeln einer nicht prozessfähigen Partei	– Fristansetzung an gesetzlichen Vertreter bzw. an Beistand zur Genehmigung der Prozesshandlung (allenfalls nach Einladung an zuständige Behörde zu Bestellung gesetzlicher Vertreter) – Nichtbeheben des Mangels bewirkt Ungültigkeit der Prozesshandlung		

110 Tritt die Volljährigkeit während des Prozesses ein, kann der Inhaber der elterlichen Gewalt weiterhin für das nun volljährige Kind in eigenem Namen handeln (Prozessstandschaft oder Prozessführungsbefugnis), wenn dieses zustimmt (BGer 5A_874/2014 vom 8.5.2015, E. 1.2).

111 Personen unter Begleitbeistandschaft sind handlungsfähig (Art. 393 Abs. 2 ZGB) und daher voll prozessfähig.

112 Das Gericht kann aber eine Vertretung nach Art. 69 ZPO anordnen.

113 Z.B. Recht auf den Namen bzw. dessen Änderung (BGE 140 III 577 E. 3.1).

114 Das Gericht kann aber eine Vertretung nach Art. 69 ZPO anordnen.

II. Parteivertretung

1. Persönliches Erscheinen

5.3

Grundsatz	die Parteien **können** immer persönlich vor Gericht erscheinen sie **müssen** persönlich erscheinen, wenn das Gesetz es vorschreibt[115] oder das Gericht es anordnet
besondere Fälle	zu erscheinen haben: – für eine juristische Person ein (formelles) Organ[116] – für ein Gemeinwesen ein Mitglied der zuständigen Behörde – für prozessunfähige Personen ihr gesetzlicher Vertreter → Rz 5.2
Säumnis	→ Rz 9.8

2. Vertragliche Vertretung

5.4

Grundlage	**Art. 68 ZPO**	
Begriff	Partei lässt den Prozess durch eine andere Person führen	
Zulässigkeit	**Grundsatz**	die Parteien können sich im Prozess vertreten lassen (Art. 68 Abs. 1 ZPO)
	Ausnahmen	– Pflicht zu persönlichem Erscheinen auf richterliche Anordnung (Art. 68 Abs. 4 ZPO) – Schlichtungsverfahren: Vertretung nur in den Fällen von Art. 204 Abs. 3 ZPO zulässig (Gegenpartei ist über die Vertretung vorgängig zu orientieren, Art. 204 Abs. 4 ZPO) – eherechtliche Verfahren und Verfahren bei eingetragener Partnerschaft: Vertretung nur zulässig, wenn Gericht Partei wegen Krankheit, Alter oder aus anderen wichtigen Gründen dispensiert (Art. 273 Abs. 2, Art. 278, 294 Abs. 1, Art. 297 Abs. 1, Art. 306, 307 ZPO)

115 Z.B. Art. 204, 273 Abs. 2, Art. 278 ZPO.

116 Offen ist, ob für eine juristische Person auch ein faktisches Organ oder zumindest eine mit einer (kaufmännischen) Handlungsvollmacht ausgestattete und zur Prozessführung befugte Person, die überdies mit dem Streitgegenstand vertraut ist, erscheinen kann (vgl. BGer 4A_530/2014 vom 17.4.2015, E. 2 [zur Publikation vorgesehen]).

Berechtigung zur Vertretung	**Grundsatz**	– zur **nicht berufsmässigen** Vertretung ist jede (handlungsfähige) Person berechtigt – zur **berufsmässigen** Vertretung[117] sind berechtigt[118] (Art. 68 Abs. 2 ZPO): └ Anwältinnen und Anwälte, die nach BGFA berechtigt sind, Parteien vor schweizerischen Gerichten zu vertreten └ vor der Schlichtungsbehörde, in vermögensrechtlichen Streitigkeiten des vereinfachten Verfahrens sowie in den Angelegenheiten des summarischen Verfahrens patentierte Sachwalter und Rechtsagenten, soweit das kantonale Recht es vorsieht **ZH**: nicht vorgesehen (§ 11 AnwG) **BE**: nicht vorgesehen (Art. 7 KAG) **LU**: Sachwalter sind in Summarverfahren nach Art. 251 ZPO und im Beschwerdeverfahren nach Art. 17 und 18 SchKG vertretungsbefugt (§ 82 JusG) └ gewerbsmässige Vertreter nach Art. 27 SchKG in Angelegenheiten des summarischen Verfahrens nach Art. 251 ZPO[119] └ vor den Miet- und Arbeitsgerichten beruflich qualifizierte Vertreter, soweit das kantonale Recht es vorsieht **ZH**: vertretungsbefugt sind bis zum einem Streitwert von CHF 30 000 (§ 11 Abs. 2 AnwG) └ in mietrechtlichen Streitigkeiten: └ Liegenschaftsverwaltungen für Vermieter └ Verbandsvertreter └ in arbeitsrechtlichen Streitigkeiten: Verbandsvertreter **BE**: beruflich qualifizierte Vertreterinnen und Vertreter von Arbeitgeber- und Arbeitnehmerorganisationen dürfen ihre Mitglieder begleiten oder verbeiständen und sich vor Gericht zur Sache äussern (Art. 9 Abs. 2 EG ZSJ) **LU**: vertretungsbefugt sind (§ 83 JusG): └ in mietrechtlichen Streitigkeiten: └ Liegenschaftsverwaltungen für Vermieter, sofern sie zum Abschluss eines Vergleichs ermächtigt sind └ Verbandsvertreter └ in arbeitsrechtlichen Streitigkeiten: Verbandsvertreter (z.B. Gewerkschaftsvertreter)

117 BGE 140 III 555 E 2.3.

118 Art. 68 Abs. 2 ZPO ist nicht anwendbar, soweit das materielle Zivilrecht bei juristischen Personen die Vertretung im Prozess durch firmeninterne Personen mit Organfunktion zulässt.

119 Regelungskompetenz der Kantone: BGE 138 III 396 E. 3.

(Berechtigung zur Vertretung)	Erweiterung	für das Alimenteninkasso ist auch die für die Inkassohilfe zuständige Behörde vertretungsberechtigt (Art. 131 Abs. 2 und Art. 290 ZGB)[120]

3. Angeordnete Vertretung

5.5

Grundlage	Art. 69 ZPO	
Begriff	Parteivertretung, die vom Gericht verlangt und erforderlichenfalls selber angeordnet oder veranlasst wird	
Voraussetzung	die Partei ist offensichtlich nicht im Stande, den Prozess selber zu führen (mögliche Anzeichen: Hilflosigkeit, erhebliche Sprachschwierigkeiten, unzweckmässige oder schlechte Prozessführung, andauernde Abwesenheit etc.); die Unfähigkeit zur Prozessführung ist aber nicht leichthin anzunehmen[121]	
Kosten	– die Partei hat – soweit sie nicht die unentgeltliche Rechtspflege geniesst – ihre Vertretungskosten (inkl. Anwaltskosten) selber zu bezahlen – der Staat hat dem angeordneten Vertreter subsidiär die Bezahlung zu garantieren[122]	
Verfahren	Normalfall	– Gericht fordert Partei auf, einen Vertreter zu beauftragen – befolgt Partei innert angesetzter Frist Aufforderung nicht, bestellt ihr das Gericht einen Anwalt[123]
	Spezialfall	– Gericht benachrichtigt die Erwachsenen- und Kindesschutzbehörde, wenn es Schutzmassnahmen für geboten hält (Prozess kann bis zu deren Anordnung nach Art. 126 ZPO sistiert werden)

120 LGVE 2003 I Nr. 52.

121 BGer 5A_618/2012 vom 27.5.2013, E. 3.1.

122 Der Staat kann den bezahlten Betrag von der Partei zurückfordern.

123 Die Partei hat dabei kein Recht, den Anwalt selber zu bestimmen. Sie kann ihre Vertretung auch nicht des Amtes entheben. Auch der Vertreter darf das Vertretungsverhältnis nicht einseitig beenden.

4. Verbeiständung

5.6

Begriff	die Partei tritt zusammen mit ihrem Vertreter vor Gericht auf
Grundsatz	die Parteien können sich im Prozess immer verbeiständen lassen[124]
Einschränkung	der Umfang der Verbeiständungsbefugnis ist im Schlichtungsverfahren eingeschränkt: – die Begleitperson hat sich im Hintergrund zu halten – primär hat sich die Partei selber zu äussern; nur insoweit sie dazu nicht in der Lage ist, darf die Begleitperson für sie sprechen
Berechtigung zur Verbeiständung	zur Verbeiständung berechtigt ist, wer zur Parteivertretung zugelassen ist → Rz 5.4

III. Streitgenossenschaft

1. Notwendige Streitgenossenschaft

5.7

Grundlage	**Art. 70 ZPO**
Begriff	mehrere Personen **müssen** gemeinsam klagen (aktive Streitgenossenschaft) oder beklagt werden (passive Streitgenossenschaft)[125]
Voraussetzung	die Streitgenossen sind an einem Rechtsverhältnis beteiligt, über das nur mit Wirkung für alle entschieden werden kann; die notwendige Streitgenossenschaft ergibt sich zwingend aus dem materiellen Recht
Anwendungsfälle	– Klagen von oder gegen Gesamthandgemeinschaften[126] wie z.B. Erbengemeinschaft (Art. 602 ZGB) oder einfache Gesellschaft (Art. 530 ff. OR) – Gestaltungsklagen mit Auswirkungen auf mehrere Personen, z.B. Klagen auf Aufhebung von Gesamthandverhältnissen, Klagen auf Änderung der Wertquoten der Stockwerkeigentümer, Vaterschaftsanfechtung[127] – Notwendigkeit einer einheitlichen Entscheidung, z.B. Klagen aus einem unteilbaren Rechtsverhältnis oder Geltendmachung eines Anspruchs durch mehrere Abtretungsgläubiger nach Art. 260 SchKG[128]

124 Ist die Partei von einer Prozesshandlung ausgeschlossen (z.B. Anhörung der Kinder im eherechtlichen Verfahren, Art. 298 ZPO), gilt dies auch für die sie verbeiständende Person.

125 Die Streitgenossenschaft wird auch als «subjektive Klagenhäufung» bezeichnet.

126 In Passivprozessen besteht eine notwendige Streitgenossenschaft nur, soweit dingliche Rechte gegen die Gesamthänder geltend gemacht werden, nicht aber bei obligatorischen Forderungen (hier besteht Solidarität oder eine andere persönliche Haftung).

127 BGE 138 III 737 E. 2.

128 Jeder Abtretungsgläubiger kann jedoch im Prozess eigene Vorbringen vertreten und für sich von einer Klage absehen, die Klage zurückziehen oder einen Vergleich abschliessen.

Wirkungen	– Begründung des Gerichtsstands der (passiven) Streitgenossenschaft (Art. 15 Abs. 1 ZPO) – Streitgenossen sind nicht verpflichtet, eine gemeinsame Vertretung zu bezeichnen (Art. 72 ZPO)[129] – rechtzeitige Prozesshandlungen eines Streitgenossen wirken auch für säumige Streitgenossen (Ausnahme: Ergreifen von Rechtsmitteln) – Gericht kann solidarische Haftung für Prozesskosten anordnen (Art. 106 Abs. 3 ZPO) – wird ein Streitgenosse nicht in den Prozess einbezogen, fehlt Aktiv- oder Passivlegitimation ⇒ Abweisung der Klage – Urteil wirkt für alle Streitgenossen (Entscheidung im gleichen Sinne für alle); die Prozesskosten können aber unterschiedlich auferlegt werden

2. Einfache Streitgenossenschaft

5.8

Grundlage	**Art. 71 ZPO**
Begriff	mehrere Personen **können** gemeinsam klagen (aktive Streitgenossenschaft) oder beklagt werden (passive Streitgenossenschaft)[130]
Voraussetzungen	– die zu beurteilenden Rechte und Pflichten beruhen auf gleichartigen[131] Tatsachen oder Rechtsgründen (das materielle Recht verlangt keine Vereinigung der Klagen im Prozess) – gleiche Verfahrensart für die einzelnen Klagen – gleiche sachliche Zuständigkeit für die einzelnen Klagen (die ZPO setzt dies stillschweigend voraus[132])
Anwendungsfälle	alle Klagen, die trotz Vereinigung in einem Prozess unterschiedlich beurteilt werden können[133]

129 Wenn kein objektiv-sachlicher Grund für eine getrennte Vertretung besteht, ist nur eine einfache Parteientschädigung zuzusprechen (BGE 125 III 138 E. 2).

130 Die Streitgenossenschaft wird auch als «subjektive Klagenhäufung» bezeichnet.

131 Der Begriff «gleichartig» ist wenig aussagekräftig. Massgebend ist die Zweckmässigkeit der Zusammenlegung der einzelnen Verfahren (Prozessökonomie, Vermeidung widersprüchlicher Urteile).

132 BGE 138 III 471 E 5.1; BGer 4A_239/2013 vom 9.9.2013, E. 3 (betreffend Zuständigkeit von Handelsgericht und ordentlichen Gerichten).

133 Beispiele: Anfechtung einer Mietzinserhöhung durch mehrere Mieter gegen einem Vermieter, Schadenersatzklage eines Geschädigten gegen mehrere Haftpflichtige.

Wirkungen	– Begründung des Gerichtsstands der (passiven) Streitgenossenschaft (Art. 15 Abs. 1 ZPO) – Streitgenossen sind nicht verpflichtet, eine gemeinsame Vertretung zu bezeichnen (Art. 72 ZPO)[134] – jeder Streitgenosse kann den Prozess unabhängig von den anderen führen – Prozesshandlungen eines Streitgenossen wirken nicht für die anderen Streitgenossen – jeder Streitgenosse kann für sich allein ein Rechtsmittel ergreifen und den ihn betreffenden Teil des Urteilsspruchs anfechten – Streitwert: geltend gemachte Ansprüche werden zusammengerechnet, sofern sie sich nicht gegenseitig ausschliessen; die Verfahrensart bleibt aber trotz Zusammenrechnung des Streitwerts erhalten (Art. 93 ZPO) – Gericht kann solidarische Haftung für Prozesskosten anordnen (Art. 106 Abs. 3 ZPO) – Gericht kann zur Vereinfachung des Prozesses gemeinsam eingereichte Klagen trennen (Art. 125 lit. b ZPO) – Urteil (inkl. Kostenspruch) kann für die einzelnen Streitgenossen unterschiedlich ausfallen

IV. Intervention

1. Hauptintervention

5.9

Grundlage	**Art. 73 ZPO**
Begriff	Anheben eines neuen, selbständigen Prozesses gegen bereits gegenseitig in einem anderen Prozess stehende Parteien; diese bilden im neuen Prozess eine notwendige passive Streitgenossenschaft (Art. 70 ZPO) die Hauptintervention kommt in der Praxis sehr selten vor
Voraussetzung	Hauptintervenient behauptet am Streitgegenstand ein besseres Recht, das beide Parteien ganz oder teilweise ausschliesst
Zeitpunkt	während Rechtshängigkeit des erstinstanzlichen Prozesses

134 Wenn kein objektiv-sachlicher Grund für eine getrennte Vertretung besteht, ist nur eine einfache Parteientschädigung zuzusprechen (BGE 125 III 138 E. 2).

Verfahren	– Anhängigmachung der Klage beim Gericht des Erstprozesses (ohne vorgängiges Schlichtungsverfahren, Art. 198 lit. g ZPO) – Gericht kann └ Erstprozess bis zur rechtskräftigen Erledigung der Klage des Hauptintervenienten einstellen └ die Prozesse vereinigen

2. Nebenintervention

5.10

Grundlage	**Art. 74–77 ZPO**	
Begriff	Teilnahme eines Dritten als Nebenpartei an einem Prozess aus eigener Initiative oder auf Aufforderung einer Hauptpartei (Streitverkündung); Nebenintervention ist ein Recht, keine Pflicht des Dritten	
Voraussetzungen	– Erfüllen der Prozessvoraussetzungen von Art. 59 ff. ZPO (sinngemässe Anwendung) – Glaubhaftmachen eines Interventionsinteresses = eigenes rechtliches Interesse, dass Streitigkeit zugunsten der einen Partei entschieden wird bei Streitverkündung ist kein Interventionsinteresse erforderlich (Art. 79 Abs. 1 lit. a ZPO)	
Anwendungsbereich	– im ordentlichen, vereinfachten und summarischen Verfahren – bei vorsorglichen Massnahmen (Art. 261 ff. ZPO) und bei vorsorglicher Beweisführung (Art. 158 ZPO) vor Rechtshängigkeit des Hauptprozesses – auch vor der Schlichtungsbehörde möglich	
Zeitpunkt	während Rechtshängigkeit des Prozesses (in erster oder zweiter Instanz) bzw. während des Schlichtungsverfahrens	
Verfahren	**bei Intervention aus eigener Initiative**	– Interventionsgesuch beim Gericht[135] der Hauptsache (Inhalt: Art. 75 Abs. 1 ZPO) – Anhörung der Parteien – Zulassungsentscheid des Gerichts[136] (Rechtsmittel: Beschwerde)
	bei Streitverkündung	– Interventionserklärung – Mitteilung des Gerichts an Hauptparteien über Prozesseintritt des Streitberufenen

135 Im Schlichtungsverfahren: Schlichtungsbehörde.

136 Funktionelle Zuständigkeit: **ZH**: Verfahrensleitung (gemäss Geschäftsordnung der Bezirksgerichte bzw. § 31 VOG); **BE**: Zulassungsentscheid durch den Spruchkörper des urteilenden Gerichts, da der Zulassungsentscheid nicht in Art. 12 EG ZSJ aufgeführt ist; **LU**: Verfahrensleitung (§ 36 Abs. 2 lit. a JusG, § 21 Abs. 4 lit. a, § 22 Abs. 1 GOKG). Verfahrensbestimmungen: analoge Anwendung von Art. 252–256 ZPO (summarisches Verfahren).

Stellung der intervenierenden Partei	– intervenierende Partei hat gleiche prozessuale Befugnisse wie Hauptpartei (inkl. Ergreifen eines Rechtsmittels): ihre Handlungen werden der Hauptpartei zugerechnet; sie bleibt aber vom Willen der Hauptpartei abhängig: ihre Handlungen werden nur wirksam, wenn sie denjenigen der Hauptpartei nicht widersprechen (was von Amtes wegen zu prüfen ist) – intervenierende Partei kann über Prozess nicht verfügen ⇒ ausgeschlossen sind z.B. Klageanerkennung, Klageverzicht, Klagerückzug, Erhebung Widerklage, Rückzug eines von der Hauptpartei ergriffenen Rechtsmittels (dagegen bleibt Verfügungsbefugnis der Hauptpartei über Prozess uneingeschränkt; sie kann u.a. von der intervenierenden Partei eingereichtes Rechtsmittel zurückziehen) – intervenierende Partei nimmt den Prozess im Stadium zur Zeit ihres Prozessbeitritts auf – intervenierende Partei kann nicht als Zeugin (Art. 169 ff. ZPO) einvernommen werden; möglich sind dagegen eine Parteibefragung (Art. 191 ZPO) oder eine Beweisaussage (Art. 192 ZPO) – der intervenierenden Partei können Prozesskosten auferlegt werden (Art. 106 Abs. 3 ZPO)	
Wirkungen	**Grundsatz**	für die Hauptpartei ungünstiges Ergebnis eines rechtskräftigen Sachurteils (massgebend: Dispositiv und Begründung des Urteils) wirkt auch gegen die intervenierende Person
	Ausnahmen	– intervenierende Person konnte wegen Prozesslage zur Zeit ihres Prozesseintritts oder wegen Handlungen/Unterlassungen der Hauptpartei Angriffs- und Verteidigungsmittel nicht vorbringen – Hauptpartei machte der intervenierenden Partei nicht bekannte Angriffs- und Verteidigungsmittel absichtlich oder grobfahrlässig nicht geltend

V. Streitverkündung

1. Einfache Streitverkündung

5.11

Grundlage	**Art. 78–80 ZPO**
Begriff	Aufforderung einer Haupt- oder Nebenpartei (Streitverkünder) an eine dritte Person (Streitberufener), sie im Prozess zu unterstützen
Voraussetzungen (alternativ)	– Streitverkünder will bei Unterliegen im Prozess den Streitberufenen belangen – Streitverkünder befürchtet bei Unterliegen im Prozess den Anspruch des Streitberufenen

<table>
<tr><td rowspan="1">Anwendungsbereich</td><td colspan="2">– im ordentlichen, vereinfachten und summarischen Verfahren
– Zulässigkeit umstritten bei vorsorglichen Massnahmen (Art. 261 ff. ZPO) und bei vorsorglicher Beweisführung (Art. 158 ZPO)
– auch vor der Schlichtungsbehörde möglich</td></tr>
<tr><td>Zeitpunkt</td><td colspan="2">während des ganzen Prozesses möglich</td></tr>
<tr><td>Verfahren (Möglichkeiten)</td><td colspan="2">– direkte Erklärung des Streitverkünders an den Streitberufenen
– Erklärung des Streitverkünders an den Streitberufenen über das Gericht (das Gericht hat die Erklärung dem Streitberufenen ohne Weiteres, insbesondere ohne Prüfung des rechtlichen Interesses des Streitverkünders, zuzustellen)</td></tr>
<tr><td rowspan="6">Stellung des Streitberufenen</td><td>Möglichkeiten des Streitberufenen</td><td>Folgen</td></tr>
<tr><td>Teilnahme am Prozess
als Nebenintervenient (Art. 76 ZPO)
ohne weitere Voraussetzungen
(Art. 79 Abs. 1 lit. a ZPO)</td><td>Streitberufener wird Nebenpartei</td></tr>
<tr><td>Übernahme des Prozesses
anstelle des Streitverkünders mit dessen Einverständnis
(Art. 79 Abs. 1 lit. b ZPO)</td><td>Streitberufener wird Hauptpartei und führt den Prozess in eigenem Namen für fremdes Recht (Prozessstandschaft)</td></tr>
<tr><td>Ablehnung der Prozessteilnahme
(Art. 79 Abs. 2 ZPO)</td><td rowspan="3">keine förmliche Prozessteilnahme des Streitberufenen;
Prozess wird ohne Rücksicht auf den Streitberufenen fortgesetzt</td></tr>
<tr><td>keine Reaktion</td></tr>
<tr><td>ausserprozessuale Unterstützung</td></tr>
<tr><td>Wirkungen</td><td colspan="2">sinngemäss nach Art. 77 ZPO
– Grundsatz:
für den Streitverkünder ungünstiges Ergebnis eines rechtskräftigen Sachurteils (massgebend: Dispositiv und Begründung des Urteils) wirkt auch gegen den Streitberufenen
– Ausnahmen:
└ Streitberufener konnte wegen Prozesslage zur Zeit seines Prozesseintritts oder wegen Handlungen/Unterlassungen des Streitverkünders Angriffs- und Verteidigungsmittel nicht vorbringen
└ Streitverkünder machte dem Streitberufenen nicht bekannte Angriffs- und Verteidigungsmittel absichtlich oder grobfahrlässig nicht geltend
– Streitberufener kann die Einrede der fehlenden Unterstützungspflicht erst im Folgeprozess mit dem Streitverkünder erheben</td></tr>
</table>

2. Streitverkündungsklage

2.1. Übersicht

5.12

<table>
<tr><td>Grundlage</td><td colspan="2">Art. 81–82 ZPO</td></tr>
<tr><td>Charakter</td><td colspan="2">qualifizierte Form der einfachen Streitverkündung</td></tr>
<tr><td>Zweck</td><td colspan="2">Beurteilung der Regressklage der streitverkündenden Partei gegen die streitberufene Partei zusammen mit der Hauptklage
⇒ Beurteilung der Ansprüche der verschiedenen Beteiligten in einem einzigen «Gesamtprozess» statt in aufeinanderfolgenden Einzelverfahren[137]
Vorteile:
– gleicher Gerichtsstand für Haupt- und Folgeansprüche
– Vermeidung widersprüchlicher Urteile im Erst- und im Folgeprozess
– Synergien im Verfahren (z.B. Aktenkenntnis des Gerichts, Beweiserhebungen für beide Prozesse verwendbar, Übernahme von Teilen der Entscheidsbegründung)
– kürzere Gesamtdauer für die Erledigung der Haupt- und Folgeansprüche
– Kosten- und Ressourcenersparnis
Nachteile:
– streitberufene Partei wird unter Umständen zu Prozessführung an «fremdem» Gerichtsstand gezwungen
– Verzögerung und Komplizierung des Hauptprozesses</td></tr>
<tr><td>Anwendungsbereich</td><td colspan="2">– nur im ordentlichen Verfahren (Art. 219 ff. ZPO)
– nicht im
  └ vereinfachten Verfahren (Art. 243 ff. ZPO)
  └ summarischen Verfahren (Art. 248 ff. ZPO)
(Art. 81 Abs. 3 ZPO)</td></tr>
<tr><td>Inhalt</td><td colspan="2">– Geltendmachung von Ansprüchen, welche die streitverkündende Partei im Fall des Unterliegens (im Hauptprozess) gegen die streitberufene Partei zu haben glaubt (Art. 81 Abs. 1 ZPO)
– Bestreitung von Ansprüchen, welche die streitverkündende Partei im Fall des Unterliegens (im Hauptprozess) seitens der streitberufenen Partei befürchtet</td></tr>
<tr><td>Legitimation</td><td colspan="2">Hauptparteien des Hauptprozesses und ihre Rechtsnachfolger (Art. 83 ZPO)
die streitberufene Partei kann keine weitere Streitverkündungsklage erheben[138] (Art. 81 Abs. 2 ZPO)</td></tr>
<tr><td rowspan="2">Zuständigkeit</td><td>örtlich</td><td>am Ort des Hauptprozesses (Art. 16, Art. 81 Abs. 1 ZPO)</td></tr>
<tr><td>sachlich</td><td>Gericht des Hauptprozesses (Art. 81 Abs. 1 ZPO)</td></tr>
</table>

137 BGE 139 III 67 E. 2.1.

138 Damit wird ein sog. «Kettenappell» bzw. eine «Ketten-Streitverkündungsklage» ausgeschlossen.

<table>
<tr><td>Voraussetzungen[139]</td><td colspan="3">– gleiche sachliche Zuständigkeit wie Hauptklage[140]
– gleiche Verfahrensart wie Hauptklage
– sachlicher Zusammenhang Hauptanspruch – Folgeanspruch (s. oben: «Inhalt»)</td></tr>
<tr><td rowspan="4">Akzessorietät</td><td colspan="3">Streitverkündungsprozess ist vom Ausgang des Hauptprozesses abhängig</td></tr>
<tr><td>Streitverkündungskläger</td><td>Gutheissung Hauptklage</td><td>Abweisung Hauptklage</td></tr>
<tr><td>= Hauptkläger</td><td>Streitverkündungsklage gegenstandslos</td><td>Streitverkündungsklage ist zu beurteilen</td></tr>
<tr><td>= Hauptbeklagter</td><td>Streitverkündungsklage ist zu beurteilen</td><td>Streitverkündungsklage gegenstandslos</td></tr>
<tr><td rowspan="2">Verfahren</td><td>Ablauf</td><td colspan="2">→ Rz 5.13</td></tr>
<tr><td>Besonderheiten</td><td colspan="2">zweistufiges Verfahren:
– Streitverkündungsklage muss vom Gericht zugelassen werden (Art. 82 ZPO)[141]
⇒ qualifizierte prozessleitende Verfügung mit anfechtbarem Entscheid[142]
– wird Streitverkündungsklage zugelassen, bestimmt das Gericht,
└ ob Haupt- und Streitverkündungsklage getrennt oder vereinigt behandelt werden (vgl. Art. 125 lit. c ZPO)
└ ob Verfahren auf einzelne Fragen oder einzelne Rechtsbegehren beschränkt wird (vgl. Art. 125 lit. a ZPO)
└ Zeitpunkt und Umfang des Rechtsschriftenwechsels</td></tr>
<tr><td>Entscheid</td><td colspan="3">– Hauptklage und Streitverkündungsklage werden formell getrennt beurteilt
⇒ zwei Entscheide
– Hauptklage und Streitverkündungsklage werden gemeinsam beurteilt
⇒ ein Entscheid</td></tr>
</table>

139 BGE 139 III 67 E. 2.4.1 ff.

140 Ist für die Haupt- und die Streitverkündungsklage das gleiche Gericht, aber ein anderer Spruchkörper (Einzelrichter oder Abteilung) zuständig, sind die Streitwerte zu addieren. Beide Klagen sind von dem für den höheren Streitwert zuständigen Spruchkörper zu beurteilen (analog Art. 224 Abs. 2 bzw. Art. 227 Abs. 2 ZPO).

141 Sind die gesetzlichen Voraussetzungen erfüllt, ist die Streitverkündungsklage ohne weiteres zuzulassen (BGE 139 III 67 E. 2.3).

142 Das Zulassungsgesuch begründet die Rechtshängigkeit der Streitverkündungsklage (Art. 62 Abs. 1 ZPO). Funktionelle Zuständigkeit bei den **Zürcher** Gerichten: Verfahrensleitung (gemäss Geschäftsordnung der Bezirksgerichte bzw. § 31 VOG; bei den **Berner** Gerichten: Spruchkörper des urteilenden Gerichts (Art. 12 EG ZSJ *e contrario*); bei den **Luzerner** Gerichten: Verfahrensleitung (§ 36 Abs. 2 lit. b JusG, § 21 Abs. 4 lit. a, § 22 Abs. 1 GOKG).

Rechtsmittel	**gegen Zulassungsentscheid**[143]	Beschwerde innert 10 Tagen (Art. 82 Abs. 4, Art. 319 lit. b Ziff. 1, Art. 321 Abs. 2 ZPO)
	gegen Entscheid über Hauptklage und Streitverkündungsklage	– separate Entscheide über Hauptklage und Streitverkündungsklage: für jeden Entscheid ist das zulässige Rechtsmittel nach den entsprechenden Voraussetzungen zu bestimmen – gemeinsamer Entscheid über Hauptklage und Streitverkündungsklage: zur Feststellung, ob der Mindeststreitwert für die Berufung von CHF 10 000 (Art. 308 Abs. 2 ZPO) erreicht ist, sind die Ansprüche der Hauptklage und der Streitverkündungsklage zusammenzurechnen, sofern sie sich nicht gegenseitig ausschliessen (Art. 93 Abs. 1 ZPO)

143 Sowohl die Zulassung wie auch die Nichtzulassung der Streitverkündungsklage sind nach Art. 82 Abs. 4 ZPO mit der Beschwerde anfechtbar (BGer 5A_191/2013 vom 1.11.2013, E. 3.1).

2.2. Verfahrensablauf

2.2.1. Streitverkündungsklage des (Haupt-)Beklagten

5.13

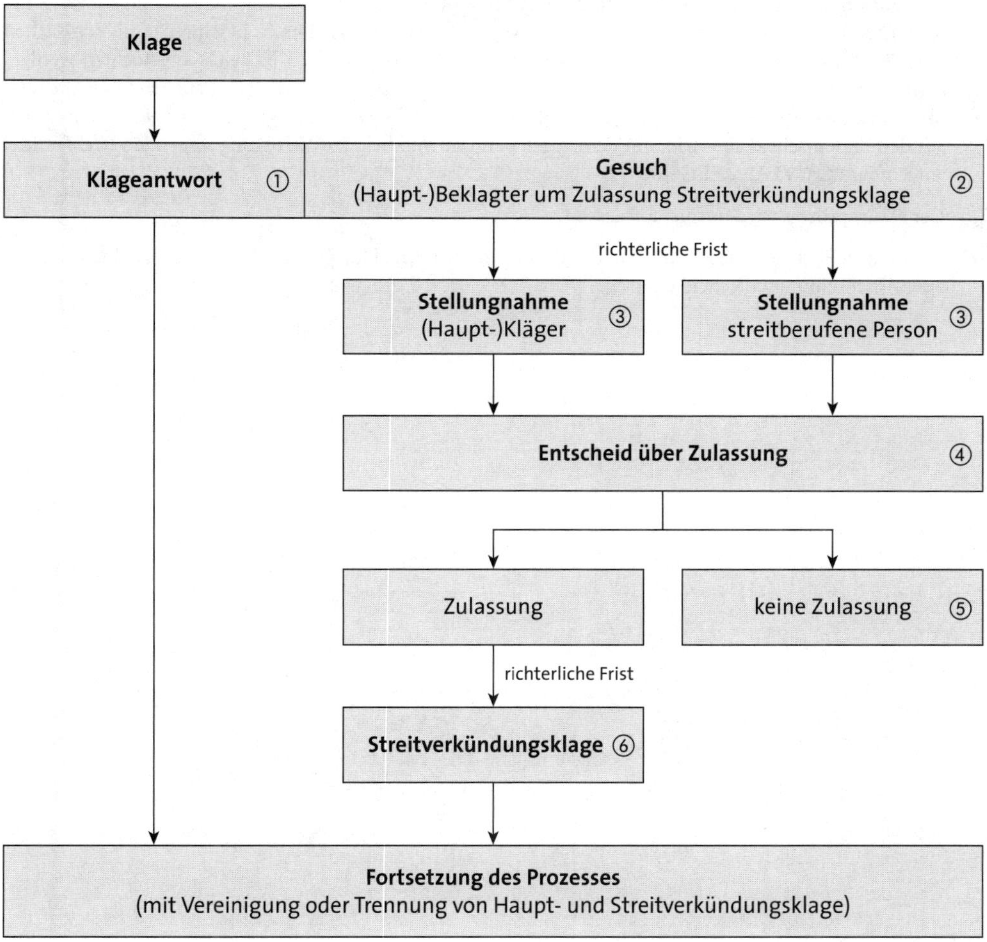

① Reicht die beklagte Partei keine Klageantwort ein, kann sie später (d.h. in der Hauptverhandlung) keine Streitverkündungsklage mehr erheben.

② Das Zulassungsgesuch kann in der Klageantwort selber oder in einer separaten Eingabe zu gleicher Zeit gestellt werden. Die Rechtsbegehren der streitverkündenden Partei gegen die streitberufene Partei sind zu nennen und kurz zu begründen. Aus der Begründung muss sich ergeben, dass der Folgeanspruch vom Hauptklageanspruch abhängig ist. Die Tatbestandsvoraussetzungen des Folgeanspruchs müssen nicht glaubhaft gemacht werden und werden nicht materiell geprüft (BGE 139 III 67 E. 2.4.3).

③ Auf das Einholen einer Stellungnahme kann verzichtet werden, wenn das Zulassungsgesuch offensichtlich unzulässig oder unbegründet ist. Bei Säumnis (eines oder beider Aufgeforderten) wird gestützt auf die übrigen Akten (auch des Hauptprozesses) entschieden.

④ Gegen einen Zulassungsentscheid eines kantonal erstinstanzlichen Gerichts (**ZH**: Bezirksgericht; **BE**: Regionalgericht; **LU**: Bezirksgericht oder Arbeitsgericht) ist die Beschwerde nach Art. 319 ff. ZPO innert 10 Tagen zulässig (Art. 321 Abs. 2 ZPO).

Ein Zulassungsentscheid eines Gerichts als einziger kantonaler Instanz (Art. 5–8 ZPO) und ein zweitinstanzlicher kantonaler Beschwerdeentscheid über die Zulassung kann mit Beschwerde in Zivilsachen (Art. 72 ff. BGG) oder mit subsidiärer Verfassungsbeschwerde (Art. 113 ff. BGG) angefochten werden, sofern eine Voraussetzung von Art. 93 Abs. 1 BGG erfüllt ist bzw. im Fall der Nichtzulassung die Prozessökonomie dies erfordert (vgl. BGE 132 I 13 E. 1.1). Andernfalls ist der Zulassungsentscheid, soweit er sich auf den Endentscheid auswirkt, mit dem gegen den Endentscheid zur Verfügung stehenden Rechtsmittel anfechtbar (Art. 93 Abs. 3 BGG).

⑤ Der Hauptprozess wird normal fortgesetzt.

⑥ Geht innert Frist keine Klage ein, wird der Hauptprozess normal fortgesetzt. Es wird kein Nichteintretens- oder Abschreibungsentscheid erlassen.

2.2.2. Streitverkündungsklage des (Haupt-)Klägers

5.14

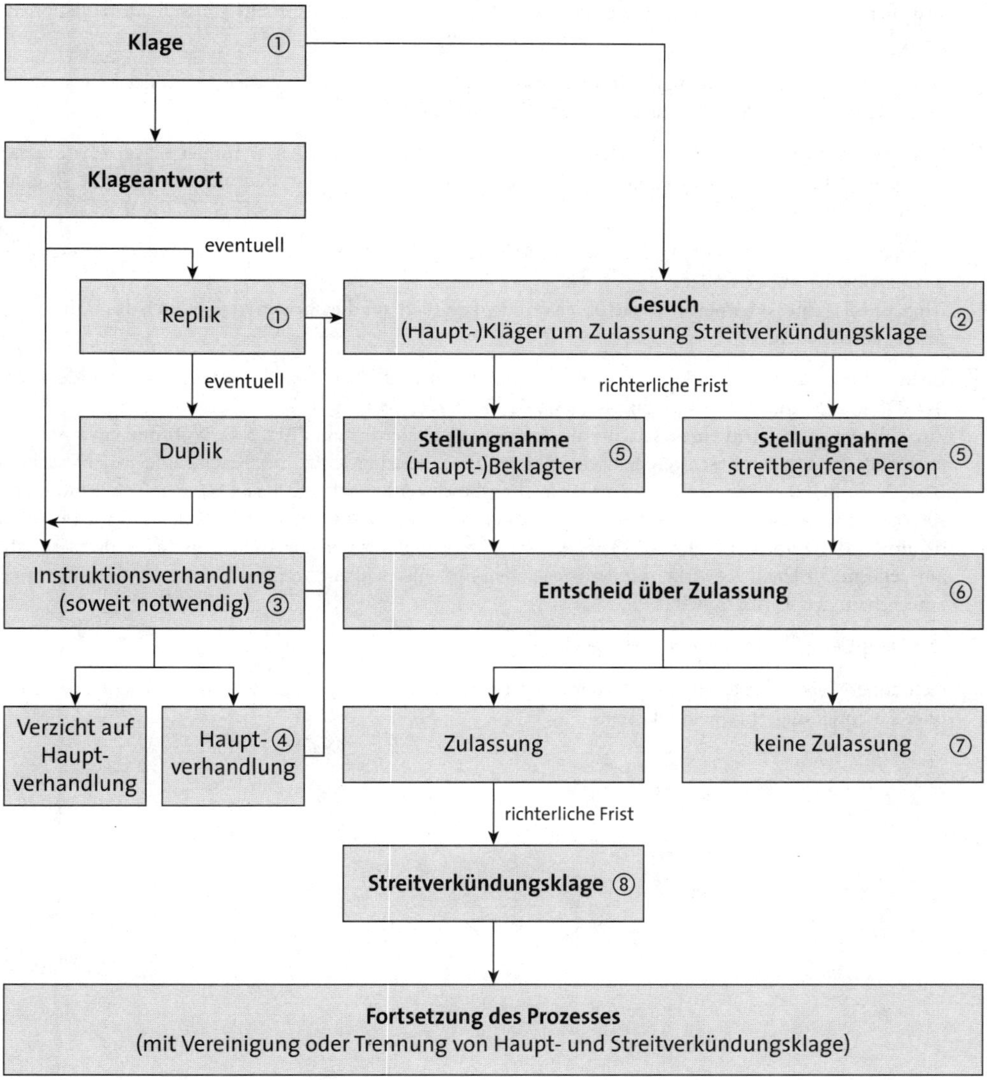

① Das Zulassungsgesuch kann in der Replik selber oder in einer separaten Eingabe zu gleicher Zeit gestellt werden.
Reicht die klagende Partei keine (vom Gericht angeordnete) Replik ein, kann sie später (d.h. in der Instruktions- oder Hauptverhandlung) keine Streitverkündungsklage mehr erheben.
Das Gesuch um Zulassung der Streitverkündungsklage kann schon mit der Klageschrift gestellt werden; in diesem Fall ist das Gericht nicht verpflichtet, mit dem Zulassungsentscheid bis zur Replik des Klägers zuzuwarten (BGer 4A_341/2014 vom 5.11.2014, E. 2.3).

② Die Rechtsbegehren der streitverkündenden Partei gegen die streitberufene Partei sind zu nennen und kurz zu begründen. Aus der Begründung muss sich ergeben, dass der Folgeanspruch vom Hauptklageanspruch abhängig ist. Die Tatbestandsvoraussetzungen des Folgeanspruchs müssen nicht glaubhaft gemacht werden und werden nicht materiell geprüft (BGE 139 III 67 E. 2.4.3).

③ Das Zulassungsgesuch kann an der Instruktionsverhandlung nur gestellt werden, wenn der Kläger zuvor keine Gelegenheit hatte, eine schriftliche Replik einzureichen.

④ Das Zulassungsgesuch kann an der Hauptverhandlung nur gestellt werden, wenn der Kläger zuvor keine Gelegenheit hatte, eine schriftliche Replik einzureichen oder an einer Instruktionsverhandlung eine mündliche Replik abzugeben.

⑤ Auf das Einholen einer Stellungnahme kann verzichtet werden, wenn das Zulassungsgesuch offensichtlich unzulässig oder unbegründet ist.
Bei Säumnis (eines oder beider Aufgeforderten) wird gestützt auf die übrigen Akten (auch des Hauptprozesses) entschieden.

⑥ Gegen einen Zulassungsentscheid eines kantonal erstinstanzlichen Gerichts ist die Beschwerde nach Art. 319 ff. ZPO innert 10 Tagen zulässig (Art. 321 Abs. 2 ZPO).
Ein Zulassungsentscheid eines Gerichts als einziger kantonaler Instanz (Art. 5–8 ZPO) und ein zweitinstanzlicher kantonaler Beschwerdeentscheid über die Zulassung kann mit Beschwerde in Zivilsachen (Art. 72 ff. BGG) oder mit subsidiärer Verfassungsbeschwerde (Art. 113 ff. BGG) angefochten werden, sofern eine Voraussetzung von Art. 93 Abs. 1 BGG erfüllt ist bzw. im Fall der Nichtzulassung die Prozessökonomie dies erfordert (vgl. BGE 132 I 13 E. 1.1). Andernfalls ist der Zulassungsentscheid, soweit er sich auf den Endentscheid auswirkt, mit dem gegen den Endentscheid zur Verfügung stehenden Rechtsmittel anfechtbar (Art. 93 Abs. 3 BGG).

⑦ Der Hauptprozess wird normal fortgesetzt.

⑧ Geht innert Frist keine Klage ein, wird der Hauptprozess normal fortgesetzt. Es wird kein Nichteintretens- oder Abschreibungsentscheid erlassen.

3. Intervention und Streitverkündung (vergleichende Übersicht)

5.15

	Hauptintervention	Nebenintervention	Streitverkündung	Streitverkündungsklage
Grundlage	Art. 73 ZPO	Art. 74–77 ZPO	Art. 78–80 ZPO	Art. 81–82 ZPO
Ziel	Geltendmachung besseren Rechts an Streitgegenstand des Erstprozesses	Unterstützung einer Partei des Hauptprozesses	– Erhalt unmittelbarer Unterstützung im Hauptprozess – Sicherung Rechtsposition gegenüber Streitberufenem (im Hinblick auf Zweitprozess)	Geltendmachung von Regressansprüchen gegen streitberufene Partei bzw. Abwehr von Ansprüchen der streitberufenen Partei
Initiant	Hauptintervenient	Nebenintervenient	Streitverkünder	Streitverkünder
Prozesse	Hauptprozess und Interventionsprozess	Hauptprozess	Hauptprozess	Hauptprozess und Streitverkündungsprozess
Erstprozess bzw. Hauptprozess	– ordentliches Verfahren – vereinfachtes Verfahren – summarisches Verfahren[144] – Entscheidverfahren vor SB	– ordentliches Verfahren – vereinfachtes Verfahren – summarisches Verfahren – Entscheidverfahren vor SB	– ordentliches Verfahren – vereinfachtes Verfahren – summarisches Verfahren[145] – Entscheidverfahren vor SB	nur ordentliches Verfahren
Einleitung	Klage gegen Parteien des Erstprozesses	Interventionsgesuch	– aussergerichtliche Streitverkündung – Erklärung an Gericht zuhanden den Streitberufenem	Klage gegen Streitberufenen

144 Keine Hauptintervention bei reinen Sicherungsmassnahmen (vorsorgliche Massnahmen, Art. 261 ff. ZPO; vorsorgliche Beweisführung, Art. 158 ZPO).

145 Umstritten ist die Zulässigkeit bei vorsorglichen Massnahmen und vorsorglicher Beweisführung.

	Haupt-intervention	**Neben-intervention**	**Streitverkündung**	**Streitverkün-dungsklage**
Stellung im Prozess	Hauptintervenient = Partei des Interventionsprozesses	Nebenintervenient = Nebenpartei im Hauptprozess	eintretender Streitberufener = Nebenintervenient = Nebenpartei im Hauptprozess nicht eintretender Streitberufener = Dritter ohne Parteistellung im Hauptprozess	Streitverkünder = Partei im Haupt- und im Streitverkündungsprozess Streitberufener = Partei im Streitverkündungsprozess und unabhängige Nebenpartei im Hauptprozess
Zeitpunkt	während Rechtshängigkeit des erstinstanzlichen Verfahrens	während Rechtshängigkeit des erst- oder zweitinstanzlichen Verfahrens	während Rechtshängigkeit des erst- oder zweitinstanzlichen Verfahrens	– Hauptkläger: nur in erstinstanzlicher Klage oder Replik, ausnahmsweise in Instruktions- oder Hauptverhandlung – Hauptbeklagter: nur in erstinstanzlicher Klageantwort
Zulassungs-verfahren	nein	ja	nein	ja
weiteres Verfahren	– vorerst Beurteilung Interventionsprozess (mit Sistierung Erstprozess) oder – Vereinigung beider Prozesse	Weiterführung Hauptprozess	Weiterführung Hauptprozess – mit Beteiligung Streitberufener (Nebenintervention oder Prozessführung anstelle des Streitverkünders) oder – ohne Beteiligung Streitberufener	– Weiterführung Haupt- und Streitverkündungsprozess oder – getrennte Durchführung beider Prozesse

VI. Parteiwechsel (Art. 83 ZPO)

5.16

Grund	Vollzug	Folgen
Gesamtnachfolge[146] **(gesetzlicher Parteiwechsel)**	unmittelbarer Prozesseintritt kraft Gesetzes	Weiterführung des Prozesses in eigenem Namen aus eigenem Recht bei Prozessen um höchstpersönliche Rechte oder wenn streitiges Rechtsverhältnis untergeht[147], wird Prozess gegenstandslos
Einzelnachfolge: gewillkürter Parteiwechsel mit Veräusserung des Streitobjekts (Art. 83 Abs. 1–3 ZPO)	– Grundsatz: schriftliche Eintrittserklärung des Erwerbers an das Gericht – Ausnahme: unmittelbarer Prozesseintritt aufgrund des materiellen Rechts, weil der Erwerber verpflichtet ist, anstelle des Veräusserers in den Prozess einzutreten[148]	– Erwerber führt Prozess in eigenem Namen aus eigenem Recht weiter – Erwerber haftet für die gesamten Prozesskosten – ausscheidende Partei haftet für die bis zum Parteiwechsel aufgelaufenen Prozesskosten solidarisch mit – Erwerber hat in begründeten Fällen auf Verlangen der Gegenpartei für die Vollstreckung des Entscheids Sicherheit zu leisten
Einzelnachfolge: gewillkürter Parteiwechsel ohne Veräusserung des Streitobjekts (Art. 83 Abs. 4 ZPO)	– schriftliche Eintrittserklärung an das Gericht – Zustimmung der Gegenpartei[149]	

146 Beispiele: Art. 560 ZGB (Erbgang), Art. 22 FusG (Fusion).

147 Beispiel: Auflösung Ehe mit Tod einer Partei (vor Rechtskraft des Scheidungsurteils, LGVE 2013 II Nr. 3 E. 2.1).

148 Beispiel: Veräusserung des Grundstücks während des ordentlichen Verfahrens betreffend Bestand eines Bauhandwerkerpfandrechts.

149 Keiner Zustimmung der Gegenpartei bedarf es für die Weiterführung des Prozesses durch die streitberufene Partei anstelle der streitverkündenden Partei (Art. 79 Abs. 1 lit. b ZPO).

Grund	Vollzug		Folgen
Konkurs einer Partei[150] (Gläubiger entscheiden über Fortsetzung des Prozesses oder Abtretung des Anspruchs nach Art. 260 SchKG[151])	**Fortführung Prozess**	**durch Konkursmasse:** Prozesseintritt der Konkursmasse kraft Gesetzes	Konkursmasse (vertreten durch die Konkursverwaltung) führt Prozess in eigenem Namen fort
		Abtretung Anspruch (Art. 260 SchKG):[152] schriftliche Eintrittserklärung an das Gericht	Abtretungsgläubiger führt Prozess in eigenem Namen, auf eigene Rechnung und eigene Gefahr, aber aus Recht der Konkursmasse weiter (besondere Art der Prozessstandschaft)[153]
	keine Fortführung Prozess	**Aktivprozess:** kein Parteiwechsel	Kläger kann Prozess in eigenem Namen aus eigenem Recht fortsetzen
		Passivprozess: Prozesseintritt der Konkursmasse kraft Gesetzes	Verzicht auf Fortführung Prozess = Klageanerkennung
Forderungsüberweisung in Betreibung auf Pfändung (Art. 131 SchKG)	**Anweisung an Zahlungs Statt** (Art. 131 Abs. 1 SchKG): Prozesseintritt des Gläubigers kraft Gesetzes		Weiterführung des Prozesses in eigenem Namen aus eigenem Recht
	Anweisung zur Eintreibung (Art. 131 Abs. 2 SchKG): schriftliche Eintrittserklärung des Gläubigers an das Gericht		Weiterführung des Prozesses in eigenem Namen, auf eigene Rechnung und eigene Gefahr, aber aus Recht der Konkursmasse (Prozessstandschaft)

150 Eigentlich bleibt der Gemeinschuldner Prozesspartei und es geht nur die Prozessführungsbefugnis auf die Konkursverwaltung über. In der Praxis wird jedoch die Konkursmasse als Partei behandelt (→ Rz 5.1).

151 Art. 231, 238, 253 SchKG.

152 Ebenso Abtretung im Nachkonkurs nach Art. 269 SchKG und Abtretung im Nachlassverfahren nach Art. 325 SchKG (beide Artikel verweisen auf Art. 260 SchKG).

153 BGE 139 III 391 E. 5.

§ 6 Klagen (Art. 84–90 ZPO)

I. Klagearten

6.1

	Leistungsklage (Art. 84 f. ZPO)	**Gestaltungsklage** (Art. 87 ZPO)	**Feststellungsklage** (Art. 88 ZPO)
Begriff	Klage auf Verurteilung der beklagten Partei zu Leistung, Unterlassung oder Duldung	Klage auf Begründung, Änderung oder Aufhebung eines Rechts oder Rechtsverhältnisses	Klage auf Feststellung des Bestehens oder Nichtbestehens eines Rechts oder Rechtsverhältnisses
Beispiele	– Forderungsklage – Eigentumsklage (Art. 641 ZGB) – Klage auf Abgabe einer Willenserklärung – Klage auf Unterlassung einer Störung – Klage auf Verbot einer konkurrenzierenden Tätigkeit	– Klage auf Auflösung Verein (Art. 78 ZGB) – Scheidung auf gemeinsames Begehren (Art. 111 ZGB) – Klage auf Aufhebung von Gesamteigentum (Art. 654 ZGB) – Klage auf Zusprechung von Grundeigentum (Art. 665 Abs. 1 ZGB) – Klage auf Erstreckung Mietverhältnis (Art. 273 Abs. 2 und 3 OR) – Kollokationsklage (Art. 148 Abs. 1, Art. 250 SchKG)	– Feststellung der Widerrechtlichkeit einer Persönlichkeitsverletzung (Art. 28*a* Abs. 1 Ziff. 3 ZGB) – Feststellung der Ungültigkeit eines Vertrags – Feststellung der Gültigkeit einer Kündigung – Feststellung des Nichtbestands einer Betreibungsforderung[154] – Aberkennungsklage (Art. 83 Abs. 2 SchKG) – Widerspruchsklage (Art. 108 SchKG)

154 BGE 141 III 68 E. 2 (negative Feststellungsklage).

	Leistungsklage (Art. 84 f. ZPO)	**Gestaltungsklage** (Art. 87 ZPO)	**Feststellungsklage** (Art. 88 ZPO)
Merkmale und Besonderheiten	Rechtsbegehren bei Klage auf Geldleistung: – Grundsatz: sofortige genaue Bezifferung (Art. 84 Abs. 2 ZPO)[155] – Ausnahmen: spätere Bezifferung bei └ unbezifferter Forderungsklage └ Stufenklage	– Rechtsänderung tritt mit formeller Rechtskraft des Gestaltungsurteils ein ⇛ keine Vollstreckung, aber u.U. Folgehandlungen (z.B. Grundbucheintrag) nötig – Gestaltungsurteil wirkt gegenüber jedermann	Zulässigkeit: – Grundsatz: nur bei rechtserheblichem Feststellungsinteresse rechtlicher oder tatsächlicher Natur[156] ⇛ subsidiär[157] zur Leistungs- und Gestaltungsklage – Ausnahme: uneingeschränkt in gesetzlich vorgesehenen Fällen, z.B. └ bei Gesamtarbeitsvertrag (Art. 357*b* Abs. 1 lit. a OR) └ Feststellung der Widerrechtlichkeit einer Wettbewerbshandlung (Art. 9 Abs. 1 lit. c UWG) └ Aberkennungsklage (Art. 83 Abs. 2 SchKG)

155 Auch Rechtsbegehren betreffend Ehegattenunterhaltsbeiträge sind – sofort oder ausnahmsweise später – zu beziffern; ein Begehren um Zusprechung eines angemessenen Unterhaltsbeitrags genügt nicht (LGVE 2014 II Nr. 17 E. 3.3).

156 Ein schutzwürdiges Feststellungsinteresse besteht nur, wenn die Rechtsbeziehungen zwischen den Parteien ungewiss oder gefährdet sind, die Fortdauer dieser Rechtsungewissheit der klagenden Partei nicht zugemutet werden und diese Ungewissheit nur durch gerichtliche Feststellung behoben werden kann (BGE 141 III 68 E. 2; 136 III 523 E. 5; 135 III 378 E. 2.2; LGVE 2011 I Nr. 25). Die beklagte Partei, gegen die eine Teilklage erhoben wurde, besitzt ein schutzwürdiges Interesse, durch Widerklage den Nichtbestand des behaupteten Anspruchs bzw. des Schuldverhältnisses feststellen zu lassen (BGer 4A_414/2013 vom 28.10.2013, E. 3.3).

157 BGer 5A_881/2012 vom 26.4.2013, E. 3.1.

II. Besondere Klageformen (Art. 85–86, 89–90 ZPO)

1. Unbezifferte Forderungsklage – Stufenklage

6.2

	unbezifferte Forderungsklage	Stufenklage
Grundlage	Art. 85 ZPO[158]	
Charakter	zunächst unbestimmte Forderungsklage (mit Angabe eines Mindeststreitwerts)	Verbindung einer zunächst unbestimmten Forderungsklage[159] mit einer Klage auf Auskunfterteilung bzw. Rechnungslegung
Voraussetzungen	Bezifferung bei Prozessbeginn unmöglich oder unzumutbar, namentlich wenn erst Beweisverfahren Grundlage der Bezifferung abgibt (Art. 85 Abs. 1 ZPO)	– selbständiger (materiellrechtlicher) Hilfsanspruch auf Auskunfterteilung – Substanziierung des Hauptanspruchs des Klägers ohne Erfüllung des materiellrechtlichen Hilfsanspruchs auf Auskunfterteilung bzw. Rechnungslegung unmöglich oder unzumutbar[160]
Bezifferung der Anträge	sobald möglich, spätestens nach Abschluss des Beweisverfahrens	nach Auskunfterteilung bzw. Rechnungslegung durch die beklagte Partei
Zuständigkeit Gericht	angerufenes Gericht bleibt sachlich zuständig, auch wenn bezifferte Forderung seine sachliche Zuständigkeit übersteigt (Art. 85 Abs. 2 ZPO)	

2. Klagenhäufung

6.3

	objektive Klagenhäufung	subjektive Klagenhäufung	Nebenbegehren
Begriff	gleichzeitiges Geltendmachen mehrerer Ansprüche des Klägers gegen den Beklagten im gleichen Verfahren (mehrere Hauptbegehren oder Haupt- und Eventualbegehren)	Klage verschiedener Kläger gegen einen Beklagten (aktive einfache Streitgenossenschaft) oder eines Klägers gegen verschiedene Beklagte (passive einfache Streitgenossenschaft) in einem einzigen Prozess	selbständiges Begehren von geringer Bedeutung, das gleichzeitig mit dem Hauptbegehren geltend gemacht wird (besondere Art der objektiven Klagenhäufung)

158 BGE 140 III 409 E. 4.3.

159 Die Substanziierungslast des Stufenklägers ist reduziert (LGVE 2013 I Nr. 30).

160 LGVE 2013 II Nr. 4.

	objektive Klagenhäufung	**subjektive Klagenhäufung**	**Nebenbegehren**
Voraus-setzungen	– örtliche Zuständigkeit des Gerichts für (mindestens) einen der eingeklagten Ansprüche (Art. 15 Abs. 2 ZPO) – gleiche sachliche Zuständigkeit (Art. 90 lit. a ZPO) – gleiche Verfahrensart (Art. 90 lit. b ZPO) – sachlicher Zusammenhang (aber nur, wenn angerufenes Gericht nicht für alle Begehren örtlich zuständig ist, Art. 15 Abs. 2 ZPO)	bei aktiver einfacher Streitgenossenschaft: – gleiche örtliche Zuständigkeit – gleiche sachliche Zuständigkeit – gleiche Verfahrensart (Art. 71 Abs. 2 ZPO) – sachlicher Zusammenhang (Art. 71 Abs. 1 ZPO) bei passiver einfacher Streitgenossenschaft: – örtliche Zuständigkeit des Gerichts (gesetzlicher Gerichtsstand) für (mindestens) eine beklagte Partei (Art. 15 Abs. 1 ZPO) – gleiche sachliche Zuständigkeit – gleiche Verfahrensart (Art. 71 Abs. 2 ZPO) – sachlicher Zusammenhang (Art. 71 Abs. 1 ZPO)	– im Vergleich zum Hauptbegehren objektiv von untergeordneter Bedeutung – enger Sachzusammenhang mit Hauptbegehren nicht erforderlich: – gleiche örtliche Zuständigkeit – gleiche sachliche Zuständigkeit – gleiche Verfahrensart
unzulässige Formen	– alternative Hauptbegehren – bedingtes Hauptbegehren, das nur als rechtshängig gelten soll, wenn anderes Rechtsbegehren erfolglos bleibt	---	– Nebenbegehren in Form einer Widerklage – im summarischen Verfahren Nebenbegehren, die für sich allein im ordentlichen oder im vereinfachten Verfahren zu beurteilen wären

	objektive Klagenhäufung	subjektive Klagenhäufung	Nebenbegehren
Streitwert	Zusammenrechnung der verschiedenen Ansprüche, soweit sie sich nicht gegenseitig ausschliessen (Art. 93 Abs. 1 ZPO) im Übrigen gelten die Regeln von Art. 91 ff. ZPO	Zusammenrechnung der verschiedenen Ansprüche, soweit sie sich nicht gegenseitig ausschliessen (Art. 93 Abs. 1 ZPO) im Übrigen gelten die Regeln von Art. 91 ff. ZPO Verfahrensart ändert trotz Zusammenrechnung des Streitwerts nicht (Art. 93 Abs. 2 ZPO)	Zusammenrechnung der verschiedenen Ansprüche, soweit sie sich nicht gegenseitig ausschliessen (Art. 93 Abs. 1 ZPO) im Übrigen gelten die Regeln von Art. 91 ff. ZPO
Besonderes	---	Kostenverteilung: Art. 106 Abs. 3 ZPO	---

3. Teilklage

6.4

Grundlage	**Art. 86 ZPO**	
Begriff	Einklagung nur eines Teils eines (teilbaren) Anspruchs	
Arten	**echte Teilklage**	Einklagung nur eines Teils eines behaupteten Gesamtanspruchs
	unechte Teilklage	Einklagung nur eines Teils von verschiedenen, auf dem gleichen Rechtsgrund beruhenden Ansprüchen
Zulässigkeit	– ja, aufgrund Dispositionsmaxime (Art. 58 Abs. 1 ZPO)[161] – Grenze: Rechtsmissbrauchsverbot (Art. 52 ZPO)	
Gründe für Wahl Teilklage (Auswahl)	– Beschleunigung Prozess (z.B. durch Beeinflussung der sachlichen Zuständigkeit und/oder der Verfahrensart, durch Beschränkung des Prozesses auf liquiden Teil des Anspruchs) – Verbesserung der Ausgangslage für eine Parteivereinbarung über weitere Teilansprüche (z.B. durch Klärung von Grundsatzfragen) – Reduktion Prozesskostenrisiko (kleinerer Streitwert)	

161 Eine nachträgliche Klage bezüglich des von der Teilklage nicht erfassten Teils der Ansprüche ist möglich. Verzichtet die klagende Partei ausdrücklich oder konkludent auf eine Nachklage, liegt keine Teilklage, sondern eine Vollklage mit Forderungsverzicht vor (BGer 4A_633/2012 vom 21.2.2013, E. 2.4).

Gefahren der Teilklage (Auswahl)	– Reaktion Gegenpartei: Widerklage auf Feststellung des Nichtbestehens des ganzen Anspruchs mit allfälligem Wechsel der sachlichen Zuständigkeit (Prozessüberweisung nach Art. 224 Abs. 2 ZPO) – Prozesskostenrisiko: Gericht setzt Prozesskosten nicht nach Streitwert, sondern nach der (höheren) Bedeutung der Streitsache fest (sofern der kantonale Tarif [Art. 96 ZPO] diese Möglichkeit vorsieht)

4. Doppelseitige Klage *(actio duplex)*

6.5

Begriff	Klage, bei der nach der Natur des streitigen Rechtsverhältnisses auch der Beklagte ohne Widerklage Anträge auf Zusprechung von Rechten oder Ansprüchen stellen kann
Anwendungsbereiche (Beispiele)	– Scheidungsverfahren (Art. 286 Abs. 2 ZPO) – Erbteilungsklage

5. Widerklage

6.6

Grundlage	**Art. 14, 94, 224 ZPO**
Begriff	– selbständige Klage des Beklagten gegen den Kläger im Rahmen eines vom Kläger gegen den Beklagten eingeleiteten Prozesses – Widerklagen können Leistungs-, Gestaltungs- oder Feststellungsklagen sein – die Widerklage muss nicht gleicher Art oder gleicher Natur sein wie die Hauptklage – Eventualwiderklagen für den Fall der Gutheissung der Hauptklage sind zulässig
örtliche Zuständigkeit	für Hauptklage zuständiges Gericht (Art. 14 ZPO)
sachliche Zuständigkeit	für Hauptklage zuständiges Gericht übersteigt der Streitwert der Widerklage die sachliche Zuständigkeit des Gerichts, so hat dieses beide Klagen dem Gericht mit der höheren sachlichen Zuständigkeit zu überweisen (Art. 224 Abs. 2 ZPO), sofern die klagende Partei dadurch keine Instanz verliert; andernfalls ist die Widerklage unzulässig
Voraussetzungen	– Rechtshängigkeit der Hauptklage – rechtzeitige Einreichung der Widerklage (Art. 224 Abs. 1 ZPO) – gleiche Verfahrensart wie für Hauptklage (Art. 224 Abs. 1 ZPO) – sachlicher Zusammenhang[162] Hauptklage – Widerklage nur, wenn der Gerichtsstand für die Widerklage einzig mit Art. 14 ZPO begründet werden kann

162 Ein sachlicher Zusammenhang liegt vor, wenn die in Klage und Widerklage erhobenen Ansprüche auf dem gleichen Rechtsgrund oder dem gleichen Lebenssachverhalt beruhen oder sonst in einem engen rechtlichen Verhältnis zueinander stehen.

Widerklage auf Widerklage	unzulässig (Art. 224 Abs. 3 ZPO)
Schlichtungsversuch	nein (Art. 198 lit. g ZPO)
Erhebung Widerklage	im Schlichtungsverfahren (vgl. Art. 209 Abs. 2 lit. b ZPO) oder erst in Klageantwort (Art. 224 Abs. 1 ZPO)
Form	wie Klageantwort
Kostenvorschusspflicht	ja (Art. 98 ZPO)
Streitwert Verfahren	höheres Rechtsbegehren von Klage oder Widerklage (Art. 94 Abs. 1 ZPO) Streitwert zur Bestimmung der Prozesskosten = zusammengerechnete Rechtsbegehren, sofern sich Klage und Widerklage nicht gegenseitig ausschliessen (Art. 94 Abs. 2 ZPO)
Rückzug oder Anerkennung der Hauptklage oder Nichteintreten auf Hauptklage	Widerklage bleibt rechtshängig
Beurteilung Haupt- und Widerklage	gemeinsam im gleichen Verfahren (ein Entscheid)
Trennung Widerklageverfahren von Hauptverfahren	möglich (Art. 125 lit. d ZPO)

6. Verbandsklage

6.7

Grundlage	**Art. 89 ZPO; Art. 56 MSchG; Art. 10 Abs. 2 lit. a und b UWG; Art. 7 Abs. 1 GlG; Art. 15 Abs. 2 MitwG**
Begriff	Klage von Organisationen in eigenem Namen zur Wahrung wirtschaftlicher oder ideeller Interessen bestimmter Personengruppen (kollektive Interessenwahrung)
Klageberechtigung	Vereine und andere Organisationen von gesamtschweizerischer oder regionaler Bedeutung, die nach ihren Statuten zur Wahrung der Interessen bestimmter Personengruppen befugt sind (Art. 89 Abs. 1 ZPO, ähnlich Art. 56 MSchG, Art. 10 Abs. 2 lit. a und b UWG, Art. 7 Abs. 1 GlG, Art. 15 Abs. 2 MitwG)

Klagegrund	– nach ZPO: ∟ Verletzung der Persönlichkeit von Angehörigen der betreffenden Personengruppe (Art. 89 Abs. 1 ZPO) – nach anderen Gesetzen: ∟ Ansprüche nach Art. 52 und 55 Abs. 1 MSchG ∟ Ansprüche nach Art. 9 Abs. 1 und 2 UWG ∟ Diskriminierung nach Art. 3 und 4 GlG ∟ Verletzung von gegenseitigen Rechten und Pflichten der Arbeitgeber und Arbeitnehmer aus dem MitwG (insbesondere Art. 9–14)
mögliche Klagebegehren	– nach ZPO (Art. 89 Abs. 2): ∟ Verbot einer drohenden Verletzung ∟ Beseitigung einer bestehenden Verletzung ∟ Feststellung der Widerrechtlichkeit einer Verletzung, wenn sich diese weiterhin störend auswirkt – nach MSchG (Art. 52, 55 Abs. 1): ∟ Feststellung des Bestehens oder Nichtbestehens eines Rechts oder Rechtsverhältnisses ∟ Verbot einer drohenden Verletzung ∟ Beseitigung einer bestehenden Verletzung ∟ Verpflichtung zu Angabe von Herkunft und Menge der widerrechtlich mit der Marke oder der Herkunftsangabe versehenen Gegenstände im Besitz der beklagten Partei und zu Nennung von Adressaten sowie Ausmass einer Weitergabe an gewerbliche Abnehmer – nach UWG (Art. 9 Abs. 1 und 2): ∟ Verbot einer drohenden Verletzung ∟ Beseitigung einer bestehenden Verletzung ∟ Feststellung der Widerrechtlichkeit einer Verletzung, wenn sich diese weiterhin störend auswirkt ∟ Mitteilung an Dritte oder Veröffentlichung einer Berichtigung oder des Urteils – nach GlG (Art. 7 Abs. 1): ∟ Feststellung einer Diskriminierung – nach MitwG (Art. 15 Abs. 2): ∟ Feststellung der Verletzung von gegenseitigen Rechten und Pflichten

III. Klageänderung

6.8

<table>
<tr><th>Grundlage</th><th colspan="3">Art. 227, 230, 293, 294 Abs. 2, Art. 317 ZPO</th></tr>
<tr><td>Begriff</td><td colspan="3">Inhaltliche Änderung der Klage durch
– Änderung des Rechtsbegehrens (Ausweitung des bisherigen oder Erhebung eines neuen Antrags)
und/oder
– Änderung des Klagefundaments (Lebenssachverhalt)
⇒ neuer Streitgegenstand
keine Klageänderung bilden:
– die Beschränkung der Klage (= teilweiser Klagerückzug)
– das Vorbringen neuer rechtlicher Begründungen (da Rechtsanwendung von Amtes wegen, Art. 57 ZPO)
– das Vorbringen neuer Tatsachen aus dem gleichen Lebensvorgang
– die nachträgliche Bezifferung einer vorerst unbezifferten Forderungsklage (Art. 85 ZPO)
– die blosse Verdeutlichung des Rechtsbegehrens[163] und die Berichtigung offensichtlicher Rechnungs- oder Schreibfehler
– der Parteiwechsel (Art. 83 ZPO)
– der nachträgliche Einbezug eines notwendigen Streitgenossen in den Prozess</td></tr>
<tr><td>in erster Instanz/ in einziger kantonaler Instanz</td><td>Zeitpunkt</td><td>vor Hauptverhandlung[164]
bzw.
bis Verzicht der Parteien auf Hauptverhandlung</td><td>zulässig
Voraussetzungen (Art. 227 Abs. 1 ZPO):
– gleiche Verfahrensart für bisherige und neue/geänderte Ansprüche
– sachlicher Zusammenhang von bisherigen und neuen/geänderten Ansprüchen
oder
Zustimmung der Gegenpartei</td></tr>
</table>

163 Beispiel: BGer 5A_621/2012 vom 20.3.2013, E. 4.3.2.

164 In der Literatur wird zum Teil die Meinung vertreten, eine Klageänderung nach Art. 227 ZPO sei nur bis zum Aktenschluss (→ Rz 15.11) und danach nur noch unter den Voraussetzungen von Art. 230 ZPO möglich (Leuenberger, in: Sutter-Somm/Hasenböhler/Leuenberger, ZPO Komm., Art. 227 N 26 ff.).

(in erster Instanz/ in einziger kantonaler Instanz)	**(Zeitpunkt)**	**in Haupt-verhandlung**	beschränkt zulässig Voraussetzungen (Art. 230 Abs. 1 ZPO): – gleiche Verfahrensart für bisherige und neue/geänderte Ansprüche – sachlicher Zusammenhang von bisherigen und neuen/geänderten Ansprüchen oder Zustimmung der Gegenpartei – Klageänderung beruht auf neuen, nach Art. 229 ZPO zulässigen Tatsachen und Beweismitteln
		nach Haupt-verhandlung **bzw.** **nach Verzicht der Parteien auf Hauptverhand-lung**	– Grundsatz: unzulässig – Ausnahmen: └ eine Scheidungsklage kann bis zum Beginn der Urteilsberatung in eine Trennungsklage umgewandelt werden (Art. 293 ZPO) └ eine Trennungsklage kann bis zum Beginn der Urteilsberatung in eine Scheidungsklage umgewandelt werden (Art. 294 Abs. 2 ZPO)
	Ausgangsbasis	**bei vorgängigem Schlichtungs-verfahren**	Rechtsbegehren und Streitgegenstand gemäss Klagebewilligung (Art. 209 Abs. 2 lit. b ZPO)
		ohne vorgängiges Schlichtungs-verfahren	Rechtsbegehren und Streitgegenstand in der Klage (Art. 221 Abs. 1 lit. b und d ZPO)
	Besonderes	– Streitwert der geänderten Klage übersteigt sachliche Zuständigkeit des Gerichts ⇒ Gericht überweist Prozess an Gericht mit der höheren sachlichen Zuständigkeit (Art. 227 Abs. 2 ZPO) – Beschränkung der Klage jederzeit (d.h. bis zur Urteilsfällung) zulässig ⇒ angerufenes Gericht bleibt zuständig, auch wenn neuer Streitwert Zuständigkeitsgrenze unterschreitet (Art. 227 Abs. 3 ZPO)	

in zweiter Instanz	**Berufung**	**Zulässigkeit**	ja
		Zeitpunkt	solange Noven, auf die sich die Klageänderung stützt, möglich sind
		Voraussetzungen	– gleiche Verfahrensart für bisherige und neue/geänderte Ansprüche – sachlicher Zusammenhang von bisherigen und neuen/geänderten Ansprüchen oder Zustimmung der Gegenpartei – Klageänderung beruht auf neuen, nach Art. 317 Abs. 1 ZPO zulässigen Tatsachen und Beweismitteln (Art. 317 Abs. 2 ZPO)
		Ausgangsbasis	Rechtsbegehren und Streitgegenstand bei erstinstanzlicher Urteilsfällung
		Besonderes	Beschränkung der Klage jederzeit zulässig ⇒ kein Einfluss auf Zulässigkeit Berufung
	Beschwerde	Klageänderung unzulässig	
	Revision	im Fall einer Neubeurteilung (Art. 333 ZPO) ist Klageänderung nach den Regeln für die betreffende Instanz möglich	
Folgen der unzulässigen Klageänderung	**Klageänderung** **⇒ ursprüngliche Klage gilt als zurückgezogen**[165]		– Nichteintreten auf geänderte Klage – Abschreibung der ursprünglichen Klage (Art. 241 Abs. 3 ZPO)
	Klageänderung **⇒ ursprüngliche Klage gilt als nicht zurückgezogen**		– Nichteintreten auf geänderte Klage – Beurteilung der ursprünglichen Klage

165 Ob die ursprüngliche Klage als zurückgezogen gilt, ist nötigenfalls durch Auslegung der Erklärung der Klageänderung zu ermitteln.

§ 7 Streitwert (Art. 91–94 ZPO)

I. Grundsätze

7.1

Grundlage	**Art. 91–94 ZPO**	
Bedeutung	– kann sachliche Zuständigkeit bestimmen (Art. 4 Abs. 2, Art. 5 Abs. 1 lit. d ZPO) – bestimmt Zulässigkeit direkter Klagen an das obere Gericht (Art. 8 Abs. 1 ZPO) – kann Kostenlosigkeit des Verfahrens bestimmen (Art. 113 Abs. 2 lit. d, Art. 114 lit. c ZPO) – kann Voraussetzung für Verzicht auf das Schlichtungsverfahren bilden (Art. 199 Abs. 1 ZPO) – kann Kompetenz der Schlichtungsbehörde für Urteilsvorschlag bestimmen (Art. 210 Abs. 1 lit. c ZPO) – bestimmt Entscheidkompetenz der Schlichtungsbehörde (Art. 212 Abs. 1 ZPO) – kann Verfahrensart bestimmen (Art. 243 Abs. 1 ZPO) – kann Zulässigkeit der Berufung bestimmen (Art. 308 Abs. 2 ZPO) – kann Höhe der Prozesskosten bestimmen	
Grundsatz	**Rechtsbegehren lautet auf bestimmte Geldsumme**	Streitwert richtet sich nach Rechtsbegehren (Art. 91 Abs. 1 ZPO)
	Rechtsbegehren lautet nicht auf bestimmte Geldsumme	– Streitwert gemäss Einigung der Parteien (wenn nicht offensichtlich unrichtig) – andernfalls Festlegung des Streitwerts durch das Gericht (Schätzung nach objektiven Kriterien oder nach Erfahrungswerten) (Art. 91 Abs. 2 ZPO)
Berechnung	– nicht hinzugerechnet werden └ Zinsen (gesetzliche, vertragliche, Schadenszinsen)[166] └ Kosten des laufenden Verfahrens └ Kosten einer allfälligen Entscheidpublikation └ Eventualbegehren (Art. 91 Abs. 1 ZPO)	

166 Selbständig eingeklagte Zinsforderungen sind dagegen bei der Streitwertberechnung zu berücksichtigen.

(Berechnung)	– Wert wiederkehrender Nutzungen und Leistungen[167] (wenn das ganze Rechtsverhältnis streitig ist[168]): └ bei bestimmter Dauer: Kapitalwert für diesen Zeitraum (Art. 92 Abs. 1 ZPO) └ bei ungewisser oder unbeschränkter Dauer: in der Regel zwanzigfacher Betrag der einjährigen Nutzung/Leistung[169], bei Leibrenten Barwert (Art. 92 Abs. 2 ZPO) – Teilklage: Streitwert = eingeklagter Teilbetrag – Klage in Fremdwährung: Streitwert = entsprechender Betrag in Schweizer Franken (nach Umrechnungskurs am Tag der Klageerhebung) – eine von der Gegenpartei vorprozessual angebotene Entschädigung darf bei Berechnung des Streitwerts nicht abgezogen werden[170]	
massgebender Zeitpunkt	**Grundsatz**	Streitwert bestimmt sich nach den Verhältnissen bei Eintritt der Rechtshängigkeit[171]
	Ausnahmen	Berücksichtigung späterer Änderungen: – Erhöhung Klageforderung durch Klageänderung – Erhöhung Klageforderung durch nachträgliche Bezifferung (Art. 85 Abs. 2 ZPO) – Reduktion der Klageforderung gegenüber Forderung im Schlichtungsverfahren[172]

II. Sonderfälle (Auswahl)

7.2

Unterlassungsklage (Grundsatz)	Streitwert = Wert der geforderten Unterlassung (entspricht in der Regel dem Vorteil, der dem Kläger aus der Unterlassung entsteht)
Gestaltungsklage (Grundsatz)	Streitwert = Wert des bei Klagegutheissung dem Kläger zufallenden Vermögenswerts oder Wert des durch die Rechtsgestaltung zu vernichtenden Rechts des Beklagten
Feststellungsklage (Grundsatz)	Streitwert = Wert des Rechts oder des Rechtsverhältnisses, dessen Bestehen oder Nichtbestehen festgestellt werden soll

167 Wiederkehrende Nutzungen und Leistungen müssen identisch oder annähernd gleichbleibend sein und periodisch anfallen (LGVE 2012 I Nr. 30).

168 Ist nur eine einzelne Teilleistung streitig, bestimmt sich der Streitwert nach deren Höhe.

169 Dies gilt auch für Unterhaltsstreitigkeiten im Eheschutzverfahren (LGVE 2011 I Nr. 28).

170 LGVE 2011 I Nr. 26.

171 Für die Bestimmung der gerichtlichen Zuständigkeit bemisst sich der Streitwert nach den Verhältnissen im Zeitpunkt der Klageeinreichung (BGE 141 III 137 E. 2.2).

172 Für die Streitwertbestimmung ist der Zeitpunkt der Klageeinreichung beim Gericht massgeblich und nicht der Zeitpunkt der Rechtshängigkeit (ZR 113 [2014] Nr. 66).

einfache Streitgenossenschaft und objektive Klagenhäufung		Zusammenrechnung der Ansprüche, soweit sie sich nicht gegenseitig ausschliessen (Art. 93 Abs. 1 ZPO)[173] bei einfacher Streitgenossenschaft bleibt die Verfahrensart trotz Zusammenrechnung des Streitwerts erhalten (Art. 93 Abs. 2 ZPO)
Widerklage	**Grundsatz**	Streitwert = höheres Rechtsbegehren von Klage oder Widerklage (Art. 94 Abs. 1 ZPO)
	Ausnahme	Streitwert zur Bestimmung der Prozesskosten = zusammengerechnete Rechtsbegehren, sofern sich Klage und Widerklage nicht gegenseitig ausschliessen (Art. 94 Abs. 2 ZPO)
Erbteilung[174]	**Teilungsanspruch an sich streitig**	Streitwert = ganzer Nachlasswert
	Anteil eines Erben streitig	Streitwert = Wert des Anteils des klagenden Erben
Auskunftsklage		wirtschaftliches Interesse an anbegehrten Informationen (= nur Bruchteil des Streitwertes einer sich auf diese Informationen stützenden Leistungsklage)[175]
Anfechtung von Beschlüssen der Stockwerkeigentümerversammlung		Geldwert der streitigen Rechte (streitwertbestimmend ist in der Regel das Interesse der beklagten Stockwerkeigentümergemeinschaft als Gesamtes und nicht dasjenige der Beschwerdeführer als klagenden Stockwerkeigentümer)[176]
Ausschluss Mitglied aus Stockwerkeigentümergemeinschaft		Streitwert = Verkehrswert des Anteils des auszuschliessenden Stockwerkeigentümers[177]
Arbeitszeugnis		Streitwert je nach Art und Inhalt des Begehrens (z.B. Klage auf Ausstellen eines Vollzeugnisses, Klage auf Änderung oder Berichtigung eines Zeugnisses, Klage auf Ausstellen einer blossen Arbeitsbestätigung), in der Regel höchstens ein Bruttomonatslohn[178]

173 Keine Zusammenrechnung erfolgt, wenn eine Forderung gleichzeitig gegen mehrere Solidarschuldner geltend gemacht wird (BGE 139 III 24 E.4.2).

174 BGE 127 III 396 E. 1 b/cc.

175 BGer 5A_695/2013 vom 15.7.2014, E. 7.2.

176 BGE 140 III 571 E. 1.1.

177 LGVE 2011 I Nr. 38.

178 LGVE 2012 I Nr. 31.

Miet- und Pachtrecht (Wohn- und Geschäftsräume)	**Anfechtung Kündigung**	**unbestimmte Mietdauer:** Streitwert = Bruttomietzins für den Zeitraum, während dem der Mietvertrag fortdauern würde, wenn die Kündigung ungültig wäre, also bis zum Zeitpunkt auf den frühestens eine neue Kündigung ausgesprochen werden könnte (mit Beachtung der dreijährigen Sperrfrist von Art. 271*a* Abs. 1 lit. e ZPO bei Vermieterkündigungen) **bestimmte Mietdauer:** Streitwert = Kapitalwert der für die Mietdauer zu leistenden Mietzinse (Art. 92 Abs. 1 ZPO)
	Erstreckung Mietverhältnis	Streitwert = Bruttomietzins für die Dauer der beantragten Erstreckung; hat der Mieter bereits eine faktische Erstreckung erhalten, berechnet sich der Streitwert ab dem Zeitpunkt des letztinstanzlichen kantonalen Entscheids
	Ausweisung	Streitwert = mutmasslicher Schaden des Vermieters (durch verzögerten Auszug des Mieters), d.h. hypothetischer bzw. marktüblicher Mietzins oder Gebrauchswert ab Mietvertragsende bis zum mutmasslichen Vollzug der Ausweisung und ev. zusätzlicher Schaden[179]
	Anfechtung Kündigung (oder Streit über Bestand Mietvertrag) und Ausweisung	Streitwert = wie bei Anfechtung Kündigung, ausnahmsweise (wenn dieser Streitwert höher ist) wie bei Ausweisung
	Anfechtung Kündigung und Erstreckung Mietverhältnis[180]	Streitwert = wie bei Anfechtung Kündigung (Eventualbegehren werden nach Art. 92 Abs. 1 Satz 2 ZPO nicht berücksichtigt)[181]

179 LGVE 2011 I Nr. 27. – Ist strittig, ob die Voraussetzungen für die Ausweisung im summarischen Verfahren nach Art. 257 ZPO («Rechtsschutz in klaren Fällen») gegeben sind, ist als Streitwert der durch die Verzögerung mutmasslich entstehende Schaden zu betrachten, wenn die Voraussetzungen einer Ausweisung im Verfahren nach Art. 257 ZPO verneint werden, bestehend im hypothetisch anfallenden bzw. entgangenen Miet- oder Gebrauchswert für die Zeit, bis voraussichtlich ein Ausweisungsentscheid in einem Prozess im ordentlichen Verfahren ergehen könnte (BGer 4A_622/2013 vom 26.5.2014, E. 2).

180 Für den Fall einer gültigen Kündigung wird eventualiter die Erstreckung des Mietverhältnisses verlangt.

181 Im Bereich des BGG gilt der Streitwert für die Erstreckung des Mietverhältnisses, wenn dieser höher ist als derjenige der Anfechtung der Kündigung.

(Miet- und Pachtrecht [Wohn- und Geschäftsräume])	**Anfechtung Anfangsmietzins/Mietzinsanpassung**	**unbestimmte Mietdauer:** Streitwert = zwanzigfacher Jahresbetrag der streitigen Mietzinsdifferenz (Art. 92 Abs. 2 ZPO)[182] **bestimmte Mietdauer:** Streitwert = Kapitalwert der streitigen Mietzinsdifferenz für die Mietdauer (Art. 92 Abs. 1 ZPO)
	Mietzinsherabsetzung infolge Mängel	Streitwert = Kapitalwert des Herabsetzungsbetrags für die Dauer der beantragten Herabsetzung (Art. 92 Abs. 1 ZPO)
Kollokationsklage	Streitwert = auf den bestrittenen Betrag entfallende Dividende nach Schätzung der Konkursverwaltung bzw. des Liquidators im Zeitpunkt der Klageeinreichung (d.h. möglicher Prozessgewinn), bei Nulldividende anbegehrte nominelle Reduktion der kollozierten Forderung oder minimaler Betrag[183]	
Arrest	Streitwert = Wert des Arrestobjekts, sofern es bekannt ist, sonst Wert der zu sichernden Forderung des Arrestgläubigers[184]	
prozessleitende Verfügung	Streitwert = Streitwert der Hauptsache (nicht Wert der in Frage stehenden Prozesshandlung wie etwa Höhe des Kostenvorschusses nach Art. 98 ZPO oder Höhe der Sicherheitsleistung nach Art. 99 ZPO)	
Anfechtung Kostenentscheid allein	Streitwert = streitige Kostendifferenz	

182 BGE 137 III 580 E. 1.1.

183 BGE 140 III 65 E. 3.2; 138 III 675 E. 3.

184 BGer 5A_28/2013 vom 15.4.2013, E. 2.4.

§ 8 Prozesskosten und unentgeltliche Rechtspflege (Art. 95–123 ZPO)

I. Prozesskosten (Art. 95–116 ZPO)

1. Grundlagen

8.1

Bundesrecht	– ZPO (Art. 83 Abs. 2, Art. 94 Abs. 2, Art. 95–116, 131, 167 Abs. 1 lit. d und Abs. 2, Art. 207, 218, 234 Abs. 2, Art. 318 Abs. 3) – spezialgesetzliche Kostenbestimmungen (z.B. Art. 105 Abs. 3 FusG, Art. 27 KHG)	
kantonales Recht	Festsetzung der Tarife für die Prozesskosten (Art. 96 ZPO)	
	ZH	Verordnung des Obergerichts des Kantons Zürich über die Gerichtsgebühren vom 8. September 2010 (GebV OG; LS 211.11) Verordnung des Obergerichts des Kantons Zürich über die Anwaltsgebühren vom 8. September 2010 (AnwGebV; LS 215.3)
	BE	Dekret vom 24. März 2010 betreffend die Verfahrenskosten und die Verwaltungsgebühren der Gerichtsbehörden und der Staatsanwaltschaft (Verfahrenskostendekret, VKD; BSG 161.12) Verordnung vom 17. Mai 2006 über die Bemessung des Parteikostenersatzes (Parteikostenverordnung, PKV; BSG 168.811)
	LU	Verordnung des Kantonsgerichts über die Kosten in Zivil-, Straf- und verwaltungsrechtlichen Verfahren vom 26. März 2013 (Justiz-Kostenverordnung, JusKV; SRL Nr. 265)

2. Übersicht

8.2

Prozesskosten
(Art. 95 Abs. 1 ZPO)

Gerichtskosten[185]
(Art. 95 Abs. 2 ZPO)

- Schlichtungsgebühren
- Gerichtsgebühren
- Beweiskosten
- Übersetzungskosten
- Kosten für die Vertretung des Kindes (Art. 299 f. ZPO)

Parteientschädigung
(Art. 95 Abs. 3 ZPO)

- Ersatz notwendiger Auslagen
- Kosten der berufsmässigen Vertretung
- angemessene Umtriebsentschädigung einer nicht berufsmässig vertretenen Partei in begründeten Fällen → Rz 8.11

3. Kostenbefreiung

3.1. Schlichtungsverfahren (und anschliessende Rechtsmittelverfahren)

8.3

Gerichtskosten (Art. 113 Abs. 2 ZPO)	**Grundsatz**	keine Gerichtskosten werden gesprochen in Streitigkeiten – nach dem Gleichstellungsgesetz (GlG) – nach dem Behindertengleichstellungsgesetz – aus Miete und Pacht von Wohn- und Geschäftsräumen sowie aus landwirtschaftlicher Pacht – aus dem Arbeitsverhältnis sowie nach dem Arbeitsvermittlungsgesetz bis zu einem Streitwert von CHF 30 000 – nach dem Mitwirkungsgesetz – aus Zusatzversicherungen zur sozialen Krankenversicherung nach dem KVG
	Ausnahme	Gerichtskosten können einer Partei bei bös- oder mutwilliger Prozessführung auferlegt werden (Art. 115 ZPO)

185 Gerichtskosten sind öffentlichrechtliche Forderungen, auch wenn sie einen Zivilprozess betreffen (BGE 138 II 506 E. 1).

Parteientschädigung (Art. 113 Abs. 1 ZPO)	**Grundsatz**	keine Parteientschädigungen (auch nicht bei bös- oder mutwilliger Prozessführung einer Partei)[186]
	Ausnahmen	– Entschädigung unentgeltlicher Rechtsbeistand durch den Kanton – Endet das Schlichtungsverfahren ohne Einigung kann das Gericht im nachfolgenden Prozess eine Parteientschädigung für das Schlichtungsverfahren zusprechen[187]

3.2. Entscheidverfahren (und anschliessende Rechtsmittelverfahren)

8.4

Gerichtskosten (Art. 114 ZPO)	**Grundsatz**	keine Gerichtskosten werden gesprochen in Streitigkeiten – nach dem Gleichstellungsgesetz (GlG) – nach dem Behindertengleichstellungsgesetz – aus dem Arbeitsverhältnis sowie nach dem Arbeitsvermittlungsgesetz bis zu einem Streitwert von CHF 30 000 – nach dem Mitwirkungsgesetz – aus Zusatzversicherungen zur sozialen Krankenversicherung nach dem KVG
	Ausnahme	Gerichtskosten können einer Partei bei bös- oder mutwilliger Prozessführung auferlegt werden (Art. 115 ZPO)
Parteientschädigung	Parteientschädigungen werden zugesprochen	

3.3. Weitere Kostenbefreiungen

8.5

Kompetenz der Kantone	die Kantone können weitere Befreiungen von den Prozesskosten (Gerichtskosten, Parteientschädigung) gewähren (Art. 116 Abs. 1 ZPO)[188], ebenso weitere Kostenerleichterungen bezüglich der Mediation (Art. 218 Abs. 3 ZPO)

186 Umstritten ist, ob dieser Grundsatz auch gilt, wenn die Schlichtungsbehörde einen Urteilsvorschlag (Art. 210 f. ZPO) unterbreitet oder einen Entscheid (Art. 212 ZPO) fällt (BGE 141 III 20 E. 5.2).

187 BGE 141 III 20 E. 5.3.

188 BGE 139 III 182 E. 2.

ZH	– keine Gerichtskosten werden gemäss § 200 GOG i.V.m. Art. 116 Abs. 1 ZPO auferlegt: └ dem Kanton in Zivilverfahren └ Angestellten, wenn wegen ihrer Amtstätigkeit Aufsichtsbeschwerde erhoben wurde oder wenn über ihren Ausstand zu entscheiden ist – derzeit keine weiteren Kostenerleichterung nach Art. 218 Abs. 3 ZPO[189]
BE	– keine weiteren Befreiungen von den Prozesskosten nach Art. 116 Abs. 1 ZPO – keine weiteren Kostenerleichterungen nach Art. 218 Abs. 3 ZPO
LU	– keine weiteren Befreiungen von den Prozesskosten nach Art. 116 Abs. 1 ZPO – keine weiteren Kostenerleichterungen nach Art. 218 Abs. 3 ZPO

4. Kostenvorschuss

8.6

Grundlage	**Art. 98, 101–103 ZPO**	
Vorschusspflicht	**Grundsatz**	Gericht kann Vorschuss für Gerichtskosten verlangen (Art. 98 ZPO)
	Ausnahmen	– Befreiung von Vorschusspflicht infolge UR (Art. 118 Abs. 1 lit. a ZPO)[190] – Streitigkeiten ohne Gerichtskosten (Art. 113, 114, 116 ZPO) – Ausstandsverfahren nach Art. 49 f. ZPO[191] – kein oder nur reduzierter Vorschuss, wenn der Partei sonst der Zugang zum Gericht verwehrt würde[192]
vorschusspflichtige Personen	– klagende Partei (Art. 98 ZPO)[193] – widerklagende Partei (Art. 98 ZPO) – Partei, die ein Rechtsmittel ergreift (Art. 98 ZPO) – Dritter, der ein Rechtsmittel ergreift (Art. 98 ZPO) – Partei, die Beweiserhebung veranlasst; beantragen beide Parteien dasselbe Beweismittel, so hat jede Partei die Hälfte vorzuschiessen (Art. 102 Abs. 1 und 2 ZPO)	

189 Der Zürcher Regierungsrat kann gemäss § 129 Abs. 2 GOG in einer Verordnung die Voraussetzungen für eine unentgeltliche Mediation in Familienrechtssachen festlegen. Von dieser Kompetenz wurde bis heute kein Gebrauch gemacht.

190 Solange das Gericht nicht über das UR-Gesuch der vorschusspflichtigen Person entschieden hat, kann es von ihr keinen Kostenvorschuss verlangen. Bei Gesuchsabweisung ist eine Nachfrist für die Vorschussleistung anzusetzen (BGE 138 III 163 E. 4.2).

191 Vgl. BGE 100 Ia 28 E. 3.

192 Beispiel aus der ZPO-Botschaft (BBl 2006 7293): Die vorschusspflichtige Partei lebt nur wenig über dem Existenzminimum, so dass die Voraussetzungen der unentgeltlichen Rechtspflege knapp nicht erfüllt sind.

193 Bei Bewilligung des Rechtsvorschlags in der Wechselbetreibung (Art. 179 ff. SchKG) und wegen mangelnden neuen Vermögens (Art. 265*a* Abs. 1 SchKG) ist der Schuldner (als klagende Partei) kostenvorschusspflichtig (BGE 139 III 498 E. 2.2 f.).

<table>
<tr><td>Umfang</td><td colspan="3">– bis zur Höhe der mutmasslichen Gerichtskosten (Art. 98, 102 Abs. 1 ZPO)
– spätere Erhöhung oder Herabsetzung des Kostenvorschusses ist möglich[194]
– Höhe Kostenvorschuss präjudiziert späteren Kostenentscheid nicht</td></tr>
<tr><td>Zeitpunkt</td><td colspan="3">nach Ermessen des Gerichts:
– in der Regel nach Eingang Klage/Gesuch, spätere Einforderung (insbesondere für ergänzenden Vorschuss oder für Beweiskosten) möglich
– Frist zu Klageantwort/Stellungnahme kann schon vor Eingang des Kostenvorschusses angesetzt werden[195]</td></tr>
<tr><td>Art der Vorschussleistung</td><td colspan="3">– Barzahlung (in Schweizer Franken)
– Bank- oder Versicherungsgarantie (analog Art. 100 Abs. 1 ZPO)</td></tr>
<tr><td rowspan="3">Folge der Nichtleistung</td><td rowspan="2">Beweiskosten (Art. 102 Abs. 3 ZPO)</td><td>bei Verhandlungsmaxime und beschränkter Untersuchungsmaxime</td><td>Einräumen einer (kurzen) Frist an Gegenpartei zur Vorschussleistung; bei Nichtleistung unterbleibt Beweiserhebung</td></tr>
<tr><td>bei uneingeschränkter Untersuchungsmaxime</td><td>Beweiserhebung trotz Nichtleistung des Vorschusses</td></tr>
<tr><td>übrige Gerichtskosten (Art. 101 Abs. 3 ZPO)</td><td colspan="2">– Ansetzen einer (kurzen) Nachfrist zur Vorschussleistung an vorschusspflichtige Person
– bei Nichtleistung Nichteintreten auf Klage/Gesuch/Rechtsmittel
– Nichtleistung des Vorschusses gilt nicht als Klagerückzug mit materieller Rechtskraftwirkung[196]</td></tr>
<tr><td>Rechtsmittel gegen Vorschussentscheid</td><td colspan="3">Beschwerde nach Art. 319 ff. ZPO innert 10 Tagen (Art. 103, 321 Abs. 2 ZPO)</td></tr>
<tr><td>Verwendung</td><td colspan="3">→ Rz 8.10</td></tr>
<tr><td>Verzinsung</td><td colspan="3">Kostenvorschüsse werden nicht verzinst[197]</td></tr>
</table>

194 BGer 4A_226/2014 vom 6.8.2014, E. 2.1.
195 BGE 140 III 159 E. 4.2.
196 BGE 140 III 159 E. 4.2.2.
197 Vgl. BGer 4P.315/2006 vom 22.5.2007, E. 3.

5. Sicherheitsleistung

8.7

Grundlage	**Art. 99–101 ZPO**	
Charakter des Verfahrens	prozessleitende Verfügung im Hauptprozess	
	ZH	Entscheid ergeht in einem separaten Zwischenverfahren (soweit ersichtlich ohne selbständige Kostenverlegung)
	BE	prozessleitende Verfügung des Instruktionsrichters
	LU	Entscheid ergeht in einem separaten Zwischenverfahren mit selbständiger Kostenverlegung[198]
Zuständigkeit	**ZH**	Verfahrensleitung: – erstinstanzlich: gemäss Geschäftsordnung des jeweiligen Bezirksgerichts (aufgrund von Art. 124 Abs. 2 ZPO kann die Prozessleitung an eines der Gerichtsmitglieder delegiert werden) – zweitinstanzlich/Handelsgericht: Vorsitzender der Kammer/des Handelsgerichts bzw. präsidierendes Mitglied (§ 31 Abs. 2 VOG)
	BE	Instruktionsrichter (Art. 12 Abs. 3 EG ZSJ)
	LU	Verfahrensleitung: – erstinstanzlich: Abteilungspräsident bzw. präsidierendes Mitglied oder Instruktionsrichter (§ 36 Abs. 1 und 2 lit. c, § 37 JusG) – zweitinstanzlich: Abteilungs- oder Kammerpräsident oder Instruktionsrichter (§§ 21, 22 Abs. 1 GOKG)
leistungspflichtige Parteien	– klagende Partei – widerklagende Partei – Partei, die ein Rechtsmittel ergreift[199] – Dritter, der ein Rechtsmittel ergreift (Art. 99 ZPO)	

198 LGVE 2012 I Nr. 33.

199 BGer 4A_26/2013 vom 5.9.2013, E. 2.2; LGVE 2012 I Nr. 32 E. 4.1.

Voraussetzungen (alternativ)	– fehlender Wohnsitz/Sitz in der Schweiz[200] und keine Befreiung von Sicherheitsleistung durch Staatsvertrag (z.B. Art. 51 LugÜ) – Anschein der Zahlungsunfähigkeit (z.B. hängiges Konkursverfahren, bestehende Verlustscheine, bewilligte Nachlassstundung)[201] – nicht bezahlte Prozesskosten aus früheren Verfahren – andere Gründe für erhebliche Gefährdung der Parteientschädigung[202] (Art. 99 Abs. 1 ZPO) bei notwendiger Streitgenossenschaft ist nur dann Sicherheit zu leisten, wenn bei allen Streitgenossen eine der Voraussetzungen gegeben ist (Art. 99 Abs. 2 ZPO)
Ausnahmen von Sicherheitsleistung	keine Sicherheit ist zu leisten: – im vereinfachten Verfahren (Art. 243 ff. ZPO) mit Ausnahme der vermögensrechtlichen Streitigkeiten nach Art. 243 Abs. 1 ZPO – im Scheidungsverfahren (Art. 274 ff. ZPO) – im summarischen Verfahren (Art. 248 ff. ZPO) mit Ausnahme des Rechtsschutzes in klaren Fällen (Art. 257 ZPO) – wenn die unentgeltliche Rechtspflege (Art. 117 ff. ZPO) bewilligt wurde (Art. 99 Abs. 3, Art. 118 Abs. 1 lit. a ZPO)
Umfang	mutmassliche Parteientschädigung der beklagten Partei in der angerufenen Instanz[203], nicht aber Gerichtskosten[204] (Art. 99 Abs. 1 ZPO)
Art der Sicherheitsleistung[205]	– Barzahlung (in Schweizer Franken) – (unbefristete, bedingungsfreie, unwiderrufliche) Bank- oder Versicherungsgarantie (Art. 100 Abs. 1 ZPO)
Hinterlegungsstelle	– nach Anordnung des Gerichts (z.B. bei Gerichtskasse)

200 Die erhebliche Gefährdung der Einbringlichkeit der Parteientschädigung ist nicht zu prüfen (BGer 4A_46/2015 vom 27.3.2015, E. 4.3 [zur Publikation vorgesehen]).

201 LGVE 2012 I Nr. 32 E. 4.3., 2006 I Nr. 34, 2005 I Nr. 33.

202 LGVE 2012 I Nr. 34.

203 BGer 4A_26/2013 vom 5.9.2013, E. 2.3.

204 LGVE 2012 I Nr. 32 E. 4.2.

205 Die möglichen Arten von Sicherheitsleistungen sind in Art. 100 Abs. 1 ZPO abschliessend aufgezählt (BGer 4A_46/2015 vom 27.3.2015, E. 4.4 [zur Publikation vorgesehen]).

Verfahren	– nur rudimentäre Regelung in der ZPO (Art. 99–101) – erforderlich ist ein Gesuch der beklagten Partei Zeitpunkt: bis zur Klage-, Widerklage- oder Rechtsmittelantwort; bei späterer Einreichung entfällt Sicherheitsleistung für bereits entstandene Parteikosten[206] eine Bezifferung des Antrags ist zulässig, aber vom Gesetz nicht vorgeschrieben[207] – der klagenden Partei ist Gelegenheit zu Stellungnahme zu gewähren – Entscheid aufgrund summarischer Prüfung (massgebend Verhältnisse im Zeitpunkt der Verfügung), im Kanton Luzern mit selbständiger Kostenverlegung – Gericht kann vorsorgliche Massnahmen schon vor Leistung der Sicherheit anordnen (Art. 101 Abs. 2 ZPO)
Beweismass	Glaubhaftmachung einer Voraussetzung genügt
Rechtsmittel gegen Entscheid über Sicherheitsleistung	Beschwerde nach Art. 319 ff. ZPO innert 10 Tagen (Art. 103, 321 Abs. 2 ZPO)
Änderung Entscheid	bei veränderten Verhältnissen kann Gericht die zu leistende Sicherheit nachträglich aufheben (z.B. bei Dahinfallen eines Kautionsgrunds), erhöhen oder herabsetzen (Art. 100 Abs. 2 ZPO)
Folgen der Nichtleistung	Ansetzen einer (kurzen) Nachfrist zur Sicherheitsleistung; bei Nichtleistung Nichteintreten auf Klage/Gesuch/Rechtsmittel (Art. 101 Abs. 3 ZPO)
Entscheid über Verwendung Sicherheitsleistung	Entscheid über die Verwendung oder die Freigabe der Sicherheitsleistung im Entscheid über die Prozesskosten (Art. 104 ZPO)

206 Tritt der Sicherheitsleistungsgrund erst im Lauf des Verfahrens ein (Beispiele: Verlegung des Wohnsitzes ins Ausland, Parteiwechsel nach Art. 83 ZPO) können die bereits entstandenen Parteikosten berücksichtigt werden; das Gesuch ist aber umgehend nach Kenntnis des Sicherheitsleistungsgrunds zu stellen.

207 BGE 140 III 444 E. 3.2.2.

6. Allgemeine Verfahrensbestimmungen

6.1. Aufklärung über Prozesskosten

8.8

Grundlage	**Art. 97 ZPO**
Adressat	nicht anwaltlich vertretene Partei
Voraussetzung	Aufklärungsbedarf (ist immer gegeben, wenn nicht zweifelsfrei anzunehmen ist, dass Partei über Prozesskosten bzw. die unentgeltliche Rechtspflege im Bild ist)[208]
Inhalt	– Aufklärung über mutmassliche Höhe der Prozesskosten (Gerichtskosten und Parteientschädigung)[209] – Aufklärung über Möglichkeit, Voraussetzungen und Wirkungen der unentgeltlichen Rechtspflege – Aufforderung zur Ergänzung unvollständiger Eingaben und Belege im UR-Verfahren[210]

6.2. Kostenentscheid

8.9

Grundlage	**Art. 104–105 ZPO**	
Grundsatz	**Gerichtskosten**	Kostenfestsetzung und -verteilung erfolgt von Amtes wegen (Art. 105 Abs. 1 ZPO)
	Parteientschädigung	Parteientschädigung wird nur auf Antrag[211] einer Partei festgesetzt und zugesprochen; die Parteien können dazu eine Kostennote einreichen (Art. 105 Abs. 2 ZPO); es besteht kein Anspruch einer Partei, vor der Festsetzung der Parteientschädigung für den Prozessgegner angehört zu werden[212]
Zeitpunkt	– in der Regel im Endentscheid (Art. 104 Abs. 1, Art. 236 Abs. 1 ZPO) – bei einem Zwischenentscheid (Art. 237 ZPO) können die bis zu diesem Zeitpunkt entstandenen Prozesskosten verteilt werden (Art. 104 Abs. 2 ZPO) – über die Prozesskosten vorsorglicher Massnahmen kann im Massnahmenentscheid oder erst im Entscheid in der Hauptsache entschieden werden (Art. 104 Abs. 3 ZPO) – in einem Rückweisungsentscheid kann die obere Instanz die Verteilung der Prozesskosten des Rechtsmittelverfahrens selber vornehmen oder der Vorinstanz überlassen (Art. 104 Abs. 4 ZPO); die zweitinstanzlichen Kosten sind aber masslich festzusetzen[213]	

208 Kein Aufklärungsbedarf besteht z.B. bei einem Anwalt, der in eigener Sache prozessiert.
209 BGer 5A_630/2014 vom 7.11.2014, E. 7.1.
210 BGer 4A_114/2013 vom 20.6.2013, E.4.3.2.
211 Der Antrag muss nicht beziffert werden (BGE 139 III 334 E. 4.3).
212 BGer 5A_630/2014 vom 7.11.2014, E. 7.2.
213 BGer 4A_523/2013 und 4A_527/2013 vom 31.3.2014, E. 8.1.

Rechtsmittel	**Anfechtung des Entscheids in der Hauptsache und des Kostenentscheids**	Rechtsmittel in der Hauptsache (Berufung oder Beschwerde)
	Anfechtung des Kostenentscheids allein	Beschwerde nach Art. 319 ff. ZPO, auch in berufungsfähigen Streitigkeiten (Art. 110 ZPO)[214]
Besonderes	eine separate oder nachträgliche Schadenersatzklage ist ausgeschlossen für alle Prozesskosten, die von der Parteientschädigung nach Art. 95 Abs. 3 ZPO erfasst sind, selbst wenn die obsiegende Partei nach dem (gemäss Art. 116 Abs. 1 ZPO vorbehaltenen) kantonalen Recht keine Parteientschädigung erhält[215]	

6.3. Liquidation und Inkasso der Prozesskosten

8.10

Grundlage	**Art. 111–112 ZPO**
Kostenvorschüsse	– Gerichtskosten werden mit den geleisteten Kostenvorschüssen der Parteien (unabhängig von deren Kostenpflicht) verrechnet; ein Fehlbetrag wird von der kostenpflichtigen Partei nachgefordert (Art. 111 Abs. 1 ZPO), ein Überschuss zurückerstattet (vorab der nicht kostenpflichtigen Partei) – die kostenpflichtige Partei hat der anderen Partei die beanspruchten Vorschüsse zu ersetzen (Art. 111 Abs. 2 ZPO) – Besonderheiten bei unentgeltlicher Rechtspflege → Rz 8.13 ff.
Parteientschädigung	die kostenpflichtige Partei oder der kostenpflichtige Dritte[216] hat der anderen Partei die zugesprochene Parteientschädigung zu bezahlen (Art. 111 Abs. 2 ZPO)
Stundung und Erlass der Gerichtskosten	– Gerichtskosten können gestundet oder bei dauernder Mittellosigkeit erlassen werden (Art. 112 Abs. 1 ZPO) – Zuständigkeit ∟ **ZH**: Verwaltungskommission des OG ZH (§ 18 lit. q VOG[217]) ∟ **BE**: Gericht, das zuletzt entschieden hat (keine explizite Grundlage im Gesetz) ∟ **LU**: Präsident der letzten entscheidenden Instanz (§ 97 JusG)
Verzinsung der Gerichtskosten	– Voraussetzung: Mahnung der pflichtigen Partei – Zinssatz: 5 Prozent (Art. 112 Abs. 3 ZPO) – während der Dauer der Stundung der Gerichtskosten läuft kein Verzugszins

214 Kt. **LU**: Das Kantonsgericht überprüft den Kostenentscheid mit Zurückhaltung (LGVE 2014 II Nr. 15). Gleiches gilt für den Kt. **BE** und den Kt. **ZH**.

215 BGE 139 III 190 E. 4.

216 BGer 4A_150/2013 vom 11.2.2014, E. 4.2.2.

217 Vgl. dazu ZR 112 (2013) Nr. 56.

Verjährung der Gerichtskosten	– Beginn: mit Verfahrensabschluss, d.h. mit Rechtskraft des den Kostenspruch enthaltenden Entscheids (Art. 112 Abs. 2 ZPO) – Verjährungsfrist: 10 Jahre (Art. 112 Abs. 2 ZPO)
Haftung für Prozesskosten bei Parteiwechsel	– eintretende Partei haftet für die gesamten Prozesskosten – ausscheidende Partei haftet solidarisch für die bis zum Parteiwechsel aufgelaufenen Prozesskosten (Art. 83 Abs. 2 ZPO)

7. Kostenfestsetzung

8.11

Begriff	massliche Bestimmung der Kosten	
Grundlagen	– bundesrechtliche Vorschriften (z.B. GebV SchKG, Art. 27 KHG)[218] – kantonale Tarife (gemäss Art. 96 ZPO) **ZH**: Verordnung des Obergerichts des Kantons Zürich über die Gerichtsgebühren vom 8. September 2010 (GebV OG; LS 211.11) Verordnung des Obergerichts des Kantons Zürich über die Anwaltsgebühren vom 8. September 2010 (AnwGebV; LS 215.3) **BE**: Dekret vom 24. März 2010 betreffend die Verfahrenskosten und die Verwaltungsgebühren der Gerichtsbehörden und der Staatsanwaltschaft (Verfahrenskostendekret, VKD; BSG 161.12) **LU**: Verordnung des Kantonsgerichts über die Kosten in Zivil-, Straf- und verwaltungsrechtlichen Verfahren vom 26. März 2013 (Justiz-Kostenverordnung, JusKV; SRL Nr. 265)	
Grundsätze	**Gerichtskosten**	zu beachten sind[219] – Kostendeckungsprinzip (Gesamtertrag der Gebühren dürfen den Gesamtaufwand für die staatlichen Leistungen der betreffenden Instanz nicht wesentlich übersteigen) – Äquivalenzprinzip (einzelne Gebühr darf nicht in einem offensichtlichen Missverhältnis zum objektiven Wert der Leistung stehen und muss sich in vernünftigen Grenzen halten)

218 In gerichtlichen Summarsachen des SchKG sind für die Gerichtskosten Art. 48 ff. GebV SchKG, für die Parteikosten die kantonalen Tarife massgebend (BGE 139 III 195 E. 4).

219 BGE 139 III 334 E. 3.2.3 f.

(Grundsätze)	**(Gerichtskosten)**	Massgebend für die Gebührenfestsetzung sind insbesondere – Streitwert – Zeitaufwand der entscheidenden Instanz – Umfang und Schwierigkeit des Falls – Bedeutung der Streitsache für die Parteien (**ZH**: § 2 Abs. 1, § 5 Abs. 1 GebV OG; **BE**: Art. 5 VKD; **LU**: § 94 Abs. 2 JusG, § 1 JusKV)	
	Auslagen	Ersatz aller notwendigen Auslagen im vollen Umfang	
	Parteientschädigung	**Kosten der berufsmässigen Vertretung**	zu entschädigen sind nur die notwendigen und zweckmässigen Bemühungen massgebend für die Festsetzung der Parteientschädigung sind insbesondere – Streitwert – Zeitaufwand der Partei (**ZH**: notwendiger Zeitaufwand des Anwalts) – Umfang und Schwierigkeit des Falls (**ZH**: Schwierigkeit des Falls) – Bedeutung der Streitsache für die Parteien (**ZH**: Verantwortung des Anwalts) (**ZH**: § 2 Abs. 1, § 5 Abs. 1 AnwGebV; **BE**: Art. 41 Abs. 3 KAG; **LU**:§ 94 Abs. 2 JusG, § 2 JusKV)
		nicht berufsmässige vertretene Partei	in der Regel kein Anspruch auf Parteientschädigung; Zusprechung einer solchen nur in begründeten Fällen[220] (Art. 95 Abs. 3 lit. c ZPO)
Besonderes	**Streitwert**	Bestimmung des Streitwerts → Rz 7.1 f.	
	mehrere Rechtsmittel	Anfechtung eines Entscheids durch beide Parteien ⇒ in der Regel nur ein Rechtsmittelverfahren und damit nur ein Kostenentscheid mit entsprechender Kostenfestsetzung	

220 Z.B. für Verdienstausfall. Die Partei hat die besonderen Umtriebe und die daraus entstandenen ersatzfähigen Kosten zu begründen (BGer 4A_355/2013 vom 22.10.2013, E. 4.2).

(Besonderes)	**Streitgenossenschaft**		– Vertretung mehrerer Streitgenossen durch einen Anwalt ⇒ Zusprechung nur einer Parteientschädigung – Separate Vertretung der Streitgenossen durch verschiedene Anwälte ⇒ Zusprechung mehrerer Parteientschädigungen, aber nur bei begründetem Anlass für getrennte Vertretung (z.B. bei Interessenkollision zwischen den Streitgenossen)[221]
	Anwaltswechsel		entstandene Mehrkosten sind nur bei triftigem Grund für Anwaltswechsel entschädigungsberechtigt
	Überklagen		– Festlegung der Parteientschädigung der klagenden Partei nur nach dem Betrag, der in guten Treuen hätte eingeklagt werden dürfen – Festlegung der Parteientschädigung der beklagten Partei nach dem ganzen eingeklagten Betrag
	Mehrwertsteuer	**ZH**	einer mehrwertsteuerpflichtigen Partei ist ein Mehrwertsteuerzusatz nur zuzusprechen, wenn sie nachweist, dass sie die ihrem Anwalt auf das Honorar für die Prozessführung bezahlte Mehrwertsteuer nicht (als Vorsteuer) von ihrer eigenen Mehrwertsteuer abziehen kann[222]
		BE	wird einer mehrwertsteuerpflichtigen Partei in einem ihre Geschäftstätigkeit betreffenden Verfahren ein Anwaltskostenersatz zugesprochen, ist keine Mehrwertsteuer hinzuzurechnen; die Partei kann die ihrem Anwalt zu bezahlende Mehrwertsteuer als Vorsteuerabzug von ihrer eigenen Mehrwertsteuerrechnung abziehen und erleidet deshalb keinen Schaden[223]
		LU	wird einer mehrwertsteuerpflichtigen Partei in einem ihre Geschäftstätigkeit betreffenden Verfahren ein Anwaltskostenersatz zugesprochen, ist keine Mehrwertsteuer hinzuzurechnen; die Partei kann die ihrem Anwalt zu bezahlende Mehrwertsteuer als Vorsteuerabzug von ihrer eigenen Mehrwertsteuerrechnung abziehen und erleidet deshalb keinen Schaden[224]

221 BGE 125 III 138 E. 2d; LGVE 2009 I Nr. 22.

222 Vgl. dazu das Kreisschreiben der Verwaltungskommission des Obergerichts des Kantons Zürich an die Kammern des Obergerichts, das Handelsgericht, das Geschworenengericht, die Bezirksgerichte und die Friedensrichterämter über die Mehrwertsteuer vom 17. Mai 2006 mit Ergänzung vom 17. September 2010 (publiziert auf <www.gerichte-zh.ch/kreisschreiben/kreisschreiben/2000-2009.html>).

223 Die Praxis des bernischen Verwaltungsgerichts (BVR 2014, 484 ff.) wird von den Zivilgerichten übernommen.

224 Weisung OG LU vom 7.8.2006, publiziert in LGVE 2006 I Nr. 43.

8. Kostenverteilung

8.12

Grundlage	**Art. 106–109 ZPO**
Begriff	Bestimmung der kostenpflichtigen Parteien
Grundregel: Kostenverteilung nach Prozessausgang (Erfolgsprinzip)	unterliegende Partei trägt Prozesskosten; bei teilweisem Unterliegen werden die Prozesskosten verhältnismässig geteilt (Art. 106 Abs. 1 und 2 ZPO)[225] Ermittlung Prozesserfolg durch Vergleich Rechtsbegehren – Urteil: – massgebend ist das ursprüngliche Rechtsbegehren bzw. bei unbezifferter Klage die erstmalige nachträglich Bezifferung – eine nachträgliche Erhöhung der Rechtsbegehren wird berücksichtigt, nicht aber eine nachträgliche Reduktion ⇒ keine mathematisch genaue Berechnung, sondern grosses richterliches Ermessen[226]; geringfügige Überklagung (bis 10 %) führt im Kanton Luzern praxisgemäss noch nicht zur Kostenteilung ⇒ massgebend ist das Endresultat, und nicht, wieviele rechtliche Argumente einer Partei vom Gericht übernommen wurden[227]
<u>Erste Abweichung</u> von Grundregel: Kostenverteilung nach Ermessen (Billigkeitsprinzip)	– einzelfallgerechte Lösung nach grossem richterlichem Ermessen – möglich ist insbesondere └ Kostenverlegung abweichend vom Prozesserfolg └ Verzicht auf Erhebung von Gerichtskosten └ Überbindung von Gerichtskosten[228], die weder eine Partei noch ein Dritter veranlasst hat, an Kanton (Art. 107 Abs. 2 ZPO) Anwendungsfälle: – Erfolg in der Grundsatzfrage und Schwierigkeiten in der Bezifferung des Anspruchs wegen Abhängigkeit des Anspruchs vom richterlichen Ermessen oder wegen ziffernmässig nicht nachweisbaren oder noch nicht bestimmt voraussehbaren Schadens (Art. 107 Abs. 1 lit. a ZPO)[229]

225 Nichteintreten auf den Antrag auf Rechtsöffnung für die Betreibungskosten gilt nicht als Unterliegen (LGVE 2012 I Nr. 53). Wird eine Beschwerde wegen Rechtsverzögerung i.S.v. Art. 319 lit. c ZPO gutgeheissen, muss der Kanton in Anwendung von Art. 106 Abs. 1 ZPO eine Parteientschädigung zahlen, ausser gestützt auf Art. 116 ZPO erlassenes kantonales Recht befreie ihn davon (BGE 139 III 471 E. 3). Feststellung neuen Vermögens (Art. 265*a* SchKG) nur in einem Teilumfang: LGVE 2015 I Nr. 5 E. 5.

226 BGE 139 III 33 E. 4.2.

227 BGer 5A_583/2012 vom 6.12.2012, E. 4.2; LGVE 2009 I Nr. 32.

228 Art. 107 Abs. 2 ZPO bietet dagegen keine Grundlage dafür, einen Kanton zur Tragung einer Parteientschädigung zu verpflichten (BGE 140 III 385 E. 4.1).

229 LGVE 2014 I Nr. 5.

(Erste Abweichung von Grundregel: Kostenverteilung nach Ermessen [Billigkeitsprinzip])	– Prozessführung in guten Treuen (Art. 107 Abs. 1 lit. b ZPO) Beispiele: └ Abweisung einer Klage, zu der die beklagte Partei durch unkorrektes Verhalten Anlass gab └ Verweigerung von Informationen durch beklagte Partei (nicht aber wenn klagende Partei in einer Stufenklage ein Herausgabe- oder Rechnungslegungsbegehren mit einer unbezifferten Forderungsklage hätte verbinden können) └ unklare Rechtslage[230] └ Klageabweisung aufgrund Praxisänderung – besondere Beziehung zwischen den Parteien Beispiele: └ familienrechtliche Verfahren (Art. 107 Abs. 1 lit. c ZPO)[231] └ Verfahren bei eingetragener Partnerschaft (Art. 107 Abs. 1 lit. d ZPO) └ erbrechtliche Verfahren – Gegenstandslosigkeit des Prozesses (Art. 107 Abs. 1 lit. e ZPO); je nach den konkreten Verhältnissen des Einzelfalls ist zu berücksichtigen, └ welche Partei die Gegenstandslosigkeit zu vertreten hat └ wie der Prozess mutmasslich materiell entschieden worden wäre └ welche Partei Anlass zur Klage gegeben hat[232] helfen diese Kriterien nicht weiter, wird hälftige Teilung der Gerichtskosten und Überbindung je der eigenen Parteikosten im Vordergrund stehen vorbehalten sind ausdrückliche gesetzliche Regelungen über die Kostentragung bei Gegenstandslosigkeit (z.B. Art. 234 Abs. 2 ZPO) – andere besondere Umstände (Art. 107 Abs. 1 lit. f ZPO)[233] Beispiele: └ sehr ungleiches wirtschaftliches Kräfteverhältnis der Parteien └ vorprozessuales Verhalten └ nahe beim Urteilsspruch liegendes (vorprozessuales oder prozessuales) Vergleichsangebot

230 LGVE 2010 I Nr. 26.

231 Bei Rückzug der Scheidungsklage sind die Prozesskosten aber grundsätzlich der klagenden Partei aufzuerlegen (BGE 139 III 358 E. 3).

232 BGer 4A_284/2014 vom 4.8.2014, E. 2.6.

233 Art. 107 Abs. 1 lit. f ZPO ist restriktiv zu handhaben (BGer 5A_482/2014 vom 14.1.2015, E. 6).

Zweite Abweichung von Grundregel: Kostenverlegung nach Verursacherprinzip	– unnötige Prozesskosten trägt der Verursacher (Art. 108 ZPO) – Verursacher kann sein: └ Partei └ Parteivertreter └ Dritter └ Vorinstanz Anwendungsfälle (Beispiele): – verspätete Prozesshandlungen[234] – versäumte Prozesshandlungen (z.B. Art. 167 Abs. 2 ZPO) – fehlerhafte Prozesshandlungen (z.B. Art. 132 ZPO) – trölerische Prozesshandlungen – unberechtigte Verweigerung der Mitwirkung durch Dritte (Art. 167 Abs. 1 lit. d ZPO) – Weitschweifigkeit – Vortragen klar unzutreffender Angriffs- oder Verteidigungsmittel – Belastung einer Partei mit Gerichtskosten in an sich unentgeltlichen Verfahren bei bös- oder mutwilliger Prozessführung (Art. 115 ZPO)	
Dritte Abweichung von Grundregel: Kostenverlegung bei Vergleich	**Grundsatz**	freie Vereinbarung der Kostentragung durch die Parteien (Art. 109 Abs. 1 ZPO)
	Ausnahme	Kostenverlegung durch Gericht nach den allgemeinen Regeln von Art. 106–108 ZPO, wenn – Vergleich keine Regelung enthält (Art. 109 Abs. 2 lit. a ZPO); dabei können auch das Verhalten der Parteien in den Vergleichsverhandlungen (Umfang des gegenseitigen Entgegenkommens) oder das spezielle Interesse einer Partei an einer vergleichsweisen Erledigung der Streitsache berücksichtigt werden (i.S.v. Art. 107 Abs. 1 lit. f ZPO) – getroffene Regelung eindeutig zulasten einer in UR prozessierenden Partei geht (Art. 109 Abs. 2 lit. b ZPO)
besondere Fälle	**mehrere Haupt- oder Nebenparteien**	Gericht bestimmt den Anteil der einzelnen als Haupt- oder Nebenparteien am Prozess beteiligten Personen; es kann solidarische Haftung anordnen (Art. 106 Abs. 3 ZPO)

234 Beispiel: LGVE 2013 I Nr. 8 E. 6.2.2.

(besondere Fälle)	**Schlichtungsverfahren**	– klagende Partei trägt die Gerichtskosten (Art. 207 Abs. 1 ZPO) bei └ Rückzug des Schlichtungsgesuchs └ Verfahrensabschreibung wegen Säumnis └ bei Erteilen der Klagebewilligung – bei (rechtzeitiger) Klageeinreichung werden die Kosten des Schlichtungsverfahrens zur Hauptsache geschlagen und nach den allgemeinen Regeln verlegt (Art. 207 Abs. 2 ZPO) – Parteientschädigungen werden mit Ausnahme der Entschädigung des unentgeltlichen Rechtsvertreters durch den Kanton nicht zugesprochen (Art. 113 Abs. 1 ZPO); endet das Schlichtungsverfahren ohne Einigung kann das Gericht im nachfolgenden Prozess eine Pateientschädigung für das Schlichtungsverfahren zusprechen[235]
	vorsorgliche Massnahmen	wenn über die Prozesskosten im Massnahmenentscheid befunden wird (vgl. Art. 104 Abs. 3 ZPO), kann eine abweichende Kostenverlegung im Hauptprozess oder beim Dahinfallen der Massnahmen vorbehalten werden; das Gleiche gilt für die vorsorgliche Beweisführung (Art. 158 ZPO)
	Schutzschrift	die Kosten für die Entgegennahme der Schutzschrift (Art. 270 ZPO) sind nach dem Verursacherprinzip der einreichenden Partei zu überbinden; für den Fall, dass das in der Schutzschrift angesprochene Massnahmenverfahren eingeleitet wird, kann eine abweichende Kostenverlegung im Massnahmenverfahren vorbehalten werden
	Angelegenheiten der freiwilligen Gerichtsbarkeit	die Prozesskosten sind grundsätzlich der gesuchstellenden Partei zu überbinden
	Sonderprüfung	– Gutheissung Gesuch um Einsetzung eines Sonderprüfers: Kosten werden der Gesellschaft überbunden, bei besonderen Umständen ganz oder teilweise den Gesuchstellern – Zustimmung der Generalversammlung zur Sonderprüfung: Gesellschaft trägt die Kosten (Art. 697*g* OR)

235 BGE 141 III 20 E. 5.3.

(besondere Fälle)	**Überprüfungsklage nach FusG**	**Grundsatz**	Übernehmender Rechtsträger trägt die Verfahrenskosten (Art. 105 Abs. 3 FusG)
		Ausnahmen	– Kläger kannte vorgesehene Abfindung im Zeitpunkt des Aktienkaufs[236] – nur eingeschränkte Anwendung des Grundsatzes vor Bundesgericht[237]

II. Unentgeltliche Rechtspflege

1. Grundlagen

8.13

Bundesrecht	**Art. 29 Abs. 3 BV; Art. 117–123 ZPO**	
kantonales Recht	**ZH**	– §§ 128 f. GOG – § 23 AnwGebV (LS 215.3)
	BE	– Art. 13 EG ZSJ – Parteikostenverordnung (PKV; BSG 168.811) – Verordnung vom 20. Oktober 2010 über die Entschädigung der amtlichen Anwältinnen und Anwälte (EAV; BSG 168.711) – Kreisschreiben Nr. 15 des Obergerichts über die Entschädigungen der amtlich bestellten Anwältinnen und Anwälte und Nachforderungsrecht vom 2. September 2011
	LU	– § 96 Abs. 1 lit. b und c, § 98 Abs. 1 JusG – Verordnung des Kantonsgerichts über die Kosten in zivil-, straf- und verwaltungsrechtlichen Verfahren (JusKV; SRL 265)

Hinweise

ZH: Ein Merkblatt und Formulare zur unentgeltlichen Prozessführung finden sich unter <www.gerichte-zh.ch/themen/zivilprozess/>.

BE: Siehe Kreisschreiben Nr. 1 des Obergerichts und des Verwaltungsgerichts.

LU: Einzelheiten zur unentgeltlichen Rechtspflege finden sich in:
Jozic Cornelia/Boesch Kurt, Die unentgeltliche Rechtspflege im Zivilprozess, Praxis des Obergerichts des Kantons Luzern, 4. Aufl., Mai 2012 (abrufbar unter: <www.gerichte.lu.ch> / Rechtsprechung / Publikationen).

236 BGE 135 III 603 E. 2.4.
237 BGE 137 III 577 E. 8.

2. Grundsätze

8.14

Zweck	Gewährleistung – des freien Zugangs zum Gericht[238] – der zweckdienlichen Wahrung der Parteirechte **nicht** aber Gewährleistung – einer aussergerichtlichen Rechtsberatung – eines in den Bereich der allgemeinen Sozialhilfe hinüberreichenden Schutzes	
Charakter UR-Anspruch	– Anspruch auf UR-Gewährung ist höchstpersönlicher Natur ⇒ kein Übergang der UR auf Prozessnachfolger einer UR-Partei – keine definitive Befreiung von der Bezahlung der Prozesskosten (Art. 123 ZPO)	
Anwendungsbereich	**Grundsatz**	alle Verfahrensarten
	Ausnahmen	– Mediation (Art. 213 ff. ZPO)[239] – Schiedsverfahren (Art. 380 ZPO)
Anspruchsberechtigte	**Grundsatz**	nur natürliche Personen (als Parteien oder in parteiähnlicher Stellung), unabhängig von Staatsangehörigkeit und Wohnsitz
	Ausnahmen	– juristische Personen, wenn ihr einziges Aktivum im Streit liegt und neben der juristischen Person auch alle wirtschaftlich Beteiligten mittellos sind[240] – Kollektiv- und Kommanditgesellschaften, wenn die Gesellschaft und alle vollumfänglich privat haftenden Gesellschafter mittellos sind[241]
Subsidiarität	kein Anspruch auf UR, wenn Zugang zum Gericht und Wahrung der Parteirechte durch Hilfe Dritter gewährt werden kann Anwendungsfälle: – Prozessfinanzierung durch Rechtsschutzversicherung – Prozesskostenvorschüsse der Eltern für Kind (da Beistands- und Unterhaltspflicht nach Art. 272 und 276 f. ZGB) – Prozesskostenvorschüsse des Ehegatten (da eheliche Beistands- und Unterhaltspflichtpflicht nach Art. 159 Abs. 3 und Art. 163 ZGB) – Prozesskostenvorschüsse des eingetragenen Partners (da Beistands- und Unterhaltspflichtpflicht nach Art. 12 und 13 PartG)	

238 BGE 140 III 12 E. 3.3.1.
239 Bei der kostenlosen Mediation (Art. 218 Abs. 2 ZPO) handelt es sich nicht um einen Anwendungsfall der unentgeltlichen Rechtspflege.
240 BGE 131 II 306 E. 5.2.
241 BGE 116 II 652 E. 2d.

3. Verfahren

8.15

Charakter	– vor Klageeinleitung: selbständiges Verfahren – nach Klageeinleitung: (qualifizierte) prozessleitende Verfügung		
Verfahrensart	– summarisches Verfahren nach Art. 252 ff. ZPO (Art. 119 Abs. 3 ZPO) – es gilt die beschränkte Untersuchungsmaxime ⇒ Mitwirkungspflicht des Gesuchstellers bei Abklärung der UR-Voraussetzungen (Art. 119 Abs. 2 ZPO)[242]		
Zuständigkeit	**sachlich**	nach kantonalem Recht (Art. 4 ZPO)	
		ZH	– vor Einleitung der Klage beim Gericht: Obergerichtspräsident (§ 128 GOG) – nach Einleitung der Klage beim Gericht: das mit der Klage befasste Gericht; OG ZH und HG ZH: Kollegium der Kammer bzw. des Handelsgerichts (§ 30 Abs. 3 VOG)
		BE	– bei hängigen Verfahren: das befasste Gericht, bei Kollegialgerichten der Instruktionsrichter (Art. 13 Abs. 1 EG ZSJ) – vor Eintritt der Rechtshängigkeit: Regionalgericht oder Schlichtungsbehörde (Art. 13 Abs. 1 und 2 EG ZSJ)
		LU	für die Hauptsache zuständiges Gericht[243] (gerichtsintern: Verfahrensleitung [§§ 36, 37 JusG, § 21, 22 Abs. 1 GOKG])
	örtlich	am Gerichtsstand der Hauptsache	
Partei	– förmliche Partei ist in der Regel nur der Gesuchsteller[244] – Gegenpartei (des Hauptprozesses) **kann** zur Abklärung der UR-Voraussetzungen angehört werden (Art. 119 Abs. 3 ZPO); Form: mündliche oder schriftliche Stellungnahme – Gegenpartei (des Hauptprozesses) **muss** angehört werden und erhält Parteistellung, wenn Gesuchsteller von der Sicherheitsleistung für die Parteientschädigung (Art. 99 ff. ZPO) befreit werden soll[245]; Form: mündliche oder schriftliche Stellungnahme		

242 BGer 5A_726/2014 vom 2.2.2015, E. 4.3; BGer 4A_537/2013 vom 29.11.2013, E. 4.1; BGer 4A_114/2013 vom 20.6.2013, E. 4.3.1; LGVE 2005 I Nr. 34.

243 Im Schlichtungsverfahren: zuständige Schlichtungsbehörde.

244 Der Gegenpartei ist aber Kenntnis vom UR-Verfahren zu geben (LGVE 2015 I Nr. 4).

245 LGVE 2015 I Nr. 4, 2012 I Nr. 36.

Gesuch	**Form**	**Normalfall**	schriftlich (Papierform oder elektronisch mit anerkannter elektronischer Signatur; Art. 130 ZPO); UR-Formulare sind im Internet veröffentlicht[246]
		Ausnahme	mündlich in einfachen oder dringenden Fällen (Protokollierung bei Gericht)
	Zeitpunkt	bis zur Urteilsfällung jederzeit möglich, auch vor Eintritt der Rechtshängigkeit (Art. 119 Abs. 1 ZPO)	
Beweismass	– für Mittellosigkeit: strikter Beweis (vgl. Art. 119 Abs. 2 ZPO) – für Prozessaussichten: Glaubhaftmachung		
Kosten	**Gerichtskosten**	– Grundsatz: keine, auch nicht bei Gesuchsabweisung – Ausnahme: bös- oder mutwilliges Gesuch (Art. 119 Abs. 6 ZPO) Kosten im Beschwerdeverfahren: s. unten	
	Parteientschädigung	**von Kanton an Gesuchsteller**	bei Gutheissung Gesuch: nach Art. 95 Abs. 3 ZPO
		an und von Gegenpartei (des Hauptprozesses)	grundsätzlich keine (mangels Parteistellung der Gegenpartei)[247]
Rechtsmittel	**Gesuchsteller**	Beschwerde nach Art. 319 ff. ZPO gegen (ganze oder teilweise) Verweigerung der UR (Art. 121 ZPO); Gegenpartei ist die Erstinstanz bzw. deren Hoheitsträger[248]	
	Gegenpartei (des Hauptprozesses)	Beschwerde nach Art. 319 ff. ZPO, wenn – eine zu ihren Gunsten verfügte Sicherheitsleistung aufgehoben wird (Art. 100 Abs. 2, Art. 103 ZPO) – wegen der UR-Gewährung ∟ sie an der Einreichung eines (erfolgversprechenden) Gesuchs um Sicherheitsleistung gehindert wird ∟ ein von ihr eingereichtes Gesuch um Sicherheitsleistung abgewiesen wird[249]	
	Noven	unzulässig (Art. 326 Abs. 1 ZPO)	

246 Z.B. unter <www.gerichte.lu.ch>.

247 BGE 139 III 334 E. 4.2. Ausnahme: Muss die Gegenpartei angehört werden, weil die UR die Sicherheitsleistung für die Parteientschädigung (Art. 99 ff. ZPO) umfassen soll, so kann ihr bei Abweisung des UR-Gesuchs eine Parteientschädigung zulasten der UR-Partei zugesprochen werden. Vgl. auch ZR 113 (2014) Nr. 10.

248 BGE 140 III 501 E. 4.

249 BGer 5A_126/2014 vom 10.7.2014, E. 1.2 (nicht publiziert in BGE 140 III 444); LGVE 2012 I Nr. 36.

(Rechtsmittel)	**Kosten**	**Kostenpflicht**	– Grundsatz: es werden Gerichtskosten erhoben und Parteientschädigungen zugesprochen[250] – Ausnahme: im Anwendungsbereich von Art. 113 Abs. 2 und Art. 114 ZPO werden keine Gerichtskosten erhoben
		Verlegung	nach Art. 106–108 ZPO werden dem Beschwerdeführer keine Kosten auferlegt, ist ein UR-Gesuch für das Beschwerdeverfahren gegenstandslos; andernfalls ist darüber zu entscheiden
		Festsetzung	– nicht berufsmässig vertretener Beschwerdeführer: erhält nur bei Nachweis der Voraussetzungen von Art. 95 Abs. 3 lit. c ZPO Umtriebsentschädigung[251] – berufsmässig vertretener Beschwerdeführer: Praxis **ZH**: Entschädigung gemäss § 13 Abs. 4 i.V.m. § 4 AnwGebV: Herabsetzung der Grundgebühr auf einen Fünftel bis auf die Hälfte Praxis **BE**: Art. 42 KAV und Art. 1 EAV: Stundenansatz von derzeit CHF 200 Praxis **LU**: └ wenn er keine eigenen Parteikosten zu tragen hat, erhält sein Vertreter eine ungekürzte Entschädigung[252] └ wenn er die eigenen Parteikosten ganz/teilweise zu tragen hat und ihm für diese die UR erteilt wurde, erhält sein Vertreter eine reduzierte Entschädigung (85% Honorar + Auslagen + MWST)
		Nachzahlung	keine Nachzahlungspflicht (Art. 123 ZPO) für Kosten, die wegen (ganzer oder teilweise) Gutheissung der Beschwerde dem Kanton überbunden werden

250 BGE 140 III 501 E. 4.3.2; 137 III 470 E. 6.

251 **LU**: nach § 29 JusKV.

252 BGE 140 III 501 E. 4.3.2.

(Rechtsmittel)	**Wiedererwägung**	– keine voraussetzungslose Wiedererwägung abweisender UR-Entscheide – neues UR-Gesuch bei (seit dem früheren Entscheid veränderten) Verhältnissen möglich[253]

4. Voraussetzungen

8.16

massgebender Zeitpunkt	Zeitpunkt des Gesuchs[254]; mit Sicherheit bevorstehende zukünftige Veränderungen sind zu berücksichtigen[255]	
Voraussetzungen	**Mittellosigkeit** (Art. 117 lit. a ZPO)	– kein oder nur geringes Vermögen ∟ **ZH**: keine starren Grundsätze ∟ **BE**: praxisgemäss wird geprüft, ob das Angreifen des [geringen] Vermögens zumutbar erscheint ∟ **LU**: praxisgemäss wird ein «Notgroschen» bis CHF 10 000 zugestanden[256] – Einkommen überschreitet zivilprozessualen Notbedarf (= erweitertes betreibungsrechtliches Existenzminimum) nicht oder nur geringfügig
	positive Prozessprognose (Art. 117 lit. b ZPO)	Rechtsbegehren dürfen nicht aussichtslos erscheinen[257] – als aussichtslos sind Begehren anzusehen, bei denen die Gewinnaussichten beträchtlich geringer sind als die Verlustgefahren und die deshalb kaum als ernsthaft bezeichnet werden können; dagegen gilt ein Begehren nicht als aussichtslos, wenn sich Gewinnaussichten und Verlustgefahren ungefähr die Waage halten oder jene nur wenig geringer sind als diese; massgebend ist, ob eine Partei, die über die nötigen Mittel verfügt, sich bei vernünftiger Überlegung zu einem Prozess entschliessen würde; eine Partei soll einen Prozess, den sie auf eigene Rechnung und Gefahr nicht führen würde, nicht deshalb anstrengen können, weil er sie nichts kostet – ob im Einzelfall genügende Erfolgsaussichten bestehen, beurteilt sich aufgrund einer vorläufigen und summarischen Prüfung der Prozessaussichten, wobei die Verhältnisse im Zeitpunkt der Einreichung des Gesuchs massgebend sind

253 BGer 4A_410/2013 vom 5.12.2013, E. 3.2.

254 BGE 139 III 475 E. 2.2; 138 III 217 E. 2.2.4; BGer 5A_58/2014 vom 17.10.2014, E. 3.3.2 f.

255 LGVE 1995 I Nr. 34.

256 Der Notgroschen kann bei älteren Personen ohne genügende Altersvorsorge oder bei anderen besonderen Umständen höher sein.

257 BGE 139 III 475 E. 2; BGer 5A_858/2012 vom 4.2.2013, E. 3.3.1.2 (zur Aussichtslosigkeit von Rechtsmitteln).

5. Inhalt/Wirkungen

8.17

Inhalt	die UR umfasst: – Befreiung von Vorschüssen und Sicherheitsleistungen (Art. 118 Abs. 1 lit. a ZPO) – Befreiung von Gerichtskosten (Art. 118 Abs. 1 lit. b ZPO) – gerichtliche Bestellung eines Rechtsbeistands, wenn dies zur Wahrung der Rechte notwendig ist, insbesondere wenn die Gegenpartei anwaltlich vertreten ist[258]; der Rechtsbeistand kann bereits zur Vorbereitung des Prozesses bestellt werden, z.B. für Erarbeitung Scheidungskonvention (Art. 118 Abs. 1 lit. c ZPO)[259] die UR umfasst **nicht**: – Bezahlung einer Parteientschädigung an die Gegenpartei (Art. 118 Abs. 3 ZPO) – Rückerstattung bereits geleisteter Gerichts- oder Anwaltskostenvorschüsse
Wirkungen	– Wirkungen der unentgeltlichen Rechtspflege treten grundsätzlich ab Einreichung des Gesuchs ein – ausnahmsweise kann die UR rückwirkend bewilligt werden (Art. 119 Abs. 4 ZPO), insbesondere für sachlich zwingende und zeitlich dringende Prozesshandlungen – die UR gilt nur für das Verfahren in der betreffenden Instanz; für das Rechtsmittelverfahren ist sie neu zu beantragen (Art. 119 Abs. 5 ZPO)

6. Umfang

8.18

Grundsatz	die UR kann ganz oder teilweise gewährt werden (Art. 118 Abs. 2 ZPO)
teilweise Gewährung (Beispiele)	– Beschränkung auf erfolgversprechende Ansprüche[260] – Beschränkung auf bestimmte Prozesskosten (z.B. UR nur für Anwaltskosten) – «Vorschuss-UR» (Befreiung von Gerichts- und Anwaltskostenvorschüssen)

258 BGE 130 I 180 E. 2.2.

259 Das Amt des unentgeltlichen Rechtsvertreters und seine Entschädigung beruhen auf einem öffentlichrechtlichen Rechtsverhältnis (BGE 140 V 116 E. 4; 138 II 506 E. 1).

260 Nur möglich bei mehreren selbständigen, unabhängig voneinander beurteilbaren Rechtsbegehren. Andernfalls ist die UR auch bei nur teilweisen Erfolgsaussichten zu gewähren (BGE 139 III 396 E. 4).

7. Liquidation der Prozesskosten

8.19

	Gerichtskosten	Parteientschädigung	
		UR-Partei	**Gegenpartei**
UR-Partei obsiegt **(alle Kosten zulasten der Gegenpartei)**	Bezahlung durch Gegenpartei an Gericht bzw. Verrechnung mit Kostenvorschuss	Bezahlung der vollen Parteientschädigung durch Gegenpartei die Parteientschädigung ist direkt dem unentgeltlichen Rechtsbeistand und nicht der UR-Partei zuzusprechen[261] ist die Parteientschädigung nicht oder voraussichtlich nicht einbringlich[262], wird der unentgeltliche Rechtsbeistand vom Kanton angemessen entschädigt: – **ZH**: Gebühr für den unentgeltlichen Rechtsbeistand berechnet sich nach der AnwGebV[263] – **BE**: Art. 42 KAV und Art. 1 EAV: Stundenansatz von derzeit CHF 200 – **LU**: 85% des Honorars nebst Auslagen und MWST; § 98 Abs. 1 JusG im Umfang der Zahlung geht Entschädigungsforderung auf den Staat über (Art. 122 Abs. 2 ZPO) der unentgeltliche Rechtsbeistand kann die (allfällige) Differenz zum vollen Anwaltshonorar weiterhin von der Gegenpartei einfordern, von der UR-Partei nur, wenn sich deren wirtschaftliche Situation ausreichend verbessert hat und die Nachzahlung (Art. 123 ZPO) gerichtlich angeordnet wurde[264]	von der Gegenpartei zu tragen

261 BGE 140 V 116 E. 4; LGVE 2011 I Nr. 30.

262 An den Nachweis der Uneinbringlichkeit sind keine allzu hohen Anforderungen zu stellen (BGer 5A_407/2014 vom 7.7.2014, E. 2.2).
Ein UR-Gesuch darf nicht schon deshalb abgewiesen oder als gegenstandslos abgeschrieben werden, weil eine Parteientschädigung zulasten der Gegenpartei zugesprochen wird, ausser die Solvenz der Gegenpartei stehe ausser Zweifel (LGVE 2013 I Nr. 23; BGer 5A_407/2014 vom 7.7.2014, E. 2.2).

263 Die Gebühr wird festgesetzt, nachdem die Anwältin oder der Anwalt dem Gericht eine Aufstellung über den Zeitaufwand und die Auslagen vorgelegt hat § 23 Abs. 1 AnwGebV). Mit dieser Aufstellung kann ein Antrag zur Höhe der beanspruchten Vergütung verbunden werden (§ 23 Abs. 2 AnwGebV).

264 Vgl. ZPO-Botschaft, BBl 2006 7304; BGer 5P.421/2000 vom 10.1.2001, E. 3b. Dazu ist in einem Entscheid nach Art. 123 ZPO die Nachzahlung auch an den unentgeltlichen Rechtsbeistand zu verfügen (Voraussetzung: entsprechender Antrag).

	Gerichtskosten	Parteientschädigung	
		UR-Partei	**Gegenpartei**
UR-Partei unterliegt **(alle Kosten zu ihren Lasten)**	(vorläufige) Überbindung an Kanton (Art. 122 Abs. 1 lit. b ZPO) Rückerstattung der geleisteten Vorschüsse an Gegenpartei (Art. 122 Abs. 1 lit. c ZPO)	angemessene Entschädigung des unentgeltlichen Rechtsbeistands durch Kanton (Art. 122 Abs. 1 lit. a ZPO): – **ZH**: Gebühr für den unentgeltlichen Rechtsbeistand berechnet sich nach der AnwGebV[265] – **BE**: Art. 42 KAV und Art. 1 EAV: Stundenansatz von derzeit CHF 200 – **LU**: 85% des Honorars nebst allen Auslagen und MWST; § 98 Abs. 1 JusG der Rechtsbeistand kann die (allfällige) Differenz zum vollen Honorar von der UR-Partei erst dann einfordern, wenn sich deren wirtschaftliche Situation ausreichend verbessert hat und die Nachzahlung (Art. 123 ZPO) gerichtlich angeordnet wurde[266]	Bezahlung der vollen Parteientschädigung durch UR-Partei (Art. 122 Abs. 1 lit. d ZPO)
Kostenteilung zwischen den Parteien	Anteil UR-Partei: (vorläufige) Überbindung an Kanton (Art. 122 Abs. 1 lit. b ZPO) Anteil Gegenpartei: Bezahlung durch Gegenpartei an Gericht bzw. Verrechnung mit Kostenvorschuss Rückerstattung der geleisteten Vorschüsse an Gegenpartei nur, soweit sie ihren Kostenanteil übersteigen (Art. 122 Abs. 1 lit. c ZPO)	sinngemässe Anwendung der bei vollständiger Kostenbelastung einer Partei geltenden Regeln (s. oben)	

265 Die Gebühr wird festgesetzt, nachdem die Anwältin oder der Anwalt dem Gericht eine Aufstellung über den Zeitaufwand und die Auslagen vorgelegt hat (§ 23 Abs. 1 AnwGebV). Mit dieser Aufstellung kann ein Antrag zur Höhe der beanspruchten Vergütung verbunden werden (§ 23 Abs. 2 AnwGebV).

266 Vgl. ZPO-Botschaft, BBl 2006 7304; BGer 5P.421/2000 vom 10.1.2001, E. 3b. Dazu ist in einem Entscheid nach Art. 123 ZPO die Nachzahlung auch an den unentgeltlichen Rechtsbeistand zu verfügen (Voraussetzung: entsprechender Antrag).

8. Nachzahlung

8.20

Gegenstand		vom Kanton aufgrund der erteilten UR bezahlte Gerichts- und Parteikosten[267] Kosten, die in einem UR-Beschwerdeverfahren dem Kanton überbunden wurden, unterliegen der Nachzahlungspflicht nicht
Voraus-setzungen		Wegfall der Mittellosigkeit (Art. 123 Abs. 1 ZPO)
Zuständigkeit		nach kantonalem Recht (Art. 4 ZPO)
	ZH	Zentrale Inkassostelle am Obergericht (§ 7 der Verordnung des Obergerichts über das Rechnungswesen der Bezirksgerichte und des Obergerichts sowie über das zentrale Inkasso vom 9. April 2003, LS 211.14).
	BE	über die Nachzahlung an den Kanton entscheidet die zuständige Stelle der Finanzdirektion durch Verfügung (Art. 14*a* EG ZSJ)
	LU	Einzelrichter der letzten entscheidenden Instanz (§ 18 Abs. 1 lit. c, § 35 Abs. 2 lit. m, § 96 Abs. 1 lit. c JusG)
Verjährung		10 Jahre nach Verfahrensabschluss, d.h. nach Rechtskraft des verfahrensabschliessenden Entscheids (Art. 123 Abs. 2 ZPO)
Verfahren/ Entscheid	**Normalfall**	selbständiges Nachzahlungsverfahren mit analoger Anwendung der Bestimmungen des summarischen Verfahrens (Art. 252 ff. ZPO) **BE**: Verfahren und Rechtsschutz richten sich nach dem VRPG
	Ausnahme	Anordnung der Nachzahlung schon im Entscheid in der Hauptsache, wenn feststeht, dass UR-Partei durch den Prozess zu genügend Mitteln kommt und deren Einbringlichkeit gewährleistet scheint; die UR-Partei ist vor dem Entscheid anzuhören
Rechtsmittel	**Anordnung Nachzahlung in selbständigem Verfahren**	Beschwerde nach Art. 319 ff. ZPO (analog Art. 121 ZPO) **BE**: Rechtsschutz nach VRPG
	Anordnung Nachzahlung im Entscheid in der Hauptsache	gleiches Rechtsmittel wie für Hauptsache wird einzig die Nachzahlung angefochten, ist nur die Beschwerde nach Art. 319 ff. ZPO gegeben (analog Art. 110 ZPO)

267 Der Anspruch auf Rückerstattung der UR-Kosten ist eine öffentlichrechtliche Forderung des Staates gegenüber der UR-Partei (BGE 138 II 506 E. 1).

9. UR-Entzug

8.21

Voraussetzungen (alternativ)	– Anspruchsvoraussetzungen für UR bestehen nicht mehr[268] – Anspruch auf UR hat nie bestanden (Art. 120 ZPO)	
Zuständigkeit (örtlich/ sachlich)	Gericht, das die UR bewilligt hat	
Verfahren	– Charakter: └ Entzug vor Klageeinleitung: selbständiges Verfahren mit sinngemässer Anwendung der Bestimmungen des summarischen Verfahrens (Art. 248 ff. ZPO) └ Entzug nach Klageeinleitung: (qualifizierte) prozessleitende Verfügung – förmliche Partei des Verfahrens ist nur die UR-Partei; Gegenpartei des Hauptprozesses erhält Parteistellung, wenn sie den UR-Entzug beantragt, um ein Gesuch um Sicherheitsleistung (Art. 99 ff. ZPO) einreichen zu können – Gegenpartei (des Hauptprozesses) kann zur Abklärung der Entzugsvoraussetzungen angehört werden; Form: mündliche oder schriftliche Stellungnahme – Kosten: └ keine Erhebung von Gerichtskosten, ausser wenn die UR mit unwahren Angaben erschlichen wurde (analog Art. 119 Abs. 6 ZPO) └ Parteientschädigung von Kanton an UR-Partei bei Nichtentzug UR möglich └ Parteientschädigung von UR-Partei an Gegenpartei des Hauptprozesses bei UR-Entzug möglich (aber nur wenn diese Parteistellung erhalten hat)	
Wirkung	**Grundsatz**	Entzug erfolgt für die Zukunft (ab Mitteilung der Einleitung des Entzugsverfahrens an UR-Partei)
	Ausnahme	rückwirkender Entzug, wenn UR-Anspruch nie bestanden hat: – UR-Partei hat Kostenvorschuss und ev. Sicherheitsleistung zu bezahlen – bösgläubiger Rechtsbeistand ist zur Rückerstattung der bereits erhaltenen Entschädigungen verpflichtet
Rechtsmittel	**UR-Partei**	Beschwerde nach Art. 319 ff. ZPO gegen UR-Entzug (Art. 121 ZPO)
	Gegenpartei des Hauptprozesses	Beschwerde nach Art. 319 ff. ZPO gegen Nichtentzug nur, wenn Voraussetzungen für eine Sicherheitsleistung durch die UR-Partei (Art. 99 ff. ZPO) gegeben sind

268 BGer 5A_305/2013 vom 19.8.2013, E. 3.3.

§ 9 Prozessleitung, Prozessuales Handeln und Fristen (Art. 124–149 ZPO)

I. Prozessleitung

9.1

Grundlage	**Art. 124–128 ZPO**
Grundsatz	die Prozessleitung (Prozessmanagement) ist Sache des Gerichts, nicht der Parteien (Art. 124 Abs. 1 ZPO) das Gericht – überwacht die Befolgung der Verfahrensvorschriften und gerichtlicher Anordnungen durch alle Prozessbeteiligten – wirkt darauf hin, dass die Prozesshandlungen der Parteien und Dritter in der richtigen Form und zeitgerecht erfolgen
Ziel	zügige Vorbereitung und Durchführung der Verfahren (Art. 124 Abs. 1 ZPO) ⇒ Konkretisierung des verfassungsmässigen Anspruchs auf Beurteilung der Sache innert angemessener Frist (Art. 29 Abs. 1 BV; Art. 6 Abs. 1 EMRK)
Zuständigkeit	Kollegialgericht; Prozessleitung kann aus verfahrensökonomischen Gründen an ein Mitglied delegiert werden (Art. 124 Abs. 2 ZPO)
	ZH – erste Instanz: gemäss Geschäftsordnung des jeweiligen Bezirksgerichts – Handelsgericht/Obergericht: die Prozessleitung in Zivilverfahren obliegt dem oder der Vorsitzenden der Kammer bzw. des Handelsgerichts; Delegation an ein anderes der Kammer bzw. dem Handelsgericht zugeteiltes Mitglied des Obergerichts möglich (§ 31 Abs. 1 VOG); dem Kollegium der Kammer resp. des Handelsgerichts vorbehalten sind Entscheide über vorsorgliche Massnahmen (ausser bei besonderer Dringlichkeit), Gewährung und Entzug der unentgeltlichen Rechtspflege sowie der Erlass von Beweisverfügungen (§ 31 Abs. 2 VOG).
	BE – Instruktionsrichter (Art. 12 EG ZSJ)
	LU – erste Instanz: Abteilungspräsident (§ 36 Abs. 1 JusG); Delegation an präsidierendes Mitglied oder an Instruktionsrichter möglich (§ 36 Abs. 3, Art. 37 JusG) – Kantonsgericht: Abteilungs- bzw. Kammerpräsident oder Instruktionsrichter (§§ 21, 22 Abs. 1 GOKG); in besonderen Fällen kann die Abteilung entscheiden (§ 22 Abs. 3 GOKG)
Mittel	– prozessleitende Verfügungen (Art. 124 Abs. 1 ZPO) – gerichtspolizeiliche Massnahmen (Art. 128 ZPO) – Einigungsbemühungen (Art. 124 Abs. 3 ZPO)

prozessleitende Verfügungen	**Beispiele**	– Fristansetzung (für Rechtsschrift/Eingabe/Einreichung Unterlagen etc.) – Fristerstreckung (Art. 144 Abs. 2 ZPO) – Vorladung zur Verhandlung – Ausstandsentscheid (Art. 50 Abs. 1 ZPO) – Entscheid über Nebenintervention (Art. 75 Abs. 2 ZPO) – Entscheid über Streitverkündungsklage (Art. 82 ZPO) – Aufforderung zur Leistung eines Kostenvorschusses (Art. 98, 102 ZPO) – Entscheid über Sicherheitsleistung (Art. 99 ff. ZPO) – Bewilligung UR nach Klageeinleitung (Art. 119 ZPO) – Entzug UR nach Klageeinleitung (Art. 120 ZPO) – Massnahmen zur Prozessvereinfachung (Art. 125 ZPO) – Sistierung des Verfahrens (Art. 126 ZPO)[269] – Überweisung Klage an zuerst angerufenes Gericht bei sachlich zusammenhängenden Verfahren (Art. 127 ZPO) – Sanktionierung von Verstössen gegen die Verfahrensdisziplin und von mutwilliger Prozessführung (Art. 128 ZPO) – Terminverschiebung (Art. 135 ZPO) – Beweisentscheid (Art. 154 ZPO) – Verweisung der güterrechtlichen Auseinandersetzung in ein separates Verfahren (Art. 283 Abs. 2 ZPO) – Anordnung einer Vertretung des Kindes (Art. 299 Abs. 1 ZPO)
	Form	mündlich oder schriftlich, in der Regel keine Begründung erforderlich
	Änderung	Änderung oder Aufhebung jederzeit möglich

269 Die Sistierung eines Verfahrens ist nur ausnahmsweise zulässig; im Zweifelsfall kommt dem Beschleunigungsgebot der Vorrang zu (BGE 135 III 127 E. 3.4; BGer 4A_683/2014 vom 17.2.2015, E. 2.1). Vor Sistierung von Amtes wegen oder auf Parteiantrag ist den Parteien bzw. der Gegenpartei das rechtliche Gehör zu gewähren (LGVE 2012 I Nr. 38).

(prozessleitende Verfügungen)	**Rechtsmittel**	– Beschwerde (Art. 319 ff. ZPO) innert 10 Tagen (Art. 321 Abs. 2 ZPO) seit Zustellung der Verfügung (bei unbegründeten Verfügungen findet keine Nachlieferung der schriftlichen Begründung nach Art. 239 Abs. 2 ZPO statt) (Alternative) Zulässigkeitsvoraussetzungen (Art. 319 lit. b ZPO): └ Gesetz sieht Beschwerde vor, z.B. └ Art. 50 Abs. 2 ZPO (Ausstand) └ Art. 75 Abs. 2 ZPO (Nebenintervention) └ Art. 82 Abs. 4 ZPO (Streitverkündungsklage) └ Art. 103 ZPO (Kostenvorschuss, Sicherheitsleistung) └ Art. 121 ZPO (unentgeltliche Rechtspflege) └ Art. 126 Abs. 2 ZPO (Anordnung Sistierung) └ Art. 128 Abs. 4 ZPO (Ordnungsbusse) └ Art. 127 Abs. 2 ZPO (Klageüberweisung) └ Art. 167 Abs. 3 ZPO (Mitwirkungsverweigerung Dritter) └ Art. 184 Abs. 3 ZPO (Entschädigung der sachverständigen Person) └ Art. 298 Abs. 3 ZPO (Verweigerung der Anhörung des Kindes) └ Art. 299 Abs. 3 ZPO (Nichtanordnung der Vertretung des Kindes) └ nicht leicht wieder gutzumachender Nachteil droht – bei Unzulässigkeit Beschwerde Anfechtung im Rahmen des Rechtsmittels gegen den Endentscheid	
gerichtspolizeiliche Massnahmen	**Zuständigkeit**	nach kantonalem Recht (Art. 4 ZPO)	
		ZH	Verfahrensleitung[270]
		BE	Instruktionsrichter (Art. 12 EG ZSJ) oder (in Hauptverhandlung) urteilendes Gericht
		LU	Verfahrensleitung (§§ 36, 37 JusG, §§ 21, 22 Abs. 1 GOKG)

270 Hauser/Schweri/Lieber, N 2 f. zu § 77 GOG.

(gerichts-polizeiliche Massnahmen)	**Anwendungsfälle**	– Sanktion von └ Verletzung des Anstands (Art. 128 Abs. 1 ZPO) └ Störung des Geschäftsgangs (Art. 128 Abs. 1 ZPO) └ bös- oder mutwilliger Prozessführung (Art. 128 Abs. 3 ZPO) – Durchsetzung gerichtlicher Anordnungen (Art. 128 Abs. 2 ZPO)	
	Massnahmen	**bei Anstandsverletzung/Störung Geschäftsgang** (Art. 128 Abs. 1 und 2 ZPO)	– Verweis – Ordnungsbusse bis CHF 1000 – Ausschluss von Verhandlung – Beizug Polizei
		bei bös- oder mutwilliger Prozessführung (Art. 126 Abs. 3 ZPO)	Ordnungsbusse bis CHF 2000, im Wiederholungsfall bis CHF 5000
		zur Durchsetzung gerichtlicher Anordnungen (Art. 126 Abs. 2 ZPO)	Beizug Polizei
	Rechtsmittel	Beschwerde (Art. 319 ff. ZPO) innert 10 Tagen (Art. 321 Abs. 2 ZPO) seit Eröffnung Entscheid bzw. Nachlieferung Begründung (Art. 239 Abs. 2 ZPO) Beschwerde ist gegen Ordnungsbusse immer möglich (Art. 128 Abs. 4 ZPO), gegen übrige Massnahmen nur, wenn nicht wieder gutzumachender Nachteil droht (Art. 319 lit. b Ziff. 2 ZPO)	

II. Formen des prozessualen Handelns

1. Verfahrenssprache

9.2

Grundlage	**Art. 129 ZPO**	
Regel	– Amtssprache des zuständigen Kantons – Kanton mit mehreren Amtssprachen ⇒ Kanton bestimmt zu verwendende Amtssprache(n)	
	ZH	Verfahrenssprache ist Deutsch (§ 48 KV ZH)
	BE	Grundlage: Dekret über die Gerichtssprachen vom 24. März 2010 (BSG 161.3); Amtssprache ist danach in der Aussenstelle der Gerichtsregion Berner Jura-Seeland das Französische; vor den übrigen Behörden dieser Gerichtsregion ist das Deutsche *und* das Französische Gerichtssprache, dies gilt ebenso vor den obersten Behörden des Kantons; in den weiteren Gerichtsregionen ist das Deutsche Amtssprache
	LU	Verfahrenssprache ist Deutsch (§ 7 KV LU, § 75 JusG)
Wirkungen	– Eingaben und Dokumente in einer anderen Sprache müssen mit einer Übersetzung versehen werden (andernfalls Rückweisung zur Verbesserung nach Art. 132 Abs. 1 ZPO) – Parteien, welche die Amtssprache nicht genügend beherrschen, muss ein Dolmetscher beigegeben werden	

2. Eingaben der Parteien

9.3

Grundlage	**Art. 130–132 ZPO**	
Form	**Möglichkeiten**	– Papierform mit Unterschrift – elektronisch mit anerkannter elektronischer Signatur (Art. 130 Abs. 1 und 2 ZPO)
	Besonderes	– Faxeingabe erfüllt Formerfordernis der Schriftlichkeit nicht[271] – bei elektronischer Übermittlung kann Gericht die Nachreichung der Eingabe und der Beilagen in Papierform verlangen (Art. 130 Abs. 3 ZPO)
Anzahl	Eingaben in Papierform: je ein Exemplar für Gericht und jede Gegenpartei bei ungenügender Anzahl Exemplare: Gericht setzt Nachfrist an oder erstellt fehlende Kopien auf Kosten der Partei (Art. 131 ZPO)	

271 BGE 121 II 252 E. 3 f.; LGVE 1996 I Nr. 19.

<table>
<tr><td>Inhalt</td><td colspan="2">– die ZPO enthält verschiedentlich ausdrückliche Vorschriften über den Inhalt von Eingaben, z.B.
└ Art. 75 Abs. 1 (Nebenintervention)
└ Art. 82 Abs. 1 (Streitverkündungsklage)
└ Art. 202 Abs. 2 (Schlichtungsgesuch)
└ Art. 221 und 244 (Klage)
└ Art. 222 Abs. 2 und 3 (Klageantwort)
└ Art. 260 Abs. 1 (Einsprache gegen gerichtliches Verbot)
└ Art. 285 f. (gemeinsames Scheidungsbegehren)
└ Art. 290 (Scheidungsklage)
└ Art. 294 Abs. 1 (Eheungültigkeits- und Ehetrennungsklage)
└ Art. 338 Abs. 2 (Vollstreckungsgesuch)
– der anspruchsbegründende Sachverhalt ist umfassend und klar vorzutragen; mit Beweisanträgen kann eine fehlende Substanziierung nicht ersetzt oder nachgeholt werden[272]
– Anträge sind in der Regel so zu formulieren, dass sie bei Gutheissung ohne weiteres zum Rechtsspruch des Urteils erhoben werden können</td></tr>
<tr><td rowspan="2">Mängel</td><td>Arten</td><td>– Unvollständigkeit (z.B. fehlende Unterschrift, fehlende Vollmacht, ungenügende Parteibezeichnung, fehlende Angabe des Streitwerts)
– Unleserlichkeit
– Ungebührlichkeit
– Unverständlichkeit
– Weitschweifigkeit
– Abfassung nicht in Amtssprache
(Art. 132 Abs. 1 und 2 ZPO)
Keine Mängel in diesem Sinne sind:
– ungenügende/fehlende Rechtsbegehren[273]
– ungenügende/fehlende Tatsachenbehauptungen[274]
– ungenügende/fehlende Beweisanträge[275]</td></tr>
<tr><td>Vorgehen</td><td>– Rückweisung zur Verbesserung innert Nachfrist (Art. 132 Abs. 1 ZPO)[276]
– allenfalls Disziplinierung nach Art. 128 ZPO</td></tr>
</table>

272 LGVE 2004 I Nr. 38 E. 5.3, 2003 I Nr. 31 E. 4.1.

273 BGE 137 III 617 E. 6.4.

274 BGer 5A_82/2013 vom 18.3.2013, E. 3.3.3.

275 MÜLLER, ZPO – Praktische Fragen aus Richtersicht (SJZ 2014, 370).

276 Die Ansetzung einer Nachfrist setzt voraus, dass der Mangel aus Versehen und nicht auf ein bewusst unzulässiges Vorgehen (freiwillige Unterlassung) zurückzuführen ist (BGer 4D_2/2013 vom 1.5.2013, E. 3.1).

(Mängel)	**Folgen fristgemässer Verbesserung**	– Rechtshängigkeit wird nicht unterbrochen – Verfahren wird weitergeführt
	Folgen nicht fristgemässer Verbesserung	Eingabe gilt als nicht eingereicht (Art. 132 Abs. 1 ZPO) ⇒ kann zu Nichteintretensentscheid führen (z.B. wegen Nichteinhaltens der Klage- oder Rechtsmittelfrist)
unbeachtliche Eingaben	**Arten**	– querulatorische Eingaben – rechtsmissbräuchliche Eingaben (Art. 132 Abs. 3 ZPO)
	Vorgehen	– Rücksendung durch Gericht (Art. 132 Abs. 3 ZPO) – allenfalls Disziplinierung nach Art. 128 ZPO
	Folgen	Eingabe vermag Verfahren weder zu eröffnen noch weiterzuführen

3. Gerichtliche Vorladung

9.4

Grundlage	**Art. 133–135 ZPO**
Inhalt	⇒ Art. 133 ZPO
Vorladungsfrist	mindestens 10 Tage vor Erscheinungstermin, ausser Gesetz (z.B. Art. 168, 181 SchKG) bestimmt etwas anderes (Art. 134 ZPO) Frist beginnt ab Versanddatum der Vorladung, nicht ab Eingang beim Empfänger Folgen der Nichteinhalten der Vorladungsfrist: – Terminverschiebungsgesuch ist grundsätzlich zu bewilligen – Nichterscheinen der vorgeladenen Person bewirkt keine Säumnis ⇒ neue Vorladung auf Kosten des Staates (Art. 108 ZPO) – bei Erscheinen der vorgeladenen Person bleibt Nichteinhalten der Vorladungsfrist ohne Folgen
Terminverschiebung	– von Amtes wegen oder auf Ersuchen einer Partei – nur aus zureichenden Gründen (z.B. Krankheit, Spitalaufenthalt, Todesfall, Militärdienst, Auslandaufenthalt, Abwesenheit, ernsthafte Vergleichsverhandlungen) (Art. 135 ZPO) es besteht kein Anspruch auf Verschiebung; solange Verschiebungsgesuch nicht bewilligt ist, bleibt Vorladung in Kraft[277]

277 LGVE 2006 I Nr. 30.

4. Gerichtliche Zustellung

9.5

Grundlage	**Art. 136–141 ZPO**	
Zustellungsformen	**förmliche Zustellung** (Art. 138 Abs. 1 und 2 ZPO)	– Möglichkeiten: ∟ durch eingeschriebene Postsendung ∟ auf andere Weise gegen Empfangsbestätigung ∟ Gericht kann höchstpersönliche Übergabe an Adressaten anordnen – empfangsberechtigte Personen: ∟ Adressat ∟ Person seines unmittelbaren Umfelds (angestellte oder im gleichen Haushalt lebende, mindestens 16 Jahre alte Person)
	einfache Zustellung (Art. 138 Abs. 4 ZPO)	– durch nicht eingeschriebene Postsendung – durch Übergabe ohne Empfangsbestätigung
	elektronische Zustellung (Art. 139 ZPO)	– Voraussetzung: Einverständnis der betreffenden Person (für das laufende Verfahren oder generell) – Einzelheiten dieser Zustellungsform ⇒ Verordnung über die elektronische Übermittlung im Rahmen von Zivil- und Strafprozessen sowie von Schuldbetreibungs- und Konkursverfahren vom 18. Juni 2010 (VeÜ-ZSSV; SR 272.1)
	Ersatzzustellung (Art. 141 ZPO)	durch Publikation im kantonalen Amtsblatt oder im Schweizerischen Handelsamtsblatt in folgenden Fällen (die Zustellung gilt am Tag der Publikation als erfolgt): – unbekannter Aufenthaltsort des Adressaten (trotz zumutbarer Nachforschungen) – Unmöglichkeit oder ausserordentliche Erschwernis der Zustellung – Nichtbezeichnung eines Zustelldomizils in der Schweiz entgegen Anweisung Gericht
förmlich zuzustellende Urkunden	– nach ZPO: ∟ Vorladungen ∟ Verfügungen und Entscheide (Art. 138 Abs. 1 ZPO) – Gericht kann weitere Urkunden dieser qualifizierten Zustellungsform unterstellen – anstelle der förmlichen ist die elektronische Zustellung zulässig, wenn deren Voraussetzungen erfüllt sind (Art. 139 ZPO)	

Zustellung bei Vertretung	ist eine Partei vertreten, erfolgt die Zustellung nicht an sie, sondern an ihren Vertreter (Art. 137 ZPO)[278]		
Zustellung an Partei mit Wohnsitz/Sitz im Ausland	– Partei mit Wohnsitz/Sitz im Ausland kann vom Gericht angewiesen werden, ein Zustelldomizil in der Schweiz zu bezeichnen (Art. 140 ZPO)[279] – alle Zustellungen können an dieses Zustelldomizil erfolgen – bei Nichtbezeichnung eines Zustelldomizils in der Schweiz erfolgt die Zustellung durch öffentliche Bekanntmachung (Art. 141 Abs. 1 lit. c ZPO)		
Zustellung an Partei mit schweizerischem Wohnsitz/Sitz, vertreten durch Anwalt mit Wohnsitz/Sitz im Ausland	– ZPO regelt diesen Fall nicht – Art. 140 ZPO ist nicht analog anwendbar – Lückenfüllung: Art. 137 ZPO wird nicht angewandt und Zustellungen an die Adresse der Partei in der Schweiz vorgenommen (Orientierung des Anwalts über die Zustellung brieflich oder per Fax)		
schuldhafte Verhinderung der Zustellung	**Grundsatz**	die vom Adressaten schuldhaft verhinderte Zustellung gilt als erfolgt	
	Anwendungsfälle	**Nichtabholen einer avisierten Postsendung** (Art. 138 Abs. 3 lit. a ZPO)	wird der Adressat bei einer versuchten Zustellung einer eingeschriebenen Sendung nicht angetroffen und daher eine Abholungseinladung in seinen Briefkasten oder sein Postfach gelegt, gilt die Sendung im Zeitpunkt der Abholung auf der Post, spätestens aber am letzten Tag der 7-tägigen Abholfrist als zugestellt, sofern der Adressat mit der Zustellung hatte rechnen müssen (Voraussetzung dafür ist ein rechtshängiges Verfahren, von dem der Adressat Kenntnis hatte): sog. fiktive Zustellung[280] bestreitet der Adressat, eine Abholungseinladung erhalten zu haben, hat er konkrete Umstände nachzuweisen, die zu ernsthaften Zweifeln an der Hinterlassung der Abholungseinladung führen[281]

278 Missachtet die Schlichtungsbehörde Art. 209 Abs. 2 lit. a ZPO und stellt in der Folge die Erstinstanz ihre Vorladung der Partei persönlich und nicht ihrem Vertreter zu, treffen die säumige Partei keine Säumnisfolgen (ZR 113 [2014] Nr. 43).

279 Diese Verpflichtung kann durch einen Staatsvertrag ausgeschlossen sein (vgl. Art. 2 ZPO).

280 BGE 138 III 225 E. 3.1. – Der fiktive Zustellungstag kann auch ein Samstag, Sonntag oder anerkannter Feiertag sein (LGVE 2009 I Nr. 27).

281 LGVE 1998 I Nr. 22.

(schuldhafte Verhinderung der Zustellung)	**(Anwendungsfälle)**	**Annahmeverweigerung** (Art. 138 Abs. 3 lit. b ZPO)	verweigert der Adressat die Annahme ausdrücklich, hindert dies die Zustellung nicht; die Zustellung gilt am Tag der Weigerung als erfolgt, weil die Sendung im Machtbereich des Adressaten eingetroffen ist die überbringende Person hat die Annahmeverweigerung schriftlich festzuhalten
		Postrückbehaltungsauftrag	eine eingeschriebene Sendung gilt spätestens am letzten Tag einer Frist von 7 Tagen nach Eingang bei der Poststelle am Ort des Empfängers als zugestellt, wenn dieser mit der Zustellung hatte rechnen müssen: sog. fiktive Zustellung[282]

III. Fristen, Säumnis, Wiederherstellung

1. Fristen

1.1. Fristen der ZPO

9.6

Grundlage	**Art. 142–146 ZPO**	
Begriff	Frist = Zeitspanne zur Vornahme einer Prozesshandlung	
Arten	– gesetzliche Frist ⇒ nicht erstreckbar – gerichtliche Frist ⇒ erstreckbar (Art. 144 ZPO)	
Fristenlauf	**Beginn**	– gesetzlich festgelegter Zeitpunkt – mündliche oder schriftliche Eröffnung eines Entscheids oder einer Verfügung – Eintritt eines Ereignisses der Tag des Fristbeginns wird nicht mitgezählt (Art. 142 Abs. 1 ZPO); bei Monatsfristen gilt Art. 142 Abs. 1 ZPO nicht (die Berechnung erfolgt ausschliesslich nach Art. 142 Abs. 2 ZPO)

282 BGE 134 V 49 E. 4.

(Fristenlauf)	**Ablauf**	– Berechnung einer Frist nach Monaten ⇒ Art. 142 Abs. 2 ZPO – fällt letzter Tag der Frist auf einen Samstag, Sonntag oder einen am Gerichtsort vom Bundesrecht oder vom kantonalen Recht anerkannten Feiertag[283], so endet sie am nächsten Werktag (Art. 142 Abs. 3 ZPO); diese Regelung gilt nicht für den Ablauf des Fristenstillstands	
Fristwahrung	– spätestens am letzten Tag der Frist └ müssen Eingaben beim Gericht eingereicht oder zu dessen Handen der schweizerischen Post[284] oder einer schweizerischen diplomatischen oder konsularischen Vertretung übergeben werden (Art. 143 Abs. 1 ZPO)[285] └ muss bei elektronischer Übermittlung der Empfang bei der Zustelladresse des Gerichts durch das betreffende Informatiksystem bestätigt worden sein (Art. 143 Abs. 2 ZPO) └ muss der Zahlungsbetrag zu Gunsten des Gerichts der schweizerischen Post übergeben oder einem Post- oder Bankkonto in der Schweiz belastet worden sein (Art. 143 Abs. 3 ZPO)[286]; – für die Einhaltung gesetzlicher oder gerichtlicher Klagefristen genügt die Einreichung eines Schlichtungsgesuchs mit anschliessender Klageeinreichung innerhalb der Gültigkeitsdauer der Klageberechtigung von 3 Monaten (Art. 209 Abs. 3 ZPO), ausgenommen in den Fällen von Art. 198 ZPO (Art. 62 Abs. 1 ZPO)		
Stillstand der Fristen	**Dauer**	– vom siebten Tag vor Ostern bis und mit dem siebten Tag nach Ostern – vom 15. Juli bis und mit dem 15. August – vom 18. Dezember bis und mit dem 2. Januar (Art. 145 Abs. 1 ZPO)	
	Geltungsbereich	**Grundsatz**	gesetzliche und gerichtliche Fristen in allen Verfahren: – die nach einer bestimmten Anzahl Tagen bestimmt sind – die nach Monaten bestimmt sind (umstritten; Art. 46 Abs. 1 BGG sollte analog angewendet und der Fristenstillstand für die Monatsfristen daher ausgeschlossen werden)

283 **ZH**: § 122 GOG; **BE**: Art. 2 des Gesetzes über die Ruhe an öffentlichen Feiertagen vom 1. Dezember 1996 (BSG 555.1); **LU**: § 76 JusG.

284 Eine Postaufgabe im Ausland genügt – vorbehältlich des Fürstentums Liechtenstein und abweichender staatsvertraglicher Regelung – nicht. Massgeblich ist der Zeitpunkt, in dem die Eingabe dem Gericht übergeben oder zwecks Weiterbeförderung von der Schweizerischen Post in Empfang genommen wird (BGer 4A_399/2014 vom 11.2.2015, E. 2.2).

285 Die Frist für eine Eingabe gilt gemäss ZR 113 (2014) Nr. 46 auch dann als gewahrt, wenn die Eingabe rechtzeitig bei einer unzuständigen Behörde (vorliegend: Handelsregisteramt des Kt. ZH statt Handelsgericht des Kt. ZH) eingereicht worden ist.

286 Die Frist ist auch gewahrt, wenn der Betrag spätestens am letzten Tag der Frist beim Gericht in bar einbezahlt wird. Grundsätze für den Nachweis der Fristeinhaltung: BGE 139 III 364 E. 3.

(Stillstand der Fristen)	**(Geltungsbereich)**	**Ausnahmen** – gesetzliche und gerichtliche Fristen in allen Verfahren └ die nach einem Kalendertag bestimmt sind └ die nach Jahren bestimmt sind – gesetzliche und gerichtliche Fristen in folgenden Verfahren und in den daran anschliessenden Rechtsmittelverfahren[287] (Art. 145 Abs. 2 und 4 ZPO): └ Schlichtungsverfahren (Art. 197–211 ZPO; im Entscheidverfahren nach Art. 212 ZPO gilt dagegen der Fristenstillstand) └ summarisches Verfahren (Art. 248 ff. ZPO) └ Verfahren mit Anwendung der Bestimmungen des SchKG über Betreibungsferien und Rechtsstillstand[288]
	Wirkungen	– Zustellungen während Stillstand möglich, Fristenlauf beginnt aber erst am ersten Tag nach Ende des Stillstands – laufende Frist wird für die Dauer des Stillstands unterbrochen und läuft nach dessen Ende weiter – Durchführung von Gerichtsverhandlungen (Instruktionsverhandlung, Hauptverhandlung, Augenschein, gerichtliche Vergleichsverhandlungen) nur mit Zustimmung der Parteien (Art. 145 Abs. 1, Art. 146 ZPO)
	Hinweispflicht	die Parteien sind auf die Ausnahmen vom Fristenstillstand (Art. 145 Abs. 2 ZPO) hinzuweisen (Art. 145 Abs. 3 ZPO); bei fehlendem Hinweis stehen die Fristen still[289]
Fristerstreckung	**Zulässigkeit**	nur bei gerichtlichen, nicht aber bei gesetzlichen Fristen (Art. 144 Abs. 1 ZPO)
	Voraussetzungen	– zureichender Grund (Art. 144 Abs. 2 ZPO, z.B. Krankheit, Spitalaufenthalt, Todesfall, Militärdienst, Inhaftierung, Abwesenheit, Auslandaufenthalt, unvorhersehbare Arbeitsüberlastung, ernsthafte Vergleichsgespräche) – Einreichung Fristerstreckungsgesuch vor Fristablauf

287 BGE 139 III 78 E. 4.

288 → Rz 9.7.

289 BGE 139 III 78 E. 5.

(Fristerstreckung)	**Entscheid**	– Fristerstreckungsgesuch wird abgewiesen, wenn └ es keine (genügende) Begründung enthält └ kein zureichender Grund glaubhaft gemacht ist grundsätzlich besteht ein Anspruch auf eine kurze Nach- bzw. Notfrist, ausser bei Fristen, die ausdrücklich oder sinngemäss als unerstreckbar bezeichnet wurden – bei Gutheissung Gesuch wird Frist neu angesetzt; die übrigen Bestimmungen der ursprünglichen Verfügung gelten unverändert weiter
Eingabe an unzuständiges Gericht	**bei Verfahrenseinleitung**	– wird eine Eingabe, die mangels Zuständigkeit zurückgezogen oder auf die nicht eingetreten wurde, innert eines Monats seit dem Rückzug oder dem Nichteintretensentscheid bei der zuständigen Schlichtungsbehörde oder beim zuständigen Gericht neu eingereicht, so gilt als Zeitpunkt der Rechtshängigkeit das Datum der ersten Einreichung (Art. 63 Abs. 1 ZPO) – Gleiches gilt, wenn eine Klage nicht im richtigen Verfahren eingereicht wurde (Art. 63 Abs. 2 ZPO) – eine Überweisung von Amtes wegen an die zuständige Instanz findet nicht statt
	Einreichung eines Rechtsmittels[290]	Die Frist ist eingehalten, wenn die Eingabe innert der Frist versehentlich statt bei der Rechtsmittelinstanz – bei der Vorinstanz eingereicht wird; die Eingabe ist unverzüglich an die zuständige Instanz zu übermitteln – bei einer anderen Behörde eingereicht wird und diese das Rechtsmittel noch innert der Frist an die Rechtsmittelinstanz weiterleitet (wozu sie gesetzlich nicht verpflichtet, aber unter Umständen aufgrund des Verbots des überspitzten Formalismus gehalten sein kann)

1.2. Fristen des SchKG im Zivilprozess

9.7

Grundlage	**Art. 145 Abs. 4 ZPO**
Grundsatz	für Berechnung, Einhaltung und Lauf von Fristen gelten die Bestimmungen der ZPO nur, soweit das SchKG nichts anderes bestimmt (Art. 31 SchKG/Art. 145 Abs. 4 ZPO)

290 BGE 140 III 636 E. 3.6 f.

Betreibungsferien/ Rechtsstillstand	– Art. 56–63 SchKG gehen als *lex specialis* Art. 145 f. ZPO vor – Betreibungsferien gelten └ für gewisse im Zusammenhang mit einer Betreibung stehende Klagen (z.B. Aberkennungs-, Widerspruchs-, Anschluss-, Arrestprosequierungsklage) └ für summarische Verfahren, die eine gerichtliche Betreibungshandlung zum Gegenstand haben (z.B. Rechtsöffnung, Konkurseröffnung)
Fristwahrung	Art. 32 SchKG (Fristwahrung durch Eingabe am falschen Ort) betrifft nur noch die Betreibungs- und Konkursämter bzw. die sog. atypischen Vollstreckungsorgane (z.B. ausseramtliche Konkursverwaltung)
Wiederherstellung Frist	für Wiederherstellung betreibungsrechtlicher Eingabefristen (insbesondere Klage- und Rechtsmittelfristen) ist Art. 33 Abs. 4 SchKG und nicht Art. 148 f. ZPO anwendbar

2. Säumnis und Wiederherstellung

2.1. Säumnis

9.8

Grundlage	**Art. 147 ZPO**	
Begriff	Säumnis = nicht fristgerechte Vornahme einer Prozesshandlung oder Nichterscheinen zu einem Termin (Art. 147 Abs. 1 ZPO)	
Folgen	**Grundsatz**	Verfahren wird ohne die versäumte Handlung weitergeführt (Art. 147 Abs. 2 ZPO).
	besondere gesetzliche Regelung	besondere Säumnisregeln enthält die ZPO in Artikel – 69 Abs. 1 (gerichtliche Bestellung eines Anwalts) – 101 Abs. 3 (Nachfrist, Nichteintreten auf Klage/Gesuch) – 102 Abs. 3 (Kostenvorschuss durch andere Partei, keine Beweiserhebung) – 131 (Nachfrist oder Erstellung Kopien auf Kosten der Partei) – 132 Abs. 1 (Eingabe gilt als nicht erfolgt) – 141 Abs. 1 lit. c (öffentliche Bekanntmachung) – 164 (Berücksichtigung bei Beweiswürdigung) – 167 Abs. 2 (Ordnungsbusse, Strafandrohung, zwangsweise Durchsetzung, Kostenbelastung) – 188 Abs. 1 (Widerruf Gutachtensauftrag, Beizug andere sachverständige Person) – 206 (Abschreibung Schlichtungsverfahren, Vorgehen nach Art. 209–212 ZPO) – 211 Abs. 1 (Annahme Urteilsvorschlag)

(Folgen)	**(besondere gesetzliche Regelung)**	– 223 (Nachfrist, Endentscheid oder Vorladung zur Hauptverhandlung) – 234 (zu berücksichtigende Entscheidgrundlagen, Abschreibung Verfahren) – 291 Abs. 3 (Abschreibung Klage)
Hinweispflicht	– Gericht hat Parteien und betroffene Dritte auf die Säumnisfolgen hinzuweisen (Art. 147 Abs. 3 ZPO) – unterbleibt dieser Hinweis treten die Säumnisfolgen nicht ein[291]; das Gericht hat eine neue Frist mit Androhung der Säumnisfolgen anzusetzen	

2.2. Wiederherstellung

9.9

Grundlage	**Art. 148–149 ZPO**
Charakter	– Behelf zur Rechtzeitigerklärung einer versäumten Prozesshandlung (allenfalls mit Aufhebung eines rechtskräftigen Entscheids) – kein Rechtsmittel, sondern sog. *restitutio in integrum* (Wiedereinsetzung in den früheren Stand) – Form: └ prozessleitende Verfügung (im hängigen Hauptprozess) └ selbständiger Entscheid (nach abgeschlossenem Hauptprozess)
Gegenstand	gesetzliche und gerichtliche Fristen und Termine der ZPO (nicht aber bundesrechtliche Klagefristen)
Voraussetzungen	– Versäumnis Frist oder Termin – kein oder nur leichtes Verschulden an Säumnis[292] – Wiederherstellungsgesuch (Art. 148 Abs. 1 ZPO)
Frist	– 10 Tage seit Wegfall des Säumnisgrunds (Art. 148 Abs. 2 ZPO) – bei bereits eröffnetem Entscheid innert 6 Monaten seit Eintritt der Rechtskraft (Art. 148 Abs. 3 ZPO)

291 BGer 4A_337/2014 vom 25.11.2014, E. 6.3.

292 Beispiele: Unfall oder plötzliche Erkrankung einer Partei oder deren Vertreters (BGer 5D_166/2012 vom 7.2.2013, E. 4.3.5 f.). – Fehler eines Vertreters oder Erfüllungsgehilfen werden der Partei wie eigene angerechnet (BGer 5A_393/2013 vom 17.10.2013, E. 2; BGer 5G_1/2013 vom 21.3.2013, E. 3.1).

Zuständigkeit	– Schlichtungsbehörde, vor der die Säumnis eingetreten ist[293] – Gericht, vor dem die Säumnis eingetreten ist **ZH**: innerhalb des Gerichts ist die Verfahrensleitung zuständig[294] **BE**: zuständiges Gericht, keine Delegation an Instruktionsrichter gemäss Art. 12 EG ZSJ **LU**: innerhalb des Gerichts ist die Verfahrensleitung zuständig (§§ 36, 37 JusG, §§ 21, 22 Abs. 1 GOKG)	
Beweis	**Beweislast**	Gesuchsteller
	Beweismass	Glaubhaftmachung (kein strikter Beweis) des fehlenden bzw. leichten Verschuldens (Art. 148 Abs. 1 ZPO)
Verfahren	– schriftliches, begründetes Wiederherstellungsgesuch – Vernehmlassung der Gegenpartei (soweit vorhanden) – ev. Beweisabnahme – Entscheid (Art. 149 ZPO)	
Entscheid	**Gutheissung**	Möglichkeiten: – Ansetzen Nachfrist – neue Vorladung – Aufhebung Entscheid
	Abweisung	Säumnisfolgen bleiben bestehen
Rechtsmittel	**Grundsatz**	Entscheid ist endgültig (Art. 149 ZPO) ⇒ kein kantonales Rechtsmittel (auch keine Beschwerde nach Art. 319 lit. b ZPO)[295]
	Ausnahme	Wiederherstellungsentscheid nach abgeschlossenem Hauptprozess ist (als Endentscheid) mit Berufung (Art. 308 ff. ZPO) oder Beschwerde (Art. 319 ff. ZPO) anfechtbar, wenn die Verweigerung der Wiederherstellung den definitiven Verlust einer Klage oder eines Angriffsmittels zur Folge hat[296]

293 BGer 4A_137/2013 vom 7.11.2013, E. 3 (nicht publiziert in BGE 139 III 478).

294 Ein häufiger Anwendungsfall in der Praxis ist die Wiederherstellung nach Auflösung einer Gesellschaft infolge Organisationsmängeln (Art. 731*b* OR). In diesen Fällen ist das Einzelgericht des Handelsgerichts gestützt auf § 45 lit. c GOG zuständig (ZR 110 [2011] Nr. 30, E. 3.32). Die Wiederherstellung wird in diesen Fällen liberal gehandhabt (ZR 111 [2012] Nr. 22 und ZR 112 [2013] Nr. 57).

295 Eine Verletzung von Art. 148 ZPO kann erst mit dem Rechtsmittel gegen den End- oder Zwischenentscheid gerügt werden; eine Ablehnung des Wiederherstellungsgesuchs nach dem Endentscheid kann indes mit einem Rechtsmittel angefochten werden (ZR 110 [2011] Nr. 91).

296 BGE 139 III 478 E. 1 und 6.

§ 10 Beweis (Art. 150–193 ZPO)

I. Allgemeine Bestimmungen

1. Beweisgegenstand

10.1

Grundlage	Art. 150, 151 ZPO	
Beweis	wird abgenommen über	bestrittene Tatsachen (Ausnahmen ⇒ unten)
	kann abgenommen werden über	– unbestrittene Tatsachen im Bereich der └ beschränkten Untersuchungsmaxime, soweit die Parteien über den Streitgegenstand nicht frei verfügen können └ uneingeschränkten Untersuchungsmaxime – ausländisches Recht (nur bei vermögensrechtlichen Streitigkeiten, Art. 16 Abs. 1 Satz 3 IPRG) – Übung – Ortsgebrauch
	wird nicht abgenommen über	– unbestrittene Tatsachen im Bereich der └ Verhandlungsmaxime └ beschränkten Untersuchungsmaxime, soweit die Parteien über den Streitgegenstand frei verfügen können – offenkundige Tatsachen – amts- und gerichtsnotorische Tatsachen[297] – allgemein anerkannte Erfahrungssätze – für Entscheidung unerhebliche Tatsachen – Rechtssätze (Ausnahme: s. oben) (Art. 150 Abs. 1, Art. 151 ZPO)

297 Beispiele: Beweisergebnisse aus früheren Verfahren zwischen den gleichen Parteien, aus Drittprozessen bekannte Tatsachen zum Prozessthema, Wechselkurs, Hypothekarzinssatz, Landesindex der Konsumentenpreise, Handelsregistereintrag (BGE 135 III 88 E. 4.1; BGer 4A_37/2014 vom 24.6.2014, E. 2.4.1; BGer 4A_261/2013 vom 1.10.2013, E. 4.3).

2. Recht auf Beweis

10.2

Grundlage	**Art. 152 ZPO; Art. 8 ZGB**	
Grundsatz	jede Partei hat das Recht, dass das Gericht die von ihr form- und fristgerecht angebotenen tauglichen Beweismittel abnimmt (Art. 152 Abs. 1 ZPO)[298]	
Ausnahmen	**antizipierte Beweiswürdigung**	– Gericht kann Beweisanträge ablehnen, wenn es └ seine Überzeugung bereits durch andere Beweismittel gewonnen hat[299] └ das Beweismittel als untauglich erachtet[300] └ aus einer grossen Zahl von Beweisanträgen zum gleichen Beweisthema aus prozessökonomischen Gründen eine Auswahl treffen muss[301] – antizipierte Beweiswürdigung ist auch im Bereich der Untersuchungsmaxime möglich[302] – Unerheblichkeit eines Beweismittels darf im erstinstanzlichen Verfahren nur mit Zurückhaltung angenommen werden und muss im Zweifelsfall verneint werden[303]
	formell rechtswidrig beschaffte Beweismittel	nur beschränkt verwertbar: – Beweisabnahme ist formell korrekt zu wiederholen (vgl. Art. 51 Abs. 1 ZPO) – ist Wiederholung der Beweisabnahme nicht mehr möglich, darf Beweismittel verwendet werden (vgl. Art. 51 Abs. 2 ZPO); der Beweiswert ist im Rahmen der Beweiswürdigung zu prüfen – allenfalls kann mangelhaftes Beweismittel als ein anderes (nach Art. 168 ZPO zugelassenes) Beweismittel verwendet werden, sofern es dessen formelle Voraussetzungen erfüllt[304] – im bestimmten Fällen ist nachträgliche Heilung des Mangels möglich

298 Art. 152 Abs. 1 ZPO umfasst auch das Recht zum Gegenbeweis. Für dessen Gelingen ist bloss erforderlich, dass der Hauptbeweis erschüttert wird, nicht aber auch, dass das Gericht von der Schlüssigkeit der Gegendarstellung überzeugt wird (BGer 4A_383/2013 vom 2.12.2013, E. 4.2.2).

299 BGE 134 I 140 E. 5.3.

300 BGE 138 III 374 E. 4.3.2.

301 In diesem Fall ist in der Regel die Partei zuerst aufzufordern, selber die Auswahl zu treffen; bei Säumnis entscheidet das Gericht.

302 BGE 130 III 734 E. 2.2.3. Ein Antrag auf Kindesanhörung (Art. 298 ZPO) darf aber nicht aufgrund einer antizipierten Beweiswürdigung abgewiesen werden (BGer 5A_821/2013 vom 16.6.2014, E. 4).

303 BGer 5A_313/2013 vom 11.10.2013, E. 5.1.

304 Beispiel: Zeugenaussage wird als Beweisaussage der Partei verwendet (LGVE 2011 I Nr. 31).

(Ausnahmen)	**materiell rechtswidrig beschaffte Beweismittel** (Art. 152 Abs. 2 ZPO)	dürfen nur berücksichtigt werden, wenn – Beweismittel als solches nach Art. 168 ZPO überhaupt zulässig ist – Interesse an der Wahrheitsfindung das Schutzinteresse des bei der Beweismittelbeschaffung verletzten Rechtsguts überwiegt[305]		
	Beweisaussage der Partei (Art. 192 Abs. 1 ZPO)	Gericht entscheidet von Amtes wegen über die Durchführung der Beweisaussage; die Parteien haben keinen Anspruch auf Abnahme dieses Beweismittels		
Anforderungen an Beweisantrag	**Frist**	**in erster Instanz**	– bei Verhandlungsmaxime: └ bis zum Aktenschluss └ danach Novenfrist (Art. 229 Abs. 1 und 2 ZPO) – bei Untersuchungsmaxime: └ bis zur Urteilsberatung (Art. 229 Abs. 3 ZPO)	
		in zweiter Instanz	**Berufung**	Novenfrist (Art. 317 Abs. 1 ZPO), im Bereich der unbeschränkten Untersuchungsmaxime bis zur Urteilsberatung[306]
			Beschwerde	in Beschwerde bzw. Beschwerdeantwort, soweit Beweisanträge ausnahmsweise möglich sind → Rz 21.13
			Revision	in Revisionsgesuch (Art. 329 Abs. 1 ZPO)
	Form	der Beweisantrag muss sich eindeutig der damit zu beweisenden Tatsachenbehauptung zuordnen lassen		

3. Beweiserhebung

10.3

Grundlage	**Art. 153, 181 Abs. 1, Art. 183 Abs. 1, Art. 192 Abs. 1 ZPO**
Grundsatz	nur auf Parteiantrag ⇒ Ausfluss des Verhandlungsgrundsatzes (Art. 55 Abs. 1 ZPO)

305 BGE 140 III 6 E. 3.

306 Dies ist allerdings umstritten. Das Bundesgericht schliesst in BGE 138 III 625 E. 2 eine analoge Anwendung von Art. 229 Abs. 3 ZPO auf das Berufungsverfahren aus.

Ausnahme	von Amtes wegen	
	obligatorisch	im Geltungsbereich des Untersuchungsgrundsatzes (Art. 55 Abs. 2 ZPO) gilt nur der beschränkte Untersuchungsgrundsatz, haben die Parteien aufgrund ihrer Mitwirkungspflicht (Art. 160 Abs. 1 ZPO) die erforderlichen Beweismittel zu bezeichnen, allenfalls unter Mithilfe des Gerichts
	fakultativ[307]	– Durchführung Augenschein (Art. 181 Abs. 1 ZPO) – Einholen Gutachten (Art. 183 Abs. 1 ZPO) – Beweisaussage der Partei (Art. 192 Abs. 1 ZPO) – Abnahme aller Beweismittel bei erheblichen Zweifeln an der Richtigkeit einer nicht streitigen Tatsache (Art. 153 Abs. 2 ZPO)

4. Beweisabnahme

4.1. Zuständigkeit

10.4

Grundlage	**Art. 155 ZPO**
Grundsatz	Unmittelbarkeitsprinzip ⇒ Abnahme der Beweise durch Kollegialgericht bzw. durch Einzelrichter
Ausnahme	Delegation der Beweisabnahme an ein einzelnes oder mehrere Mitglieder des Gerichts (Art. 155 Abs. 1 ZPO) die Delegation ist ausgeschlossen, wenn eine Partei aus wichtigen Gründen die Beweisabnahme durch das Gesamtgericht verlangt (Art. 155 Abs. 2 ZPO); ein wichtiger Grund liegt insbesondere vor, wenn der Prozessausgang allein oder in wesentlichem Masse vom fraglichen Beweismittel abhängt

4.2. Teilnahme der Parteien

10.5

Grundlage	**Art. 155 Abs. 3, Art. 156 ZPO**
Grundsatz	Recht der Parteien auf Teilnahme an Beweisabnahme ⇒ Ausfluss des Anspruchs auf rechtliches Gehör (Art. 53 ZPO)
Ausnahme	Ausschluss der Parteien zur Wahrung schutzwürdiger Interessen (Art. 156 ZPO) → Rz 10.8

307 Eine schriftliche Auskunft (Art. 190 ZPO) kann nur auf Parteiantrag eingeholt werden. In der Regel schliesst aber ein Antrag auf Zeugenbefragung oder ein Antrag auf Durchführung eines Gutachtens sinngemäss den Antrag auf Einholen einer schriftlichen Auskunft ein. Das Gericht kann in diesen Fällen nach seinem Ermessen eine schriftliche Auskunft einholen; eine spätere Zeugenaussage oder ein späteres Gutachten ist dadurch nicht ausgeschlossen.

4.3. Organe einer juristischen Partei

Grundlage	Art. 159 ZPO	10.6
Grundsatz	– bei juristischen Personen sind deren (formelle und faktische[308]) Organe im Beweisverfahren wie eine Partei zu behandeln[309] – eine Zeugeneinvernahme (Art. 169 ff. ZPO) eines Organs ist ausgeschlossen; möglich ist dagegen eine Parteibefragung (Art. 191 ZPO) oder eine Beweisaussage der Partei (Art. 192 ZPO)	
Erweiterung	die partei- und prozessfähigen Personen bzw. Gebilde ohne eigene Rechtspersönlichkeit (→ Rz 5.1) sind wie juristische Personen zu behandeln der Parteibefragung (Art. 191 ZPO) oder der Beweisaussage der Partei (Art. 192 ZPO) unterstehen damit u.a. – Geschäftsführer der Kollektivgesellschaft – Geschäftsführer der Kommanditgesellschaft – Konkursverwalter – Liquidatoren (beim Nachlassvertrag mit Vermögensabtretung, Art. 317 ff. SchKG)	

4.4. Beweisverfügung

Grundlage	Art. 154 ZPO	10.7
Charakter	prozessleitende Verfügung des Gerichts bzw. des Instruktionsrichters	
Form	schriftlich oder mündlich an Verhandlung	
Zeitpunkt	vor der entsprechenden Beweisabnahme	
Inhalt	– Bezeichnung der zu erhebenden Beweise bzw. der entgegengenommenen Beweisstücke (Urkunden, Augenscheinobjekte) – Bezeichnung der Beweisthemen – Bezeichnung der beweisführenden Partei (Haupt- oder Gegenbeweis)[310] – bei Gutachten zusätzlich: Bezeichnung der sachverständigen Person, zu beantwortende Fragen (vgl. Art. 183 Abs. 1, Art. 185 Abs. 1 ZPO)	
Begründung	– Beweisverfügung ist als prozessleitende Verfügung nicht zu begründen – in besonderen Fällen kann kurze Begründung angezeigt sein (z.B. bei nachträglichem Verzicht auf einen Zeugen oder bei Beizug einer anderen sachverständigen Person)	

308 LGVE 2011 I Nr. 31.

309 Zur Vertretung der juristischen Person im Prozess: BGE 141 III 80 E 1.3.

310 Umstritten ist, ob die Beweisverfügung bestimmen muss, welche Partei die objektive (materielle) Beweislast trägt (Müller, ZPO – Praktische Fragen aus Richtersicht, SJZ 2014, 373 f.).

Rechtskraft	**Grundsatz**	keine; Gericht bzw. Instruktionsrichter kann seine Verfügung jederzeit aufheben, ändern oder ergänzen
	Ausnahme	kein Zurückkommen auf Verfügung, wenn Säumnisfolgen eingetreten sind (z.B. Verzicht auf Beweiserhebung wegen Nichtleistung des Kostenvorschusses, Art. 102 Abs. 3 ZPO)
Rechtsmittel	– Beschwerde nach Art. 319 ff. ZPO: └ in den vom Gesetz bestimmten Fällen (Art. 167 Abs. 3, Art. 184 Abs. 3, Art. 298 Abs. 3, Art. 299 Abs. 3 ZPO) oder └ wenn ein nicht leicht wieder gutzumachender Nachteil (tatsächlicher oder rechtlicher Art[311]) droht (Art. 319 lit. b Ziff. 2 ZPO) – bei Unzulässigkeit Beschwerde Anfechtung im Rahmen des Rechtsmittels gegen den Endentscheid	

5. Wahrung schutzwürdiger Interessen

10.8

Grundlage	**Art. 156 ZPO**	
geschützte Personen	– Parteien – Dritte	
Schutzobjekt	alle schutzwürdigen Interessen, z.B. – Persönlichkeitsrecht – Kindeswohl – Geschäftsgeheimnis – Fabrikationsgeheimnis	
Schutzmassnahmen	**Inhalt**	alle dem Schutzbedürfnis angepassten Massnahmen, z.B. – Beschränkung Akteneinsichtsrecht – Teilabdeckung von Urkunden – Anonymisierung von Urkunden – Ausschluss der Öffentlichkeit in Verhandlungen – Ausschluss der Parteien von Beweisabnahmen – Offenlegung medizinischer Berichte (z.B. psychiatrischer Gutachten) nur an Parteivertreter, nicht an betroffene Partei – Entbindung minderjähriger Personen von Mitwirkungspflicht (Art. 160 Abs. 2 ZPO)

311 LGVE 2013 I Nr. 10.

(Schutzmassnahmen)	**Umfang**	Beschränkung auf das Notwendige und Verhältnismässige ⇒ Interessenabwägung zwischen umfassender Tatsachenfeststellung und Schutzbedürfnis
Beweisverwendung	mit Schutzmassnahmen belastete Beweismittel dürfen vom Gericht nur verwendet werden, wenn ihr wesentlicher Inhalt den Parteien genügend zur Kenntnis gebracht wird (z.B. durch Zusammenfassung des Beweisergebnisses), damit diese dazu Stellung nehmen können (Grundsatz des rechtlichen Gehörs, Art. 53 Abs. 1 ZPO)	

6. Beweiswürdigung

10.9

Grundlage	**Art. 157, 179 ZPO**
Grundsatz	freie Beweiswürdigung durch das Gericht[312]: – keine Bindung an förmliche Beweisregeln – Gleichwertigkeit der Beweismittel – Berücksichtigung des Verhaltens der Parteien (vgl. Art. 164 ZPO[313]) – antizipierte Beweiswürdigung zulässig, auch im Bereich der Untersuchungsmaxime → Rz 10.2 – Gesamtwürdigung der Beweisergebnisse nach pflichtgemässem Ermessen – keine Bindung an ein früheres Strafurteil (Art. 53 OR); das Zivilgericht darf aber das Beweisergebnis des Strafverfahrens mitberücksichtigen[314] – der Zivilrichter ist unter gewissen Voraussetzungen nicht an die Feststellungen des Strafrichters, der die Zivilansprüche im Grundsatz gutgeheissen hat, gebunden[315] umstritten ist, ob nicht behauptete Beweisergebnisse («überschiessende Beweisergebnisse») berücksichtigt werden dürfen[316]
Ausnahme	feste Beweisregel des Gesetzes: erhöhte Beweiskraft öffentlicher Register und Urkunden (Art. 179 ZPO, Art. 9 ZGB)

312 Beispiel: LGVE 2006 I Nr. 36 (Beweiswert Arztzeugnis).

313 BGE 140 III 264 E. 2.3.

314 BGer 4A_319/2012 vom 28.1.2013, E. 4.1.

315 BGer 4A_76/2014 vom 19.6.2014, E. 1.6.2; BGer 4C.327/2004 vom 22.12.2004, E. 3.1.

316 BGer 4A_195 und 197/2014 vom 27.11.2014, E. 7.2.

7. Vorsorgliche Beweisführung

10.10

Grundlage	**Art. 158 ZPO**		
Charakter	– selbständiges Verfahren[317] – Abnahme aller Beweismittel möglich – nur Beweisabnahme, nicht Beweiswürdigung – vorsorgliche Beweisführung vor Rechtshängigkeit des Hauptverfahrens schliesst eine Beweisabnahme zum gleichen Thema im Hauptverfahren nicht aus		
Wirkung	keine verjährungsunterbrechende Wirkung (da keine Klage i.S.v. Art. 135 Ziff. 2 OR)		
Zuständigkeit	**sachlich/ funktionell**	nach kantonalem Recht (Art. 4 ZPO)	
		ZH	– vor Rechtshängigkeit der Hauptsache[318]: └ erstinstanzlich: Einzelgericht (§ 142 i.V.m. § 24 GOG; § 45 GOG i.V.m. Art. 5 Abs. 2 und Art. 6 Abs. 5 ZPO)[319] └ Obergericht (§ 43 GOG i.V.m. Art. 5 Abs. 2 ZPO; Kammer; ausser bei besonderer Dringlichkeit; § 31 Abs. 2 VOG) – nach Anhängigmachung der Hauptsache beim erstinstanzlich zuständigen Gericht: └ erstinstanzlich: das in der Hauptsache zuständige Gericht[320] └ Obergericht/Handelsgericht: Abteilung bzw. Kammer (ausser bei besonderer Dringlichkeit; § 31 Abs. 2 VOG)
		BE	– vor Rechtshängigkeit des Hauptverfahrens: Gericht, das für den Hauptsacheprozess zuständig sein wird, also Regionalgericht oder Obergericht (Art. 6 Abs. 2 EG ZSJ) oder Handelsgericht (Art. 45 Abs. 2 GSOG) – nach Rechtshängigkeit des Hauptverfahrens: Instruktionsrichter (Art. 12 Abs. 3 lit. b EG ZSJ)

317 Die vorsorgliche Beweisführung erfolgt auch dann in einem selbständigen Verfahren, wenn das Gesuch erst nach Rechtshängigkeit des Hauptprozesses eingereicht wird.

318 Gemäss ZR 112 (2013) Nr. 21, E.3.2 ist darunter die Rechtshängigkeit vor dem erstinstanzlichen Gericht zu verstehen und nicht bereits jene vor der Schlichtungsbehörde.

319 Zur Zuständigkeit des Einzelgerichts des Handelsgerichts vgl. ZR 111 (2012) Nr. 66 und ZR 111 (2012) Nr. 115.

320 ZR 112 (2013) Nr. 36, S. 150 (Prozessgeschichte); andeutungsweise auch ZR 112 (2013) Nr. 21, E.3.2 und E. 3.3.1; die Frage wurde aber letztlich in E. 3.4 offengelassen.

(Zuständigkeit)	**(sachlich/ funktionell)**	**LU**	– vor Rechtshängigkeit des Hauptverfahrens: └ Bezirksgericht oder Arbeitsgericht (Einzelrichter, § 35 Abs. 1 lit. f JusG) └ Kantonsgericht in den Fällen von Art. 5 und 8 ZPO (Einzelrichter, § 18a Abs. 1 lit. c JusG) – nach Rechtshängigkeit des Hauptverfahrens: Verfahrensleitung (§§ 36, 37 JusG, §§ 21, 22 Abs. 2 lit. a GOKG)
	örtlich	zwingender, alternativer Gerichtsstand: – am Ort der Hauptsache – am Ort der Beweisabnahme[321], z.B. └ Wohnort (subsidiär Aufenthaltsort) der einzuvernehmenden Person └ Augenscheinort └ Ort der zu begutachtenden Sache (Art. 13 ZPO)	
Voraussetzungen (alternativ)	– gesetzlicher Anspruch (Art. 158 Abs. 1 lit. a ZPO), z.B. └ Art. 204 Abs. 2 OR (zugesandte Kaufsache) └ Art. 367 Abs. 2 OR (Werkprüfung) └ Art. 427 Abs. 1 OR (zugesandtes Kommissionsgut) └ Art. 59 MSchG └ Art. 38 DesG └ Art. 65 URG – Glaubhaftmachung einer Gefährdung der Beweismittel (Art. 158 Abs. 1 lit. b ZPO) ⇒ spätere Beweiserhebung wäre wesentlich erschwert oder unmöglich, z.B. └ Einvernahme todkranker Zeuge └ Feststellung Baumängel vor Beginn Sanierungsarbeiten └ Wohnungsabnahme bei Mietende – Glaubhaftmachung schutzwürdiges Interesse an sofortiger Sachverhaltsfeststellung (Art. 158 Abs. 1 lit. b ZPO), insbesondere zur Abklärung der Prozessaussichten (erforderlich: Glaubhaftmachung eines Hauptsachenanspruchs und substanziierte Behauptung der zu beweisenden anspruchsbegründenden Tatsachen)[322] – vertraglicher Anspruch		

321 Dieser Gerichtsstand steht immer, nicht nur im Dringlichkeitsfall, zur Verfügung (BGE 138 III 555 E. 2).

322 BGE 140 III 24 E. 3.2.2; 140 III 16 E. 2.2.2.

Verfahren	**Entscheid über vorsorgliche Beweisführung**	**Grundsatz**	nach den Bestimmungen über vorsorgliche Massnahmen ⇒ summarisches Verfahren (Art. 252 ff., insbesondere Art. 261 ff. ZPO)
		Ausnahme	es ist keine Klagefrist nach Art. 263 ZPO anzusetzen.
		Besonderes	im Gesuch ist zu substanziieren: – Grund für vorsorgliche Beweisführung[323] – Beweisthema – Relevanz des Beweisthemas (für Hauptprozess)[324] – Beweismittel – Streitwert (des Hauptprozesses)
	Beweisabnahme	nach den normalen Beweisvorschriften (Art. 155 f., 160 ff. ZPO)[325]	
Kosten		**vorsorgliche Beweisführung vor Prozessbeginn**	**vorsorgliche Beweisführung nach Prozessbeginn**
	Zeitpunkt Kostenentscheid	im Entscheid über die vorsorgliche Beweisführung[326]	im Entscheid über die vorsorgliche Beweisführung oder im Entscheid in der Hauptsache
	Kostenverlegung	– alle Kosten der vorsorglichen Beweisführung sind der gesuchstellenden Partei zu überbinden (Gerichtskosten und Parteientschädigung an Gegenpartei)[327] – eine andere Kostenverlegung im Hauptprozess ist vorzubehalten	– im Endurteil: nach den allgemeinen Grundsätzen von Art. 106–109 ZPO – bei Kostenverlegung im Entscheid über vorsorgliche Beweisführung ist allenfalls eine andere Kostenverlegung im Endentscheid vorzubehalten
	UR	es besteht kein Anspruch auf UR[328]	

323 Wer zur Abklärung der Prozesschancen um eine vorsorgliche Beweisführung ersucht, hat den Hauptsachenanspruch glaubhaft zu machen.

324 Besteht ein gesetzlicher Anspruch auf Sachverhaltsfeststellung (Art. 158 Abs. 1 lit. a ZPO), muss die Relevanz des Beweisthemas nicht dargelegt werden.

325 Vorgehen bei Gutachten: BGE 140 III 16 E. 2.2.3 f.

326 Die Kostenfestsetzung kann allenfalls erst nach der Beweisabnahme in einem Ergänzungsentscheid vorgenommen werden.

327 BGE 140 III 30 E. 3; 139 III 33 E. 4.

328 BGE 140 III 12 E. 3.

<table>
<tr><td rowspan="3">Rechtsmittel</td><td rowspan="2">gegen Bewilligung/ Abweisung Gesuch
a) im selbständigen Verfahren
b) im Rahmen des Hauptprozesses</td><td>vermögensrechtliche Streitigkeit</td><td>– Streitwert Hauptverfahren ab CHF 10 000: Berufung innert 10 Tagen (Art. 308 Abs. 1 lit. b und Abs. 2, Art. 314 Abs. 1 ZPO)[329]
– Streitwert Hauptverfahren unter CHF 10 000: Beschwerde innert 10 Tagen (Art. 319 lit. a, Art. 321 Abs. 2 ZPO)</td></tr>
<tr><td><u>nicht</u> vermögensrechtliche Streitigkeit</td><td>Berufung innert 10 Tagen (Art. 308 Abs. 1 lit. b, Art. 314 Abs. 1 ZPO)</td></tr>
<tr><td>gegen prozessleitende Verfügungen bezüglich Beweisabnahme</td><td colspan="2">– Beschwerde innert 10 Tagen (Art. 319 lit. b, Art. 321 Abs. 2 ZPO)
└ in den vom Gesetz bestimmten Fällen (Art. 167 Abs. 3, Art. 184 Abs. 3 ZPO) oder
└ wenn ein nicht wieder gutzumachender Nachteil droht
– bei Unzulässigkeit der Beschwerde Anfechtung im Rahmen des Rechtsmittels gegen den Endentscheid</td></tr>
</table>

329 Die Berufung hat keine aufschiebende Wirkung (Art. 315 Abs. 4 lit. b ZPO).

II. Mitwirkungspflicht und Verweigerungsrecht

1. Mitwirkungspflicht

10.11

Grundlage	**Art. 160–162 ZPO**	
Grundsatz	Verpflichtung der Parteien (prozessuale Last) und Dritter (echte Pflicht) zur Mitwirkung bei Beweiserhebung (Art. 160 Abs. 1 ZPO)	
Ausnahmen	– Verweigerungsrechte (Art. 163 ff. ZPO) – Befreiung unmündiger Person von Mitwirkungspflicht nach Ermessen des Gerichts (Art. 160 Abs. 2 ZPO)	
Mitwirkungshandlungen (Auswahl)	– wahrheitsgemässe Parteiaussage – wahrheitsgemässe Zeugenaussage – Herausgabe von Urkunden (Ausnahme: Korrespondenz einer Partei oder einer Drittperson mit einem zur berufsmässigen Vertretung berechtigten Anwalt oder mit einem Patentanwalt) – Duldung Augenschein an Person oder Eigentum durch Sachverständige (Art. 160 Abs. 1 ZPO)	
Aufklärungspflicht Gericht	**Inhalt**	Gericht hat Parteien und Dritte aufzuklären über: – Mitwirkungspflicht – Verweigerungsrecht – Säumnisfolgen (Art. 161 Abs. 1 ZPO)
	Folgen unterlassener Aufklärung über Verweigerungsrecht	– Gericht darf erhobene Beweise nur berücksichtigen, wenn └ betroffene Person zustimmt oder └ Verweigerung unberechtigt gewesen wäre – Disziplinierung Dritter nach Art. 167 Abs. 1 ZPO ist ausgeschlossen
	Folgen unterlassener Aufklärung über Mitwirkungspflicht und Säumnisfolgen	Säumnisfolgen treten nicht ein; das Gericht hat eine neue Frist mit Androhung der Säumnisfolgen anzusetzen (vgl. Art. 147 Abs. 3 ZPO)
Entschädigung Dritter	zur Mitwirkung verpflichtete Dritte haben Anspruch auf angemessene Entschädigung (Art. 160 Abs. 3 ZPO), z.B. Auslagenersatz, Vergütung für Zeitaufwand, Entschädigung für Verdienstausfall	
Entschädigung Partei	die Parteien können ihren Aufwand über die Parteientschädigung (Art. 95 Abs. 3 ZPO) geltend machen	

berechtigte Verweigerung der Mitwirkung	Gericht darf daraus nicht auf die zu beweisende Tatsache schliessen (Art. 162 ZPO)

2. Verweigerungsrecht der Parteien

2.1. Verweigerungsrecht

10.12

Grundlage	**Art. 163–164 ZPO**	
Verweigerungsgründe	**Grundsatz**	Partei kann Mitwirkung verweigern, wenn sie – eine nahe stehende Person (i.S.v. Art. 165 ZPO) belasten würde (Art. 163 Abs. 1 lit. a ZPO) – ein Berufsgeheimnis (Art. 321 StGB) verletzen müsste (Art. 163 Abs. 1 lit. b ZPO) – Träger eines anderen gesetzlich geschützten Geheimnisses (z.B. Art. 47 BankG, Art. 35 DSG, Art. 321bis und 321ter StGB) ist und glaubhaft macht, dass das Geheimhaltungsinteresse das Interesse an der Wahrheitsfindung überwiegt (Art. 163 Abs. 2 ZPO) ⇛ kein umfassendes, sondern nur auf diese besonderen Gründe beschränktes Verweigerungsrecht ⇛ kein Verweigerungsrecht zum Selbstschutz
	Ausnahmen	– Revisoren unterstehen zwar Art. 321 StGB, können aber Mitwirkung nicht verweigern (Art. 163 Abs. 1 lit. b ZPO) – Mit Ausnahme von Anwälten und Geistlichen können Parteien, die sich auf ein Berufsgeheimnis berufen, Mitwirkung nicht verweigern, wenn sie └ einer Anzeigepflicht unterliegen oder └ von der Geheimhaltungspflicht entbunden sind, ausser sie machen glaubhaft, dass das Geheimhaltungsinteresse das Interesse an der Wahrheitsfindung überwiegt (Art. 163 Abs. 1 lit. b i.V.m. Art. 166 Abs. 1 lit. b ZPO) – besondere Mitwirkungspflicht: in Statusprozessen haben Parteien an Untersuchungen mitzuwirken, die nötig und ohne Gefahr für die Gesundheit sind; die Bestimmungen über die Verweigerungsrechte der Parteien sind nicht anwendbar (Art. 296 Abs. 2 ZPO)
unberechtigte Verweigerung	Gericht berücksichtigt Verweigerung in freier Beweiswürdigung (Art. 164 ZPO); es muss nicht ohne weiteres auf die Wahrheit der Tatsachenbehauptungen der Gegenpartei schliessen[330]	

330 BGE 140 III 264 E. 2.3.

2.2. Übersicht

10.13

Partei / Grund	Träger eines durch Art. 321 StGB geschützten Berufsgeheimnisses			Träger eines anderen gesetzlich geschützten Berufsgeheimnisses	übrige Parteien
	Revisoren	Anwälte und Geistliche	übrige		
Belastung einer nahe stehenden Person (Art. 163 Abs. 1 lit. a ZPO)	ja	ja	ja	ja	ja
Berufsgeheimnis (Art. 163 Abs. 1 lit. b, Art. 163 Abs. 2 ZPO)	nein	ja	ja bei Anzeigepflicht oder Entbindung vom Berufsgeheimnis aber nur, wenn sie glaubhaft machen, dass Geheimhaltungsinteresse Interesse an Wahrheitsfindung überwiegt	nein ausser wenn sie glaubhaft machen, dass Geheimhaltungsinteresse Interesse an Wahrheitsfindung überwiegt	nein

ja = Verweigerung zulässig nein = Verweigerung unzulässig

3. Verweigerungsrecht Dritter

3.1. Verweigerungsrecht

10.14

Grundlage	**Art. 165–167 ZPO**	
Arten	**umfassendes Verweigerungsrecht**	– Dritter kann jede Mitwirkung verweigern – Verweigerung ist nicht näher zu begründen (Angabe Verweigerungsgrund genügt)
	beschränktes Verweigerungsrecht	– Dritter kann Mitwirkung nur bezüglich bestimmter Tatsachen oder Umstände (sensitive oder geheime Daten) verweigern – Verweigerungsgrund ist näher zu begründen (Glaubhaftmachung genügt)
Verweigerungsgründe	**umfassendes Verweigerungsrecht**	bei bestimmter verwandtschaftlicher oder anderer sehr enger persönlicher Beziehung zu einer Partei ⇒ abschliessende Aufzählung in Art. 165 ZPO
	beschränktes Verweigerungsrecht	zur Verhinderung von Gewissens- und Interessenkonflikten Dritter und zum Schutz von Institutionen besonderen Vertrauens oder öffentlichen Interesses ⇒ abschliessende Aufzählung in Art. 166 ZPO
	besondere Mitwirkungspflicht	in Statusprozessen haben Dritte an Untersuchungen mitzuwirken, die nötig und ohne Gefahr für die Gesundheit sind; die Bestimmungen über die Verweigerungsrechte Dritter sind nicht anwendbar (Art. 296 Abs. 2 ZPO)
Mitwirkung trotz Verweigerungsgrund	zulässig; Gericht würdigt aber Beweiswert des erhobenen Beweises nach freiem Ermessen (Art. 157 ZPO)	
unberechtigte Verweigerung	**mögliche gerichtliche Sanktionen**	– Ordnungsbusse bis CHF 1000 – Strafandrohung nach Art. 292 StGB – Anordnung der zwangsweisen Durchsetzung – Überbindung der durch die Verweigerung verursachten Prozesskosten (Art. 108 ZPO) (Art. 167 Abs. 1 ZPO)
	Rechtsmittel gegen Sanktionsentscheid	Beschwerde nach Art. 319 ff. ZPO (Art. 167 Abs. 3 ZPO) gerügt werden können unrichtige Rechtsanwendung und willkürliche Sachverhaltsfeststellung (Art. 320 ZPO) bezüglich Verneinung Verweigerungsgrund und bezüglich ausgesprochener Sanktion

3.2. Übersicht

10.15

Person / Grund	Träger eines durch Art. 321 StGB geschützten Berufsgeheimnisses			Träger eines anderen gesetzlich geschützten Berufsgeheimnisses
	Revisoren	**Anwälte und Geistliche**	**übrige**	
Selbstbelastung oder Belastung einer nahe stehenden Person (Art. 166 Abs. 1 lit. a ZPO)	ja	ja	ja	ja
Berufsgeheimnis (Art. 166 Abs. 1 lit. b, Art. 166 Abs. 2 ZPO)	nein	ja	ja bei Anzeigepflicht oder Entbindung vom Berufsgeheimnis aber nur, wenn sie glaubhaft machen, dass Geheimhaltungsinteresse Interesse an Wahrheitsfindung überwiegt	nein ausser wenn sie glaubhaft machen, dass Geheimhaltungsinteresse Interesse an Wahrheitsfindung überwiegt

ja = Verweigerung zulässig nein = Verweigerung unzulässig

Person / Grund	Beamte und Behördenmitglieder	Ombudspersonen, Mediatoren	Medienschaffende	übrige Personen
Selbstbelastung oder Belastung einer nahe stehenden Person (Art. 166 Abs. 1 lit. a ZPO)	ja	ja	ja	ja
in amtlicher Eigenschaft anvertraute oder in Amtsausübung wahrgenommene Tatsache (Art. 166 Abs. 1 lit. c ZPO)	ja ausser bei Anzeigepflicht oder bei Ermächtigung zur Aussage durch vorgesetzte Behörde	---	---	---
in ihrer Tätigkeit wahrgenommene Tatsache (Art. 166 Abs. 1 lit. d ZPO)	---	ja	---	---
Autoren- und Quellenschutz (Art. 166 Abs. 1 lit. e ZPO)	---	---	ja	---

ja = Verweigerung zulässig nein = Verweigerung unzulässig

III. Beweismittel

1. *Numerus clausus* der Beweismittel

10.16

Grundlage	Art. 168 ZPO
Grundsatz	abschliessende Aufzählung der möglichen Beweismittel in der ZPO: – Zeugnis – Urkunde – Augenschein – Gutachten – schriftliche Auskunft – Parteibefragung – Beweisaussage der Partei (Art. 168 Abs. 1 ZPO)
Ausnahme	für die Kinderbelange in familienrechtlichen Verfahren ist der sog. Freibeweis möglich ⇒ Beweiserhebungen in anderer Form (z.B. Befragungen und Gespräche, die nicht in Form einer Zeugeneinvernahme oder einer Parteibefragung erfolgen)

2. Die einzelnen Beweismittel

2.1. Zeugnis

10.17

Grundlage	Art. 169–176 ZPO	
Zulässigkeit	ordentliches/ vereinfachtes Verfahren	ja
	summarisches Verfahren	nur in folgenden Fällen (Art. 254 Abs. 2 ZPO): – Verfahren wird nicht wesentlich verzögert – Verfahrenszweck erfordert Zeugeneinvernahme – Gericht hat Sachverhalt von Amtes wegen festzustellen oder zu erforschen (Art. 255, 272, 296, 306 ZPO) Schranke: gesetzlicher Ausschluss des Zeugenbeweises (z.B. durch Art. 81 Abs. 1, Art. 85, Art. 172 Ziff. 3, Art. 174 Abs. 2 SchKG)

Beweisabnahme von Amtes wegen	– im Bereich des Untersuchungsgrundsatzes – Beizug von Zeugenaussagen aus anderen Verfahren (im Sinne der Dokumentation gerichtsnotorischer Tatsachen)[331]	
Einzelheiten	**Zeugnisfähigkeit**	– Zeuge muss körperlich wahrnehmungsfähig und in dieser Hinsicht urteilsfähig sein[332] – Zeuge kann nur sein, wer nicht Partei ist (Art. 169 ZPO) – (formelle und faktische) Organe juristischer Personen unterstehen der Parteibefragung/Beweisaussage (Art. 191–193 ZPO)[333] – Kinder können Zeugen sein; über ihre Einvernahme entscheidet Gericht nach freiem Ermessen und unter Berücksichtigung des Kindeswohls (Art. 160 Abs. 2 ZPO) – besondere Beziehung zu einer Partei, eigenes Interesse am Prozessausgang oder fehlende Glaubwürdigkeit schliessen Zeugnisfähigkeit nicht aus, sind aber bei der Beweiswürdigung (Art. 157 ZPO) zu berücksichtigen
	Erscheinen des Zeugen	– in der Regel auf förmliche Vorladung des Gerichts (Art. 170 Abs. 1 ZPO) – Gericht kann Parteien gestatten, Zeugen ohne Vorladung mitzubringen (Art. 170 Abs. 2 ZPO) – Parteien können Zeugen ohne vorgängige Erlaubnis, aber mit nachträglicher Zustimmung des Gerichts mitbringen
	Gegenstand	– unmittelbare Sinneswahrnehmungen des Zeugen über Tatsachenbehauptungen (Art. 169 ZPO) – Mitteilungen Dritter über ihre Wahrnehmungen (nicht aber der Inhalt dieser fremden Wahrnehmungen) ⇒ «Zeugnis vom Hörensagen» ist untauglich[334] – Würdigung Sachverhalt (nur bei sachverständigen Zeugen, Art. 175 ZPO)[335]

331 Die Parteirechte im hängigen Verfahren dürfen aber nicht beschränkt werden. Allenfalls ist die Beweisführung zu ergänzen oder zu wiederholen.

332 Der Zeuge muss jedoch nicht prozessfähig sein.

333 BGer 141 III 80 E. 1.3; LGVE 2011 I Nr. 31. Frühere (d.h. im Zeitpunkt der Rechtshängigkeit schon ausgeschiedene) Organe sind dagegen als Zeugen einzuvernehmen (BGer 5A_127/2013 vom 1.7.2013, E. 3.1).

334 Die Aussage des «Zeugen vom Hörensagen» kann ein Indiz darstellen oder als Hilfstatsache dazu dienen, eine andere Aussage zu würdigen (BGer 5A_51/2014 vom 14.7.2014, E. 5.1).

335 Der sachverständige Zeuge muss die zu bezeugenden und zu bewertenden Tatsachen selber wahrgenommen haben (im Gegensatz zur sachverständigen Person nach Art. 183 ZPO, die über einen ihr vom Gericht vorgelegten Sachverhalt zu befinden hat und nach Art. 186 ZPO nur beschränkt eigene Abklärungen treffen kann).

(Einzelheiten)	**Durchführung**	– nach den Vorschriften von Art. 155 f. ZPO → Rz 10.4–10.5 und 10.8 – Ermahnung zur Wahrheit und Hinweis auf Straffolgen falscher Aussage nach Art. 307 StGB (Art. 171 Abs. 1 ZPO) – Hinweis auf Verweigerungsrecht und Säumnisfolgen von Art. 165–167 ZPO (Art. 161 Abs. 1 ZPO)
	Aussage	grundsätzlich frei, Gericht kann Benützung schriftlicher Unterlagen gestatten (Art. 171 Abs. 3 ZPO)
	Konfrontation	Konfrontation von Zeugen mit anderen Zeugen oder mit Parteien von Amtes wegen oder auf Parteiantrag möglich (Art. 174 ZPO)
	Aufzeichnung	– schriftliches Protokoll (nur wesentlicher Inhalt, kein Wortprotokoll) – zusätzliche Aufzeichnung auf Tonband, Video oder mit anderen technischen Hilfsmitteln möglich – bei Aufzeichnung mit technischen Hilfsmitteln kann Gericht auf Verlesen bzw. Vorlage des Protokolls und dessen Unterzeichnung durch Zeugen verzichten; die Aufzeichnungen werden zu den Akten genommen und zusammen mit dem Protokoll aufbewahrt (Art. 176 ZPO)

2.2. Urkunde

10.18

Grundlage	**Art. 177–180 ZPO**	
Zulässigkeit	**ordentliches/vereinfachtes Verfahren**	ja
	summarisches Verfahren	ja (Art. 254 Abs. 1 ZPO)
Beweisabnahme von Amtes wegen	– im Bereich des Untersuchungsgrundsatzes – Beizug von Urkunden aus anderen Verfahren (im Sinne der Dokumentation gerichtsnotorischer Tatsachen)[336]	
Einzelheiten	**Begriff**	Dokument, das geeignet ist, rechtserhebliche Tatsachen zu beweisen, z.B. Schriftstück, Zeichnung, Plan, Foto, Film, Tonaufzeichnung, elektronische Datei (Art. 177 ZPO)
	Echtheit	– Urkunde wird als echt erachtet, solange Gegenpartei Echtheit nicht substanziiert bestreitet – bei ausreichender Bestreitung hat beweisbelastete Partei Echtheitsbeweis zu erbringen (Art. 178 ZPO)
	Beweiskraft	– Grundsatz: Beweiswert wird im Rahmen der freien Beweiswürdigung (Art. 157 ZPO) bestimmt – Ausnahme (Beweisregel): öffentliche Register und öffentliche Urkunden erbringen bis zum Beweis des Gegenteils den vollen Beweis (Art. 9 ZGB, Art. 179 ZPO)
	Einreichung	– im Original oder in Kopie – Gericht oder Partei kann Vorlage Original (oder amtlich beglaubigte Kopie) verlangen, wenn begründete Zweifel an der Echtheit bestehen (Art. 180 Abs. 1 ZPO)
	Kennzeichnung	– bei umfangreichen Urkunden (z.B. ganze Buchhaltung, ausgedehnte Korrespondenz, lange Berichte oder Protokolle) ist die für die Beweisführung erhebliche Stelle zu bezeichnen (Art. 180 Abs. 2 ZPO) – bei fehlender Kennzeichnung kann eine (kurze) Nachfrist zur Verbesserung angesetzt werden (analog Art. 132 Abs. 1 ZPO) mit Androhung, dass Urkunde sonst unbeachtlich bleibt

336 Die Parteirechte im hängigen Verfahren dürfen aber nicht beschränkt werden. Allenfalls ist die Beweisführung zu ergänzen oder zu wiederholen.

(Einzelheiten)	**Übersetzung**	– fremdsprachige Urkunden müssen in die Verfahrenssprache (Art. 129 ZPO) übersetzt werden – fehlt Übersetzung ⇒ Rückweisung zur Verbesserung (analog Art. 132 Abs. 1 ZPO)
	schriftliche Zeugenaussage	– gilt als Urkunde, nicht als Zeugenaussage[337] – wird von einer Partei eingeholt und aufgelegt[338] – erbringt vollen Beweis, wenn Inhalt von Gegenpartei nicht bestritten oder ausdrücklich anerkannt wird – bei strittigem Inhalt ist über den Beweiswert im Rahmen der freien Beweiswürdigung (Art. 157 ZPO) zu entscheiden; der Beweiswert ist in aller Regel geringer als derjenige einer Zeugen- oder Parteibefragung massgebend sind insbesondere: └ die Glaubwürdigkeit des Ausstellers, namentlich dessen Unabhängigkeit und dessen fehlendes Interesse an der Streitsache └ der Umstand, ob die schriftliche Zeugenaussage unabhängig vom Prozess oder im Hinblick auf den Prozess erstellt wurde – praktische Bedeutung hat die schriftliche Zeugenaussage vor allem im summarischen Verfahren └ bei Beschränkung des Beweisverfahrens auf Urkunden └ bei herabgesetztem Beweismass (Glaubhaftmachung)
	Arztzeugnis	– von Partei eingeholtes und aufgelegtes Arztzeugnis = Spezialfall der schriftlichen Zeugenaussage – wegen Fachwissens des Arztes und strafrechtlicher Sanktion (Art. 318 StGB) wird von der Richtigkeit des Arztzeugnisses ausgegangen ⇒ gegenüber normaler schriftlicher Zeugenaussage erhöhter Beweiswert – Arztzeugnis wird daher in allen Verfahren zugelassen – Beweiswert kann erschüttert werden (z.B. mit Nachweis, dass Arzt Zeugnis ohne Untersuchung des Patienten erstellt hat) – Gericht kann vom Arzt zusätzlich schriftliche Auskunft einholen (Art. 190 Abs. 2 ZPO) oder ihn als Zeugen einvernehmen

337 Die Zulässigkeit und Beweistauglichkeit der schriftlichen Zeugenaussage, namentlich im ordentlichen und im vereinfachten Verfahren, ist umstritten. Ablehnend: ZR 106 (2007) Nr. 14, E. 5.c.. Im Kt. **LU** werden schriftliche Zeugenaussagen praxisgemäss nur zugelassen: im summarischen Verfahren zur Glaubhaftmachung von Tatsachen (LGVE 2011 I Nr. 32); im ordentlichen Verfahren im Anwendungsbereich der uneingeschränkten Untersuchungsmaxime.

338 Im Gegensatz zur schriftlichen Auskunft (Art. 190 ZPO), die vom Gericht eingeholt wird.

2.3. Augenschein

10.19

Grundlage	Art. 181–182 ZPO	
Zulässigkeit	**ordentliches/ vereinfachtes Verfahren**	ja
	summarisches Verfahren	nur in folgenden Fällen (Art. 254 Abs. 2 ZPO): – Verfahren wird nicht wesentlich verzögert – Verfahrenszweck erfordert Zeugeneinvernahme – Gericht hat Sachverhalt von Amtes wegen festzustellen (Art. 255, 272, 306 ZPO) Schranke: gesetzlicher Ausschluss des Augenscheinbeweises (z.B. durch Art. 81 Abs. 1, Art. 85, 172 Ziff. 3, Art. 174 Abs. 2 SchKG)
Beweisabnahme von Amtes wegen	– im Bereich des Untersuchungsgrundsatzes – im Bereich des Verhandlungsgrundsatzes nur zur Vermittlung eines besseren Verständnisses des Sachverhalts, nicht zur Sachverhaltsermittlung – Beizug von Augenscheinprotokollen oder Augenscheinobjekten aus anderen Verfahren (im Sinne der Dokumentation gerichtsnotorischer Tatsachen)[339] – im Schlichtungsverfahren (Art. 203 Abs. 2 ZPO)	
Einzelheiten	**Zweck**	– unmittelbare Wahrnehmung von Tatsachen (Beweismittel) – besseres Verständnis des Sachverhalts (Informationsmittel)
	Inhalt	– Besichtigung von Örtlichkeiten oder Gegenständen – andere Formen der Sinneswahrnehmung (Gehör-, Geruchs-, Geschmacks-, Tastsinn)
	Durchführung	– nach den Vorschriften von Art. 155 f. ZPO → Rz 10.4–10.5 und 10.8 – Verbindung mit Zeugeneinvernahme möglich (Art. 181 Abs. 2 ZPO) – Beizug sachverständiger Personen möglich (Art. 181 Abs. 2 ZPO)
	Ort des Augenscheins	– am Ort des Augenscheinobjekts – im Gericht, wenn Augenscheinobjekt ohne Nachteil eingereicht werden kann (Art. 181 Abs. 3 ZPO)

339 Die Parteirechte im hängigen Verfahren dürfen aber nicht beschränkt werden. Allenfalls ist die Beweisführung zu ergänzen oder zu wiederholen.

(Einzelheiten)	Aufzeichnung	– schriftliches Protokoll – Ergänzung mit Plänen, Zeichnungen, fotografischen und anderen technischen Mitteln möglich (Art. 182 ZPO)

2.4. Gutachten

10.20

Grundlage	**Art. 183–189 ZPO**	
Zulässigkeit	**ordentliches/ vereinfachtes Verfahren**	ja
	summarisches Verfahren	– in der Regel nein – ausnahmsweise und nur in folgenden Fällen: └ Verfahren wird nicht wesentlich verzögert └ Verfahrenszweck erfordert Gutachten └ Gericht hat Sachverhalt von Amtes wegen festzustellen oder zu erforschen (Art. 255, 272, 296, 306 ZPO) (Art. 254 Abs. 2 ZPO) Schranke: gesetzlicher Ausschluss des Gutachtenbeweises (z.B. durch Art. 81 Abs. 1, Art. 85, 172 Ziff. 3, Art. 174 Abs. 2 SchKG)
Beweisabnahme von Amtes wegen	**Grundsatz**	ja
	Einschränkung	das Gutachten darf nicht dazu dienen, eine fehlende oder mangelhafte Substanziierung des Sachverhalts zu ersetzen
Einzelheiten	**Zweck**	– Ermittlung von Tatsachen – besseres Verständnis des Sachverhalts
	Durchführung	– nach den Vorschriften von Art. 155 f. ZPO → Rz 10.4–10.5 und 10.8 – vorgängige Anhörung der Parteien zur Person des Experten, Kosten der Expertise und Expertenfragen (Art. 183 Abs. 1, Art. 185 Abs. 2 ZPO) – in der Regel schriftlicher, ausnahmsweise mündlicher Auftrag des Gerichts an sachverständige Person (Art. 185 Abs. 1 ZPO) mit Ermahnung zur Wahrheit und Hinweis auf Straffolgen eines falschen Gutachtens (Art. 307 StGB) und der Verletzung des Amtsgeheimnisses (Art. 320 StGB) sowie Hinweis auf die Folgen von Säumnis und mangelhafter Auftragserfüllung (Art. 184 Abs. 1 und 2 ZPO)

(Einzelheiten)	**(Durchführung)**	– Zurverfügungstellen der notwendigen Akten (Art. 185 Abs. 3 ZPO) – Ansetzen Erfüllungsfrist (Art. 185 Abs. 3 ZPO) – eigene Abklärungen durch sachverständige Person nur mit Zustimmung Gericht und Offenlegung im Gutachten (Art. 186 Abs. 1 ZPO) kein Recht der Parteien auf Teilnahme an diesen Abklärungen; wenn möglich ist aber den Parteien Gelegenheit zur Teilnahme zu geben Gericht kann auf Antrag einer Partei oder von Amtes wegen die Abklärungen nach den Regeln des Beweisverfahrens nochmals vornehmen (Art. 186 Abs. 2 ZPO) – in der Regel schriftliche, ausnahmsweise mündliche Erstattung des Gutachtens; mündliches Gutachten ist zu protokollieren Gericht kann anordnen, dass sachverständige Person das schriftliche Gutachten in der Verhandlung mündlich erläutert (Art. 187 Abs. 1 und 2 ZPO) – mehrere sachverständige Personen erstatten ihr Gutachten separat, sofern Gericht nichts anderes anordnet (Art. 187 Abs. 3 ZPO) – Gericht hat Parteien Gelegenheit zu geben, Erläuterung des Gutachtens oder Ergänzungsgutachten zu beantragen (Art. 187 Abs. 4 ZPO)
	Würdigung Gutachten	– freie richterliche Beweiswürdigung (Art. 157 ZPO) – in Sachfragen darf Richter nur aus triftigen Gründen von Gutachten abweichen; die Abweichung ist zu begründen; erscheint ihm die Schlüssigkeit eines Gutachtens in wesentlichen Punkten als zweifelhaft, hat er nötigenfalls ergänzende Beweise zur Klärung dieser Zweifel zu erheben[340]
	sachverständige Person	– nur natürliche Person – gleiche Ausstandsgründe wie für Gerichtspersonen (Art. 183 Abs. 2 ZPO) → Rz 2.4
	Säumnis der sachverständigen Person	Möglichkeiten Gericht: – Ansetzen Nachfrist – Widerruf Auftrag und Beizug andere sachverständige Person (Art. 188 Abs. 1 ZPO)

340 BGE 138 III 193 E. 4.3.1; BGer 4A_177/2014 vom 8.9.2014, E. 6.2.

(Einzelheiten)	**mangelhaftes Gutachten**	Möglichkeiten Gericht: – Anordnung Ergänzungsgutachten – Anordnung Erläuterung – Beizug einer anderen sachverständigen Person (Art. 188 Abs. 2 ZPO)
	sachverständige Gerichtsperson	– Fachvotum ≠ Gutachten – Fachvotum = richterliche Sachverhaltsfeststellung oder Rechtsanwendung – Fachvotum ist mündlich oder schriftlich offenzulegen (Art. 183 Abs. 3 ZPO) – Parteien haben Anspruch auf Stellungnahme zu Fachvotum (Art. 183 Abs. 3 ZPO)
	Fremdgutachten	= von anderer Behörde in anderem Verfahren eingeholtes Gutachten – Beizug zulässig – den Parteien ist das rechtliche Gehör zu gewähren – grundsätzlich beweistauglich (im Rahmen der freien Beweiswürdigung, Art. 157 ZPO)[341]
	Parteigutachten	= Urkunde (i.S.v. Art. 177 ZPO) – grundsätzlich beweistauglich[342] – Beweiswert ist im Rahmen der freien Beweiswürdigung (Art. 157 ZPO) festzulegen dabei sind u.a. zu berücksichtigen: Person und Fachkompetenz des Gutachters, Beziehungen Gutachter – Parteien, Zeitpunkt der Auftragserteilung (vor oder nach Entstehen der Streitigkeit), einseitige oder gemeinsame Auftragserteilung, Ablauf der Begutachtung

341 BGE 140 III 24 E. 3.3.1.3; LGVE 2012 I Nr. 26.

342 Nach konstanter Praxis des Bundesgerichts stellt ein Parteigutachten kein Beweismittel, sondern eine blosse Parteibehauptung dar (BGE 140 III 16 E. 2.5).

(Einzelheiten)	**Schiedsgutachten**	– Zweck: verbindliche Feststellung rechtserheblicher Tatsachen durch fachkundige Drittperson ⇒ erübrigt Beweisführung durch urteilendes Gericht (Art. 189 Abs. 1 ZPO) – Form: förmliche Parteivereinbarung nach Art. 17 Abs. 2 ZPO (Art. 189 Abs. 2 ZPO) – Zulässigkeit: nur wenn Parteien über Rechtsverhältnis frei verfügen können (Art. 189 Abs. 3 lit. a ZPO)[343] – Ernennung Schiedsgutachter: durch Parteien oder eine von ihnen bestimmte Drittperson[344] – Bindung Gericht an Schiedsgutachten unter folgenden Voraussetzungen (Art. 189 Abs. 3 lit. b und c ZPO): └ kein Ausstandsgrund gegen beauftragte Person └ Schiedsgutachten neutral erstellt └ Schiedsgutachten nicht offensichtlich falsch – Zeitpunkt: bis zum Schluss des Beweisverfahrens möglich

2.5. Schriftliche Auskunft

10.21

Grundlage	**Art. 190 ZPO**	
Zulässigkeit	**ordentliches/ vereinfachtes Verfahren**	ja
	summarisches Verfahren	nur in folgenden Fällen (Art. 254 Abs. 2 ZPO): – Verfahren wird nicht wesentlich verzögert – Verfahrenszweck erfordert schriftliche Auskunft – Gericht hat Sachverhalt von Amtes wegen festzustellen oder zu erforschen (Art. 255, 272, 296, 306 ZPO) Schranke: gesetzlicher Ausschluss der schriftlichen Auskunft (z.B. durch Art. 81 Abs. 1, Art. 85, 172 Ziff. 3, Art. 174 Abs. 2 SchKG)

343 Bei Streitigkeiten aus Miete und Pacht von Wohnräumen gilt Art. 361 Abs. 4 ZPO. Als Schiedsgutachter kann nur die Schlichtungsbehörde (Art. 200 Abs. 1 ZPO), nicht aber ein privater Dritter eingesetzt werden (BGer 4A_92/2015 vom 8.5.2015, E. 2 [zur Publikation vorgesehen]).

344 Kann der Schiedsgutachter nicht bestellt werden, ist der Anspruch auf dessen Ernennung vor dem sachlich zuständigen staatlichen Gericht durchzusetzen; Art. 356 Abs. 2 ZPO ist nicht anwendbar (BGer 4A_655/2014 vom 20.5.2015, E. 2.3 ff. [zur Publikation vorgesehen]).

Beweisabnahme von Amtes wegen	– im Bereich des Untersuchungsgrundsatzes – Beizug von schriftlichen Auskünften aus anderen Verfahren (im Sinne der Dokumentation gerichtsnotorischer Tatsachen)[345] – als Ersatz einer Zeugenbefragung oder eines Gutachtens, wenn der betreffende Beweisantrag der Partei sinngemäss die schriftliche Auskunft einschliesst	
Einzelheiten	**Charakter**	Mischform aus Urkundenbeweis, Zeugnis und allenfalls Gutachten
	Durchführung	– Auskunft wird eingeholt (Art. 190 ZPO) └ nur durch Gericht (von Partei aufgelegte Zeugenaussage = Urkunde → Rz 10.18) └ bei Amtsstelle └ bei Privatpersonen anstelle einer förmlichen Zeugeneinvernahme aus Gründen der Zweckmässigkeit (z.B. Arztzeugnis); schriftliche Auskunft schliesst nachträgliche Zeugeneinvernahme nicht aus – keine Ermahnung zur Wahrheit und keine Strafandrohung – nachträgliche Zeugenbefragung oder nachträgliches Gutachten ist möglich
	Mitwirkung	– keine Mitwirkungs- oder Aussagepflicht ⇒ keine Sanktion bei Nichterteilen der schriftlichen Auskunft – bei Amts- und Berufsgeheimnis ⇒ vorgängige Entbindung notwendig
	rechtliches Gehör	Parteien haben Anspruch auf – Stellungnahme zur schriftlichen Auskunft – (relevante) Ergänzungsfragen

345 Die Parteirechte im hängigen Verfahren dürfen aber nicht beschränkt werden. Allenfalls ist die Beweisführung zu ergänzen oder zu wiederholen.

2.6. Parteibefragung und Beweisaussage

10.22

Grundlage	**Art. 191–193 ZPO**	
Zulässigkeit	**ordentliches/ vereinfachtes Verfahren**	ja
	summarisches Verfahren	nur in folgenden Fällen (Art. 254 Abs. 2 ZPO): – Verfahren wird nicht wesentlich verzögert – Verfahrenszweck erfordert Parteibefragung – Gericht hat Sachverhalt von Amtes wegen festzustellen oder zu erforschen (Art. 255, 272, 296, 306 ZPO) Schranke: gesetzlicher Ausschluss der Parteibefragung (z.B. durch Art. 81 Abs. 1, Art. 85, 172 Ziff. 3, Art. 174 Abs. 2 SchKG)
Beweisabnahme von Amtes wegen	**Parteibefragung**	– im Bereich des Untersuchungsgrundsatzes – Beizug von Parteibefragungen aus anderen Verfahren am gleichen Gericht (im Sinne der Dokumentation gerichtsnotorischer Tatsachen)
	Beweisaussage	– ja (Art. 192 Abs. 1 ZPO) Gericht entscheidet von Amtes wegen über die Durchführung der Beweisaussage; die Parteien haben keinen Anspruch auf Abnahme dieses Beweismittels – Beizug von Beweisaussagen aus anderen Verfahren am gleichen Gericht (im Sinne der Dokumentation gerichtsnotorischer Tatsachen)

Einzelheiten	**Parteibefragung**	– einfachere, mildere Form – Wahrheitspflicht (Art. 191 Abs. 2 ZPO) – Folge falscher Aussage: Ordnungsbusse, aber nur bei mutwilligem Leugnen[346] (Art. 191 Abs. 2 ZPO) – Parteibefragung auf eigenen Antrag ist möglich; der Beweiswert ist im Rahmen der freien Beweiswürdigung (Art. 157 ZPO) festzulegen – Durchführung nach den Vorschriften von Art. 155 f. ZPO → Rz 10.4–10.5 und 10.8 – für juristische Personen werden ihre (formellen oder faktischen) Organe befragt (Art. 159 ZPO)[347]
	Beweisaussage	– qualifizierte Form – Wahrheitspflicht (Art. 192 Abs. 2 ZPO) – Folge falscher Aussage: Bestrafung nach Art. 306 StGB (Art. 192 Abs. 2 ZPO) – nicht subsidiär zu anderen Beweismitteln, sollte aber nur zur Beseitigung letzter Zweifel des Gerichts genutzt werden – Durchführung nach den Vorschriften von Art. 155 f. ZPO → Rz 10.4–10.5 und 10.8 – für juristische Personen werden ihre (formellen oder faktischen) Organe befragt (Art. 159 ZPO)

346 Mutwilliges Leugnen liegt vor, wenn die Partei vorsätzlich falsche Tatsachen behauptet oder wissentlich wahre Tatsachen bestreitet.

347 BGE 141 III 80 E. 1.3; LGVE 2011 I Nr. 31.

§ 11 Rechtshilfe zwischen schweizerischen Gerichten (Art. 194–196 ZPO)

11.1

Grundlage	**Art. 194–196 ZPO**	
Anwendungsbereich	– nur inner- und interkantonale Rechtshilfe – internationale Rechtshilfe richtet sich nach bilateralen und multilateralen Verträgen[348]	
Grundsatz	Pflicht der Gerichte zu gegenseitiger Rechtshilfe (Art. 194 Abs. 1 ZPO)	
Geschäftsverkehr	Gerichte verkehren direkt miteinander (Art. 194 Abs. 2 ZPO)	
Möglichkeiten zur Vornahme von Prozesshandlungen in anderem territorialen Zuständigkeitsbereich	**Selbsthilfe**	– Gericht kann Prozesshandlungen auch in anderem Kanton direkt und selber vornehmen, z.B. Durchführung von Gerichtsverhandlungen, Beweiserhebungen (Art. 195 ZPO) – kein vorgängiges Rechtshilfegesuch und keine Information der Behörden des anderen Kantons nötig
	Rechtshilfe	– Gericht kann anderes Gericht um Vornahme der Prozesshandlungen ersuchen – Rechtshilfegesuch kann in der Sprache des ersuchenden oder des ersuchten Gerichts abgefasst werden – ersuchtes Gericht orientiert ersuchendes Gericht und Parteien über Ort und Zeit der Prozesshandlung – ersuchtes Gericht kann Ersatz seiner Auslagen verlangen (Art. 196 ZPO)

348 Ergänzend enthält das IPRG in Art. 11–11*c* einige Bestimmungen zur internationalen Rechtshilfe.

BESONDERE BESTIMMUNGEN 2. Teil

§ 12 System der Verfahrensarten (erste Instanz) (Art. 197 ff. ZPO)

12.1

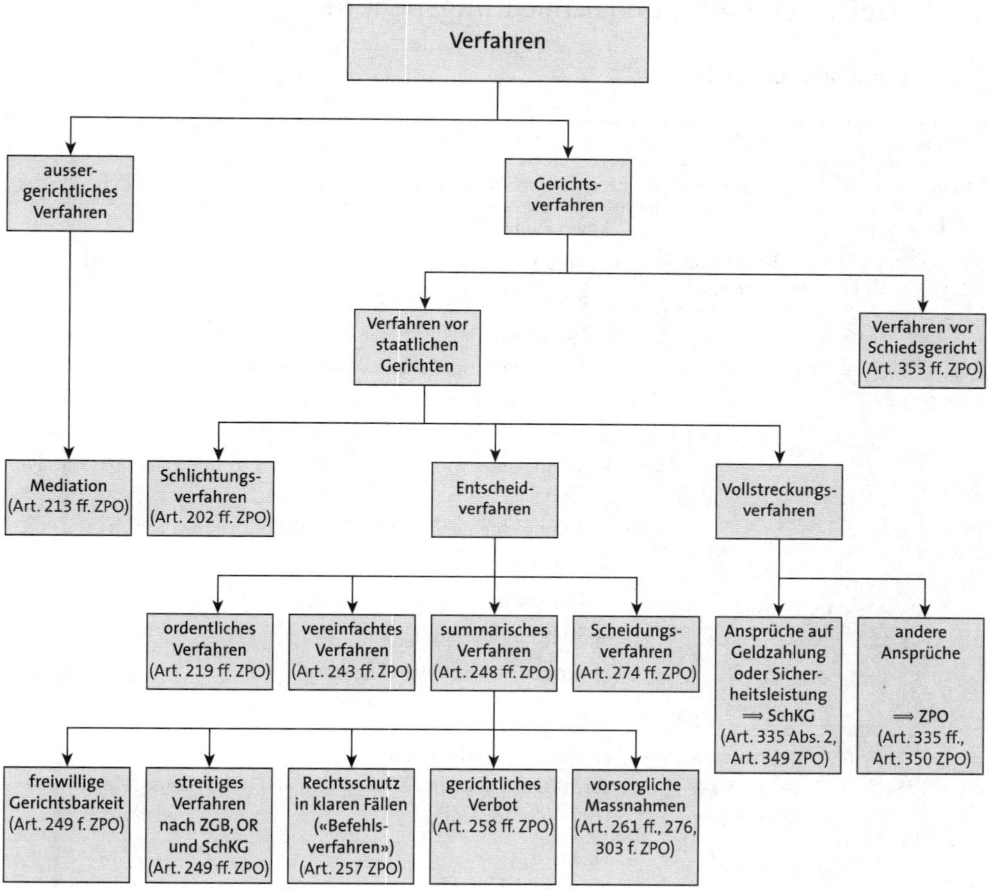

Bemerkungen

- Nicht berücksichtigt sind besondere Verfahren (meist einfacher Art) wie z.B. Rechtshilfe oder Tätigkeit als staatliches Gericht für ein Schiedsgericht.
- Das Scheidungsverfahren kann als eigenständiges oder als besonderes ordentliches Verfahren betrachtet werden.

§ 13 Schlichtungsverfahren (Art. 197–212 ZPO)

I. Geltungsbereich und Schlichtungsbehörde

1. Geltungsbereich

13.1

Grundlage	**Art. 197–199 ZPO**	
Grundsatz	dem Entscheidverfahren geht ein Schlichtungsverfahren voraus (Art. 197 ZPO)	
Ausnahmen	**kein Schlichtungsverfahren**[1]	– Anwendungsfälle (Art. 198 ZPO): ∟ summarisches Verfahren ∟ Klagen über den Personenstand[2] ∟ Scheidungsverfahren ∟ Auflösung eingetragene Partnerschaft ∟ bestimmte Klagen aus dem SchKG (Art. 83 Abs. 2, Art. 85*a*, 106–109, 111, 148, 242, 250, 265*a*, 284) ∟ Streitigkeiten vor einziger kantonaler Instanz nach Art. 5 und 6 ZPO ∟ Streitigkeiten vor einziger kantonaler Instanz nach Art. 7 ZPO[3] ∟ Hauptintervention ∟ Widerklage ∟ Streitverkündungsklage ∟ gerichtlich angesetzte Klagefrist – Folge der Missachtung von Art. 195 ZPO: → Rz 4.2
	gemeinsamer Verzicht auf Schlichtungsverfahren	– einziger Anwendungsfall: vermögensrechtliche Streitigkeiten von mindestens CHF 100 000 (Art. 199 Abs. 1 ZPO) – Form: ausdrückliche Erklärung oder konkludentes Handeln (Gegenpartei widersetzt sich direkter Klageeinleitung nicht)
	einseitiger Verzicht der klagenden Partei auf Schlichtungsverfahren	– Anwendungsfälle (Art. 199 Abs. 2 ZPO): ∟ Sitz oder Wohnsitz der beklagten Partei im Ausland ∟ unbekannter Aufenthaltsort der beklagten Partei ∟ Streitigkeiten nach GlG – Form: direkte Klageeinleitung (mit oder ohne Hinweis auf Verzicht)

1 Die Aufzählung in Art. 198 ZPO ist grundsätzlich abschliessend (BGer 4A_413/2012 vom 14.1.2013, E. 5).

2 Darunter fällt auch die Klage auf Anfechtung der Vaterschaft (SJZ 2013, 292).

3 BGE 138 III 558 E. 4.

2. Schlichtungsbehörde

13.2

Grundlage	Art. 3, 200–201 ZPO	
Organisation	Grundsatz	Regelung im kantonalen Recht ZA (Art. 3 ZPO)
	Ausnahmen	– paritätische Zusammensetzung der Schlichtungsbehörde für Streitigkeiten aus Miete und Pacht von Wohn- und Geschäftsräumen (Art. 200 Abs. 1 ZPO) – paritätische Zusammensetzung der Schlichtungsbehörde für Streitigkeiten nach dem Gleichstellungsgesetz (Art. 200 Abs. 2 ZPO)
Zuständigkeit	→ Rz 1.4, 1.6 und 1.8	
Aufgaben	– Streitschlichtung: in formloser Verhandlung; Einbezug von ausserhalb des Verfahrens liegenden Streitfragen ist möglich (Art. 201 Abs. 1 ZPO) – Streitentscheidung (fakultativ, auf Antrag der klagenden Partei): im Fall von Art. 212 ZPO – Urteilsvorschlag (fakultativ): in den Fällen von Art. 210 Abs. 1 ZPO – Rechtsberatung:[4] └ in Streitigkeiten aus Miete und Pacht von Wohn- und Geschäftsräumen (Art. 201 Abs. 2 ZPO) └ in Streitigkeiten nach dem GlG (Art. 201 Abs. 2 ZPO)	

4 **ZH:** Rechtsauskünfte erteilen zusätzlich die Bezirksgerichte. Auskünfte werden i.d.R. nur im Arbeits-, Miet- und Familienrecht erteilt. Die Handhabung durch die Bezirksgerichte erfolgt nicht einheitlich; **BE:** Die Sekretariate der regionalen Schlichtungsbehörden erteilen in arbeitsrechtlichen Streitigkeiten Rechtsauskünfte; **LU:** Rechtsauskünfte erteilen zusätzlich die Bezirksgerichte in Angelegenheiten des Familienrechts und das Arbeitsgericht in Angelegenheiten des Arbeitsrechts (§ 84 JusG).

II. Schlichtungsverfahren

1. Übersicht

13.3

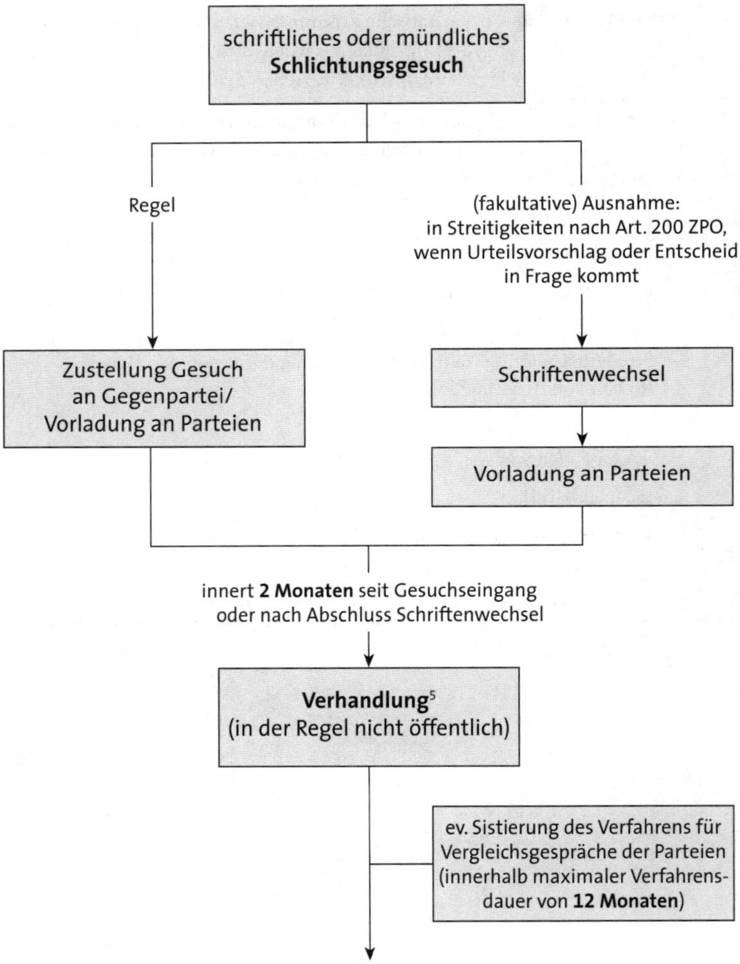

[Fortsetzung nächste Seite]

5 Mit Zustimmung der Parteien kann die Schlichtungsbehörde innerhalb der maximalen Verfahrensdauer von 12 Monaten nach der ersten noch weitere Verhandlungen durchführen (Art. 203 Abs. 4 ZPO).

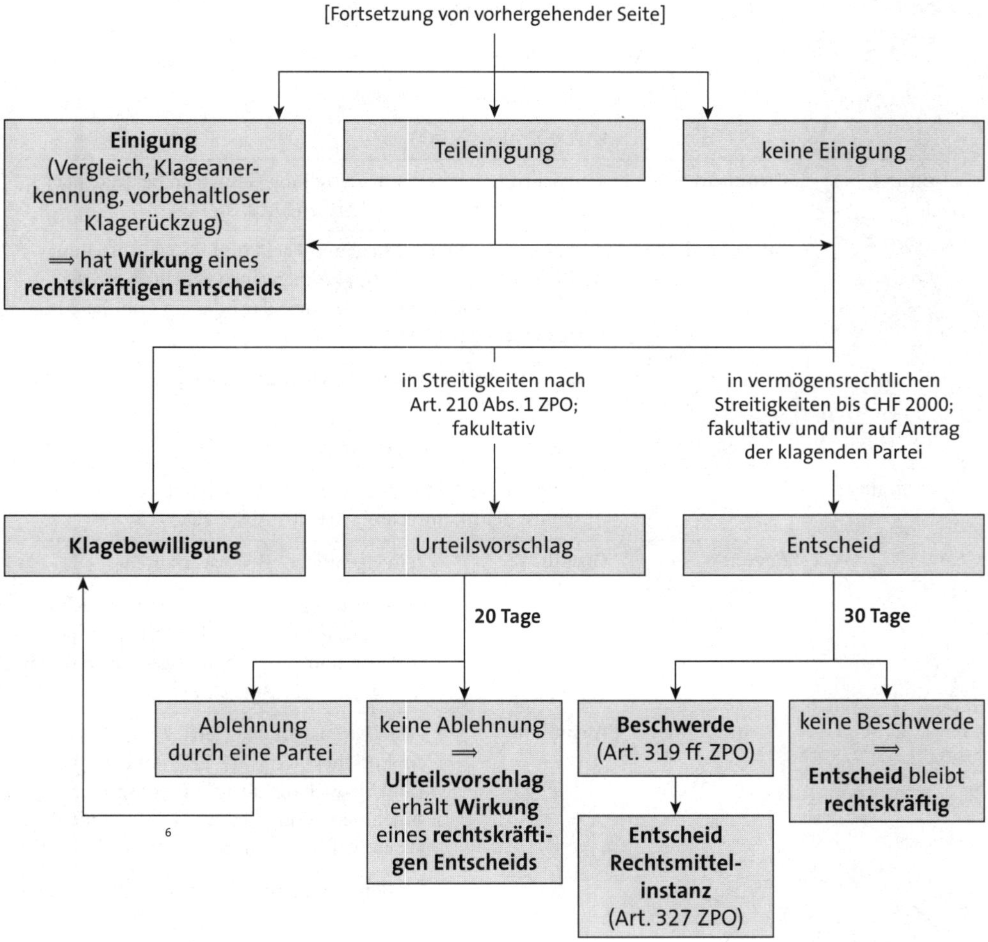

6 Wird die Klage in den Angelegenheiten nach Art. 210 Abs. 1 lit. b ZPO nicht rechtzeitig eingereicht, so gilt der Urteilsvorschlag als anerkannt und er hat die Wirkungen eines rechtskräftigen Entscheids (Art. 211 Abs. 3 ZPO).

2. Verfahrensregeln

13.4

Grundlage	Art. 202–207 ZPO		
Schlichtungsgesuch	Form	schriftlich oder mündlich (Art. 202 Abs. 1 ZPO)	
	Inhalt	– Bezeichnung Gegenpartei – Rechtsbegehren – Bezeichnung Streitgegenstand (Art. 202 Abs. 2 ZPO)	
Schriftenwechsel	Grundsatz	kein Schriftenwechsel, nur Zustellung Gesuch an beklagte Partei zusammen mit Vorladung (Art. 202 Abs. 3 ZPO)	
	Ausnahme	die besonderen SB für Miete und Pacht und für Gleichstellungsstreitigkeiten (Art. 200 ZPO) können einen Schriftenwechsel durchführen, soweit ein Urteilsvorschlag oder ein Entscheid in Frage kommt (Art. 202 Abs. 4 ZPO): – ergänzende Begründung Schlichtungsgesuch durch klagende Partei (soweit nötig) – Stellungnahme der beklagten Partei	
Verhandlung	Frist	innert 2 Monaten seit Eingang Schlichtungsgesuch bzw. seit Abschluss Schriftenwechsel (Art. 203 Abs. 1 ZPO)	
	Beweisabnahme	**Grundsatz**	kein eigentliches Beweisverfahren um Grundlagen für Schlichtungsversuch zu erhalten, lässt sich SB allfällige Urkunden vorlegen und kann einen Augenschein durchführen (Art. 203 Abs. 2 ZPO)
		Ausnahme	wenn Urteilsvorschlag (Art. 210 ZPO) oder ein Entscheid (Art. 212 ZPO) in Frage kommt, kann SB auch die übrigen Beweismittel abnehmen, wenn dies das Verfahren nicht wesentlich verzögert (Art. 203 Abs. 2 ZPO)[7] für Beweisabnahme gelten Art. 150–193 ZPO sinngemäss im anschliessenden Gerichtsverfahren kann auf die von der SB erhobenen Beweise abgestellt werden; die Beweisabnahme kann aber auch wiederholt oder ergänzt werden

7 Der Grundsatz der Einfachheit des Verfahrens erfordert aber Zurückhaltung in der Beweisabnahme.

(Verhandlung)	**Öffentlichkeit**	**Grundsatz**	Verhandlung ist nicht öffentlich
		Ausnahme	die besonderen SB für Miete und Pacht und für Gleichstellungsstreitigkeiten können bei öffentlichem Interesse die Öffentlichkeit ganz oder teilweise zulassen (Art. 203 Abs. 3 ZPO)
	weitere Verhandlungen	mit Zustimmung der Parteien möglich das Schlichtungsverfahren ist spätestens innert 12 Monaten (seit Gesuchseinreichung) abzuschliessen (Art. 203 Abs. 4 ZPO)	
	persönliches Erscheinen	**Grundsatz**	Parteien haben persönlich zu erscheinen, für juristische Personen ein Organ oder eine mit einer (kaufmännischen) Handlungsvollmacht ausgestattete, zur Prozessführung befugte und mit dem Streitgegenstand vertraute Person[8] Verbeiständung (mit eingeschränkter Befugnis) ist zulässig (Art. 204 Abs. 1 und 2 ZPO) → Rz 5.6
		Ausnahme	keine Pflicht zu persönlichem Erscheinen in den Fällen von Art. 204 Abs. 3 ZPO; anstelle der Partei hat ein (zum Vergleichsabschluss bevollmächtigter) Vertreter zu erscheinen; die Gegenpartei ist über die Vertretung vorgängig zu orientieren, damit sie sich darauf vorbereiten kann (Art. 204 Abs. 4 ZPO)
Sistierung	– Sistierung Schlichtungsverfahren[9] zulässig, wenn sofortige Durchführung der Verhandlung unzweckmässig erscheint, z.B. bei Vergleichsgesprächen der Parteien oder bei Abwarten eines Ausstandsentscheids – die Maximaldauer des Verfahrens von 12 Monaten (Art. 203 Abs. 4 ZPO) darf durch die Sistierung nicht verlängert werden		

8 BGE 140 III 70 E. 4.

9 BGE 138 III 705 E. 2.3.

Vertraulichkeit des Verfahrens	**Grundsatz**	Aussagen der Parteien dürfen weder protokolliert noch später im Entscheidverfahren verwendet werden (Art. 205 Abs. 1 ZPO)	
	Ausnahmen	– Urteilsvorschlag/Entscheid: └ für die Begründung eines Urteilsvorschlags oder eines Entscheids der SB dürfen Parteiaussagen verwendet werden (Art. 205 Abs. 2 ZPO), eingeschlossen die Ausführungen der Parteien in Rechtsschriften nach Art. 202 Abs. 4 ZPO └ bei Nichtannahme des Urteilsvorschlags bleiben die Parteiaussagen[10] in einem nachfolgendem Gerichtsverfahren unbeachtlich[11] └ bei Anfechtung eines Entscheids darf auch die Rechtsmittelinstanz die Parteiaussagen verwenden[12] – Vergleichsvorschlag: Partei kann Vergleichsvorschlag als Grundlage für eine allfällige Kostenverteilung nach Ermessen im Gerichtsverfahren (Art. 107 Abs. 1 lit. f ZPO) protokollieren lassen	
Säumnis	**Eintritt**	– bei Nichtbefolgen der Vorladung: └ Missachtung der Pflicht zu persönlichem Erscheinen (Art. 204 Abs. 1 ZPO)[13] └ Nichterscheinen und fehlende Vertretung in den Fällen von Art. 204 Abs. 3 ZPO – bei Nichtbefolgen anderer Aufforderungen der SB, die mit Androhung der Säumnisfolgen erlassen werden[14]	
	Folgen	**Säumnis klagende Partei**	Schlichtungsgesuch gilt als zurückgezogen und Verfahren wird nach Art. 242 ZPO als gegenstandslos abgeschrieben (Art. 206 Abs. 1 ZPO)[15] diese Säumnis gilt nicht als vorbehaltloser Klagerückzug mit Wirkung eines rechtskräftigen Entscheids i.S.v. Art. 208 Abs. 2 ZPO

10 In welcher Form sie auch erfolgen.

11 Die Nichtannahme des Urteilsvorschlags führt zum Scheitern des Schlichtungsversuchs. Die Parteien müssen gleichgestellt sein, wie wenn direkt die Klagebewilligung ausgestellt worden wäre.

12 Die SB handelt hier als echte erste Entscheidinstanz. Die Rechtsmittelinstanz muss den Entscheid aufgrund der gleichen Aktenlage überprüfen können.

13 Für eine juristische Person als Partei hat zur Schlichtungsverhandlung ein formelles (nicht ein faktisches) Organ oder zumindest eine mit einer (kaufmännischen) Handlungsvollmacht ausgestattete und zur Prozessführung befugte Person, die überdies mit dem Streitgegenstand vertraut ist, zu erscheinen (BGE 140 III 70 E. 4.3). – Säumnis liegt auch vor, wenn nur die Begleitperson (Art. 204 Abs. 2 ZPO), nicht aber die Partei zur Verhandlung erscheint.

14 Hauptanwendungsfälle: Rückweisung Schlichtungsgesuch zur Verbesserung (vgl. Art. 132 Abs. 1 und 2, Art. 202 Abs. 2 ZPO); Aufforderung zu Einreichung einer Rechtsschrift (Art. 202 Abs. 4 ZPO).

15 Wird der Kostenvorschuss (Art. 98 ZPO) nicht bezahlt, ist auf das Schlichtungsgesuch wegen Fehlens einer Prozessvoraussetzung (Art. 59 Abs. 2 lit. f ZPO) nicht einzutreten.

(Säumnis)	**(Folgen)**	**Säumnis beklagte Partei**	SB verfährt, wie wenn keine Einigung zustandegekommen wäre ⇒ Ausstellen Klagebewilligung oder Urteilsvorschlag oder Entscheid (Art. 206 Abs. 2 ZPO)
		Säumnis beider Parteien	Verfahren wird nach Art. 242 ZPO als gegenstandslos abgeschrieben (Art. 206 Abs. 3 ZPO) Untätigkeit der klagenden Partei gilt nicht als vorbehaltloser Klagerückzug mit Wirkung eines rechtskräftigen Entscheids i.S.v. Art. 208 Abs. 2 ZPO
Kostenverteilung[16]	**im Schlichtungsverfahren**	**Einigung**	Kostenverteilung nach Art. 109 ZPO → Rz 8.12
		Urteilsvorschlag	Kostenverteilung nach den allgemeinen Regeln von Art. 106 ff. ZPO → Rz 8.12
		Entscheid	Kostenverteilung nach den allgemeinen Regeln von Art. 106 ff. ZPO → Rz 8.12
		Rückzug Schlichtungsgesuch	klagende Partei trägt Kosten (Art. 207 Abs. 1 lit. a ZPO)
		Abschreibung wegen Säumnis	klagende Partei trägt Kosten (Art. 207 Abs. 1 lit. b ZPO)
		Erteilen der Klagebewilligung	klagende Partei trägt Kosten (Art. 207 Abs. 1 lit. c ZPO)
	bei Klageeinreichung	die Kosten des Schlichtungsverfahrens werden zur Hauptsache geschlagen (Art. 207 Abs. 2 ZPO) die Kostenverteilung in der Klagebewilligung, im Urteilsvorschlag und im Entscheid ist mit einem entsprechenden Vorbehalt zu versehen	

16 Es geht in den meisten Fällen nur um die Gebühr der SB. Parteikosten werden im Schlichtungsverfahren grundsätzlich nicht gesprochen; Ausnahme: Entschädigung eines unentgeltlichen Rechtsbeistands (Art. 113 Abs. 1 ZPO). – Endet das Schlichtungsverfahren ohne Einigung kann das Gericht im nachfolgenden Prozess eine Parteientschädigung für das Schlichtungsverfahren zusprechen (BGE 141 III 20 E. 5.3). – In den Schlichtungsverfahren nach Art. 113 Abs. 2 ZPO werden keine Gerichtskosten erhoben, ausgenommen bei bös- oder mutwilliger Prozessführung (Art. 115 ZPO).

Rechtsmittel	**gegen Nichteintretensentscheid (wegen fehlender Prozessvoraussetzung)**	je nach Streitwert – Berufung (Art. 308 ff. ZPO) – Beschwerde (Art. 319 ff. ZPO)	
	gegen Abschreibungsentscheid bei Säumnis der klagenden Partei	Beschwerde nach Art. 319 lit. b Ziff. 2 ZPO bei nicht leicht wiedergutzumachendem Nachteil[17]	
	gegen Klagebewilligung	**Grundsatz**	kein Rechtsmittel (Klagebewilligung ist kein Entscheid); die Gültigkeit der Klagebewilligung ist als Prozessvoraussetzung vom Gericht zu prüfen[18]
		Ausnahme	Beschwerde (Art. 319 ff. ZPO) gegen Kostenspruch allein[19]
	bei Einigung der Parteien	Revision (Art. 328 ff. ZPO)	
	gegen Urteilsvorschlag	kein Rechtsmittel	
	gegen Entscheid nach Art. 212 ZPO	Beschwerde (Art. 319 ff. ZPO)	

17 BGer 4A_131/2013 vom 3.9.2013, E. 2.2.2.2.

18 BGE 140 III 227 E. 3.1; 139 III 273 E. 2.3.

19 BGE 140 III 227 E. 3.1; BGer 4D_68/2013 vom 12.11.2013, E. 3.

III. Ergebnis des Schlichtungsverfahrens

1. Einigung der Parteien

13.5

Grundlage	**Art. 208 ZPO**	
Arten	– Vergleich – Klageanerkennung – vorbehaltloser Klagerückzug	
Aufzeichnung (Art. 208 Abs. 1 ZPO)	**Einigung an Verhandlung**	– Protokollierung durch SB – Unterzeichnung durch Parteien – Aushändigung Protokollexemplar an Parteien
	Einigung ausserhalb Verhandlung	– Einreichung unterzeichnete Vereinbarung bzw. Erklärung durch Parteien – Protokollvermerk durch SB – Zustellung Protokollexemplar an Parteien
Wirkung	Vergleich, Klageanerkennung und vorbehaltloser Klagerückzug haben die Wirkung eines rechtskräftigen Entscheids (Art. 208 Abs. 2 ZPO) ⇒ formelle und materielle Rechtskraft ⇒ definitiver Rechtsöffnungstitel (Art. 80 f. SchKG)	
Teileinigung	**bereinigter Teil**	Erledigung/Wirkung wie bei vollständiger Einigung
	streitig gebliebener Teil	Erledigung nach Art. 209–212 ZPO (Klagebewilligung oder Urteilsvorschlag oder Entscheid)
Rechtsmittel	Anfechtung von Vergleich, Klageanerkennung und vorbehaltloser Klagerückzug nur mit Revision (Art. 328 ff. ZPO) möglich Revisionsinstanz: Schlichtungsbehörde, vor welcher die Einigung der Parteien zustandegekommen ist (analog Art. 328 Abs. 1 ZPO) als Revisionsgrund kommen vor allem Willensmängel (Art. 21 ff. OR) in Frage	

2. Klagebewilligung

13.6

Grundlage	**Art. 209 ZPO**	
Charakter	gültige Klagebewilligung ist Prozessvoraussetzung i.S.v. Art. 59 ZPO	
Gründe für Klagebewilligung	– keine Einigung (was durch SB im Protokoll festzuhalten ist, Art. 209 Abs. 1 ZPO) – Ablehnung des Urteilsvorschlags der SB (Art. 211 Abs. 2 ZPO) – Scheitern der Mediation (Art. 213 Abs. 3 ZPO) – Säumnis der beklagten Partei (Art. 206 Abs. 2 ZPO)	
Adressat	Ausstellen Klagebewilligung (Art. 209 Abs. 1 ZPO) – bei Anfechtung von Miet- und Pachtzinserhöhungen: └ bei Ablehnung eines Urteilsvorschlags an die ablehnende Partei (Art. 211 Abs. 2 lit. a ZPO)[20] └ sonst an den Vermieter oder Verpächter – in den übrigen Fällen └ bei Ablehnung eines Urteilsvorschlags in Streitigkeiten aus Miete und Pacht nach Art. 210 Abs. 1 lit. b ZPO an die ablehnende Partei (Art. 211 Abs. 2 lit. a ZPO)[21] └ sonst an die klagende Partei	
Frist für Klageeinreichung (Art. 209 Abs. 3 und 4 ZPO)	**Grundsatz**	3 Monate nach Eröffnung Klagebewilligung
	Ausnahme	– 30 Tage in Streitigkeiten aus Miete und Pacht von Wohn- und Geschäftsräumen sowie aus landwirtschaftlicher Pacht – weitere kürzere gesetzliche Klagefristen (z.B. Art. 279 SchKG)[22]
	Fristberechnung	Fristenstillstand (Art. 145 Abs. 1 ZPO) gilt[23]
Nichteinhalten Klagefrist (Folgen)	– Klagebewilligung erlischt – Rechtshängigkeit entfällt (vgl. Art. 62 ZPO) – Voraussetzung der Klagebewilligung ist neues Schlichtungsverfahren – verjährungsunterbrechende Wirkung des Schlichtungsgesuchs bleibt bestehen (Art. 135 Ziff. 2 OR)	
Rechtsmittel	**Grundsatz**	kein Rechtsmittel (Klagebewilligung ist kein Entscheid)[24]
	Ausnahme	Beschwerde (Art. 319 ff. ZPO) gegen Kostenspruch allein[25]

20 Lehnen beide Parteien den Urteilsvorschlag ab, wird die Klagebewilligung beiden Parteien ausgestellt.

21 Lehnen beide Parteien den Urteilsvorschlag ab, wird die Klagebewilligung beiden Parteien ausgestellt.

22 Die (versehentliche) Erwähnung einer kürzeren gerichtlichen Klagefrist in Art. 209 Abs. 4 ZPO ist bedeutungslos, da bei gerichtlichen Klagefristen kein Schlichtungsverfahren stattfindet (Art. 198 lit. h ZPO). – Der Vorbehalt kürzerer gesetzlicher Klagefristen umfasst nur prozessuale Prosequierungsfristen, nicht aber materiellrechtliche Klagefristen (BGE 140 III 561 E. 2.2).

23 BGE 138 III 615 E. 2.

24 BGE 140 III 227 E. 3.1; 139 III 273 E. 2.3.

25 BGE 140 III 227 E. 3.1; BGer 4D_68/2013 vom 12.11.2013, E. 3.

3. Urteilsvorschlag

13.7

<table>
<tr><td>Grundlage</td><td colspan="2">Art. 210–211 ZPO</td></tr>
<tr><td>Charakter</td><td colspan="2">Mischung von (blossem) behördlichem Vergleichsvorschlag und Entscheid</td></tr>
<tr><td>Zulässigkeit</td><td colspan="2">nur möglich in:
– Streitigkeiten nach GlG
– Streitigkeiten aus Miete und Pacht von Wohn- und Geschäftsräumen sowie aus landwirtschaftlicher Pacht (aber nur bezüglich Hinterlegung von Miet- und Pachtzinsen, Schutz vor missbräuchlichen Miet- und Pachtzinsen, Kündigungsschutz und Miet- oder Pachterstreckung)
– sonstigen vermögensrechtlichen Streitigkeiten bis zu einem Streitwert von CHF 5000
(Art. 210 Abs. 1 ZPO)</td></tr>
<tr><td>Notwendigkeit</td><td colspan="2">– es steht im Ermessen der SB, ob sie einen Urteilsvorschlag unterbreiten will; entsprechende Parteianträge sind nicht verbindlich
– im Interesse einer raschen und einfachen Streiterledigung sollte die SB ihre Urteilsvorschlagskompetenz möglichst oft nutzen</td></tr>
<tr><td>Form/ Eröffnung</td><td colspan="2">– sinngemäss wie ein Entscheid nach Art. 238 ZPO, aber ohne oder nur mit kurzer Begründung (Art. 210 Abs. 2 ZPO)
– die Parteien sind auf die Wirkungen des Urteilsvorschlags hinzuweisen (Art. 211 Abs. 4 ZPO)</td></tr>
<tr><td>Annahme/ Ablehnung</td><td colspan="2">– Urteilsvorschlag ist angenommen, wenn ihn keine Partei innert 20 Tagen seit der schriftlichen Eröffnung[26] ablehnt (Art. 211 Abs. 1 ZPO)
– Ablehnung mit blosser Parteierklärung möglich (keine Begründung erforderlich)[27]</td></tr>
<tr><td rowspan="2">Wirkungen</td><td>bei Annahme Urteilsvorschlag</td><td>angenommener Urteilsvorschlag hat Wirkung eines rechtskräftigen Entscheids (Art. 211 Abs. 1 ZPO)[28]
⇒ formelle und materielle Rechtskraft
⇒ definitiver Rechtsöffnungstitel (Art. 80 f. SchKG)</td></tr>
<tr><td>bei Ablehnung Urteilsvorschlag</td><td>Schlichtungsversuch ist gescheitert
⇒ SB hat Klagebewilligung auszustellen (Art. 211 Abs. 2 ZPO)</td></tr>
</table>

26 Der Fristenstillstand (Art. 145 Abs. 2 lit. a ZPO) gilt (vgl. BGE 138 III 615 E. 2; ZBJV 2014 16 f.).

27 Die Partei, welche sich einem Urteilsvorschlag nicht unterziehen will, verfügt dagegen einzig über das Mittel der Ablehnung; dies gilt auch dann, wenn die Schlichtungsbehörde sich weigert, eine Säumnis an der Schlichtungsverhandlung festzustellen und die Sache als gegenstandslos abzuschreiben. Eine Beschwerde an das obere kantonale Gericht ist unzulässig (BGE 140 III 310 E. 1.2–1.4).

28 Möglich bleibt die Anfechtung mit Revision (Art. 328 ff. ZPO).

4. Entscheid

13.8

Grundlage	**Art. 212 ZPO**
Charakter	erstinstanzlicher gerichtlicher Entscheid
Zulässigkeit	nur in vermögensrechtlichen Streitigkeiten bis CHF 2000 (Art. 212 Abs. 1 ZPO)
Voraussetzungen	Antrag der klagenden Partei auf Erlass eines Entscheids (Art. 212 Abs. 1 ZPO) Antrag begründet Fortführungslast ⇛ Rückzug des Schlichtungsgesuchs hat Wirkung einer Klageabweisung ⇛ Einrede der *res iudicata* gegen Neuerhebung der Klage, ausgenommen bei └ Rückzug vor Zustellung des Schlichtungsgesuchs an beklagte Partei (Art. 65 ZPO) └ Zustimmung des beklagten Partei zu Gesuchsrückzug (Art. 65 ZPO) └ Rückzug mangels Zuständigkeit mit Neueinreichung (Art. 63 ZPO)
Notwendigkeit	– SB ist (trotz Antrag) nicht verpflichtet, Entscheid zu erlassen (Art. 212 Abs. 1 ZPO) – Entscheid soll vor allem gefällt werden, wenn Sache bereits am ersten Termin (mit allfälligen Beweisabnahmen; Art. 203 Abs. 2 ZPO) spruchreif ist
Verfahren	– Grundsatz: mündliches Verfahren (Art. 212 Abs. 2 ZPO); die mündlichen Vorbringen der Parteien sind (in analoger Anwendung von Art. 235 ZPO) zu protokollieren – Ausnahme: Schriftenwechsel ist in den Streitigkeiten nach Art. 200 ZPO möglich (Art. 202 Abs. 4 ZPO) – für Beweisabnahme gelten Art. 150–193 ZPO uneingeschränkt – ein Entscheid kann auch gefällt werden, wenn der Beklagte der Schlichtungsverhandlung unentschuldigt fernbleibt – Verfahrensablauf ⇛ LGVE 2012 I Nr. 40
Form/ Eröffnung	sinngemäss nach Art. 238 und 239 ZPO die Eröffnung an die Parteien erfolgt wahlweise durch Zustellung – eines schriftlichen Dispositivs (jede Partei kann innert 10 Tagen seit Erhalt eine schriftliche Begründung des Entscheids verlangen) – eines schriftlichen Entscheids mit Begründung
Wirkungen	rechtskräftiger Entscheid ⇛ materielle Rechtskraft (mit Zustellung) ⇛ definitiver Rechtsöffnungstitel (Art. 80 f. SchKG)
Rechtsmittel	Beschwerde (Art. 319 ff. ZPO) innert 30 Tagen seit Zustellung des begründeten Entscheids[29]

29 Der Fristenstillstand (Art. 145 Abs. 2 lit. a ZPO) gilt (vgl. BGE 138 III 615 E. 2; ZBJV 2014 16 f.).

§ 14 Mediation (Art. 213–218 ZPO)

I. Mediation (Allgemeines)

14.1

Grundlage	**Art. 213–218 ZPO**
Charakter	– aussergerichtliches Verfahren – Vermittlung durch eine neutrale und unabhängige Drittperson in einem aussergerichtlichen Verfahren – keine Entscheidbefugnis des Mediators
Funktion	– Alternative zum Schlichtungsversuch (Art. 213 ZPO) – Zwischenverfahren zur Streitschlichtung im Rahmen eines in erster oder zweiter Instanz laufenden Prozesses (Art. 214 ZPO)
Verhältnis zum gerichtlichen Verfahren	– Mediation ist von SB und Gericht unabhängig (Art. 216 Abs. 1 ZPO) ⇒ kein Weisungsrecht von SB und Gericht gegenüber Mediator ⇒ keine Rechenschaftspflicht Mediator gegenüber SB und Gericht – Mediation ist vertraulich ⇒ keine Verwendung von Aussagen der Parteien (ohne deren Zustimmung) im gerichtlichen Verfahren (Art. 216 Abs. 2 ZPO) ⇒ Mediator hat (beschränktes) Verweigerungsrecht im Beweisverfahren (Art. 166 Abs. 1 lit. d ZPO) – Tätigkeit als Mediator in gleicher Sache schafft Ausstandsgrund (Art. 47 Abs. 1 lit. b ZPO)

II. Mediation statt Schlichtungsverfahren

14.2

Grundlage	Art. 213 ZPO
Voraussetzungen	gemeinsamer Antrag der Parteien im Schlichtungsgesuch oder an der Schlichtungsverhandlung (Art. 213 Abs. 1 und 2 ZPO)
Wirkungen Antrag	– Mediation tritt automatisch an Stelle Schlichtungsversuch – Organisation und Durchführung Mediation durch Parteien (Art. 215 ZPO); SB kann den Parteien behilflich sein – Schlichtungsgesuch gilt als Klageanhebung, begründet Rechtshängigkeit (Art. 62 Abs. 1 ZPO) und unterbricht Verjährung (Art. 135 Ziff. 2 OR) – Schlichtungsversuch muss nicht durchgeführt werden, wenn Antrag auf Mediation schon in Schlichtungsgesuch gestellt wird
Scheitern/ Verzicht auf Fortsetzung Mediation	– Parteien können jederzeit gemeinsam Scheitern der Mediation feststellen – jede Partei kann einseitig auf Fortsetzung der Mediation verzichten – Scheitern/Verzicht ist der SB mitzuteilen – SB erteilt Klagebewilligung (Art. 213 Abs. 3 ZPO)[30] – Urteilsvorschlag oder Entscheid ist ausgeschlossen

III. Mediation im Entscheidverfahren

14.3

Grundlage	Art. 214 ZPO
Voraussetzung (alternativ)	– von Parteien angenommene Empfehlung oder Aufforderung des Gerichts (Art. 214 Abs. 1, Art. 297 Abs. 2 ZPO) – gemeinsamer Antrag der Parteien (Art. 214 Abs. 2 ZPO)
Zeitpunkt	jederzeit im Lauf des erst- oder zweitinstanzlichen Gerichtsverfahrens (Art. 214 Abs. 1 und 2 ZPO)
Wirkungen angenommene Empfehlung/ Antrag	– Streitsache bleibt rechtshängig – Sistierung Gerichtsverfahren (Art. 214 Abs. 3 ZPO) – Organisation und Durchführung Mediation durch Parteien (Art. 215 ZPO); Gericht kann den Parteien behilflich sein – Anordnung vorsorglicher Massnahmen trotz Sistierung möglich

30 Erfolgt der Verzicht auf die Mediation schon vor deren Beginn, ist das normale Schlichtungsverfahren durchzuführen.

Scheitern/ Verzicht auf Fortsetzung Mediation	– Parteien können jederzeit gemeinsam Scheitern der Mediation feststellen – jede Partei kann einseitig auf Fortsetzung der Mediation verzichten – Scheitern/Verzicht ist dem Gericht mitzuteilen – Wegfall Sistierung und Fortführung Gerichtsverfahren

IV. Erfolg der Mediation

14.4

Grundlage	**Art. 217 ZPO**
Vereinbarung <u>ohne</u> gerichtliche Genehmigung	– Mitteilung Beendigung Mediation an SB oder Gericht – SB oder Gericht schreibt Verfahren ab
Vereinbarung <u>mit</u> gerichtlicher Genehmigung	– gemeinsamer Antrag der Parteien auf Genehmigung Vereinbarung an SB oder Gericht – Prüfung Vereinbarung durch SB oder Gericht – Genehmigung Vereinbarung, sofern sie nicht offensichtlich unangemessen ist oder gegen zwingendes Recht verstösst (in familienrechtlichen Streitigkeiten gelten strengere Anforderungen, vgl. Art. 279 ff., 296 Abs. 3 ZPO) – genehmigte Vereinbarung hat Wirkung eines rechtskräftigen Entscheids ⇒ formelle und materielle Rechtskraft ⇒ definitiver Rechtsöffnungstitel (Art. 80 f. SchKG) – Verweigerung der Genehmigung bewirkt Scheitern der Mediation ⇒ Erteilung Klagebewilligung durch SB bzw. Fortsetzung Gerichtsverfahren (Art. 217 ZPO)

V. Kosten der Mediation

14.5

Grundlage	Art. 218 ZPO
Grundsatz	– die Parteien tragen Kosten der Mediation (Art. 218 Abs. 1 ZPO) – für die Kosten des Schlichtungs- bzw. Gerichtsverfahrens gelten die Art. 95–123 ZPO
Ausnahmen	– Anspruch auf unentgeltliche Mediation in kindesrechtlichen Angelegenheiten nicht vermögensrechtlicher Art[31] unter folgenden (kumulativen) Voraussetzungen (Art. 218 Abs. 2 ZPO): └ Mittellosigkeit └ Gericht empfiehlt Durchführung einer Mediation oder fordert Eltern dazu auf (Art. 297 Abs. 2 ZPO) – weitere Kostenerleichterungen nach kantonalem Recht (Art. 218 Abs. 3 ZPO) in den Kt. **ZH**, **BE**, **LU** sind keine weiteren Kostenerleichterungen vorgesehen

31 Z.B. bei Streitigkeiten über das Besuchsrecht oder die Zuteilung der elterlichen Sorge. Die unentgeltliche Mediation ist auch bei einer Kombination von vermögensrechtlichen und nicht vermögensrechtlichen Ansprüchen möglich.

§ 15 Ordentliches Verfahren (Art. 219–242 ZPO)

I. Geltungsbereich

15.1

Grundlage	**Art. 219 ZPO**		
Geltungsbereich der Vorschriften über das ordentliche Verfahren	**ordentliches Verfahren**	direkt	
	übrige Verfahren	**Grundsatz**	sinngemäss
		Ausnahmen	– abweichende Regelung des Gesetzes – Natur eines besonderen Verfahrens erfordert Abweichung

II. Flexible Verfahrensgestaltung

15.2

Grundsatz	– dem Gericht steht ein erheblicher Ermessensspielraum in der Verfahrensgestaltung zu – gegenüber dem Standardablauf (→ Rz 15.3) können sich daher wesentliche Änderungen ergeben
Beispiele	– Klageantwort kann auf einzelne Fragen oder Rechtsbegehren beschränkt werden (z.B. Beschränkung auf Prozessvoraussetzungen oder auf Grundsatzfrage) – Anordnung schriftliche Replik/Duplik nach Ermessen des Gerichts – schriftliche Replik/Duplik kann auf einzelne Fragen oder Rechtsbegehren beschränkt werden – Replik/Duplik kann jederzeit angeordnet werden – Instruktionsverhandlung ist in jedem Prozessstadium möglich (selbst nach Hauptverhandlung) – Durchführung einer Instruktionsverhandlung liegt im Ermessen des Gerichts – verzichtet Gericht auf Instruktionsverhandlung und verzichten Parteien auf Hauptverhandlung, wird der Prozess rein schriftlich durchgeführt – Gericht bestimmt, ob Beweise an Instruktions- oder Hauptverhandlung erhoben werden – Richter bestimmt Inhalt und Ablauf der Instruktionsverhandlung – Gericht kann zur Vereinfachung des Verfahrens Zwischenentscheid treffen – Gericht kann Entscheid mit oder ohne schriftliche Begründung eröffnen

III. Standardablauf

15.3

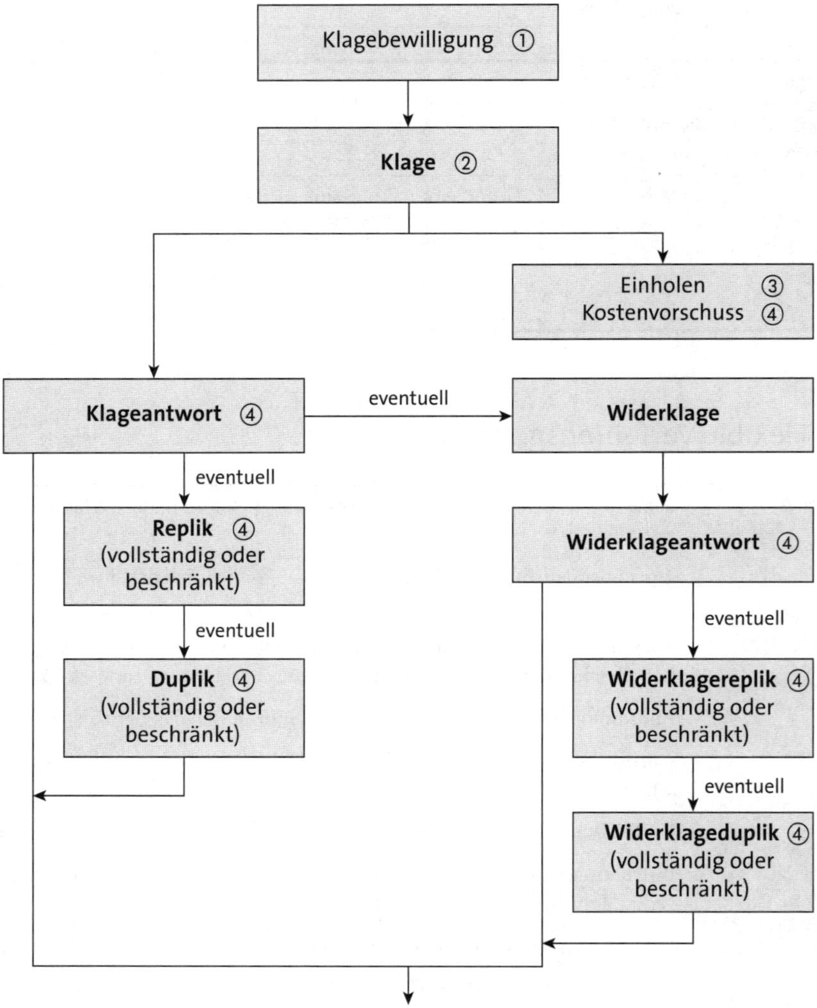

[Fortsetzung nächste Seite]

① Schlichtungsverfahren entfällt in den Fällen von Art. 198 und 199 ZPO.

② 3 Monate nach Eröffnung Klagebewilligung.[32] Ev. kürzere gesetzliche Klagefrist (Art. 209 Abs. 4 ZPO).

③ Wird der Kostenvorschuss nicht oder verspätet geleistet, wird auf die Berufung nicht eingetreten. In Verfahren ohne Gerichtskosten (Art. 114, 116 ZPO) entfällt das Einholen eines Kostenvorschusses.

④ Innert gerichtlich angesetzter Frist.

---

32 Nach der Praxis zur ZPO LU verlängerte sich die Klagefrist um die Dauer eines in den Fristenlauf einfallenden UR-Verfahrens (LGVE 1999 I Nr. 33 und 1997 I Nr. 36). Diese Praxis gilt nicht mehr.

[Fortsetzung von vorhergehender Seite]

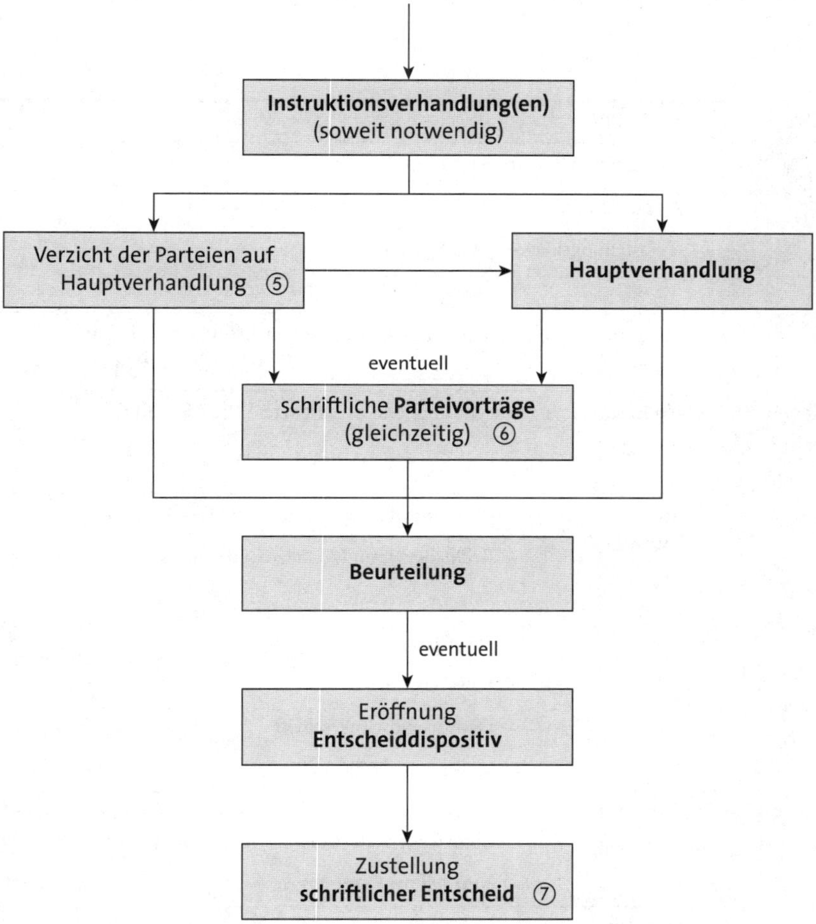

⑤ Im Bereich der Offizialmaxime kann Gericht trotz Verzichts der Parteien eine Hauptverhandlung durchführen.

⑥ Voraussetzung: gemeinsamer Parteiantrag. Einreichung innert gerichtlicher Frist.
Auch bei Verzicht der Parteien auf eine Hauptverhandlung kann ihnen das Gericht auf gemeinsamen Antrag die Einreichung schriftlicher Parteivorträge gestatten.

⑦ Ausser bei Begründungsverzicht nach Eröffnung des Dispositivs.

Hinweis

Die Parteien haben nach dem Grundsatz des rechtlichen Gehörs das Recht, sich zu allen Eingaben der Gegenpartei äussern zu können. → Rz 3.2

IV. Rechtsschriften

1. Klage

15.4

Grundlage	**Art. 221 ZPO**	
Arten	– Leistungsklage (Art. 84 f. ZPO) – Gestaltungsklage (Art. 87 ZPO) – Feststellungsklage (Art. 88 ZPO) → Rz 6.1	
Form	Papierform oder elektronisch mit anerkannter elektronischer Signatur (Art. 130 ZPO) → Rz 9.3	
Anzahl bei Eingabe in Papierform	je ein Exemplar für Gericht und jede Gegenpartei (Art. 131 ZPO) → Rz 9.3	
Inhalt	**immer notwendig**	– Bezeichnung Parteien und allfällige Vertreter – Rechtsbegehren (Anträge in der Sache) – Angabe Streitwert – Tatsachenbehauptungen[33] – Beweisanträge[34] – Datum und Unterschrift (Art. 221 Abs. 1 ZPO)
	fallbedingt notwendig	– Prozessvoraussetzungen (soweit ihr Bestehen zweifelhaft, nicht ohne weiteres feststellbar oder bestritten ist) – Anträge zum Verfahren
	fakultativ	rechtliche Begründung (Art. 221 Abs. 3 ZPO)
Beilagen	– Vollmacht (bei Vertretung) – Klagebewilligung oder Erklärung, dass auf Schlichtungsverfahren verzichtet wurde[35] (Ausnahme: Fälle von Art. 198 ZPO) – verfügbare, als Beweismittel dienende Urkunden – Verzeichnis der Beweismittel (Art. 221 Abs. 2 ZPO)	

33 Anforderungen an die Substanziierung: BGer 4A_591/2012 vom 20.2.2013, E. 2.1.

34 Die Beweisanträge sind den zu beweisenden Tatsachen zuzuordnen. Es muss klar erkennbar sein, welches Beweismittel zu welcher Tatsachenbehauptung angeboten wird. In der Regel sind die einzelnen Beweisofferten unmittelbar im Anschluss an die zu beweisenden Tatsachenbehauptungen aufzuführen (BGer 4A_195/2014 und 4A_197/2014 vom 27.11.2014, E. 7.2; BGer 4A_56/2013 vom 4.6.2013, E. 4.4).

35 Eine ausdrückliche Verzichtserklärung ist empfehlenswert, aber nicht zwingend notwendig. Der Verzicht auf das Schlichtungsverfahren (Art. 199 ZPO) kann auch konkludent erfolgen.

Mängel	**formelle und inhaltliche Mängel**	– gerichtliche Nachfrist zur Verbesserung (Art. 132 Abs. 1 ZPO)[36] – bei fristgerechter Verbesserung: kein Unterbruch der Rechtshängigkeit – bei Nichteinhalten Nachfrist: Klage gilt als nicht eingereicht, Verfahren wird abgeschrieben (Art. 132 Abs. 1 ZPO)	
	querulatorische und missbräuchliche Klage	unbeachtlich, wird ohne weiteres zurückgeschickt (Art. 132 Abs. 3 ZPO)	
besondere Klageformen	**subjektive Klagenhäufung**	**notwendige Streitgenossenschaft**	gemeinsame Klage der Streitgenossen (Art. 70 Abs. 1 ZPO) → Rz 5.7 und 6.3
		einfache Streitgenossenschaft	gemeinsame[37] Klage oder getrennte Klagen möglich (Art. 71 Abs. 1 und 3 ZPO) → Rz 5.8 und 6.3
	objektive Klagenhäufung	gleichzeitiges Geltendmachen mehrerer Ansprüche des Klägers gegen den Beklagten in gleicher Klage (mehrere Hauptbegehren oder Haupt- und Eventualbegehren); Voraussetzungen ⇒ Art. 15 und 90 ZPO → Rz 6.2	
	Streitverkündungsklage	Regressklage der streitverkündenden Person gegen die streitberufene Partei; Gericht entscheidet über Zulassung und Zeitpunkt der Klage (Art. 81 ZPO) → Rz 5.12 ff.	
	Teilklage	Einklagung nur eines Teils eines (teilbaren) Anspruchs (Art. 86 ZPO) → Rz 6.3	
	doppelseitige Klage	Klage, bei der nach der Natur des streitigen Rechtsverhältnisses auch der Beklagte ohne Widerklage Anträge auf Zusprechung von Rechten oder Ansprüchen stellen kann → Rz 6.4	
	Verbandsklage	Klage von Organisationen in eigenem Namen zur Wahrung wirtschaftlicher oder ideeller Interessen bestimmter Personengruppen ⇒ kollektive Interessenwahrung (Art. 89 ZPO) → Rz 6.6	

36 Fehlende Tatsachenbehauptungen können nicht auf dem Weg der Verbesserung nachgeholt werden. – Sind keine Rechtsbegehren gestellt und ergeben sich solche auch nicht sinngemäss aus den Ausführungen in der Klage, ist auf die Klage nicht einzutreten. Eine Verbesserung ist nicht möglich. – Fehlt die Klagebewilligung, so ist der klagenden Partei eine Frist zum Auflegen der Klagebewilligung anzusetzen (sofern der Schlichtungsversuch stattgefunden hat; → Rz 4.2).

37 Ausgeschlossen, wenn für die einzelnen Klagen nicht die gleiche Verfahrensart anwendbar ist (Art. 71 Abs. 2 ZPO).

2. Klageantwort

15.5

Grundlage		**Art. 222–223 ZPO**
Form		Papierform oder elektronisch mit anerkannter elektronischer Signatur (Art. 130 ZPO) → Rz 9.3
Anzahl bei Eingabe in Papierform		je ein Exemplar für Gericht und jede Gegenpartei (Art. 131 ZPO) → Rz 9.3
Gliederung		die Klageantwort ist – soweit immer möglich – wie die Klage zu gliedern; andernfalls kann sie als formell mangelhaft betrachtet und zur Verbesserung innert Nachfrist zurückgewiesen werden (Art. 132 Abs. 1 ZPO)
Inhalt	**immer notwendig**	– Bezeichnung Parteien und allfällige Vertreter – Rechtsbegehren (Anträge in der Sache) – Angabe Streitwert – eigene Tatsachenbehauptungen[38] – Anerkennung oder Bestreitung der klägerischen Tatsachenbehauptungen im Einzelnen[39] – Beweisanträge – Datum und Unterschrift (Art. 222 Abs. 2 i.V.m. Art. 221 Abs. 1 ZPO)
	fallbedingt notwendig	– Prozessvoraussetzungen (soweit sie bestritten werden) – Anträge zum Verfahren
	fakultativ	rechtliche Begründung (Art. 222 Abs. 2 i.V.m. Art. 221 Abs. 3 ZPO)
Beschränkung		– Gericht kann zur Vereinfachung des Prozesses[40] die Klageantwort (von Amtes wegen oder auf Parteiantrag) auf einzelne Fragen oder einzelne Rechtsbegehren beschränken (Art. 125 lit. a, Art. 222 Abs. 3 ZPO) – eine Beschränkung der Klageantwort ohne gerichtliche Anordnung ist zwar möglich, geht aber auf Risiko der beklagten Partei; soweit sich die Klageantwort nicht äussert, gilt die Sachverhaltsdarstellung in der Klage als unbestritten (Art. 222 Abs. 2 ZPO); spätere Bestreitungen sind im Rahmen des Novenrechts möglich, können aber zu einer Kostenauflage führen (Art. 108 ZPO)

38 Anforderungen an die Substanziierung: vgl. BGer 4A_591/2012 vom 20.2.2013, E. 2.1.

39 Tatsachenbehauptungen, die nicht oder nur pauschal bestritten werden, gelten als anerkannt.

40 Etwa im Hinblick auf einen Zwischenentscheid (Art. 237 Abs. 1 ZPO). Eine solche Beschränkung kommt z.B. in Frage, wenn die örtliche oder sachliche Zuständigkeit streitig ist.

Beilagen	– Vollmacht (bei Vertretung) – verfügbare, als Beweismittel dienende Urkunden – Verzeichnis der Beweismittel (Art. 221 Abs. 2 i.V.m. Art. 222 Abs. 2 ZPO)	
Frist	gerichtlich angesetzte Frist (Art. 222 Abs. 1 ZPO), die aus zureichenden Gründen erstreckt werden kann (Art. 144 Abs. 2 ZPO) → Rz 9.6	
Säumnis	– bei versäumter Klageantwort setzt Gericht der beklagten Partei eine kurze Nachfrist an (Art. 223 Abs. 1 ZPO)[41] – bei Eingang Klageantwort innert Nachfrist wird Verfahren normal weitergeführt – bei Nichteingang Klageantwort innert Nachfrist trifft Gericht Endentscheid, falls Sache spruchreif ist, andernfalls lädt es zur Hauptverhandlung vor (Art. 223 Abs. 2 ZPO)[42]	
formelle und inhaltliche Mängel	– gerichtliche Nachfrist zur Verbesserung (Art. 132 Abs. 1 ZPO)[43] – bei fristgerechter Verbesserung innert Nachfrist wird Verfahren normal weitergeführt – bei Nichteinhalten Nachfrist trifft Gericht Endentscheid, falls Sache spruchreif ist, andernfalls lädt es zur Hauptverhandlung vor (Art. 223 Abs. 2 ZPO)[44]	
Klageantwort in besonderen Fällen (ergänzende Hinweise)	**notwendige Streitgenossenschaft**	gemeinsame Klageantwort der Streitgenossen (*e contrario* Art. 71 Abs. 3 ZPO)
	einfache Streitgenossenschaft	gemeinsame oder getrennte Klageantwort möglich (Art. 71 Abs. 3 ZPO)
	Streitverkündungsklage	Gericht bestimmt Zeitpunkt und Umfang der Klageantwort (Art. 82 Abs. 3 ZPO)
	doppelseitige Klage	Beklagter kann ohne Widerklage Anträge auf Zusprechung von Rechten oder Ansprüchen stellen → Rz 6.4

41 Eine kurz nach Ablauf der Frist und vor Ansetzen der Nachfrist eingehende Klageantwort ist entgegenzunehmen; auf die Nachfristansetzung kann in diesem Fall verzichtet werden.

42 Möglich ist auch eine Vorladung zu einer Instruktionsverhandlung (eine solche kann ja jederzeit durchgeführt werden, Art. 226 Abs. 1 ZPO).

43 Fehlende Tatsachenbehauptungen können nicht auf dem Weg der Verbesserung nachgeholt werden. – Wurden keine Rechtsbegehren gestellt und ergeben sich solche auch nicht sinngemäss aus den Ausführungen in der Klageantwort, ist eine entsprechende Verbesserung anzuordnen.

44 Möglich ist auch eine Vorladung zu einer Instruktionsverhandlung (eine solche kann ja jederzeit durchgeführt werden, Art. 226 Abs. 1 ZPO).

3. Widerklage

15.6

Grundlage	Art. 14 und 224 ZPO
Charakter	– selbständige Klage der beklagten Partei zur Geltendmachung eigener Ansprüche in dem durch die klagende Partei eingeleiteten Verfahren – die Widerklage bleibt rechtshängig, auch wenn die Klage zurückgezogen oder darauf nicht eingetreten wird – zur Vereinfachung des Prozesses kann das Gericht (von Amtes wegen oder auf Parteiantrag) die Widerklage vom Hauptverfahren trennen (Art. 125 lit. d ZPO)
Voraussetzungen	– gleiche Verfahrensart für Klage und Widerklage (Art. 224 Abs. 1 ZPO) – sachlicher Zusammenhang von Klage und Widerklage, wenn Gerichtsstand für Widerklage einzig mit Art. 14 ZPO begründet werden kann[45] nicht erforderlich ist die gleiche sachliche Zuständigkeit für Haupt- und Widerklage[46]; übersteigt der Streitwert der Widerklage die sachliche Zuständigkeit des Gerichts der Hauptklage, hat dieses beide Klagen dem Gericht mit der höheren sachlichen Zuständigkeit zu überweisen (Art. 224 Abs. 2 ZPO)
Form	Papierform oder elektronisch mit anerkannter elektronischer Signatur (Art. 130 ZPO) → Rz 9.3 Klageantwort und Widerklage sind in der gleichen Rechtsschrift zu vereinen, aber klar voneinander abzugrenzen[47]
Anzahl	je ein Exemplar für Gericht und jede Gegenpartei (Art. 131 ZPO) → Rz 9.3
Inhalt	**immer notwendig** – Bezeichnung Parteien und allfällige Vertreter[48] – Rechtsbegehren (Anträge in der Sache) – Angabe Streitwert – Tatsachenbehauptungen[49] – Beweisanträge – Datum und Unterschrift (Art. 221 Abs. 1 ZPO)

45 Ergibt sich der Gerichtsstand der Widerklage zusätzlich aus einer anderen Gerichtsstandsnorm oder einer Gerichtsstandsklausel, können auch sachfremde (d.h. nicht konnexe) Gegenansprüche geltend gemacht werden.

46 Vgl. ZR 113 (2014) Nr. 46.

47 Die Abgrenzung ist notwendig, damit bei Wegfall der Klage oder Trennung der Verfahren (Art. 125 lit. d ZPO) klar ist, welche Anträge und Ausführungen die Widerklage betreffen. Entgegen dem Wortlaut der ZPO ist – gerade auch unter diesem Gesichtspunkt – die gleichzeitige Einreichung von Klageantwort und Widerklage in getrennten Rechtsschriften zu akzeptieren.

48 Nur notwendig, wenn nicht identisch mit Klage (z.B. Widerklage gegen nur einen von mehreren Klägern).

49 Anforderungen an die Substanziierung: BGer 4A_591/2012 vom 20.2.2013, E. 2.1.

(Inhalt)	**fallbedingt notwendig**	– Prozessvoraussetzungen (soweit ihr Bestehen zweifelhaft, nicht ohne weiteres feststellbar oder bestritten ist) – Anträge zum Verfahren	
	fakultativ	rechtliche Begründung (Art. 221 Abs. 3 ZPO)	
Beilagen	– Vollmacht (bei Vertretung) – verfügbare, als Beweismittel dienende Urkunden – Verzeichnis der Beweismittel[50] (Art. 221 Abs. 2 ZPO)		
Frist	innert der gerichtlich angesetzten (aus zureichenden Gründen erstreckbaren) Frist für die Klageantwort (Art. 224 Abs. 1 ZPO)		
Mängel	**formelle und inhaltliche Mängel**	– gerichtliche Nachfrist zur Verbesserung (Art. 132 Abs. 1 ZPO)[51] – bei fristgerechter Verbesserung: kein Unterbruch der Rechtshängigkeit – bei Nichteinhalten Nachfrist: Widerklage gilt als nicht eingereicht, Widerklageverfahren wird abgeschrieben (Art. 132 Abs. 1 ZPO)	
	querulatorische und missbräuchliche Widerklage	unbeachtlich, wird ohne weiteres zurückgeschickt (Art. 132 Abs. 3 ZPO)	
besondere Widerklageformen	**subjektive Widerklagenhäufung**	**notwendige Streitgenossenschaft**	gemeinsame Widerklage der Streitgenossen (Art. 70 Abs. 1 ZPO) → Rz 5.7
		einfache Streitgenossenschaft	gemeinsame[52] Widerklage oder getrennte Klagen möglich (Art. 71 Abs. 1 und 3 ZPO) → Rz 5.8 und 6.2
	objektive Widerklagenhäufung	gleichzeitiges Geltendmachen mehrerer Ansprüche des Widerklägers gegen den Kläger in gleicher Widerklage (mehrere Hauptbegehren oder Haupt- und Eventualbegehren); Voraussetzungen ⇒ Art. 15 Abs. 2 und Art. 90 ZPO → Rz 6.2	
	Teilwiderklage	Einklagung nur eines Teils eines (teilbaren) Anspruchs (Art. 86 ZPO) → Rz 6.3	

50 Für Klage und Widerklage sind separate Beweismittelverzeichnisse zu erstellen.

51 Fehlende Tatsachenbehauptungen können nicht auf dem Weg der Verbesserung nachgeholt werden. – Sind keine Rechtsbegehren gestellt und ergeben sich solche auch nicht sinngemäss aus den Ausführungen in der Widerklage, ist auf die Widerklage nicht einzutreten. Eine Verbesserung ist nicht möglich.

52 Ausgeschlossen, wenn für die einzelnen Widerklagen nicht die gleiche Verfahrensart anwendbar ist (Art. 71 Abs. 2 ZPO).

4. Zweiter Schriftenwechsel

15.7

Grundlage	**Art. 225 ZPO**	
Anordnung	– nach Ermessen des Gerichts (kein Anspruch der Parteien) – nur wenn erforderlich, z.B. └ in komplexen Fällen └ wenn in Klageantwort umfangreichere Noven oder Verrechnungseinreden vorgetragen wurden	
Form	Papierform oder elektronisch mit anerkannter elektronischer Signatur (Art. 130 ZPO) → Rz 9.3	
Anzahl	je ein Exemplar für Gericht und jede Gegenpartei (Art. 131 ZPO) → Rz 9.3	
Gliederung	die zweite Rechtsschrift ist – soweit immer möglich – wie die vorgängigen Rechtsschriften zu gliedern; andernfalls kann sie als formell mangelhaft betrachtet und zur Verbesserung innert Nachfrist zurückgewiesen werden (Art. 132 Abs. 1 ZPO)	
Inhalt	– Replik: Stellungnahme zu Klageantwort – Duplik: Stellungnahme zu Replik	
Noven	**Grundsatz**	unbeschränkt zulässig
	Ausnahme	wenn sich Partei schon zweimal äussern konnte[53], sind im Bereich der Verhandlungsmaxime Noven nur noch zulässig, wenn – sie ohne Verzug vorgebracht werden und – es sich um echte Noven handelt oder unechte Noven trotz zumutbarer Sorgfalt nicht vorher vorgebracht werden konnten (analog Art. 229 ZPO) → Rz 15.11
beschränkte Rechtsschrift	**auf Anordnung des Gerichts**	Gericht kann zur Vereinfachung des Prozesses die weiteren Rechtsschriften (von Amtes wegen oder auf Parteiantrag) auf einzelne Fragen oder einzelne Rechtsbegehren beschränken (analog Art. 125 lit. a ZPO)

53 Dies ist der Fall, wenn der zweite Rechtsschriftenwechsel erst nach einer Instruktionsverhandlung (mit Möglichkeit zur Ergänzung des Sachverhalts) oder nach der Hauptverhandlung stattfindet.

(beschränkte Rechtsschrift)	**ohne Anordnung des Gerichts**	– Beschränkung der zweiten Rechtsschrift ohne gerichtliche Anordnung auf einzelne Fragen oder einzelne Rechtsbegehren ist möglich, geht aber auf Risiko der entsprechenden Partei – soweit sich die zweite Rechtsschrift nicht äussert, gilt die Sachverhaltsdarstellung in der vorgängigen gegnerischen Rechtsschrift als unbestritten (Art. 222 Abs. 2 ZPO) – spätere Bestreitungen sind – im Rahmen des Novenrechts – nur noch möglich, wenn sie auf neuen Tatsachen oder neuen Beweismitteln beruhen; verspätetes Vorbringen von Bestreitungen kann zu einer Kostenauflage führen (Art. 108 ZPO)
Beilagen	– neue als Beweismittel dienende Urkunden – Verzeichnis der Beweismittel (analog Art. 221 Abs. 2 ZPO)	
Frist	gerichtlich angesetzte Frist, die aus zureichenden Gründen erstreckt werden kann (Art. 144 Abs. 2 ZPO) → Rz 9.6	
Säumnis	– bei versäumter zweiter Rechtsschrift ist der entsprechenden Partei keine Nachfrist anzusetzen (anders als bei Klageantwort, Art. 223 Abs. 1 ZPO) – die Sachverhaltsdarstellung in der vorgängigen gegnerischen Rechtsschrift gilt als unbestritten (analog Art. 222 Abs. 2 ZPO); spätere Bestreitungen sind – im Rahmen des Novenrechts – nur noch möglich, wenn sie auf neuen Tatsachen oder neuen Beweismitteln beruhen; verspätetes Vorbringen von Bestreitungen kann zu einer Kostenauflage führen (Art. 108 ZPO) – Verfahren ist weiterzuführen	
formelle und inhaltliche Mängel	– gerichtliche Nachfrist zur Verbesserung (Art. 132 Abs. 1 ZPO) – bei fristgerechter Verbesserung innert Nachfrist wird Verfahren normal weitergeführt – bei Nichteinhalten Nachfrist für Replik wird Verfahren auf Grundlage von Klage und Klageantwort weitergeführt – bei Nichteinhalten Nachfrist für Duplik wird Verfahren auf Grundlage von Klage, Klageantwort und Replik weitergeführt	
Replik/Duplik in besonderen Fällen (ergänzende Hinweise)	**notwendige Streitgenossenschaft**	gemeinsame zweite Rechtsschrift der Streitgenossen (*e contrario* Art. 71 Abs. 3 ZPO)
	einfache Streitgenossenschaft	gemeinsame oder getrennte zweite Rechtsschrift möglich (Art. 71 Abs. 3 ZPO)
	Streitverkündungsklage	Gericht bestimmt Zeitpunkt und Umfang des Rechtsschriftenwechsels (Art. 82 Abs. 3 ZPO)

V. Verhandlungen

1. Instruktionsverhandlung

15.8

Grundlage	Art. 226 ZPO
Notwendigkeit	– Gericht bzw. Instruktionsrichter (Art. 124 Abs. 1 und 2, Art. 155 Abs. 1 ZPO) entscheidet nach freiem Ermessen, ob eine Instruktionsverhandlung stattfindet – Parteien haben keinen Anspruch auf Durchführung einer Instruktionsverhandlung
Zeitpunkt	– jederzeit möglich (vgl. Art. 124 Abs. 3 ZPO) – meist nach dem ersten oder nach dem zweiten Rechtsschriftenwechsel
Besetzung Gericht	**ZH/BE/LU**: Instruktionsrichter (Regel) oder ganzer Spruchkörper (Ausnahme)
Hauptzwecke	– Ergänzung Parteivorbringen (Sachverhalt, Beweisangebote etc.) – Klärung Prozessstoff (Art. 56 ZPO) – Beweisabnahme – freie, formlose Erörterung der Streitigkeit – Vergleichsverhandlungen[54] – Vorbereitung der Hauptverhandlung[55]
Inhalt/Ablauf Verhandlung	– keine Regelung in ZPO – Bestimmung durch Gericht bzw. Instruktionsrichter nach freiem Ermessen – nicht alle Hauptzwecke müssen Verhandlungsinhalt bilden: die Instruktionsverhandlung kann sich z.B. auf eine Beweisabnahme oder auf Vergleichsverhandlungen beschränken
Vorladung	– Inhalt: Art. 133 ZPO – Zeitpunkt: mindestens 10 Tage vor Verhandlungstermin, sofern Gesetz nichts anderes bestimmt (Art. 134 ZPO)[56] → Rz 9.4
Verschiebung Verhandlung	aus zureichenden Gründen von Amtes wegen oder auf Parteiantrag möglich (Art. 135 ZPO) → Rz 9.4

54 Vergleichsvorschläge des Instruktionsrichters oder einer Partei sind nicht bindend und lassen weder auf eine ausreichende Substanziierung der Forderung noch auf den Bestand einer Leistungspflicht schliessen.

55 Die ZPO geht von der – im Kt. **LU** nur beschränkt zutreffenden – Annahme aus, dass einer Instruktionsverhandlung in aller Regel noch eine Hauptverhandlung folgt.

56 Das Unterschreiten der Minimalfrist führt nicht zur Ungültigkeit der Vorladung oder der Verhandlung. Eine nicht erscheinende Partei kann aber nicht als säumig betrachtet werden; in diesem Fall ist auf Kosten des Staates zu einer neuen Verhandlung vorzuladen.

Erscheinen der Parteien	– eine nicht zum persönlichen Erscheinen (Art. 68 Abs. 4 ZPO) vorgeladene Partei kann sich vertreten lassen (Art. 68 Abs. 1 ZPO); Vertretung kann auch gerichtlich angeordnet werden (Art. 69 Abs. 1 ZPO) → Rz 5.4 und 5.5 – Verbeiständung ist immer möglich → Rz 5.6 – eine persönlich vorgeladene Partei kann auf begründetes Gesuch von der Verhandlungsteilnahme dispensiert werden (wegen Krankheit, Alter oder anderen wichtigen Gründen); zu erscheinen hat aber ein Vertreter – erscheint eine Partei unentschuldigt nicht, wird die Verhandlung ohne sie durchgeführt (Art. 147 Abs. 2 ZPO); erscheint nur der Vertreter einer persönlich vorgeladenen Partei, sind dessen Prozesshandlungen aber gültig wenn das Gesetz persönliches Erscheinen vorschreibt (→ Rz 5.3) oder das Gericht bzw. der Instruktionsrichter dies als notwendig erachtet (Art. 68 Abs. 4 ZPO), wird zu einer neuen Verhandlung vorgeladen; die säumige Partei trägt die Mehrkosten (Art. 108 ZPO) und kann (bei bös- oder mutwilligem Nichterscheinen) mit einer Ordnungsbusse bestraft werden (Art. 128 Abs. 3 ZPO)
Protokoll	nach den Vorschriften von Art. 235 ZPO → Rz 15.12

2. Hauptverhandlung

15.9

Grundlage	**Art. 228–234 ZPO**
Notwendigkeit	– Parteien haben Anspruch auf eine Hauptverhandlung (diese findet statt, wenn sie nicht darauf verzichten, Art. 233 ZPO[57]), nicht aber auf eine Beweisabnahme an der Hauptverhandlung[58] – ausser im Bereich der Offizialmaxime ist das Gericht an einen Verzicht der Parteien auf eine Hauptverhandlung gebunden
Zeitpunkt	nach Ermessen des Gerichts: – nach dem ersten Rechtsschriftenwechsel – nach dem zweiten Rechtschriftenwechsel – nach dem (einfachen oder doppelten) Rechtsschriftenwechsel und einer Instruktionsverhandlung – nach dem (einfachen oder doppelten) Rechtsschriftenwechsel und mehreren Instruktionsverhandlungen

57 BGE 140 III 450 E. 3. – Die Parteien können auch nur auf einen Teil der Hauptverhandlung verzichten (BGer 4A_47/2015 vom 2.6.2015, E. 3.2).

58 Eine Beweisabnahme durch das urteilende Gericht (und nicht nur durch den Instruktionsrichter) aus wichtigen Gründen (Art. 155 Abs. 2 ZPO) kann auch an einer Instruktionsverhandlung erfolgen.

Besetzung Gericht	je nach sachlicher Zuständigkeit Einzelrichter oder ganzer Spruchkörper
Zweck/Inhalt/ Ablauf Verhandlung	– Ergänzung Parteivorbringen (soweit notwendig und noch zulässig) – Klärung Prozessstoff (Art. 56 ZPO) – allfällige Beweisabnahme – Schlussvorträge der Parteien
Vorladung	– Inhalt: Art. 133 ZPO – Zeitpunkt: mindestens 10 Tage vor Verhandlungstermin, sofern Gesetz nichts anderes bestimmt (Art. 134 ZPO)[59] → Rz 9.4
Verschiebung Verhandlung	aus zureichenden Gründen von Amtes wegen oder auf Parteiantrag möglich (Art. 135 ZPO) → Rz 9.4
Erscheinen der Parteien	– eine nicht zum persönlichen Erscheinen (Art. 68 Abs. 4 ZPO) vorgeladene Partei kann sich vertreten lassen (Art. 68 Abs. 1 ZPO); Vertretung kann auch gerichtlich angeordnet werden (Art. 69 Abs. 1 ZPO) → Rz 5.4 und 5.5 – Verbeiständung ist immer möglich → Rz 5.6 – eine persönlich vorgeladene Partei kann auf begründetes Gesuch von der Verhandlungsteilnahme dispensiert werden (wegen Krankheit, Alter oder aus anderen wichtigen Gründen); zu erscheinen hat aber ein Vertreter – erscheint eine persönlich vorgeladene Partei unentschuldigt nicht, wird die Verhandlung ohne sie durchgeführt (Art. 147 Abs. 2, Art. 234 Abs. 1 ZPO); Prozesshandlungen eines allein erscheinenden Vertreters sind gültig; das Nichterscheinen kann aber als Verweigerung der Mitwirkung bei der Beweiswürdigung berücksichtigt werden (Art. 164 ZPO) – bei Säumnis einer Partei berücksichtigt das Gericht bei der Beurteilung (Art. 234 Abs. 1 ZPO): ∟ alle gesetzeskonform eingereichten Eingaben der Parteien ∟ die Akten ∟ die Vorbringen der anwesenden Partei eine Beweisabnahme vom Amtes wegen (bei Zweifeln an der Richtigkeit einer unbestrittenen Tatsache) bleibt möglich (Art. 153 Abs. 2 ZPO) – bei Säumnis beider Parteien wird das Verfahren als gegenstandslos abgeschrieben; die Parteien tragen die Gerichtskosten je zur Hälfte (Art. 234 Abs. 2 ZPO) sowie je ihre eigenen Parteikosten

59 Das Unterschreiten der Minimalfrist führt nicht zur Ungültigkeit der Vorladung oder der Verhandlung. Eine nicht erscheinende Partei kann aber nicht als säumig betrachtet werden; in diesem Fall ist auf Kosten des Staates zu einer neuen Verhandlung vorzuladen.

erste Parteivorträge	**Inhalt**	– ev. Bereinigung der Anträge – ev. neue Sachvorbringen (nur unter den Voraussetzungen von Art. 229 ZPO) – ev. Klageänderung (nur unter den Voraussetzungen von Art. 230 i.V.m. Art. 227 ZPO) – ev. Replik und Duplik (Art. 228 ZPO)
	Form	mündlich (Art. 228 ZPO)[60]
Schlussvorträge	**Inhalt**	– Stellungnahme zum Beweisergebnis – Stellungnahme zur Sache – Vorbringen neuer Tatsachen (nur unter den Voraussetzungen von Art. 229 ZPO) – Klageänderung (nur unter den Voraussetzungen von Art. 230 i.V.m. Art. 227 ZPO)
	Form	– mündlich (Art. 232 Abs. 1 ZPO) – schriftlich (wenn beide Parteien auf mündliche Schlussvorträge verzichten) innert gerichtlich angesetzter Frist (Art. 232 Abs. 2 ZPO)
	Reihenfolge mündliche Schlussvorträge	– klagende Partei – beklagte Partei – klagende Partei (Replik, wenn gewünscht) – beklagte Partei (Duplik, wenn gewünscht) (Art. 232 Abs. 1 ZPO)
	Reihenfolge schriftliche Schlussvorträge	– gleichzeitig innert gerichtlich angesetzter Frist (Art. 232 Abs. 2 ZPO) – grundsätzlich keine Entgegnung auf Schlussvortrag der Gegenpartei[61]. Ausnahmen: └ Anordnung Stellungnahme durch Gericht (insbesondere bei zulässiger Klageänderung oder zulässigen neuen Vorbringen) └ unaufgeforderte Stellungnahme einer Partei → Rz 3.2.

60 **ZH/LU:** Die Parteien können ihre Plädoyernotizen zu den Akten geben; **BE:** Plädoyernotizen werden nur mit Zustimmung des Gerichts und der Gegenpartei zu den Akten genommen.

61 Die Auffassung in der ZPO-Botschaft (BBl 2006 7342), auch bei schriftlichen Schlussvorträgen bestehe ein Recht der Parteien auf Replik und Duplik, ist abzulehnen. Damit müsste nach der Hauptverhandlung noch ein doppelter Rechtsschriftenwechsel stattfinden, was mit dem Grundsatz der beförderlichen Prozesserledigung unvereinbar ist.

(Schlussvorträge)	**Verzicht**	die Parteien können – auf mündliche Schlussvorträge verzichten und beantragen, schriftliche Schlussvorträge einzureichen (Art. 232 Abs. 2 ZPO) – auf mündliche und schriftliche Schlussvorträge verzichten
Protokoll	nach den Vorschriften von Art. 235 ZPO → Rz 15.12	

VI. Klageänderung

15.10

Grundlage	**Art. 227, 230 ZPO**
Begriff	Geltendmachung eines geänderten oder eines neuen Anspruchs (Art. 227 Abs. 1 ZPO)[62] geänderter/neuer Anspruch muss nicht notwendigerweise auf dem identischen Klagefundament (d.h. dem identischen Lebensvorgang) basieren (s. immerhin Ziffer 2 der Voraussetzungen)[63]
Voraussetzungen	1. geänderter/neuer Anspruch ist nach der gleichen Verfahrensart zu beurteilen 2. geänderter/neuer Anspruch steht mit dem bzw. mit einem bisherigen in einem sachlichen Zusammenhang oder Gegenpartei stimmt der Klageänderung zu (Art. 227 Abs. 1 ZPO)

62 Der Inhalt des Rechtsschutzanspruchs ergibt sich aus dem Klage- oder Rechtsbegehren und dem behaupteten Tatsachenfundament, auf das sich das Begehren stützt (BGE 139 III 126 E. 3.2.3). Das Begehren muss eine Rechtsfolgebehauptung und einen darauf bezogenen Rechtsschutzantrag in der Form eines Leistungs-, Gestaltungs- oder Feststellungsbegehrens enthalten (BGer 4A_439/2014 vom 16.2.2015, E. 5.4.3.1).

63 Im Gegensatz zum früheren luzernischen Zivilprozessrecht (§ 98 ZPO LU) besteht daher kein Anlass mehr, zwischen einer «Klageänderung» (mit Wechsel des Klagefundaments) und einer «Änderung der Rechtsbegehren» (ohne Wechsel des Klagefundaments) zu unterscheiden. Neu kann immer der Begriff «Klageänderung» verwendet werden.

Zeitpunkt	**Grundsatz**	bis vor Hauptverhandlung bzw. bis zum Verzicht der Parteien auf eine Hauptverhandlung[64]
	Ausnahme	noch an der Hauptverhandlung, wenn 1. geänderter/neuer Anspruch nach der gleichen Verfahrensart zu beurteilen ist 2. geänderter/neuer Anspruch mit dem bzw. mit einem bisherigen in einem sachlichen Zusammenhang steht oder Gegenpartei der Klageänderung zustimmt 3. Klageänderung auf neuen Tatsachen und/oder Beweismitteln beruht (Art. 230 Abs. 1 ZPO)
Wechsel der sachlichen Zuständigkeit	übersteigt der Streitwert der geänderten Klage die sachliche Zuständigkeit des Gerichts ⇒ Überweisung des Prozesses von Amtes wegen an das Gericht mit der höheren sachlichen Zuständigkeit (Art. 227 Abs. 2, Art. 230 Abs. 2 ZPO)	
Abgrenzungen	**Klagebeschränkung**	– eine reine Beschränkung des Anspruchs └ stellt keine Klageänderung dar └ ist jederzeit zulässig – das angerufene Gericht bleibt zuständig (Art. 227 Abs. 3, Art. 230 Abs. 2 ZPO)
	nachträgliche Bezifferung des Rechtsbegehrens	– stellt keine Klageänderung dar – Voraussetzungen, Zeitpunkt der Bezifferung und sachliche Zuständigkeit richten sich nach Art. 85 ZPO → Rz 6.1

64 In der Literatur wird zum Teil die Meinung vertreten, eine Klageänderung nach Art. 227 ZPO sei nur bis zum Aktenschluss (→ Rz 15.11) und danach nur noch unter den Voraussetzungen von Art. 230 ZPO möglich (LEUENBERGER, in: Sutter-Somm/Hasenböhler/Leuenberger, ZPO Komm., Art. 227 N 26 ff.).

VII. Neue Vorbringen (Noven)

15.11

Grundlage	Art. 229 ZPO	
Begriff	Neue Vorbringen sind: a) immer: └ neue Tatsachen und Beweismittel (Art. 229 ZPO) b) wenn dazu neue Tatsachen/Beweismittel vorzutragen sind: └ neue Bestreitungen └ neue Einreden des materiellen Rechts (z.B. Verrechnung, Verjährung)[65] └ neue prozessuale Einreden (z.B. Beweiseinreden) **Keine** neuen Vorbringen (in diesem Sinne) sind: – Änderung/Ergänzung der Rechtsbegehren: └ für Klagebegehren der Parteien gelten Art. 227 und 230 ZPO └ Antwortbegehren der Parteien können bis zur Urteilsfällung eingeschränkt werden[66] – sonstige neue rechtliche Vorbringen[67] – allgemein- oder gerichtsnotorische Tatsachen[68] – Einreichung von Urkunden, └ wenn es die ZPO vorschreibt (z.B. in Art. 68 Abs. 3, Art. 311 Abs. 2, Art. 321 Abs. 3)[69] └ welche die Einhaltung gerichtlich angesetzter Fristen belegen[70]	
Arten	echte Noven	sind erst nach Aktenschluss entstanden (Art. 229 ZPO)
	unechte Noven	bestanden bereits vor Aktenschluss, konnten aber trotz zumutbarer Sorgfalt nicht vorher vorgetragen werden (Art. 229, 317 Abs. 1 lit. b ZPO)
Zeitpunkt a) Grundsatz	– alle Vorbringen der Parteien sind so bald wie möglich in den Prozess einzubringen[71] – soweit verspätete Vorbringen noch zulässig sind, führen sie zur Überbindung der durch sie bewirkten Mehrkosten (Art. 108 ZPO)	

65 BGer 4A_69/2014 vom 28.4.2014, E. 3.1; BGer 4A_305/2012 vom 6.2.2013, E. 3.3.

66 Eine Erweiterung ist nicht möglich. Im einmal zugestandenen Umfang gilt ein Klagebegehren als (unwiderruflich) anerkannt (Ausnahme: Geltendmachung eines Willensmangels hinsichtlich der entsprechenden Prozesserklärung).

67 LGVE 2001 I Nr. 32.

68 BGer 2C_25/2011 und 2C_58/2011 vom 3.7.2012, E. 2.1.

69 LGVE 2012 I Nr. 45.

70 LGVE 2012 I Nr. 45.

71 Mit der Einbringung von Noven darf nicht bis zur Hauptverhandlung zugewartet werden. Vorbehalten sind Noven, die erst unmittelbar vor der Hauptverhandlung bekannt geworden sind, wobei die Voraussetzungen der Zulässigkeit der Noven darzutun ist (ZR 113 [2014] Nr. 54); nach ZR 112 (2013) Nr. 35 bedeutet ohne Verzug innert 10 Tagen.

Zeitpunkt b) Lockerungen	**bei Verhandlungsmaxime**	**Grundsatz**	neue Vorbringen sind bis zum Aktenschluss uneingeschränkt möglich der Aktenschluss erfolgt[72] – nach dem zweiten Rechtsschriftenwechsel – bei einfachem Rechtsschriftenwechsel └ nach der Instruktionsverhandlung, wenn sie der Ergänzung des Sachverhalts dient (Art. 226 Abs. 2 ZPO) └ sonst nach den ersten Parteivorträgen in der Hauptverhandlung (Art. 229 Abs. 2 ZPO)[73]
		Erweiterung	bis spätestens in der Hauptverhandlung sind neue Vorbringen noch möglich, wenn – sie ohne Verzug vorgebracht werden und – es sich um echte Noven handelt oder unechte Noven trotz zumutbarer Sorgfalt nicht vorher vorgebracht werden konnten (Art. 229 Abs. 1 ZPO)
	bei Untersuchungsmaxime	neue Vorbringen sind bis zur Urteilsberatung möglich (Art. 229 Abs. 3 ZPO) die Urteilsberatung beginnt – mit Schluss der Hauptverhandlung[74] bzw. nach Fristablauf für schriftliche Schlussvorträge (Art. 232 Abs. 2 ZPO) oder – mit dem Verzicht der Parteien auf eine Hauptverhandlung	
Substanziierung Zulassungsgrund	Zulässigkeit der Noven ist – zu begründen, wo besondere Voraussetzungen bestehen ⇒ Fälle von Art. 229 Abs. 1 ZPO – nicht zu begründen, wenn sie offenkundig bzw. unzweifelhaft ist ⇒ Fälle von Art. 229 Abs. 2 und 3 ZPO[75]		

72 BGE 140 III 312 E. 6.3.2.

73 Verzichten in diesem Fall die Parteien auf eine Hauptverhandlung, sind neue Vorbringen noch bis zur Verzichtserklärung möglich.

74 BGE 138 III 788 E. 4.

75 Je nach Sachlage auch gewisse Fälle von Art. 229 Abs. 1 lit. a ZPO.

VIII. Protokoll

15.12

Grundlage	**Art. 235 ZPO**	
Gegenstand	– Ablauf Verhandlung (Instruktionsverhandlung, Hauptverhandlung) – nicht Bestandteil des Protokolls bilden die gerichtsinternen Auflistungen der Prozesshandlungen und die gerichtsinternen Verfügungen; diese werden in der Regel in der elektronischen Geschäftskontrolle oder in einem Manual festgehalten	
Inhalt	– Ort und Zeit der Verhandlung – Zusammensetzung Gericht – Anwesenheit der Parteien und ihrer Vertreter – Rechtsbegehren (Anträge in der Sache) – Anträge zum Verfahren – Prozesserklärungen der Parteien – Verfügungen des Gerichts – Unterschrift der protokollführenden Person – Parteiausführungen tatsächlicher Natur (wesentlicher Inhalt, soweit nicht in den Rechtsschriften enthalten) (Art. 235 Abs. 1 und 2 ZPO)	
Form	schriftlich Ausführungen können zusätzlich auf Tonband, Video oder mit anderen geeigneten technischen Hilfsmitteln aufgezeichnet werden (Art. 235 Abs. 2 ZPO)	
Umfang	**vollständige Protokollierung**	– Anträge – qualifizierte Parteierklärungen – prozessleitende Verfügungen
	Protokollierung des wesentlichen Inhalts	Parteiausführungen tatsächlicher Natur, soweit sich die Fakten nicht schon anderweitig aus den Akten ergeben (Art. 235 Abs. 2 ZPO)
	keine Protokollierung	– Prozessausführungen rechtlicher Natur – Vergleichsverhandlungen[76]

76 Vollständig zu protokollieren sind aber ein abgeschlossener Vergleich oder (im Hinblick auf die Kostenverlegung nach Art. 107 Abs. 1 lit. f ZPO) ein Vergleichsvorschlag einer Partei.

Berichtigung	– Gericht entscheidet über Protokollberichtigung in Form einer (mündlichen oder schriftlichen) prozessleitenden Verfügung[77] – vor der Protokollberichtigung ist die Gegenpartei anzuhören (mündlich oder schriftlich) – ein Gesuch um Protokollberichtigung ist sobald als möglich zu stellen; eine Anfechtung des Protokolls im Rechtsmittelverfahren ist ausgeschlossen[78]

IX. Beendigung des Verfahrens

15.13

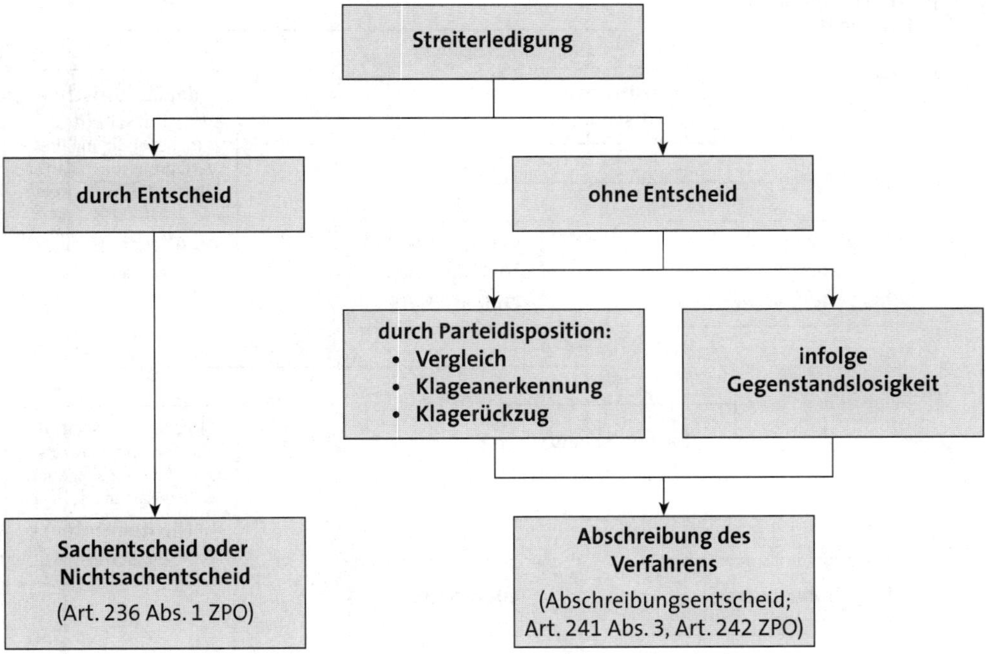

77 Die Protokollberichtigung erfolgt in der Regel auf Antrag einer Partei. Möglich ist aber auch eine Protokollberichtigung von Amtes wegen, wenn Gericht selber eine fehlerhafte Protokollierung bemerkt.

78 Vgl. LGVE 2002 I Nr. 33.

X. Entscheid – Rechtskraft

1. Übersicht

15.14

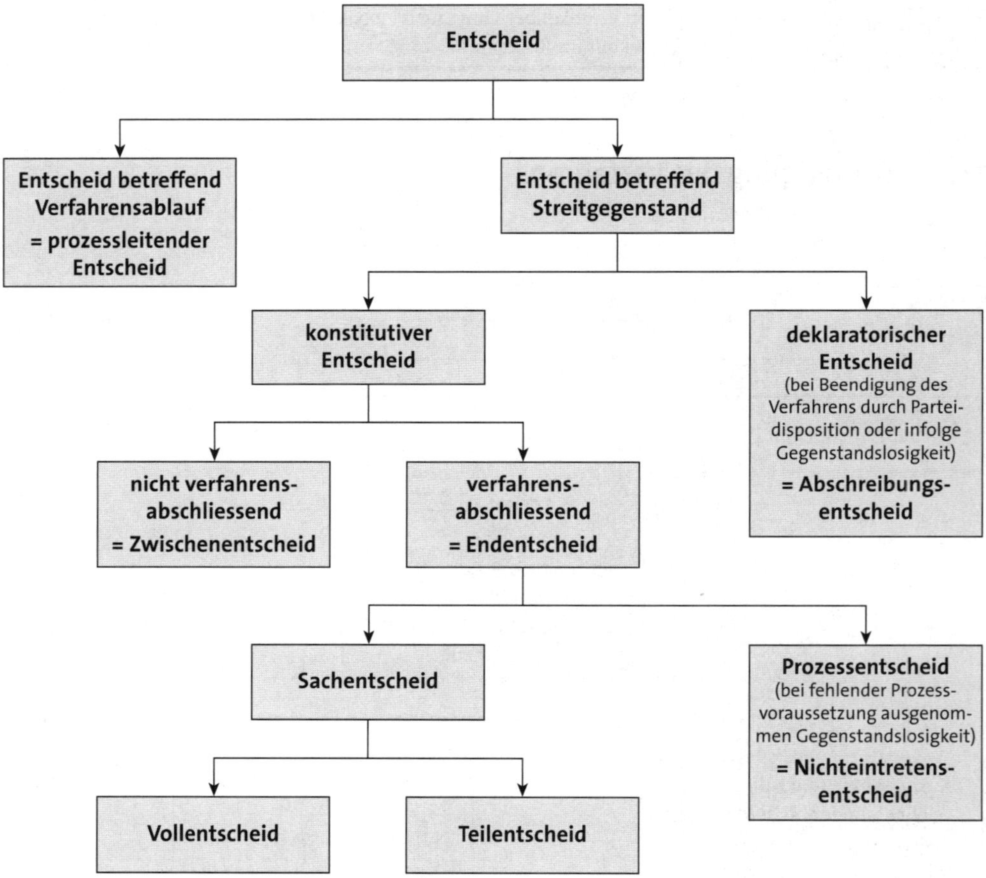

2. Entscheidarten

15.15

prozessleitender Entscheid (prozessleitende Verfügung)	prozessuale Anordnung, die den formellen Ablauf und die konkrete Gestaltung des Verfahrens bestimmt; prozessleitende Verfügungen beziehen sich nicht auf den Streitgegenstand an sich und äussern sich nicht zur Begründetheit der Klage[79]
Zwischenentscheid	nicht verfahrensabschliessender Entscheid (formell- oder materiellrechtlicher Natur)[80] – über einen Teilaspekt eines Rechtsbegehrens im Hinblick auf eine Vereinfachung der Verfahrenserledigung (z.B. über eine von mehreren materiellrechtlichen Anspruchsvoraussetzungen) – über die Rückweisung der Streitsache zur Neubeurteilung an die Vorinstanz (Rückweisungsentscheid) – über die Anordnung vorsorglicher Massnahmen[81] (Art. 237 ZPO)
Endentscheid	Entscheid, der das Verfahren prozessual abschliesst mit – einem materiellen Entscheid in der Sache (Sachentscheid) – Nichteintreten wegen fehlender oder entfallener[82] Prozessvoraussetzung (Nichteintretensentscheid) (Art. 236 Abs. 1 ZPO)
Sachentscheid	verfahrensabschliessender materieller Entscheid – in der Sache (ev. mit Anordnung von Vollstreckungsmassnahmen auf Antrag der obsiegenden Partei = direkte Vollstreckung) – über die Anordnung vorsorglicher Massnahmen (Art. 236 Abs. 1 und 3 ZPO)
Prozessentscheid	verfahrensabschliessender Entscheid, mit dem auf eine Klage wegen fehlender oder entfallener[83] Prozessvoraussetzung nicht eingetreten wird (Nichteintretensentscheid) (Art. 236 Abs. 1 ZPO)
Vollentscheid	verfahrensabschliessender Entscheid über alle Rechtsbegehren einer Klage oder einer Teilklage

79 BGer 5D_160/2014 vom 26.1.2015, E. 2.3.

80 BGer 5D_160/2014 vom 26.1.2015, E. 2.4.

81 Ob Entscheide über vorsorgliche Massnahmen Endentscheide, Zwischenentscheide oder eine eigene Entscheidart bilden, ist umstritten. Nach Bundesgericht sind Massnahmenentscheide Endentscheide, wenn sie in einem eigenständigen Verfahren ergehen; selbständig eröffnete Massnahmenentscheide, die vor oder während eines Hauptverfahrens erlassen werden und nur für die Dauer des Hauptverfahrens Bestand haben bzw. unter der Bedingung, dass ein Hauptverfahren eingeleitet wird, stellen Zwischenentscheide dar (BGE 138 III 76 E. 1.2).

82 Der Wegfall einer Prozessvoraussetzung wird zum Teil als Anwendungsfall von Art. 242 ZPO (Gegenstandslosigkeit aus anderen Gründen) betrachtet.

83 Der Wegfall einer Prozessvoraussetzung wird zum Teil als Anwendungsfall von Art. 242 ZPO (Gegenstandslosigkeit aus anderen Gründen) betrachtet.

Teilentscheid	Entscheid über nur eines oder einige von mehreren (selbständig beurteilbaren) Rechtsbegehren einer Klage (bei objektiver oder subjektiver Klagenhäufung oder bei Stufenklage); bezüglich beurteilter Rechtsbegehren wird das Verfahren abgeschlossen[84]	
Nichteintretensentscheid	verfahrensabschliessender Entscheid, mit dem auf eine Klage wegen fehlender oder entfallener[85] Prozessvoraussetzung nicht eingetreten wird (s. Prozessentscheid) (Art. 236 Abs. 1 ZPO)	
Abschreibungsentscheid	**nach Art. 241 ZPO**	– deklaratorischer Entscheid betreffend Verfahrensbeendigung – Inhalt: └ Feststellung, dass das durch Parteidisposition unmittelbar beendete Verfahren[86] für das Gericht erledigt ist └ Festsetzung, Verteilung und Liquidation der Prozesskosten (soweit noch notwendig) – Rechtsmittel: └ Beschwerde (Art. 319 lit. b Ziff. 1 ZPO) nur im Kostenpunkt[87] └ Revision nach Art. 328 Abs. 1 lit. c ZPO, wenn Mängel der prozesserledigenden Parteierklärung nach Art. 241 ZPO geltend gemacht werden[88]
	nach Art. 242 ZPO	– prozessleitende Verfügung besonderer Art (deklaratorischer Akt) betreffend Verfahrensbeendigung – Inhalt: └ Feststellung, dass das infolge Gegenstandslosigkeit[89] unmittelbar beendete Verfahren für das Gericht erledigt ist └ Festsetzung, Verteilung und Liquidation der Prozesskosten (soweit noch notwendig) – Rechtsmittel: Beschwerde nach Art. 319 lit. b Ziff. 2 ZPO[90]

84 LGVE 2013 I Nr. 35 E. 9.2.

85 Der Wegfall einer Prozessvoraussetzung wird zum Teil als Anwendungsfall von Art. 242 ZPO (Gegenstandslosigkeit aus anderen Gründen) betrachtet.

86 Art. 241 ZPO ist nicht anwendbar auf gerichtlich genehmigte Scheidungskonventionen bzw. Unterhaltsvereinbarungen im Eheschutzverfahren (LGVE 2014 II Nr. 18).

87 BGE 139 III 133 E. 1.2. – Die Frage des zulässigen Rechtsmittels ist allerdings umstritten. So wird etwa die Zulässigkeit der Berufung nach Art. 308 Abs. 1 ZPO bzw. (bei Nichterreichen des Streitwerts von Art. 308 Abs. 2 ZPO) der Beschwerde Art. 319 lit. a ZPO gegen den Entscheid des Gerichts bejaht, soweit er nicht den Inhalt der Parteierklärung nach Art. 241 ZPO selber betrifft.

88 BGE 139 III 133 E. 1.3.

89 BGer 4A_364/2014 vom 18.9.2014, E. 1.1.

90 BGer 4A_131/2013 vom 3.9.2013, E. 2.2.2.2. – In Rechtsprechung und Literatur wird z.T. die Meinung vertreten, die Berufung nach Art. 308 Abs. 1 ZPO bzw. (bei Nichterreichen des Streitwerts von Art. 308 Abs. 2 ZPO) die Beschwerde Art. 319 lit. a ZPO sei zulässig, wenn die Gegenstandslosigkeit nach Art. 242 ZPO streitig ist.

3. Bezeichnung, Zustandekommen und Inhalt des Entscheids

15.16

Bezeichnung im Kt. ZH	**Grundlage**	§ 135 GOG
	«Urteil»	materielle Beurteilung einer streitigen Angelegenheit durch ein Gericht
	«Beschluss»	übrige Entscheide einer Kollegialbehörde, z.B.: – verfahrensleitende Entscheide bzw. Zwischenentscheide (Art. 237 ZPO) – Fälle, in denen das Verfahren nicht durch Sachentscheid erledigt wird (z.B. Nichteintretensentscheid [Art. 236 Abs. 1 ZPO], Urteilssurrogat [Art. 241 Abs. 3 ZPO] oder Abschreibung des Verfahrens in den Fällen von Art. 242 ZPO).
	«Verfügung»	übrige Entscheide einer Einzelperson (vgl. die Beispiele oben zu «Beschluss»)
Bezeichnung im Kt. BE	**«Urteil»**	materieller oder prozessualer Endentscheid im ordentlichen oder vereinfachten Verfahren
	«Entscheid»	materieller oder prozessualer Endentscheid im Summarverfahren
	«Urteilsvorschlag»	Urteilsvorschlag Schlichtungsbehörde nach Art. 210 f. ZPO
	«Verfügung»	prozessleitende Verfügung, Abschreibungsverfügungen gemäss Art. 12 Abs. 5 EG ZSJ
Bezeichnung im Kt. LU	**Grundlage**	§ 133 JusV
	«Urteil»	– Entscheid Schlichtungsbehörde nach Art. 212 ZPO – materieller Endentscheid im └ ordentlichen Verfahren └ vereinfachten Verfahren └ Scheidungsverfahren (inkl. Abänderungs-, Eheungültigkeits- und Ehetrennungsverfahren) └ Verfahren zur Auflösung und Ungültigerklärung der eingetragenen Partnerschaft └ Berufungsverfahren └ Beschwerdeverfahren und Revisionsverfahren, wenn das Obergericht in der Sache neu entscheidet
	«Urteilsvorschlag»	Urteilsvorschlag Schlichtungsbehörde nach Art. 210 f. ZPO
	«Entscheid»	alle übrigen materiellen und prozessualen End- und Zwischenentscheide
	«Verfügung»	prozessleitende Verfügung

Zustandekommen (bei Kollegialgericht)	– Mehrheitsentscheid (nicht Einstimmigkeit) – jedes Mitglied hat eine Stimme – Stimmenthaltung ist ausgeschlossen (Art. 236 Abs. 2 ZPO)[91]
Inhalt	– Bezeichnung und Zusammensetzung des Gerichts – Ort und Datum des Entscheids – Bezeichnung der Parteien und ihrer Vertretung – Dispositiv (Urteilsformel), ev. mit Vollstreckungsanordnung – Angabe der Personen und Behörden, denen Entscheid mitzuteilen ist – Rechtsmittelbelehrung (sofern Parteien nicht auf ein Rechtsmittel verzichtet haben) – Entscheidgründe[92], ausser im Fall von Art. 239 Abs. 1 ZPO – Unterschrift des Gerichts (gemäss kantonalem Recht und gerichtsinterner Unterschriftsregelung) (Art. 238 ZPO)

4. Rechtsmittelbelehrung

15.17

Grundlage	**Art. 238 lit. f ZPO**[93]	
Notwendigkeit	**Grundsatz**	in allen Entscheiden[94]
	Ausnahmen	– prozessleitende Entscheide[95] – Rechtsmittelverzicht der Parteien vor Eröffnung des Entscheids[96]

91 Diese Bestimmung gilt nicht nur für den Endentscheid nach Art. 236 ZPO, sondern für alle Arten von Entscheiden.

92 Die Kostenfestsetzung ist in der Regel nicht oder nur summarisch zu begründen, ausgenommen bei Abweichung von eingereichter Kostennote über den üblichen Kostenrahmen hinaus (BGer 4A_592/2014 vom 25.2.2015, E. 3).

93 Die Rechtsmittelbelehrung für den Weiterzug an das Bundesgericht ist in Art. 112 Abs. 1 lit. d und Art. 117 BGG vorgeschrieben.

94 Unklar ist, ob auch die «anderen erstinstanzlichen Entscheide» i.S.v. Art. 319 lit. b ZPO eine Rechtsmittelbelehrung enthalten müssen.

95 Wenn das Gesetz die Beschwerde gegen eine prozessleitende Verfügung ausdrücklich erwähnt (z.B. Art. 103 ZPO), wird in der Praxis z.T. eine Rechtsmittelbelehrung erteilt.

96 Ein Rechtsmittelverzicht ist zulässig, soweit die Parteien über den Streitgegenstand frei verfügen können. Der Verzicht kann gegenüber dem Gericht oder gegenüber dem Prozessgegner erklärt werden (BGer 5A_811/2014 vom 29.1.2015, E. 3).

<table>
<tr><td>erfasste Rechtsmittel</td><td colspan="3">hinzuweisen ist auf die Berufung (Art. 308 ff. ZPO) und die Beschwerde (Art. 319 ff. ZPO),
nicht aber auf die Revision (Art. 328 ff. ZPO), die Erläuterung und die Berichtigung (Art. 334 ZPO)

bei Eröffnung eines Entscheids ohne schriftliche Begründung sind die Parteien darauf hinzuweisen, dass sie innert 10 Tagen eine schriftliche Begründung verlangen können, und dass es als Verzicht auf Berufung oder Beschwerde gilt, wenn sie dies nicht tun (Art. 239 Abs. 2 ZPO)</td></tr>
<tr><td>Form</td><td colspan="3">schriftlich (im Entscheid)</td></tr>
<tr><td>Inhalt</td><td colspan="3">– Bezeichnung des Rechtsmittels
– Rechtsmittelfrist
– Rechtsmittelinstanz
(= Einreichungsinstanz, Art. 311 Abs. 1 und Art. 321 Abs. 1 ZPO)
– Form
– Inhalt
– Beilagen</td></tr>
<tr><td rowspan="3">fehlende Rechtsmittelbelehrung</td><td rowspan="2">rechtskundige Partei</td><td>Grundsatz</td><td>– Pflicht, zulässiges Rechtsmittel selber zu ermitteln (durch Konsultation Gesetz oder allenfalls Anfrage beim Gericht)[97]
– wird Rechtsmittel nicht gesetzeskonform eingereicht, ist darauf nicht einzutreten</td></tr>
<tr><td>Ausnahme</td><td>falsches Rechtsmittel ist als richtiges entgegenzunehmen oder von Amtes wegen an die zuständige Instanz weiterzuleiten, wenn
– es innert der für das falsche Rechtsmittel geltenden Frist eingereicht wird und
– der Partei keine grobe Unsorgfalt vorzuwerfen ist[98]</td></tr>
<tr><td>rechtsunkundige Partei</td><td colspan="2">Partei kann innerhalb nützlicher Frist (wohl 30 Tage in Anlehnung an Art. 311 Abs. 1 ZPO)
– das Rechtsmittel einreichen, wobei eine falsche Bezeichnung nicht schadet
– sich nach dem gegebenen Rechtsmittel erkundigen und bei der Rechtsmittelinstanz um eine Nachfrist (Art. 148 Abs. 1 ZPO) ersuchen

auf ein nach Ablauf dieser Fristen eingereichtes Rechtsmittel ist nicht einzutreten</td></tr>
</table>

97 Dagegen wird nicht verlangt, dass neben den Gesetzestexten auch noch die einschlägige Rechtsprechung oder Literatur nachgeschlagen wird (BGE 138 I 49 E. 8.3.1).

98 BGE 138 I 49 E. 8.3.2; vgl. die identischen Anforderungen für eine Wiederherstellung der Frist (Art. 148 Abs. 1 ZPO).

falsche Rechtsmittel-belehrung	**rechtskundige Partei**	**Grundsatz**	– Pflicht zur Überprüfung («Grobkontrolle») der Rechtsmittelbelehrung (durch Konsultation Gesetz oder allenfalls Anfrage beim Gericht)[99] – wird (richtiges) Rechtsmittel nicht gesetzeskonform eingereicht, ist darauf nicht einzutreten
		Ausnahme	falsches Rechtsmittel ist als richtiges entgegenzunehmen, wenn – es innert der für das falsche Rechtsmittel geltenden Frist eingereicht wird und – der Partei keine grobe Unsorgfalt vorzuwerfen ist[100] aber: – keine Umwandlung, wenn falsches Rechtsmittel bewusst gewählt wurde[101] – falsche Rechtsmittelbelehrung kann keinen nicht existierenden Rechtsweg schaffen[102]
	rechtsunkundige Partei	**Grundsatz**	wurde infolge falscher Rechtsmittelbelehrung – innert angegebener Frist das falsche Rechtsmittel eingereicht, ist es als das richtige entgegenzunehmen – das richtige Rechtsmittel verspätet eingereicht, ist darauf einzutreten
		Ausnahme	ist die Unrichtigkeit der Rechtsmittelbelehrung auch für eine rechtsunkundige Partei ohne weiteres erkennbar[103], hat sie das richtige Rechtsmittel einzureichen bei nicht gesetzeskonformer Einreichung wird auf das Rechtsmittel nicht eingetreten

99 Dagegen wird nicht verlangt, dass neben den Gesetzestexten auch noch die einschlägige Rechtsprechung oder Literatur nachgeschlagen wird (BGE 138 I 49 E. 8.3.1).

100 BGE 138 I 49 E. 8.3.2; vgl. die identischen Anforderungen für eine Wiederherstellung der Frist (Art. 148 Abs. 1 ZPO).

101 BGer 5C.8/2003 vom 16.4.2003, E. 2.4 (nicht publiziert in BGE 129 III 415); BGE 120 II 272 E. 2.

102 BGE 135 III 470 E. 1.2; 129 III 88 E. 2.1; BGer 5A_200/2013 vom 17.7.2013, E. 2.

103 Vgl. dazu BGE 135 III 374 E. 1.2.2.2.

5. Eröffnung und Begründung des Entscheids

5.1. Übersicht

15.18

	Eröffnung Entscheid an Parteien (Möglichkeiten)	Nachlieferung Begründung	Verzicht auf Anfechtung Entscheid (mit Berufung oder Beschwerde)
erste Instanz[104]	Zustellung schriftlicher Entscheid mit Begründung	---	– mit Ablauf Rechtsmittelfrist – mit ausdrücklicher Verzichtserklärung während der Rechtsmittelfrist[105]
	Übergabe schriftliches Dispositiv mit kurzer mündlicher Begründung in Hauptverhandlung an anwesende Parteien (Art. 239 Abs. 1 lit. a ZPO)	eine Partei verlangt innert 10 Tagen seit Erhalt des Dispositivs eine Begründung (Art. 239 Abs. 2 ZPO)[106]	– keine Partei verlangt fristgerecht eine Begründung des Entscheids – beide Parteien verzichten ausdrücklich während der Frist von 10 Tagen auf eine Begründung des Entscheids (Art. 239 Abs. 2 ZPO)
	Zustellung schriftliches Dispositiv (Art. 239 Abs. 1 lit. b ZPO)		
einzige kantonale Instanz	Zustellung schriftlicher Entscheid mit Begründung (Art. 239 Abs. 3 ZPO, Art. 112 Abs. 1 BGG)	---	– mit Ablauf Rechtsmittelfrist – mit ausdrücklicher Verzichtserklärung während der Rechtsmittelfrist[107]
zweite Instanz	Zustellung schriftlicher Entscheid mit Begründung (Art. 318 Abs. 2, Art. 327 Abs. 5 ZPO)		

104 Eingeschlossen Schlichtungsbehörde, die einen Entscheid nach Art. 212 ZPO fällt.

105 Ein Rechtsmittelverzicht vor Eröffnung des Entscheids ist nicht zulässig.

106 Die Abweisung des Gesuchs um eine Urteilsbegründung stellt einen Endentscheid dar, der einer Rechtsmittelbelehrung (Art. 238 lit. f ZPO) bedarf (BGer 5D_160/2014 vom 27.1.2015, E. 2.6).

107 Ein Rechtsmittelverzicht vor Eröffnung des Entscheids ist nicht zulässig.

5.2. Entscheid ohne Begründung

15.19

Grundlage	Art. 239 ZPO	
Zulässigkeit	– bei Entscheid eines Gerichts erster Instanz – bei Entscheid einer Schlichtungsbehörde nach Art. 212 ZPO	
Einschränkungen	– bei Entscheiden, die der Abänderung unterliegen, sind die wesentlichen Entscheidungsgrundlagen zumindest in einer Kurzbegründung[108] festzuhalten – bei zur Verrechnung gestellten Gegenforderungen ist zur Feststellung des Umfangs der materiellen Rechtskraft zumindest in einer Kurzbegründung festzuhalten, welche dieser Verrechnungsforderungen beurteilt und in welchem Umfang sie zur Verrechnung verwendet wurden	
Rechtswirkung Dispositiv	einem Entscheiddispositiv kommt die gleiche Verbindlichkeit zu wie einem begründeten Entscheid[109]	
Kosten	der Partei, die eine Entscheidbegründung verlangt, dürfen deswegen keine Mehrkosten auferlegt werden[110]	
	ZH	verzichten die Parteien auf die Begründung des Entscheids, wird die Gebühr auf zwei Drittel ermässigt (§ 10 Abs. 2 GebV OG)
	BE	Reduktion der Gebühr, wenn keine Begründung verlangt wird (Art. 8 VKD)
	LU	bei Entscheiden, die ohne Begründung eröffnet werden, kann die ordentliche Gerichtsgebühr um höchstens die Hälfte herabgesetzt werden (§ 1 Abs. 4 JusKV)

108 Genügend, für die Parteien aber mühsamer zugänglich, wäre eine Zusammenstellung der entsprechenden Informationen in den Akten.

109 LGVE 1999 I Nr. 23.

110 LGVE 1999 I Nr. 24.

5.3. Vollstreckung des Entscheids ohne Begründung

15.20

Grundsatz	– hat Rechtsmittel keine aufschiebende Wirkung (Art. 315 Abs. 4, Art. 325 Abs. 1, Art. 331 Abs. 1 ZPO), kann die Rechtsmittelinstanz auf Gesuch des Rechtsmittelklägers die Vollstreckung nach Art. 315 Abs. 5[111], Art. 325 Abs. 2 oder 331 Abs. 2 ZPO aufschieben; dies kann schon nach Eröffnung des Dispositivs und vor Zustellung des schriftlich begründeten Entscheids geschehen – hat Rechtsmittel aufschiebende Wirkung (Art. 315 Abs. 1 ZPO) kann die Rechtsmittelinstanz auf Gesuch des Rechtsmittelklägers die vorzeitige Vollstreckung nach Art. 315 Abs. 2 ZPO bewilligen; dies kann schon nach Eröffnung des Dispositivs und vor Zustellung des schriftlich begründeten Entscheids geschehen; nötigenfalls sind sichernde Massnahmen oder eine Sicherheitsleistung anzuordnen
Ausnahmen	ausgeschlossen ist: – Aufschub der Vollstreckung bei Berufung gegen Entscheid über das Gegendarstellungsrecht (Art. 315 Abs. 4 und 5 ZPO) – vorzeitige Vollstreckung bei Berufung gegen Gestaltungsentscheid (Art. 315 Abs. 3 ZPO)

6. Mitteilung und Veröffentlichung des Entscheids

15.21

Grundlage	**Art. 240 ZPO**	
Grundsatz	Zustellung Entscheid nur an – Parteien – Nebenparteien – Vorinstanz(en)	
Erweiterung	**Möglichkeiten**	– Zustellung Entscheid an Behörden – Zustellung Entscheid an betroffene Dritte – Veröffentlichung Entscheid
	Voraussetzungen	gesetzliche Vorschrift oder Nutzen für die Vollstreckung (z.B. Art. 28*a* Abs. 2 ZGB, Art. 40, 42 und 43 ZStV, Art. 23 Abs. 2 VMWG, Art. 176 SchKG)

111 Die Vollstreckung vorsorglicher Massnahmen kann aber nur ausnahmsweise aufgeschoben werden, wenn der betroffenen Partei ein nicht leicht wiedergutzumachender Nachteil droht.

7. Rechtskraft

7.1. Bedeutung und Wirkungen

15.22

formelle Rechtskraft	**Bedeutung**	(relative) Unabänderlichkeit des Entscheids im betreffenden Verfahren
	Wirkungen	– keine Anfechtung mit ordentlichem Rechtsmittel mehr möglich – Abschluss des Verfahrens (Beendigung der Rechtshängigkeit)
materielle Rechtskraft	**Bedeutung**	Verbindlichkeit des Rechtsspruchs in späterem Verfahren zwischen den gleichen Parteien oder ihren Rechtsnachfolgern, soweit Gesetz nicht eine Änderung des Entscheids zulässt (z.B. in Art. 129, 134 oder 286 ZGB)
	Wirkungen	– positive Wirkung: └ Urteilsdispositiv ist für Gericht in einem späteren Prozess bindend – negative Wirkungen: └ identische Klage ist ausgeschlossen, sofern der Kläger nicht ein schutzwürdiges Interesse an Wiederholung des früheren Entscheids geltend machen kann[112]; die Identität von prozessualen Ansprüchen wird nach den Klageanträgen und dem behaupteten Lebenssachverhalt, d.h. dem Tatsachenfundament, auf das sich die Klagebegehren stützen, beurteilt[113] └ gegenteilige Klage ist ausgeschlossen └ Entscheid ist präjudiziell für Vorfragen eines späteren Entscheids

112 BGE 139 III 126 E. 3.1.
113 BGE 139 III 126 E. 3.2.

7.2. Eintritt der Rechtskraft[114]

15.23

	Art der Verfahrensbeendigung	Eintritt der Rechtskraft
erste Instanz	**«endgültiger» Entscheid** (nur mit dem ausserordentlichen Rechtsmittel der Beschwerde anfechtbar)	mit Eröffnung[115] des Entscheids
	«nicht endgültiger» Entscheid (mit dem ordentlichen Rechtsmittel der Berufung anfechtbar)	– nach Ablauf der unbenützten Rechtsmittelfrist – mit Verzicht aller Parteien auf Berufung bzw. auf Begründung des Entscheids
	Verfahrensbeendigung ohne Entscheid	mit Eintritt eines Beendigungsgrunds nach Art. 241/242 ZPO (Vergleich, Klageanerkennung, Klagerückzug, Gegenstandslosigkeit)
einzige kantonale Instanz/ zweite Instanz	**«endgültiger» Entscheid** (nur mit dem ausserordentlichen Rechtsmittel der subsidiären Verfassungsbeschwerde anfechtbar)	mit Eröffnung[116] des Entscheids
	«nicht endgültiger» Entscheid (mit dem ordentlichen[117] Rechtsmittel der Beschwerde in Zivilsachen anfechtbar)	– nach Ablauf der unbenützten Rechtsmittelfrist – mit Verzicht aller Parteien auf Beschwerde an das Bundesgericht
	Verfahrensbeendigung ohne Entscheid	mit Eintritt eines Beendigungsgrunds nach Art. 241/242 ZPO (Vergleich, Klageanerkennung, Klagerückzug, Gegenstandslosigkeit)

114 Die formelle und – wenn gegeben – die materielle Rechtskraft treten im gleichen Zeitpunkt ein.

115 → Rz 15.18. Massgebend für die Eröffnung des Entscheids ist das Datum des Empfangs durch die Partei (vgl. Art. 138 ZPO) und – mit Ausnahme der Fälle von Art. 405 Abs. 1 ZPO (BGE 137 III 130 E. 2) – nicht das Datum des Versands durch das Gericht.

116 → Rz 15.18. Massgebend für die Eröffnung des Entscheids ist das Datum des Empfangs durch die Partei (vgl. Art. 138 ZPO) und – mit Ausnahme der Fälle von Art. 405 Abs. 1 ZPO (BGE 137 III 130 E. 2) – nicht das Datum des Versands durch das Gericht.

117 Umstritten ist, ob es sich bei der Beschwerde in Zivilsachen um ein ordentliches oder ein ausserordentliches Rechtsmittel handelt (Marburg/Jupitz, Berner Komm. ZPO, Art. 389 N 11).

7.3. Geltungsbereich

15.24

formelle Rechtskraft	– Endentscheide (Sach- und Prozessentscheide) – Zwischenentscheide – Entscheidsurrogate	
materielle Rechtskraft	**ordentliches/ vereinfachtes Verfahren**	– Sachentscheide – Abschreibungsentscheid wegen Vergleichs, Klageanerkennung, Klagerückzugs (ausgenommen wegen fehlender Zuständigkeit oder mit Zustimmung der Gegenpartei, Art. 63 Abs. 1 und Art. 65 ZPO) (Art. 241 Abs. 2 ZPO) – Abschreibungsentscheid wegen Gegenstandslosigkeit (aber nur bezüglich der Gegenstandslosigkeit, nicht bezüglich des eingeklagten Anspruchs[118])
	summarisches Verfahren	– mit voller Kognition beurteilte Sachentscheide (z.B. im Rechtsschutz in klaren Fällen nach Art. 257 ZPO) – Sachentscheide, wenn trotz beschränkter Kognition definitiv entschieden wird (z.B. Gegendarstellungsrecht, Art. 28*l* ZGB) – Entscheide in Angelegenheiten der freiwilligen Gerichtsbarkeit, sofern Gesetz oder Rechtssicherheit eine Aufhebung oder Abänderung ausschliessen (Art. 256 Abs. 2 ZPO)
	Schlichtungsverfahren und Mediation	– Vergleich, Klageanerkennung, vorbehaltloser Klagerückzug (Art. 208 Abs. 2 ZPO) – angenommener Urteilsvorschlag (Art. 211 Abs. 1 ZPO) – Entscheid auf Antrag der klagenden Partei (Art. 212 Abs. 1 ZPO) – genehmigte Vereinbarung im Mediationsverfahren (Art. 217 ZPO)
	Schiedsverfahren	Schiedsspruch (Art. 387 ZPO)

118 Ausnahme: Wird der streitige Anspruch im Lauf des Verfahrens erfüllt, erwächst der Abschreibungsentscheid auch bezüglich dieses Anspruchs in materielle Rechtskraft.

7.4. Wirkung

Umfang	– Beschränkung auf den Rechtsspruch (Dispositiv) – Beschränkung auf den identischen Anspruch[119] – Beschränkung auf die identischen Personen und ihre Rechtsnachfolger	15.25
Besonderes	– bei Verrechnung erstreckt sich die Rechtskraft auf den gutgeheissenen oder abgewiesenen Verrechnungsanspruch (soweit dieser beurteilt wurde) – zur Ermittlung der Tragweite des Rechtspruchs kann ergänzend auf die Entscheidgründe abgestellt werden – aufgrund des materiellen Rechts entfalten gewisse Entscheide auch Wirkungen für Dritte (z.B. Gestaltungsurteile wirken gegenüber jedermann) – die Rechtskraft eines nachteiligen Entscheids erstreckt sich nicht auf den Rechtsnachfolger, der ein dingliches Recht in gutem Glauben erworben hat	

7.5. Teilrechtskraft

Grundsatz	die nicht angefochtenen Punkte des Rechtsspruchs erwachsen mit Ablauf der (letzten[120]) Rechtsmittelfrist bzw. (bei berufungsfähigen Entscheiden, wenn beide Parteien belastet sind) mit Ablauf der Anschlussberufungsfrist in Teilrechtskraft	15.26
Ausnahmen	– ein unangefochtener Punkt eines Rechtsspruchs erlangt nur Rechtskraft, wenn er selbständig und vom Ausgang des Rechtsmittelverfahrens unberührt bleibt; daher ist Teilrechtskraft z.B. ausgeschlossen für └ Kostenpunkt (soweit es sich nicht um separat verlegte Kosten für einen unangefochtenen Teil des Rechtsspruchs handelt) └ Kinderunterhaltsbeiträge, wenn der Unterhaltsbeitrag für den Ehegatten angefochten wird (Art. 282 Abs. 2 ZPO) – wenn beide Parteien selbständig ein Rechtsmittel einlegen, erwachsen die nicht angefochtenen Punkte des Rechtsspruchs mit Ablauf der (letzten) Rechtsmittelfrist in Rechtskraft	

119 Die Identität von prozessualen Ansprüchen beurteilt sich nach den Klageanträgen und dem behaupteten Lebenssachverhalt, d.h. dem Tatsachenfundament, auf das sich die Klagebegehren stützen (BGE 139 III 126 E. 3.2).

120 Wenn Rechtsmittelfrist infolge unterschiedlicher Zustellungsdaten für die Parteien nicht am gleichen Tag endet.

7.6. Rechtskraft und Vollstreckbarkeit

7.6.1. Entscheide erster Instanz

15.27

		formell rechtskräftiger Entscheid	**formell noch nicht rechtskräftiger Entscheid**
Vollstreckbarkeit	**Grundsatz**	ja	nein
	Ausnahme	nein, wenn Beschwerde- oder Revisionsinstanz Vollstreckung aufschiebt[121] (Art. 325 Abs. 2, Art. 331 Abs. 2, Art. 336 Abs. 1 lit. b ZPO)	ja, – wenn Berufungsinstanz die vorzeitige Vollstreckung bewilligt[149] (Art. 315 Abs. 2, Art. 336 Abs. 1 lit. b ZPO); dies ist bei Gestaltungsentscheiden nicht möglich (Art. 315 Abs. 3 ZPO) – bei Berufung gegen Entscheide über das Gegendarstellungsrecht (Art. 315 Abs. 4 ZPO) – bei Berufung gegen Entscheide über vorsorgliche Massnahmen, sofern Vollstreckung nicht ausnahmsweise aufgeschoben wird (Art. 315 Abs. 4 und 5 ZPO)

7.6.2. Entscheide der einzigen kantonalen Instanz und Entscheide zweiter Instanz

15.28

		formell rechtskräftiger Entscheid	**formell noch nicht rechtskräftiger Entscheid**
Vollstreckbarkeit	**Grundsatz**	ja	ja
	Ausnahme	nein, wenn Bundesgericht der subsidiären Verfassungsbeschwerde die aufschiebende Wirkung erteilt (Art. 103 Abs. 3 i.V.m. Art. 117 BGG)	nein, wenn Beschwerde aufschiebende Wirkung hat (bei Gestaltungsurteilen) und Bundesgericht nicht die vorzeitige Vollstreckung bewilligt (Art. 103 Abs. 2 lit. a und Abs. 3 BGG)

121 Nötigenfalls ordnet die Rechtsmittelinstanz sichernde Massnahmen oder eine Sicherheitsleistung an (Art. 315 Abs. 2, Art. 325 Abs. 2, Art. 331 Abs. 2 ZPO).

8. Vollstreckbarkeitsbescheinigung

8.1. Zuständigkeit/Inhalt der Bescheinigung

15.29

Art des Entscheids		Inhalt der notwendigen Bescheinigung(en)	zuständige Instanz		
			ZH	BE	LU
Entscheid erste Instanz[122] ohne provisorische Rechtsöffnung)	ohne Begründung	Bescheinigung, dass keine Begründung verlangt wurde	SB/BG[123]	SB/RG	SB/BG/ArG
	berufungsfähig, mit Begründung	Vollstreckbarkeitsbescheinigung	BG	RG	BG/ArG
		oder			
		formeller Entscheid über die Bewilligung der vorzeitigen Vollstreckung trotz hängiger Berufung (Art. 315 Abs. 2 ZPO)	OG	OG	KG
	beschwerdefähig, mit Begründung	keine Bescheinigung notwendig[124]	SB/BG	SB/RG	SB/BG/ArG
Entscheid erste Instanz über provisorische Rechtsöffnung	ohne Begründung	Bescheinigung, dass keine Aberkennungsklage eingereicht wurde[125]	BG	RG	BG
	beschwerdefähig, mit Begründung				

122 Eingeschlossen angenommene Urteilsvorschläge (Art. 210 f. ZPO) und Entscheide (Art. 212 ZPO) der Schlichtungsbehörden.

123 Auf Verlangen bescheinigt das Gericht, das den zu vollstreckenden Entscheid getroffen hat, die Vollstreckbarkeit (Art. 336 Abs. 2 ZPO). **ZH:** Auf <www.gerichte-zh.ch/themen.html> wird ein mit «Gesuch um Rechtskraftbescheinigung» bezeichnetes Formular zur Verfügung gestellt.

124 Eine Vollstreckbarkeitsbescheinigung muss aber auf Ersuchen einer Partei immer erteilt werden (Art. 336 Abs. 2 ZPO). Wenn einer Beschwerde aufschiebende Wirkung erteilt wurde, ist es Sache der verpflichteten Partei, eine entsprechende Bescheinigung zur Abwehr der Vollstreckung einzuholen.

125 Wenn einer Beschwerde aufschiebende Wirkung erteilt wurde, ist es Sache der verpflichteten Partei, eine entsprechende Bescheinigung zur Abwehr der Vollstreckung einzuholen.

Art des Entscheids		Inhalt der notwendigen Bescheinigung(en)		zuständige Instanz		
				ZH	BE	LU
Entscheid einzige kantonale Instanz/ Handelsgericht	**alle Fälle**[126]	Vollstreckbarkeitsbescheinigung (nur notwendig, soweit Rechtsmittel an das Bundesgericht aufschiebende Wirkung hat)		OG/HG	OG/HG	KG
		oder				
		Entscheid über Entzug der aufschiebenden Wirkung eines beim Bundesgericht eingereichten Rechtsmittels		BGer	BGer	BGer
Entscheid zweite Instanz	**alle Fälle**[127]	Vollstreckbarkeitsbescheinigung (nur notwendig, soweit Rechtsmittel an das Bundesgericht aufschiebende Wirkung hat)		OG[128]	OG[129]	KG[130]
		oder				
		Entscheid über Entzug der aufschiebenden Wirkung eines beim Bundesgericht eingereichten Rechtsmittels		BGer	BGer	BGer
Entscheid Bundesgericht	**alle Fälle**	**Grundsatz**	keine Bescheinigung notwendig			
		Ausnahme	Vollstreckbarkeits- bzw. Rechtskraftbestätigung auf Verlangen einer Partei, insbesondere für Vollstreckung im Ausland		BGer	

126 Letztinstanzliche kantonale Entscheide sind immer zu begründen (Art. 112 Abs. 1 BGG).

127 Letztinstanzliche kantonale Entscheide sind immer zu begründen (Art. 112 Abs. 1 BGG).

128 Bei Nichteintreten auf ein Rechtsmittel oder dessen Abweisung kann die Vollstreckbarkeitsbescheinigung auch beim erstinstanzlichen Gericht eingeholt werden. – Bei Teilrechtskraft des erstinstanzlichen Entscheids ist die Vollstreckbarkeitsbescheinigung für den vollstreckbaren Teil immer von der Rechtsmittelinstanz auszustellen.

129 S. Fussnote zum Kt. ZH.

130 S. Fussnote zum Kt. ZH.

8.2. Form/Erteilung der Bescheinigung

15.30

Erteilung	auf Gesuch der betreffenden Partei (Art. 336 Abs. 2 ZPO)	
Form	**ZH**	– Normalfall: Vermerk/Stempel auf der ersten oder letzten Seite des Entscheids
	BE	– Vermerk/Stempel auf dem Originalentscheid
	LU	– Normalfall: Stempel auf der Rückseite des Entscheids – Ausnahme: bei Teilrechtskraft (vgl. Art. 315 Abs. 1 ZPO) mit formellem Entscheid, der festhält, welche Teile des Entscheids in Rechtskraft erwachsen und daher vollstreckbar sind

8.3. Kosten der Bescheinigung

15.31

Grundsatz	keine Zusatzkosten (Erteilung der Bescheinigung ist in der Gerichtsgebühr inbegriffen)	
Ausnahme	wenn Bescheinigung nicht mehr in unmittelbarem zeitlichem Zusammenhang mit dem Verfahren verlangt wird	
	BE	für Bescheinigungen kann eine Gebühr erhoben werden (Art. 11 lit. d VKD)
	LU	für Bescheinigungen, die mehr als 3 Monate nach Zustellung des Entscheids verlangt werden, ist eine Gebühr (nach § 36 Abs. 1 lit. d JusKV) zu entrichten

§ 16 Vereinfachtes Verfahren (Art. 243–247 ZPO)

I. Geltungsbereich

16.1

Grundlage	**Art. 243 ZPO**	
Grundsatz	**streitwertabhängige Fälle**	vermögensrechtliche Streitigkeiten bis zu einem Streitwert von CHF 30 000 (Art. 243 Abs. 1 ZPO)
	streitwertunabhängige Fälle	alle Streitigkeiten – nach GlG – wegen Gewalt, Drohung oder Nachstellungen (Art. 28*b* ZGB) – aus Miete und Pacht von Wohn- und Geschäftsräumen sowie aus landwirtschaftlicher Pacht betreffend └ Hinterlegung von Miet- und Pachtzinsen └ Schutz vor missbräuchlichen Miet- und Pachtzinsen └ Kündigungsschutz[131] └ Erstreckung des Miet- oder Pachtverhältnisses – zur Durchsetzung des Auskunftsrechts nach DSG – nach dem Mitwirkungsgesetz – aus Zusatzversicherungen zur sozialen Krankenversicherung nach KVG – über Kinderbelange in familienrechtlichen Angelegenheiten (selbständige Klagen) → Rz 19.1 (Art. 243 Abs. 2, Art. 295 ZPO)
Ausnahme	keine Anwendung des vereinfachten Verfahrens in Streitigkeiten vor einer einzigen kantonalen Instanz nach Art. 5, 6 und 8 ZPO[132] (Art. 243 Abs. 3 ZPO)	

131 In der Lehre ist umstritten, welche Verfahren darunter fallen. Das Bundesgericht hat diese Frage bis jetzt offengelassen (BGE 139 III 457 E. 5.2 f.). Vorzuziehen ist die Auffassung, die von einem weiten Verständnis des Begriffs «Kündigungsschutz» in Art. 243 Abs. 2 lit. c ZPO ausgeht, der jeden Fall der Bestreitung der Gültigkeit der Kündigung erfasst, sei es wegen Anfechtbarkeit, Unwirksamkeit oder Nichtigkeit.

132 Die Regelung der Verfahrensart geht jener der sachlichen Zuständigkeit der Handelsgericht vor (BGE 139 III 457 E. 4).

II. Anwendbare Verfahrensbestimmungen

16.2

gesetzliche Regelung	**Art. 243–247 ZPO** (nur rudimentäre Regelung)
Ergänzungen	– da es sich um ein einlässliches Verfahren ohne Beweis- und Kognitionsbeschränkungen handelt, sind ergänzend die Vorschriften des ordentlichen Verfahrens (Art. 220–242 ZPO) anwendbar (Art. 219 ZPO) – trotz der formellen Erleichterungen des vereinfachten Verfahrens bleibt es Sache der Parteien, den Sachverhalt (mündlich oder schriftlich) zu behaupten, wenn nötig mit Hilfe des Gerichts[133]

III. Flexible Verfahrensgestaltung

16.3

Grundsatz	– dem Gericht steht ein grosser Ermessensspielraum in der Verfahrensgestaltung zu – es gibt keinen bestimmten Standardablauf, sondern verschiedene Varianten, deren Wahl zum grossen Teil dem Gericht obliegt → Rz 16.4
Beispiele	– bei unbegründeter Klage kann Gericht einen Schriftenwechsel anordnen – Klageantwort kann auf einzelne Fragen oder Rechtsbegehren beschränkt werden (z.B. Beschränkung auf Prozessvoraussetzungen oder auf Grundsatzfrage) – Anordnung schriftliche Replik/Duplik durch das Gericht in Ausnahmefällen – schriftliche Replik/Duplik kann auf einzelne Fragen oder Rechtsbegehren beschränkt werden – Instruktionsverhandlung ist in jedem Prozessstadium möglich (selbst nach Hauptverhandlung) – Durchführung einer Instruktionsverhandlung liegt im Ermessen des Gerichts – verzichtet Gericht auf Instruktionsverhandlung und verzichten Parteien auf Hauptverhandlung, wird der Prozess rein schriftlich durchgeführt (Voraussetzung: durchgeführter Rechtsschriftenwechsel) – Gericht bestimmt, ob Beweise an Instruktions- oder Hauptverhandlung erhoben werden – Richter bestimmt Inhalt und Ablauf der Instruktionsverhandlung – Gericht kann zur Vereinfachung des Verfahrens Zwischenentscheid treffen – Gericht kann Entscheid mit oder ohne schriftliche Begründung eröffnen

133 BGer 4D_57/2013 vom 2.12.2013, E. 3.2.

IV. Ablaufvarianten

16.4

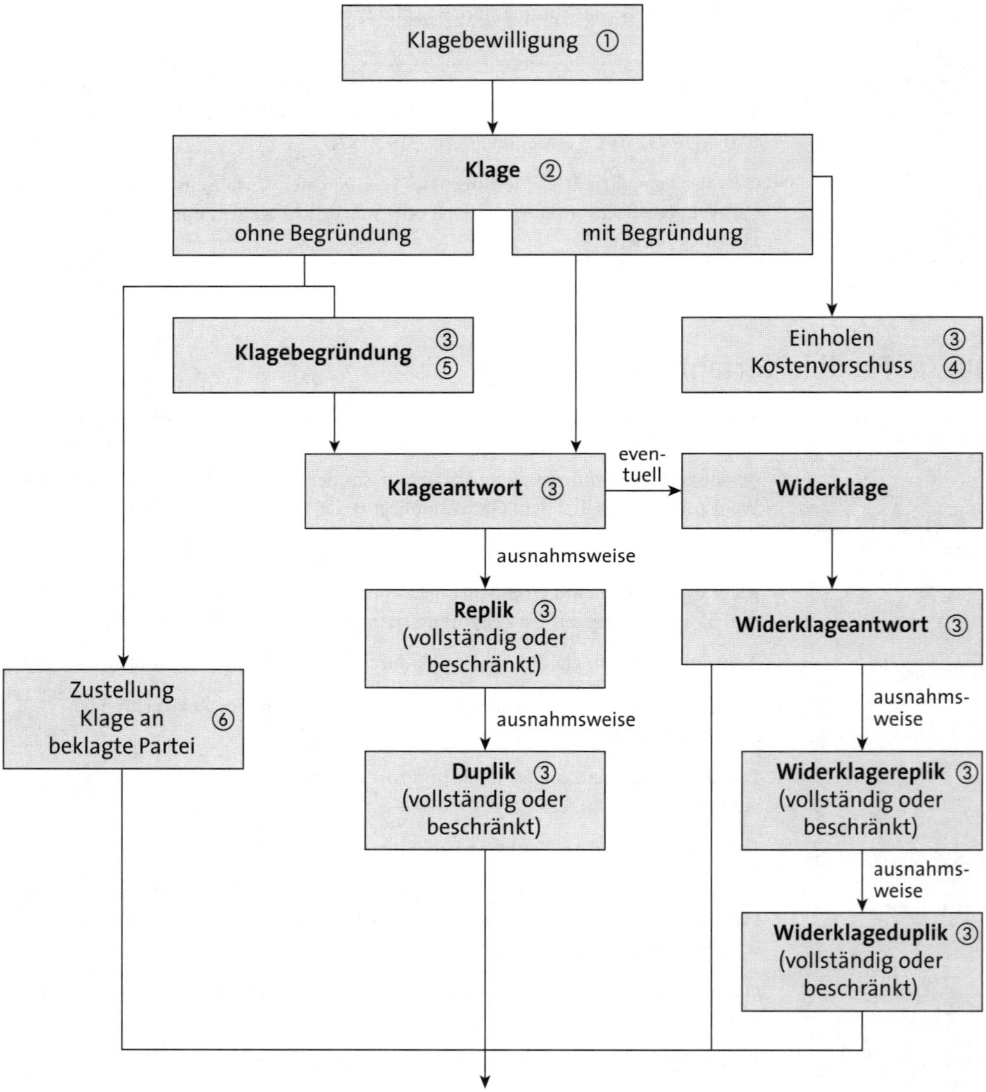

[Fortsetzung nächste Seite]

① Schlichtungsverfahren entfällt in den Fällen von Art. 198 und 199 ZPO.

② 3 Monate nach Eröffnung Klagebewilligung.[134] Ev. kürzere gesetzliche Klagefrist (Art. 209 Abs. 4 ZPO).

③ Innert gerichtlich angesetzter Frist.

134 **LU:** Nach der Praxis zur ZPO LU verlängerte sich die Klagefrist um die Dauer eines in den Fristenlauf einfallenden UR-Verfahrens (LGVE 1999 I Nr. 33 und 1997 I Nr. 36). Diese Praxis gilt nicht mehr.

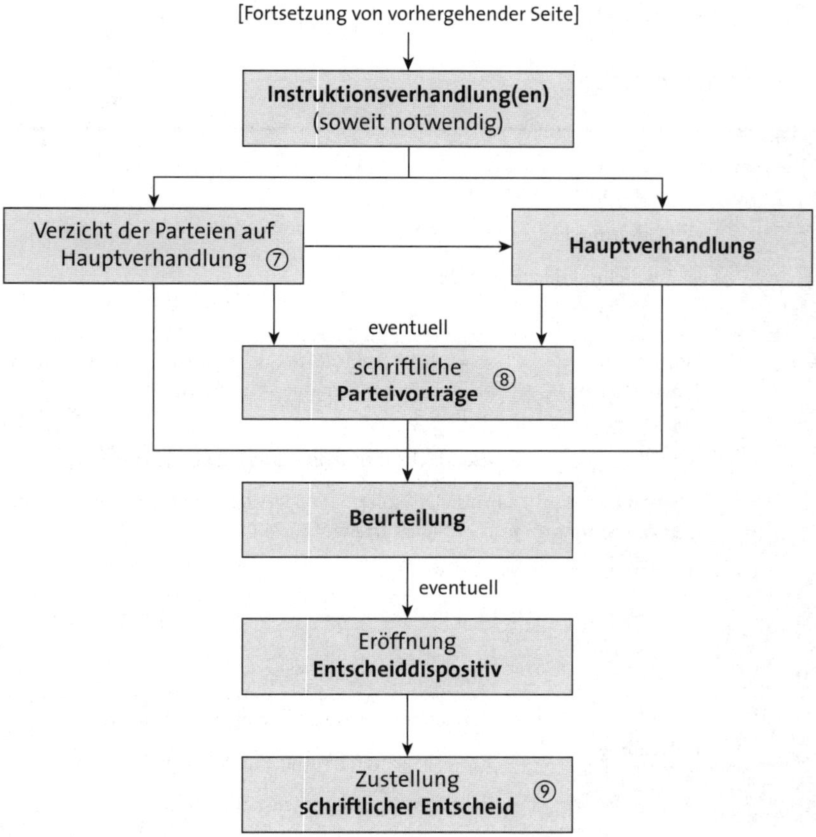

④ Wird der Kostenvorschuss nicht oder verspätet geleistet, wird auf die Berufung nicht eingetreten. In Verfahren ohne Gerichtskosten (Art. 114, 116 ZPO) entfällt das Einholen eines Kostenvorschusses.

⑤ Auf Anordnung (Art. 246 Abs. 2 ZPO) oder auf Empfehlung des Gerichts.

⑥ Bei einer Klage ohne Begründung sind die Widerklage und die Widerklageantwort im Rahmen der mündlichen Substanziierung an der (Instruktions- oder Haupt-)Verhandlung anzubringen.

⑦ Im Bereich der Offizialmaxime kann Gericht trotz Verzichts der Parteien eine Hauptverhandlung durchführen.

⑧ Voraussetzung: gemeinsamer Parteiantrag. Einreichung innert gerichtlicher Frist.
Auch bei Verzicht der Parteien auf eine Hauptverhandlung kann ihnen das Gericht auf gemeinsamen Antrag die Einreichung schriftlicher Parteivorträge gestatten.

⑨ Ausser bei Begründungsverzicht nach Eröffnung des Dispositivs.

Hinweis

Die Parteien haben nach dem Grundsatz des rechtlichen Gehörs das Recht, sich zu allen Eingaben der Gegenpartei äussern zu können. → Rz 3.2

V. Rechtsschriften

1. Vereinfachte Klage

16.5

Grundlage	**Art. 244 ZPO**	
Arten	– Leistungsklage (Art. 84 f. ZPO) – Gestaltungsklage (Art. 87 ZPO) – Feststellungsklage (Art. 88 ZPO) → Rz 6.1	
Form	**Normalfall (nach Wahl der klagenden Partei)**	– schriftlich (Papierform oder elektronisch mit anerkannter elektronischer Signatur; Art. 130 ZPO) → Rz 9.3 – mündlich (Protokollierung bei Gericht)
	Spezialfall (auf Anordnung Gericht)[135]	schriftlich (Papierform oder elektronisch mit anerkannter elektronischer Signatur; Art. 130 ZPO) → Rz 9.3
Anzahl bei Eingabe in Papierform	je ein Exemplar für Gericht und jede Gegenpartei (Art. 131 ZPO) → Rz 9.3	
Inhalt	**immer notwendig**	– Bezeichnung Parteien und allfällige Vertreter – Rechtsbegehren (Anträge in der Sache) – Bezeichnung Streitgegenstand – Angabe Streitwert – Datum und Unterschrift (Art. 244 Abs. 1 ZPO)
	fallbedingt notwendig	– Prozessvoraussetzungen (soweit ihr Bestehen zweifelhaft, nicht ohne Weiteres feststellbar oder bestritten ist) – Anträge zum Verfahren
	fakultativ	– tatsächliche Begründung (eine solche ist allerdings erforderlich, wenn Gericht nach Art. 246 Abs. 2 ZPO einen Schriftenwechsel anordnet) – rechtliche Begründung (Art. 244 Abs. 2 ZPO) – Beweisanträge

135 Voraussetzung: Verhältnisse erfordern einen Schriftenwechsel (Art. 246 Abs. 2 ZPO). Das Gericht kann der klagenden Partei auch in anderen Fällen empfehlen, eine schriftliche Klagebegründung einzureichen; das Nichtbeachten dieser Empfehlung löst dann aber keine Säumnisfolgen aus.

<table>
<tr><td>Beilagen</td><td colspan="3">– Vollmacht (bei Vertretung)
– Klagebewilligung oder Erklärung, dass auf Schlichtungsverfahren verzichtet wurde[136] (Ausnahme: Fälle von Art. 198 ZPO)
– verfügbare, als Beweismittel dienende Urkunden
(Art. 244 Abs. 3 ZPO)</td></tr>
<tr><td rowspan="2">Mängel der schriftlichen Klage</td><td>formelle und inhaltliche Mängel</td><td colspan="2">– gerichtliche Nachfrist zur Verbesserung (Art. 132 Abs. 1 ZPO)[137]
– bei fristgerechter Verbesserung: kein Unterbruch der Rechtshängigkeit
– bei Nichteinhalten Nachfrist: Klage gilt als nicht eingereicht, Verfahren wird abgeschrieben (Art. 132 Abs. 1 ZPO)</td></tr>
<tr><td>querulatorische und missbräuchliche Klage</td><td colspan="2">unbeachtlich, wird ohne weiteres zurückgeschickt (Art. 132 Abs. 3 ZPO)</td></tr>
<tr><td rowspan="5">besondere Klageformen</td><td rowspan="2">subjektive Klagenhäufung</td><td>notwendige Streitgenossenschaft</td><td>gemeinsame Klage der Streitgenossen (Art. 70 Abs. 1 ZPO)
→ Rz 5.7</td></tr>
<tr><td>einfache Streitgenossenschaft</td><td>gemeinsame[138] Klage oder getrennte Klagen möglich (Art. 71 Abs. 1 und 3 ZPO)
→ Rz 5.8 und 6.2</td></tr>
<tr><td>objektive Klagenhäufung</td><td colspan="2">gleichzeitiges Geltendmachen mehrerer Ansprüche des Klägers gegen den Beklagten in gleicher Klage (mehrere Hauptbegehren oder Haupt- und Eventualbegehren); Voraussetzungen ⇒ Art. 15 und 90 ZPO
→ Rz 6.2</td></tr>
<tr><td>Streitverkündungsklage</td><td colspan="2">unzulässig (Art. 81 Abs. 3 ZPO)</td></tr>
<tr><td>Teilklage</td><td colspan="2">Einklagung nur eines Teils eines (teilbaren) Anspruchs (Art. 86 ZPO)
→ Rz 6.3</td></tr>
</table>

136 Eine ausdrückliche Verzichtserklärung ist empfehlenswert, aber nicht zwingend notwendig. Der Verzicht auf das Schlichtungsverfahren (Art. 199 ZPO) kann auch konkludent erfolgen.

137 Fehlende Tatsachenbehauptungen können nicht auf dem Weg der Verbesserung nachgeholt werden. – Wurden keine Rechtsbegehren gestellt wurden und ergeben sich solche auch nicht sinngemäss aus den Ausführungen in der Klage, ist auf die Klage nicht einzutreten. Eine Verbesserung ist nicht möglich. – Fehlt die Klagebewilligung, so ist der klagenden Partei eine Frist zum Auflegen der Klagebewilligung (sofern der Schlichtungsversuch stattgefunden hat; → Rz 4.2) anzusetzen.

138 Ausgeschlossen, wenn für die einzelnen Klagen nicht die gleiche Verfahrensart anwendbar ist (Art. 71 Abs. 2 ZPO).

(besondere Klageformen)	**doppelseitige Klage**	Klage, bei der nach der Natur des streitigen Rechtsverhältnisses auch der Beklagte ohne Widerklage Anträge auf Zusprechung von Rechten oder Ansprüchen stellen kann → Rz 6.4
	Verbandsklage	Klage von Organisationen in eigenem Namen zur Wahrung wirtschaftlicher oder ideeller Interessen bestimmter Personengruppen ⇒ kollektive Interessenwahrung (Art. 89 ZPO) → Rz 6.6

2. Klageantwort

2.1. Schriftliche Klageantwort

16.6

Grundlage	**Art. 245 Abs. 2 ZPO**	
Form	Papierform oder elektronisch mit anerkannter elektronischer Signatur (Art. 130 ZPO) → Rz 9.3	
Anzahl bei Eingabe in Papierform	je ein Exemplar für Gericht und jede Gegenpartei (Art. 131 ZPO) → Rz 9.3	
Gliederung	die Klageantwort ist – soweit immer möglich – wie die Klage zu gliedern; andernfalls kann sie als formell mangelhaft betrachtet und zur Verbesserung innert Nachfrist zurückgewiesen werden (Art. 132 Abs. 1 ZPO)	
Inhalt	**immer notwendig**	– Bezeichnung Parteien und allfällige Vertreter – Rechtsbegehren (Anträge in der Sache) – Angabe Streitwert – eigene Tatsachenbehauptungen – Anerkennung oder Bestreitung der klägerischen Tatsachenbehauptungen im Einzelnen[139] – Datum und Unterschrift (analog Art. 244 Abs. 1 ZPO)
	fallbedingt notwendig	– Prozessvoraussetzungen (soweit sie bestritten werden) – Anträge zum Verfahren
	fakultativ	– rechtliche Begründung (analog Art. 244 Abs. 2 ZPO) – Beweisanträge

139 Tatsachenbehauptungen, die nicht oder nur pauschal bestritten werden, gelten als anerkannt.

Beschränkung	– Gericht kann zur Vereinfachung des Prozesses[140] die Klageantwort (von Amtes wegen oder auf Parteiantrag) auf einzelne Fragen oder einzelne Rechtsbegehren beschränken (Art. 125 lit. a, Art. 222 Abs. 3 ZPO) – eine Beschränkung der Klageantwort ohne gerichtliche Anordnung ist zwar möglich, geht aber auf Risiko der beklagten Partei; soweit sich die Klageantwort nicht äussert, gilt die Sachverhaltsdarstellung in der Klage als unbestritten (Art. 222 Abs. 2 ZPO); spätere Bestreitungen sind im Rahmen des Novenrechts möglich, können aber zu einer Kostenauflage führen (Art. 108 ZPO)
Beilagen	– Vollmacht (bei Vertretung) – verfügbare, als Beweismittel dienende Urkunden (analog Art. 244 Abs. 3 ZPO)
Frist	gerichtlich angesetzte Frist (Art. 222 Abs. 1 ZPO), die aus zureichenden Gründen erstreckt werden kann (Art. 144 Abs. 2 ZPO) → Rz 9.6
Säumnis	– bei versäumter[141] Klageantwort setzt Gericht der beklagten Partei eine kurze Nachfrist an (Art. 223 Abs. 1 ZPO)[142] – bei Eingang Klageantwort innert Nachfrist wird Verfahren normal weitergeführt – bei Nichteingang Klageantwort innert Nachfrist trifft Gericht Endentscheid, falls Sache spruchreif ist, andernfalls lädt es zur Hauptverhandlung vor (Art. 223 Abs. 2 ZPO)[143]
formelle und inhaltliche Mängel	– gerichtliche Nachfrist zur Verbesserung (Art. 132 Abs. 1 ZPO)[144] – bei fristgerechter Verbesserung innert Nachfrist wird Verfahren normal weitergeführt – bei Nichteinhalten Nachfrist trifft Gericht Endentscheid, falls Sache spruchreif ist, andernfalls lädt es zur Hauptverhandlung vor (Art. 223 Abs. 2 ZPO)[145]

140 Etwa im Hinblick auf einen Zwischenentscheid (Art. 237 Abs. 1 ZPO). Eine solche Beschränkung kommt z.B. in Frage, wenn die örtliche oder sachliche Zuständigkeit streitig ist.

141 Keine Säumnis liegt vor, wenn das Gericht die Einreichung einer schriftlichen Klageantwort nur empfohlen, nicht aber nach Art. 246 Abs. 2 ZPO angeordnet hat.

142 Eine kurz nach Ablauf der Frist und vor Ansetzen der Nachfrist eingehende Klageantwort ist entgegenzunehmen; auf die Nachfristansetzung kann in diesem Fall verzichtet werden.

143 Möglich ist auch eine Vorladung zu einer Instruktionsverhandlung (eine solche kann ja jederzeit durchgeführt werden, Art. 226 Abs. 1 ZPO).

144 Fehlende Tatsachenbehauptungen können nicht auf dem Weg der Verbesserung nachgeholt werden. – Wurden keine Rechtsbegehren gestellt wurden und ergeben sich solche auch nicht sinngemäss aus den Ausführungen in der Klage, ist eine entsprechende Verbesserung anzuordnen.

145 Möglich ist auch eine Vorladung zu einer Instruktionsverhandlung (eine solche kann ja jederzeit durchgeführt werden, Art. 226 Abs. 1 ZPO).

Klageantwort in besonderen Fällen (ergänzende Hinweise)	**notwendige Streitgenossenschaft**	gemeinsame Klageantwort der Streitgenossen (*e contrario* Art. 71 Abs. 3 ZPO)
	einfache Streitgenossenschaft	gemeinsame oder getrennte Klageantwort möglich (Art. 71 Abs. 3 ZPO)
	doppelseitige Klage	Beklagter kann ohne Widerklage Anträge auf Zusprechung von Rechten oder Ansprüchen stellen → Rz 6.4

2.2. Mündliche Klageantwort

16.7

Grundlage	**Art. 245 ZPO**	
Form	Protokollierung an der (Instruktions- oder Haupt-)Verhandlung	
Gliederung	die Klageantwort ist – soweit immer möglich – wie die Klage zu gliedern	
Inhalt	**notwendig**	– Rechtsbegehren (Anträge) – Angabe Streitwert – eigene Tatsachenbehauptungen – Anerkennung oder Bestreitung der klägerischen Tatsachenbehauptungen im Einzelnen[146] – Beweisanträge (analog Art. 244 Abs. 1 ZPO)
	fallbedingt notwendig	– Prozessvoraussetzungen (soweit sie bestritten werden) – Anträge zum Verfahren
	fakultativ	– rechtliche Begründung (analog Art. 244 Abs. 2 ZPO) – Beweisanträge
Beschränkung	wie schriftliche Klageantwort → Rz 16.6	
Beilagen	– Vollmacht (bei Vertretung) – verfügbare, als Beweismittel dienende Urkunden	
Säumnis	**Eintritt**	die beklagte Partei erscheint nicht zur Verhandlung und kann damit keine Klageantwort zu Protokoll geben

146 Tatsachenbehauptungen, die nicht oder nur pauschal bestritten werden, gelten als anerkannt.

(Säumnis)	**Folgen**	**allgemein**	die Folgen des Nichterscheinens zu einer Instruktionsverhandlung und des Nichterscheinens zu einer Hauptverhandlung sind verschieden, weil die ZPO nur für die Hauptverhandlung eine eigene Säumnisbestimmung enthält (Art. 234 ZPO)
		Säumnis an Instruktionsverhandlung	– beklagte Partei erscheint nicht: Gericht fällt Endentscheid, sofern Angelegenheit spruchreif ist; andernfalls lädt es zur Hauptverhandlung vor[147] (Art. 147 Abs. 2, Art. 153, analog Art. 223 Abs. 2 ZPO) – für die persönlich vorgeladene beklagte Partei erscheint nur ihr Vertreter: └ Vertreter kann Klageantwort gültig zu Protokoll geben └ nicht erschienene beklagte Partei wird zu neuer Verhandlung vorgeladen[148]
		Säumnis an Hauptverhandlung	– beklagte Partei erscheint nicht: Gericht entscheidet aufgrund der Akten, der Vorbringen der anwesenden Partei und allfälliger Beweiserhebungen von Amtes wegen (Art. 153, 234 Abs. 1 ZPO) – für die persönlich vorgeladene beklagte Partei erscheint nur ihr Vertreter: └ Vertreter kann Klageantwort gültig zu Protokoll geben └ Gericht entscheidet aufgrund der Akten, der Vorbringen der anwesenden Partei und allfälliger Beweiserhebungen von Amtes wegen (Art. 153, 234 Abs. 1 ZPO) └ da Befragung (Art. 56 ZPO), Parteibefragung (Art. 191 ZPO) und Beweisaussage (Art. 192 ZPO) mit säumiger Partei nicht möglich sind, kann bezüglich der zu klärenden Themen der ihr ungünstigere Sachverhalt angenommen werden (Art. 164 ZPO)

147 Die säumige Partei trägt die Mehrkosten (Art. 108 ZPO) und kann (bei bös- oder mutwilligem Nichterscheinen) mit einer Ordnungsbusse bestraft werden (Art. 128 Abs. 3 ZPO).

148 Die säumige Partei trägt die Mehrkosten (Art. 108 ZPO) und kann (bei bös- oder mutwilligem Nichterscheinen) mit einer Ordnungsbusse bestraft werden (Art. 128 Abs. 3 ZPO).

(Säumnis)	**(Folgen)**	**(Säumnis an Hauptverhandlung)**	– beide Parteien erscheinen nicht: Verfahren wird als gegenstandslos abgeschrieben (Art. 242 ZPO); die Gerichtskosten werden den Parteien je zur Hälfte auferlegt (Art. 234 Abs. 2 ZPO)

3. Widerklage

3.1. Schriftliche Widerklage

16.8

Grundsatz	analog Widerklage im ordentlichen Verfahren → Rz 15.6
Besonderes	die schriftliche Widerklage erfordert eine Begründung (Tatsachenbehauptungen und Beweisanträge), weil sie mit einer schriftlichen, zu begründenden Klageantwort verbunden wird

3.2. Mündliche Widerklage

16.9

Grundsatz	analog mündliche vereinfachte Klage → Rz 16.5
Besonderes	die mündliche Widerklage erfordert eine Begründung (Tatsachenbehauptungen und Beweisanträge), weil sie im Rahmen der (mündlichen) Substanziierung der Parteistandpunkte an einer Verhandlung zu Protokoll gegeben wird

4. Replik und Duplik

16.10

Grundsatz	analog zu zweitem Schriftenwechsel im ordentlichen Verfahren → Rz 15.7
Besonderes	eine schriftliche Replik und Duplik wird aber nur im Ausnahmefall (und auch dann möglichst auf einzelne Fragen oder Rechtsbegehren beschränkt) angeordnet

VI. Verhandlungen

1. Instruktionsverhandlung

16.11

Grundlage	Art. 226 ZPO	
Notwendigkeit	– Gericht bzw. Instruktionsrichter (Art. 124 Abs. 1 und 2, Art. 155 Abs. 1 ZPO) entscheidet nach freiem Ermessen, ob eine Instruktionsverhandlung stattfindet (Art. 246 Abs. 2 ZPO) – Parteien haben keinen Anspruch auf Durchführung einer Instruktionsverhandlung	
Zeitpunkt	– jederzeit möglich (vgl. Art. 124 Abs. 3, Art. 246 Abs. 2 ZPO) – meist nach dem ersten Rechtsschriftenwechsel	
Besetzung Gericht	ZH	– Einzelrichter – bei Abteilungszuständigkeit Instruktionsrichter (Regel) oder ganzer Spruchkörper (Ausnahme)
	BE	– Instruktionsrichter (Regel) – ganzer Spruchkörper (Ausnahme)
	LU	– Einzelrichter[149] – bei Abteilungszuständigkeit Instruktionsrichter (Regel) oder ganzer Spruchkörper (Ausnahme)
Hauptzwecke	– Ergänzung Parteivorbringen (Sachverhalt, Beweisangebote etc.) – Klärung Prozessstoff (Art. 56, 247 ZPO) – Beweisabnahme – freie, formlose Erörterung der Streitigkeit – Vergleichsverhandlungen[150] – Vorbereitung der Hauptverhandlung[151]	
Inhalt/Ablauf Verhandlung	– keine Regelung in ZPO – Bestimmung durch Gericht bzw. Instruktionsrichter nach freiem Ermessen – nicht alle Hauptzwecke müssen Verhandlungsinhalt bilden: die Instruktionsverhandlung kann sich z.B. auf eine Beweisabnahme oder auf Vergleichsverhandlungen beschränken	

149 **LU:** Bei sachlicher Zuständigkeit des Einzelrichters wird in aller Regel eine Hauptverhandlung und nicht eine Instruktionsverhandlung durchgeführt.

150 Vergleichsvorschläge des Instruktionsrichters oder einer Partei sind nicht bindend und lassen weder auf eine ausreichende Substanziierung der Forderung noch auf den Bestand einer Leistungspflicht schliessen.

151 Die ZPO geht von der – im Kt. **LU** nur beschränkt zutreffenden – Annahme aus, dass einer Instruktionsverhandlung in aller Regel noch eine Hauptverhandlung folgt.

Vorladung	– Inhalt: Art. 133 ZPO – Zeitpunkt: mindestens 10 Tage vor Verhandlungstermin, sofern Gesetz nichts anderes bestimmt (Art. 134 ZPO)[152] → Rz 9.4
Verschiebung Verhandlung	aus zureichenden Gründen von Amtes wegen oder auf Parteiantrag möglich (Art. 135 ZPO) → Rz 9.4
Erscheinen der Parteien	– sofern eine Partei nicht zum persönlichen Erscheinen vorgeladen wurde (Art. 68 Abs. 4 ZPO), kann sie sich vertreten lassen (Art. 68 Abs. 1 ZPO); Vertretung kann auch gerichtlich angeordnet werden (Art. 69 Abs. 1 ZPO) → Rz 9.3 und 9.4 – Verbeiständung ist immer möglich → Rz 5.6 – eine persönlich vorgeladene Partei kann auf begründetes Gesuch von der Verhandlungsteilnahme dispensiert werden (wegen Krankheit, Alter oder anderen wichtigen Gründen); zu erscheinen hat aber ein Vertreter – erscheint eine Partei unentschuldigt nicht, wird die Verhandlung ohne sie durchgeführt (Art. 147 Abs. 2 ZPO); erscheint nur der Vertreter einer persönlich vorgeladenen Partei, sind dessen Prozesshandlungen aber gültig wenn das Gesetz persönliches Erscheinen vorschreibt (→ Rz 5.3) oder das Gericht bzw. der Instruktionsrichter dies als notwendig erachtet (Art. 68 Abs. 4 ZPO), wird zu einer neuen Verhandlung vorgeladen; die säumige Partei trägt die Mehrkosten (Art. 108 ZPO) und kann (bei bös- oder mutwilligem Nichterscheinen) mit einer Ordnungsbusse bestraft werden (Art. 128 Abs. 3 ZPO)
Protokoll	nach den Vorschriften von Art. 235 ZPO → Rz 15.12

152 Das Unterschreiten der Minimalfrist führt nicht zur Ungültigkeit der Vorladung oder der Verhandlung. Eine nicht erscheinende Partei kann aber nicht als säumig betrachtet werden; in diesem Fall ist auf Kosten des Staates zu einer neuen Verhandlung vorzuladen.

2. Hauptverhandlung

16.12

Grundlage	Art. 228–234 ZPO
Notwendigkeit	– Parteien haben Anspruch auf eine Hauptverhandlung (diese findet statt, wenn sie nicht darauf verzichten, Art. 233 ZPO[153]), nicht aber auf eine Beweisabnahme an der Hauptverhandlung[154] – ausser im Bereich der Offizialmaxime ist das Gericht an einen Verzicht der Parteien auf eine Hauptverhandlung gebunden
Zeitpunkt	nach Ermessen des Gerichts: – nach Klage (ohne Begründung) – nach dem ersten Rechtsschriftenwechsel – nach dem (ausnahmsweise durchgeführten) zweiten Rechtschriftenwechsel – nach dem (einfachen oder doppelten) Rechtsschriftenwechsel und einer oder mehreren Instruktionsverhandlungen
Besetzung Gericht	je nach sachlicher Zuständigkeit Einzelrichter oder ganzer Spruchkörper
Zweck/Inhalt/ Ablauf Verhandlung	– Ergänzung Parteivorbringen (soweit notwendig und noch zulässig) – Klärung Prozessstoff (Art. 56, 247 ZPO) – allfällige Beweisabnahme – Schlussvorträge der Parteien
Vorladung	– Inhalt: Art. 133 ZPO – Zeitpunkt: mindestens 10 Tage vor Verhandlungstermin, sofern Gesetz nichts anderes bestimmt (Art. 134 ZPO)[155] → Rz 9.4
Verschiebung Verhandlung	aus zureichenden Gründen von Amtes wegen oder auf Parteiantrag möglich (Art. 135 ZPO) → Rz 9.4

153 BGE 140 III 450 E. 3 – Die Parteien können auch nur auf einen Teil der Hauptverhandlung verzichten (BGer 4A_47/2015 vom 2.6.2015, E. 3.2).

154 Eine Beweisabnahme durch das urteilende Gericht (und nicht nur durch den Instruktionsrichter) aus wichtigen Gründen (Art. 155 Abs. 2 ZPO) kann auch an einer Instruktionsverhandlung erfolgen.

155 Das Unterschreiten der Minimalfrist führt nicht zur Ungültigkeit der Vorladung oder der Verhandlung. Eine nicht erscheinende Partei kann aber nicht als säumig betrachtet werden; in diesem Fall ist auf Kosten des Staates zu einer neuen Verhandlung vorzuladen.

Erscheinen der Parteien	– eine nicht zum persönlichen Erscheinen (Art. 68 Abs. 4 ZPO) vorgeladene Partei kann sich vertreten lassen (Art. 68 Abs. 1 ZPO); Vertretung kann auch gerichtlich angeordnet werden (Art. 69 Abs. 1 ZPO) → Rz 5.4 und 5.5 – Verbeiständung ist immer möglich → Rz 5.6 – eine persönlich vorgeladene Partei kann auf begründetes Gesuch von der Verhandlungsteilnahme dispensiert werden (wegen Krankheit, Alter oder aus anderen wichtigen Gründen); zu erscheinen hat aber ein Vertreter – erscheint eine persönlich vorgeladene Partei unentschuldigt nicht, wird die Verhandlung ohne sie durchgeführt (Art. 147 Abs. 2, Art. 234 Abs. 1 ZPO); Vorbringen eines allein erscheinenden Vertreters sind zulässig; das Nichterscheinen kann aber als Verweigerung der Mitwirkung bei der Beweiswürdigung berücksichtigt werden (Art. 164 ZPO) – bei Säumnis einer Partei berücksichtigt das Gericht bei der Beurteilung (Art. 234 Abs. 1 ZPO): └ alle gesetzeskonform eingereichten Eingaben der Parteien[156] └ die Akten └ die Vorbringen der anwesenden Partei eine Beweisabnahme vom Amtes wegen (bei Zweifeln an der Richtigkeit einer unbestrittenen Tatsache) bleibt möglich (Art. 153 Abs. 2 ZPO) – bei Säumnis beider Parteien wird das Verfahren als gegenstandslos abgeschrieben; die Parteien tragen die Gerichtskosten je zur Hälfte (Art. 234 Abs. 2 ZPO) sowie je ihre eigenen Parteikosten	
erste Parteivorträge	**Inhalt (je nach vorgängigem Verfahren)**	– Begründung der Klage – mündliche Klageantwort – mündliche Replik und Duplik – Beweisanträge – Bereinigung der Anträge – neue Sachvorbringen (nur unter den Voraussetzungen von Art. 229 ZPO) – ev. Klageänderung (nur unter den Voraussetzungen von Art. 230 i.V.m. Art. 227 ZPO) (Art. 228 ZPO)
	Form	mündlich (Art. 228 ZPO)

156 Hat vorgängig keine Instruktionsverhandlung stattgefunden, führt die Säumnis der klagenden Partei, die eine Klage ohne Begründung eingereicht hat, zur Klageabweisung (mangels Substanziierung), die Säumnis der beklagten Partei, die keine schriftliche Klageantwort eingereicht hat, in der Regel zur Gutheissung der Klage.

Schlussvorträge	**Inhalt**	– Stellungnahme zum Beweisergebnis – Stellungnahme zur Sache – Vorbringen neuer Tatsachen (nur unter den Voraussetzungen von Art. 229 ZPO) – Klageänderung (nur unter den Voraussetzungen von Art. 230 i.V.m. Art. 227 ZPO)
	Form	– mündlich (Art. 232 Abs. 1 ZPO) – schriftlich (wenn beide Parteien auf mündliche Schlussvorträge verzichten) innert gerichtlich angesetzter Frist (Art. 232 Abs. 2 ZPO)
	Reihenfolge mündliche Schlussvorträge	– klagende Partei – beklagte Partei – klagende Partei (Replik, wenn gewünscht) – beklagte Partei (Duplik, wenn gewünscht) (Art. 232 Abs. 1 ZPO)
	Reihenfolge schriftliche Schlussvorträge	– gleichzeitig innert gerichtlich angesetzter Frist (Art. 232 Abs. 2 ZPO) – grundsätzlich keine Entgegnung auf Schlussvortrag der Gegenpartei[157]. Ausnahmen: └ Anordnung Stellungnahme durch Gericht (insbesondere bei zulässiger Klageänderung oder zulässigen neuen Vorbringen) └ unaufgeforderte Stellungnahme einer Partei → Rz 3.2
	Verzicht	die Parteien können – auf mündliche Schlussvorträge verzichten und beantragen, schriftliche Schlussvorträge einzureichen (Art. 232 Abs. 2 ZPO) – auf mündliche und schriftliche Schlussvorträge verzichten
Protokoll	nach den Vorschriften von Art. 235 ZPO → Rz 15.12	

VII. Klageänderung

Wie im ordentlichen Verfahren → Rz 15.10 16.13

157 Die Auffassung in der ZPO-Botschaft (BBl 2006 7342), auch bei schriftlichen Schlussvorträgen bestehe ein Recht der Parteien auf Replik und Duplik, ist abzulehnen. Damit müsste nach der Hauptverhandlung noch ein doppelter Rechtsschriftenwechsel stattfinden, was mit dem Grundsatz der beförderlichen Prozesserledigung unvereinbar ist.

VIII. Neue Vorbringen

16.14

<table>
<tr><th>Grundlage</th><th colspan="3">Art. 229 ZPO</th></tr>
<tr><td>Begriff/Arten</td><td colspan="3">wie im ordentlichen Verfahren
→ Rz 15.11</td></tr>
<tr><td>Zeitpunkt (Grundsatz)</td><td colspan="3">– alle Vorbringen der Parteien sind so bald wie möglich in den Prozess einzubringen
– soweit verspätete Vorbringen noch zulässig sind, führen sie zur Überbindung der durch sie bewirkten Mehrkosten (Art. 108 ZPO)</td></tr>
<tr><td rowspan="3">Zeitpunkt (Lockerungen)</td><td>Verfahren ohne Rechtsschriftenwechsel</td><td colspan="2">– neue Vorbringen sind im Rahmen der mündlichen Begründung von Klage, Klageantwort, Replik und Duplik in einer Instruktionsverhandlung oder in der Hauptverhandlung unbeschränkt zulässig
– das Gleiche gilt für Widerklage, Widerklageantwort, Widerklagereplik und Widerklageduplik
– wenn die Untersuchungsmaxime gilt, sind neue Vorbringen bis zur Urteilsberatung möglich (Art. 229 Abs. 3 ZPO)</td></tr>
<tr><td rowspan="2">Verfahren mit Rechtsschriftenwechsel (Verhandlungsmaxime)</td><td>Grundsatz</td><td>neue Vorbringen sind bis zum Aktenschluss uneingeschränkt möglich
der Aktenschluss erfolgt[158]
– nach dem zweiten Rechtsschriftenwechsel
– bei einfachem Rechtsschriftenwechsel
└ nach der Instruktionsverhandlung, wenn sie der Ergänzung des Sachverhalts dient (Art. 226 Abs. 2 ZPO)
└ sonst nach den ersten Parteivorträgen in der Hauptverhandlung (Art. 229 Abs. 2 ZPO)[159]</td></tr>
<tr><td>Erweiterung</td><td>bis spätestens in der Hauptverhandlung sind neue Vorbringen noch eingeschränkt möglich, wenn
– sie ohne Verzug vorgebracht werden und
– es sich um echte Noven handelt
oder
unechte Noven trotz zumutbarer Sorgfalt nicht vorher vorgebracht werden konnten
(Art. 229 Abs. 1 ZPO)</td></tr>
</table>

158 BGE 140 III 312 E. 6.3.2.

159 Verzichten in diesem Fall die Parteien auf eine Hauptverhandlung, sind neue Vorbringen noch bis zur Verzichtserklärung möglich.

(Zeitpunkt (Lockerungen))	**Verfahren mit Rechtsschriftenwechsel (Untersuchungsmaxime)**	neue Vorbringen sind bis zur Urteilsberatung möglich (Art. 229 Abs. 3 ZPO) die Urteilsberatung beginnt – mit Schluss der Hauptverhandlung[160] bzw. nach Fristablauf für schriftliche Schlussvorträge (Art. 232 Abs. 2 ZPO) oder – mit dem Verzicht der Parteien auf eine Hauptverhandlung
Substanziierung Zulassungsgrund	Zulässigkeit der Noven ist – zu begründen, wo besondere Voraussetzungen bestehen ⇒ Fälle von Art. 229 Abs. 1 ZPO – nicht zu begründen, wenn sie offenkundig bzw. unzweifelhaft ist ⇒ Fälle von Art. 229 Abs. 2 und 3 ZPO[161]	

IX. Protokoll

Wie im ordentlichen Verfahren → Rz 15.12 16.15

X. Beendigung des Verfahrens

Wie im ordentlichen Verfahren → Rz 15.13 16.16

XI. Entscheid/Rechtskraft

Wie im ordentlichen Verfahren → Rz 15.14 16.17

160 BGE 138 III 788 E. 4.

161 Je nach Sachlage auch gewisse Fälle von Art. 229 Abs. 1 lit. a ZPO.

§ 17 Summarisches Verfahren (Art. 248–273, 302–306 ZPO)

I. Geltungsbereich

17.1

Grundlage	**Art. 248 ZPO**
Anwendungsfälle	– vom Gesetz bestimmte Fälle (Art. 119 Abs. 3, Art. 249–251, 271, 302, 305, 339 Abs. 2, Art. 350 Abs. 2 i.V.m. Art. 339 Abs. 2 ZPO) – Rechtsschutz in klaren Fällen («Befehlsverfahren», Art. 257 ZPO) – gerichtliches Verbot (Art. 258 ff. ZPO) – vorsorgliche Massnahmen (Art. 158, 261 ff., 276, 303 f., 374 Abs. 1 und 2 ZPO) – Angelegenheiten der freiwilligen Gerichtsbarkeit (u.a. in Art. 249 und 250 ZPO enthalten) – weitere in Art. 248 ZPO nicht ausdrücklich erwähnte Anwendungsfälle[162] (Art. 49 f., 82, 99 ff., 120, 123, 148 f., 362, 366 Abs. 2 lit. b, Art. 368 Abs. 2, Art. 369 Abs. 3, Art. 370 Abs. 2 ZPO, Summarverfahren in Spezialgesetzen des Bundesprivatrechts)

II. Formen des summarischen Verfahrens

17.2

Allgemeines	– die ZPO sieht eine Grundform und daneben einige besondere Formen des summarischen Verfahrens vor; diese unterscheiden sich von der Grundform allerdings nur unwesentlich – soweit für die besonderen Formen nicht ergänzende oder abweichende Verfahrensregeln gelten, bleiben die Art. 252–256 ZPO anwendbar
Grundform	summarisches Verfahren (Art. 252–256 ZPO)
besondere Formen	– summarische eherechtliche Verfahren (Art. 271–273 ZPO) – summarisches Verfahren für Kinderbelange in familienrechtlichen Angelegenheiten (Art. 302 ZPO) – summarisches Verfahren für vorsorgliche Massnahmen im Unterhaltsprozess (Art. 303 f. ZPO) – summarisches Verfahren bei eingetragener Partnerschaft (Art. 305 f. ZPO)

162 Soweit es sich nicht um eigentliche Summarverfahren handelt, sind die Regeln von Art. 252–256 ZPO zumindest sinngemäss anwendbar.

III. Verfahrensgrundsätze

17.3

Grundlagen	Art. 52 ff., 255, 272, 296, 306 ZPO	
Verhandlungs- und Untersuchungsgrundsatz	Regel	**Verhandlungsgrundsatz:** es ist Sache der Parteien, dem Gericht die Tatsachen, auf die sie ihre Begehren stützen, darzulegen und die Beweismittel zu nennen → Rz 3.4
	Ausnahme	**Untersuchungsgrundsatz:** es bleibt grundsätzlich Sache der Parteien, dem Gericht die Tatsachen, auf die sie ihre Begehren stützen, darzulegen und die Beweismittel zu nennen; das Gericht hat aber zusätzlich ebenfalls zur Stoffsammlung beizutragen im Bereich des umfassenden Offizialgrundsatzes (wo das Gericht ohne Rücksicht auf Anträge von Amtes wegen zu entscheiden hat), gilt der uneingeschränkte Untersuchungsgrundsatz: zwar besteht auch hier die Mitwirkungspflicht der Parteien, das Gericht hat aber von sich aus jede Abklärung zu treffen, die nötig oder geeignet ist, den massgeblichen Sachverhalt zu ermitteln → Rz 3.5 Anwendungsfälle: – Gericht entscheidet als Konkurs- oder Nachlassgericht (Art. 255 lit. a ZPO) – freiwillige Gerichtsbarkeit (Art. 255 lit. b ZPO) – Massnahmen zum Schutz der ehelichen Gemeinschaft (nach Art. 271 ZPO) – vorsorgliche Massnahmen im Scheidungsverfahren (Art. 276 ZPO) – bestimmte Entscheide in Kinderbelangen in familienrechtlichen Angelegenheiten inkl. vorsorgliche Massnahmen bei Vaterschaftsklage (Art. 302 ff. ZPO) – bestimmte Entscheide im Verfahren bei eingetragener Partnerschaft (Art. 305 ZPO)

Dispositions- und Offizialgrundsatz	**Regel**	**Dispositionsgrundsatz:** die Parteien können über den Streitgegenstand verfügen; das Gericht darf einer Partei – nicht mehr und nichts anderes zusprechen, als sie verlangt – nicht weniger zusprechen, als die Gegenpartei anerkennt → Rz 3.9
	Ausnahme	**Offizialgrundsatz:** die Befugnis der Parteien, über den Streitgegenstand zu verfügen, ist eingeschränkt oder relativiert: – eine Gesuchsanerkennung ist ausgeschlossen – das Gericht ist nicht an die Parteianträge gebunden und kann auch ohne Parteianträge entscheiden → Rz 3.10 Anwendungsfälle: – Prüfung der Prozessvoraussetzungen von Amtes wegen (Art. 60 ZPO) – Aufhebung oder Abänderung einer Anordnung der freiwilligen Gerichtsbarkeit von Amtes wegen (Art. 256 Abs. 2 ZPO) – Verpflichtung der gesuchstellenden Partei zu Sicherheitsleistung bei superprovisorischen Massnahmen von Amtes wegen (Art. 265 Abs. 3 ZPO) – Entscheid über Kinderbelange in familienrechtlichen Angelegenheiten ohne Bindung an die Parteianträge (Art. 296 Abs. 3 ZPO)[163] – Art der zu erteilenden Rechtsöffnung (definitive oder provisorische)[164]
weitere Verfahrensgrundsätze	→ Rz 3.1	

163 Ausnahme: Die vorsorglichen Massnahmen bei Vaterschaftsklage nach Art. 303 ZPO dürfen nur auf Gesuch der klagenden Partei angeordnet werden.

164 BGE 140 III 372 E. 3.5.

IV. Standardablauf

17.4

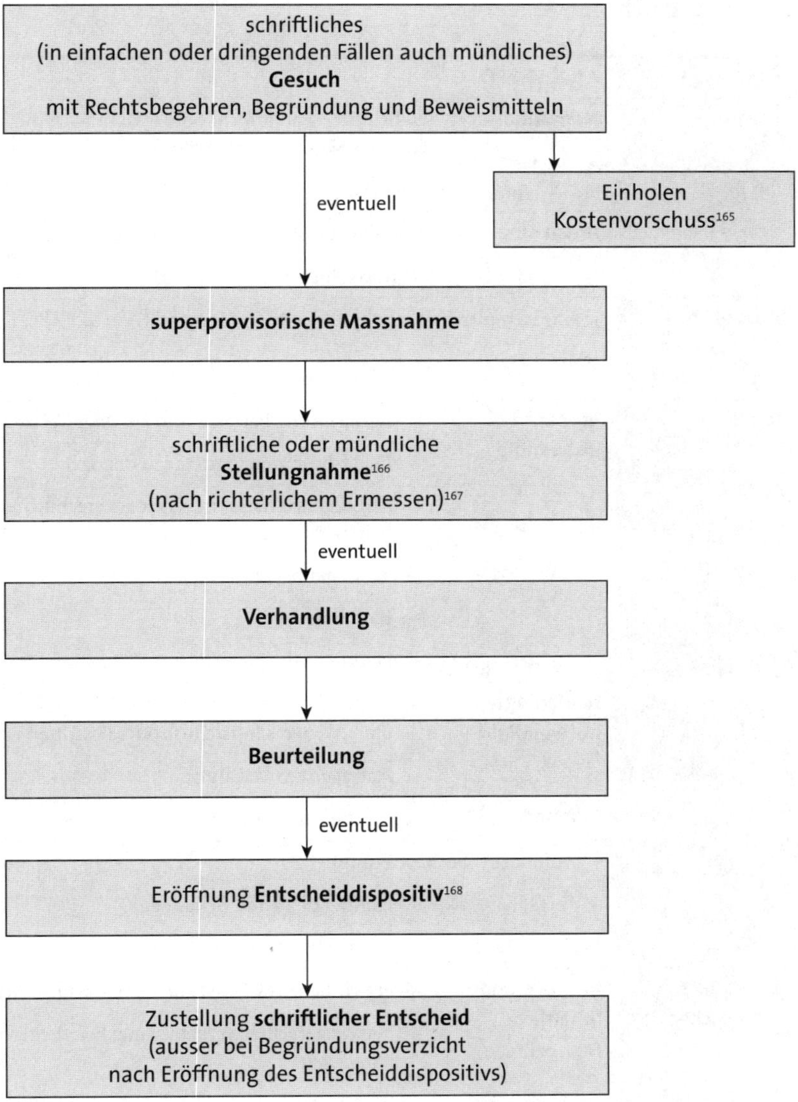

165 Wird der Kostenvorschuss nicht oder verspätet geleistet, wird auf das Gesuch nicht eingetreten. – In Verfahren ohne Gerichtskosten (Art. 114, 116 ZPO) entfällt das Einholen eines Kostenvorschusses.

166 Bei offensichtlich unzulässigem oder offensichtlich unbegründetem Gesuch ist keine Stellungnahme einzuholen (Art. 249 ZPO).

167 Grundsätzlich findet kein zweiter Rechtsschriftenwechsel statt BGE (138 III 252 E. 2.1). Die Parteien können allerdings unaufgefordert weitere Stellungnahmen einreichen (BGE 138 I 484 E. 2.4).

168 Art. 239 ZPO ist auch im summarischen Verfahren anwendbar (BGer 4A_72/2014 vom 2.6.2014, E. 5).

V. Rechtsschriften

1. Gesuch

17.5

Grundlage	Art. 252 ZPO	
Form	Normalfall	schriftlich (Papierform oder elektronisch mit anerkannter elektronischer Signatur; Art. 130 ZPO) → Rz 9.3
	Ausnahme	mündlich in einfachen oder dringenden Fällen (Protokollierung bei Gericht)
Anzahl bei Eingabe in Papierform	je ein Exemplar für Gericht und jede Gegenpartei (Art. 131 ZPO) → Rz 9.3	
Inhalt	immer notwendig	– Bezeichnung Parteien und allfällige Vertreter – Rechtsbegehren (Anträge in der Sache) – Angabe Streitwert (in vermögensrechtlichen Angelegenheiten)[169] – Tatsachenbehauptungen – Beweisanträge – Datum und Unterschrift
	fallbedingt notwendig	– Prozessvoraussetzungen (soweit ihr Bestehen zweifelhaft, nicht ohne Weiteres feststellbar oder bestritten ist) – Anträge zum Verfahren
	fakultativ	rechtliche Begründung (Art. 221 Abs. 3 ZPO)
Beilagen	– Vollmacht (bei Vertretung) – verfügbare, als Beweismittel dienende Urkunden (vgl. Art. 221 Abs. 2 und Art. 244 Abs. 3 ZPO)	
Mängel des schriftlichen Gesuchs	formelle und inhaltliche Mängel	– gerichtliche Nachfrist zur Verbesserung (Art. 132 Abs. 1 ZPO)[170] – bei fristgerechter Verbesserung: kein Unterbruch der Rechtshängigkeit – bei Nichteinhalten Nachfrist: Gesuch gilt als nicht eingereicht, Verfahren wird abgeschrieben (Art. 132 Abs. 1 ZPO)

169 S. LGVE 2011 I Nr. 27.

170 Fehlende Tatsachenbehauptungen können nicht auf dem Weg der Verbesserung nachgeholt werden. – Wurden keine Rechtsbegehren gestellt und ergeben sich solche auch nicht sinngemäss aus den Ausführungen im Gesuch, ist auf dieses nicht einzutreten. Eine Verbesserung ist nicht möglich.

(Mängel des schriftlichen Gesuchs)	**querulatorisches und missbräuchliches Gesuch**	unbeachtlich, wird ohne weiteres zurückgeschickt (Art. 132 Abs. 3 ZPO)	
besondere Gesuchsformen	**subjektive Klagenhäufung**	**notwendige Streitgenossenschaft**	gemeinsames Gesuch der Streitgenossen (Art. 70 Abs. 1 ZPO) → Rz 5.7
		einfache Streitgenossenschaft	gemeinsames[171] Gesuch oder getrennte Gesuche möglich (Art. 71 Abs. 1 und 3 ZPO) → Rz 5.8 und 6.2
	objektive Klagenhäufung	gleichzeitiges Geltendmachen mehrerer Ansprüche des Gesuchstellers gegen den Gesuchsgegner im gleichen Gesuch (mehrere Hauptbegehren oder Verbindung von Haupt- und Eventualbegehren) Voraussetzungen ⇒ Art. 15 Abs. 2 und Art. 90 ZPO → Rz 6.2	
	Streitverkündungsklage	unzulässig (Art. 81 Abs. 3 ZPO)	
	doppelseitige Klage	Gesuch, bei der nach der Natur des streitigen Rechtsverhältnisses auch der Gesuchsgegner ohne Widerklage Anträge auf Zusprechung von Rechten oder Ansprüchen stellen kann → Rz 6.4	

2. Stellungnahme

17.6

Grundlage	**Art. 253 ZPO**	
Notwendigkeit	**Grundsatz**	ja
	Ausnahme	nein, wenn Gesuch offensichtlich unzulässig oder unbegründet ist
Form	schriftlich (nach Art. 130 ZPO) oder mündlich (nach Ermessen Gericht)[172]	
Anzahl bei Eingabe in Papierform	je ein Exemplar für Gericht und jede Gegenpartei (Art. 131 ZPO) → Rz 9.3	
Gliederung	die schriftliche Stellungnahme ist – soweit möglich – wie das Gesuch zu gliedern; andernfalls kann sie als formell mangelhaft betrachtet und zur Verbesserung innert Nachfrist zurückgewiesen werden (Art. 132 Abs. 1 ZPO)	

171 Ausgeschlossen, wenn für die einzelnen Gesuche nicht die gleiche Verfahrensart anwendbar ist (Art. 71 Abs. 2 ZPO).

172 Wenn Gericht nach Eingang Gesuch sofort zur Verhandlung vorlädt, kann Gesuchsgegner trotzdem eine schriftliche Vernehmlassung einreichen.

<table>
<tr><td rowspan="3">Inhalt</td><td>immer notwendig</td><td>– Rechtsbegehren (Anträge in der Sache)
– Angabe Streitwert (in vermögensrechtlichen Angelegenheiten)
– eigene Tatsachenbehauptungen
– Anerkennung oder Bestreitung der Tatsachenbehauptungen des Gesuchstellers im einzelnen[173]
– Beweisanträge
(Art. 221 Abs. 1, Art. 222 Abs. 2 ZPO)</td></tr>
<tr><td>fallbedingt notwendig</td><td>– Bezeichnung Parteien und allfällige Vertreter (bei schriftlicher Stellungnahme)
– Prozessvoraussetzungen (soweit sie bestritten werden)
– Anträge zum Verfahren
– Datum und Unterschrift (bei schriftlicher Stellungnahme)</td></tr>
<tr><td>fakultativ</td><td>rechtliche Begründung (Art. 221 Abs. 3, Art. 222 Abs. 2 ZPO)</td></tr>
<tr><td>Beilagen</td><td colspan="2">– Vollmacht (bei Vertretung)
– verfügbare, als Beweismittel dienende Urkunden
(vgl. Art. 221 Abs. 2 und Art. 244 Abs. 3 ZPO)</td></tr>
<tr><td>Frist für schriftliche Stellungnahme</td><td colspan="2">gerichtlich angesetzte Frist, die aus zureichenden Gründen erstreckt werden kann (Art. 144 Abs. 2 ZPO; → Rz 9.6)</td></tr>
<tr><td>Säumnis</td><td colspan="2">bei versäumter Stellungnahme[174] trifft das Gericht den Endentscheid aufgrund der Akten, sofern es nicht von Amtes wegen
– den Sachverhalt feststellen muss
– infolge erheblicher Zweifel an der Richtigkeit einer nicht streitigen Tatsache Beweis erhebt (Art. 153 Abs. 2 ZPO)</td></tr>
<tr><td>formelle und inhaltliche Mängel der schriftlichen Stellungnahme</td><td colspan="2">– kurze gerichtliche Nachfrist zur Verbesserung (Art. 132 Abs. 1 ZPO)[175]
– bei fristgerechter Verbesserung innert Nachfrist wird Verfahren normal weitergeführt
– bei Nichteinhalten Nachfrist: gleiche Folge wie bei gänzlich versäumter Stellungnahme (s. oben «Säumnis»)</td></tr>
</table>

173 Tatsachenbehauptungen, die nicht oder nur pauschal bestritten werden, gelten als anerkannt.

174 Anders als im ordentlichen oder vereinfachten Verfahren ist im rasch zu erledigenden Summarverfahren der säumigen Partei keine Nachfrist (i.S.v. Art. 223 Abs. 1 ZPO) anzusetzen (BGE 138 III 483 E. 3 betreffend Rechtsöffnungsverfahren).

175 Fehlende Tatsachenbehauptungen können nicht auf dem Weg der Verbesserung nachgeholt werden. – Wurden keine Rechtsbegehren gestellt und ergeben sich solche auch nicht sinngemäss aus den Ausführungen in der Stellungnahme, ist eine entsprechende Verbesserung anzuordnen.

Stellungnahme in besonderen Fällen	**notwendige Streitgenossenschaft**	gemeinsame Stellungnahme der Streitgenossen (*e contrario* Art. 71 Abs. 3 ZPO)
	einfache Streitgenossenschaft	gemeinsame oder getrennte Stellungnahme möglich (Art. 71 Abs. 3 ZPO)
	doppelseitige Klage	Gesuchsgegner kann ohne Widerklage Anträge auf Zusprechung von Rechten oder Ansprüchen stellen (z.B. Gegenanträge im Eheschutzverfahren) → Rz 6.4

3. Widerklage

17.7

Grundlage	**Art. 224 ZPO**
Zulässigkeit	– gemäss ZPO-Botschaft[176] ist Widerklage zulässig, wenn sie das Verfahren nicht wesentlich verzögert; diese Einschränkung ist in der ZPO nicht erwähnt; sie lässt sich aber dem Charakter der Summarverfahrens als schnelles, einfaches Verfahren entnehmen – die Widerklage kommt ohnehin nur in wenigen Fällen in Betracht (etwa beim Rechtsschutz in klaren Fällen [Art. 257 ZPO] oder bei vorsorglichen Massnahmen [Art. 261 ff. ZPO]) und dürfte oft wegen der Beweismittelbeschränkung (Art. 254 ZPO) wenig Aussicht auf Erfolg haben – droht eine wesentliche Verfahrensverzögerung, ist die Widerklage (von Amtes wegen oder auf Parteiantrag) nach Art. 125 lit. d ZPO von der Hauptklage zu trennen und in ein separates Verfahren zu verweisen
Charakter	– selbständiges Gesuch des Gesuchsgegners zur Geltendmachung eigener Ansprüche in dem durch den Gesuchsteller eingeleiteten Verfahren – die Widerklage bleibt rechtshängig, auch wenn das Gesuch zurückgezogen oder auf es nicht eingetreten wird
Voraussetzungen	– gleiche Verfahrensart für Gesuch und Widerklage (Art. 224 Abs. 1 ZPO) – sachlicher Zusammenhang von Gesuch und Widerklage, wenn Gerichtsstand für Widerklage nur mit Art. 14 ZPO begründet werden kann[177]

176 BBl 2006 7350.

177 Ergibt sich der Gerichtsstand der Widerklage zusätzlich aus einer anderen Gerichtsstandsnorm oder einer Gerichtsstandklausel, können auch sachfremde (d.h. nicht konnexe) Gegenansprüche geltend gemacht werden.

Form	**Normalfall**	Papierform oder elektronisch mit anerkannter elektronischer Signatur (Art. 130 ZPO) → Rz 9.3 Stellungnahme und Widerklage sind in der gleichen Rechtsschrift zu vereinen, aber klar voneinander abzugrenzen[178]
	Ausnahme	mündlich (in einfachen Fällen)[179]
Anzahl bei Eingabe in Papierform	je ein Exemplar für Gericht und jede Gegenpartei (Art. 131 ZPO) → Rz 9.3	
Inhalt	**immer notwendig**	– Rechtsbegehren (Anträge in der Sache) – Angabe Streitwert (in vermögensrechtlichen Angelegenheiten) – Tatsachenbehauptungen[180] – Beweisanträge (Art. 221 Abs. 1 ZPO)
	fallbedingt notwendig	– Bezeichnung Parteien und allfällige Vertreter[181] (bei schriftlicher Widerklage) – Prozessvoraussetzungen (soweit ihr Bestehen zweifelhaft, nicht ohne Weiteres feststellbar oder bestritten ist) – Anträge zum Verfahren – Datum und Unterschrift (bei schriftlicher Widerklage)
	fakultativ	rechtliche Begründung (Art. 221 Abs. 3 ZPO)
Beilagen	– Vollmacht (bei Vertretung) – verfügbare, als Beweismittel dienende Urkunden (vgl. Art. 221 Abs. 2 ZPO)	
Frist für schriftliche Widerklage	innert der gerichtlich angesetzten (aus zureichenden Gründen erstreckbaren) Frist für die Stellungnahme (Art. 224 Abs. 1 ZPO)	

178 Die Abgrenzung ist notwendig, damit bei Wegfall des Gesuchs oder bei Trennung der Verfahren (Art. 125 lit. d ZPO) klar ist, welche Anträge und Ausführungen die Widerklage betreffen. Entgegen dem Wortlaut der ZPO ist – gerade auch unter diesem Gesichtspunkt – die gleichzeitige Einreichung von Stellungnahme und Widerklage in getrennten Rechtsschriften zu akzeptieren.

179 Wenn das Gericht eine schriftliche Stellungnahme anordnet, ist die Widerklage mit dieser zu vereinigen und kann nicht mündlich abgegeben werden.

180 Anforderungen an die Substanziierung: BGer 4A_591/2012 vom 20.2.2013, E. 2.1.

181 Nur notwendig, wenn nicht identisch mit Gesuch (z.B. Widerklage gegen nur einen von mehreren Gesuchstellern).

Mängel der schriftlichen Widerklage	**formelle und inhaltliche Mängel**	– gerichtliche Nachfrist zur Verbesserung (Art. 132 Abs. 1 ZPO)[182] – bei fristgerechter Verbesserung: kein Unterbruch der Rechtshängigkeit – bei Nichteinhalten Nachfrist: Widerklage gilt als nicht eingereicht , Widerklageverfahren wird abgeschrieben (Art. 132 Abs. 1 ZPO)
	querulatorische und missbräuchliche Widerklage	unbeachtlich, wird ohne weiteres zurückgeschickt (Art. 132 Abs. 3 ZPO)
besondere Widerklageformen	analog wie bei Gesuch → Rz 17.5	

VI. Verhandlung

17.8

Grundlagen	**Art. 256 Abs.1, Art. 273, 306 ZPO**	
Notwendigkeit	**Grundsatz**	Gericht kann auf Verhandlung verzichten und auf Grundlage der Akten entscheiden[183]
	Ausnahmen	– Gesetz schreibt Verhandlung vor: └ im summarischen eherechtlichen Verfahren (auf Verhandlung kann nur bei klarem oder unbestrittenem Sachverhalt verzichtet werden; Art. 273 Abs. 1 ZPO) └ im summarischen Verfahren bei eingetragener Partnerschaft (auf Verhandlung kann nur bei klarem oder unbestrittenem Sachverhalt verzichtet werden; Art. 273 Abs. 1 i.V.m. Art. 306 ZPO) – wenn Sachverhaltsfeststellung von Amtes wegen (vgl. Art. 153, 254 Abs. 2 lit. c, Art. 255 ZPO) Beweisabnahme an einer Verhandlung erfordert (z.B. Zeugenbefragung) – wenn nach Art. 254 Abs. 2 lit. a und b ZPO zulässige Beweisabnahme Verhandlung erfordert (z.B. Zeugenbefragung)

182 Fehlende Tatsachenbehauptungen können nicht auf dem Weg der Verbesserung nachgeholt werden. – Wurden keine Rechtsbegehren gestellt wurden und ergeben sich solche auch nicht sinngemäss aus den Ausführungen der Widerklage, ist auf diese nicht einzutreten. Eine Verbesserung ist nicht möglich.

183 BGer 5D_141/2014 vom 22.1.2015, E. 4 f. (zur Publikation vorgesehen).

Besetzung Gericht	**ZH**	Einzelgericht (§ 24 lit. c, § 45 GOG)
	BE	Einzelrichter (Art. 12 Abs. 2 lit. c und Abs. 4 EG ZSJ, Art. 45 Abs. 2 GSOG)
	LU	Einzelrichter (§ 18a Abs. 1 lit. c, § 35 Abs. 1 lit. c JusG)
Hauptzwecke	– Ergänzung Parteivorbringen (Sachverhalt, Beweisangebote etc.) – Klärung Prozessstoff (Art. 56 ZPO) – Beweisabnahme – freie, formlose Erörterung der Streitigkeit – Vergleichsverhandlungen[184]	
Inhalt/Ablauf Verhandlung	– keine Regelung in ZPO – Bestimmung durch Richter nach freiem Ermessen – nicht alle Hauptzwecke müssen Verhandlungsinhalt bilden: die Verhandlung kann sich z.B. auf eine Beweisabnahme oder auf Vergleichsverhandlungen beschränken	
Vorladung	– Inhalt: Art. 133 ZPO – Zeitpunkt: mindestens 10 Tage vor Verhandlungstermin, sofern Gesetz nichts anderes bestimmt (Art. 134 ZPO)[185] → Rz 9.4	
Verschiebung Verhandlung	aus zureichenden Gründen von Amtes wegen oder auf Parteiantrag möglich (Art. 135 ZPO) → Rz 9.4	
Erscheinen der Parteien	**Pflicht zum persönlichen Erscheinen/ Dispensation**	– im summarischen eherechtlichen Verfahren und im summarischen Verfahren bei eingetragener Partnerschaft, sofern das Gericht die Parteien nicht wegen Krankheit, Alter oder aus anderen wichtigen Gründen dispensiert (Art. 273 Abs. 2, Art. 306 ZPO) – wenn Richter persönliches Erscheinen einer Partei anordnet (Art. 68 Abs. 4 ZPO); eine Dispensation wegen Krankheit, Alter oder anderen zwingenden Gründen ist möglich – wird eine persönlich vorgeladene Partei von der Verhandlungsteilnahme dispensiert, hat ein Vertreter zu erscheinen

184 Vergleichsvorschläge des Richters oder einer Partei sind nicht bindend und lassen weder auf eine ausreichende Substanziierung der Forderung noch auf den Bestand einer Leistungspflicht schliessen.

185 Das Unterschreiten der Minimalfrist führt nicht zur Ungültigkeit der Vorladung oder der Verhandlung. Eine nicht erscheinende Partei kann aber nicht als säumig betrachtet werden; in diesem Fall ist auf Kosten des Staates zu einer neuen Verhandlung vorzuladen.

(Erscheinen der Parteien)	**Vertretung/ Verbeiständung**	– sofern eine Partei nicht zum persönlichen Erscheinen vorgeladen wurde (Art. 68 Abs. 4 ZPO), kann sie sich vertreten lassen (Art. 68 Abs. 1 ZPO); Vertretung kann auch gerichtlich angeordnet werden (Art. 69 Abs. 1 ZPO) → Rz 5.4 und 5.5 – Verbeiständung ist immer möglich → Rz 5.6
	Säumnis	– erscheint eine Partei unentschuldigt nicht, wird die Verhandlung ohne sie durchgeführt (Art. 147 Abs. 2 ZPO); erscheint nur der Vertreter einer persönlich vorgeladenen Partei, sind dessen Prozesshandlungen aber gültig – wenn das Gesetz persönliches Erscheinen vorschreibt (→ Rz 5.4) oder das Gericht dies als notwendig erachtet (Art. 68 Abs. 4 ZPO), wird zu einer neuen Verhandlung vorgeladen; die säumige Partei trägt die Mehrkosten (Art. 108 ZPO) und kann (bei bös- oder mutwilligem Nichterscheinen) mit einer Ordnungsbusse bestraft werden (Art. 128 Abs. 3 ZPO)
Protokoll	nach den Vorschriften von Art. 235 ZPO → Rz 15.12	

VII. Beweisverfahren

17.9

Grundlage	**Art. 150 ff., 254, 296 ZPO**		
Beweismittel	**Arten**	**Grundsatz**	alle in Art. 168 ZPO erwähnten Beweismittel
		Ausnahme	im Bereich des uneingeschränkten Untersuchungsgrundsatzes gilt der sog. Freibeweis (d.h. in Art. 168 ZPO nicht erwähnte Beweismittel sind zulässig)
	Zulässigkeit	**immer**	Urkunden schriftliche Zeugenaussagen zur Glaubhaftmachung von Tatsachen sind zulässig → Rz 10.18

(Beweismittel)	**(Zulässigkeit)**	**beschränkt**	je nach Natur des Summarverfahrens[186] alle anderen Beweismittel, wenn – sie das Verfahren nicht wesentlich verzögern – es der Verfahrenszweck erfordert – Richter den Sachverhalt von Amtes wegen festzustellen hat
Beweisverfahren	nach den allgemeinen Vorschriften von Art. 150 ff. ZPO → Rz 10.1 ff.		
besondere Mitwirkungspflicht	in Statusprozessen haben Parteien und Dritte an Untersuchungen mitzuwirken, die nötig und ohne Gefahr für die Gesundheit sind; die Bestimmungen über die Verweigerungsrechte der Parteien und von Dritten sind nicht anwendbar (Art. 296 Abs. 2 ZPO)		
Beweismass	**Grundsatz**	Regelbeweismass (strikter Beweis)[187]	
	Ausnahme	aus dem Gesetz oder dessen Auslegung ergibt sich eine Herabsetzung des Beweismasses[188]	

VIII. Klageänderung

17.10

Grundlage	**Art. 227 ZPO**	
Begriff	Geltendmachung eines geänderten oder eines neuen Anspruchs (Art. 227 Abs. 1 ZPO) der geänderte/neue Anspruch muss nicht notwendigerweise auf dem identischen Klagefundament (d.h. dem identischen Lebensvorgang) basieren (s. immerhin unten Ziffer 2 der Voraussetzungen)[189]	
Zulässigkeit	**Grundsatz**	zulässig (Art. 227 ZPO)
	Ausnahme	Klageänderung ist im Einzelfall mit der Notwendigkeit eines schnellen Entscheids nicht vereinbar ⇒ Richter kann Klageänderung als unzulässig erklären und auf geändertes Rechtsbegehren nicht eintreten[190]

186 Bei Summarverfahren im eigentlichen Sinne (Charakteristik: blosses Glaubhaftmachen der Tatsachen, summarische Rechtsprüfung, provisorischer und damit nicht in materielle Rechtskraft erwachsender Entscheid) ist nur der Beweis mit Urkunden zulässig; Beispiele: provisorische Rechtsöffnung, Einsprache gegen den Arrestbefehl (BGE 138 III 363 E. 4).

187 Für das Gelingen des Gegenbeweises ist bloss erforderlich, dass der Hauptbeweis erschüttert wird, nicht aber auch, dass das Gericht von der Schlüssigkeit der Gegendarstellung überzeugt wird (BGer 4A_383/2013 vom 2.12.2013, E. 4.2.2).

188 BGE 140 III 610 E. 4.3.1.

189 Im Gegensatz zum früheren luzernischen Zivilprozessrecht (§ 98 ZPO LU) besteht daher kein Anlass mehr, zwischen einer «Klageänderung» (mit Wechsel des Klagefundaments) und einer «Änderung der Rechtsbegehren» (ohne Wechsel des Klagefundaments) zu unterscheiden. Neu kann immer der Begriff «Klageänderung» verwendet werden.

190 Dies ist z.B. der Fall, wenn der Streitwert der geänderten Klage die sachliche Zuständigkeit des Gerichts übersteigt und eine Prozessüberweisung (Art. 227 Abs. 2 ZPO) erfolgen müsste.

Voraussetzungen	1. geänderter/neuer Anspruch ist nach der gleichen Verfahrensart zu beurteilen 2. geänderter/neuer Anspruch steht mit dem bzw. mit einem bisherigen in einem sachlichen Zusammenhang oder Gegenpartei stimmt der Klageänderung zu (Art. 227 Abs. 1 ZPO)
Zeitpunkt	solange möglich, als Verfahren nicht unzumutbar verzögert wird
Abgrenzung: **Beschränkung des Anspruchs**	– eine reine Beschränkung des Anspruchs └ stellt keine Klageänderung dar └ ist jederzeit zulässig – das angerufene Gericht bleibt zuständig (Art. 227 Abs. 3 ZPO)

IX. Neue Vorbringen

17.11

Grundlage	**Art. 229 ZPO**		
Begriff/Arten	wie im ordentlichen Verfahren → Rz 15.11		
Zeitpunkt (Grundsatz)	– alle Vorbringen der Parteien sind so bald wie möglich in den Prozess einzubringen – soweit verspätete Vorbringen noch zulässig sind, führen sie zur Überbindung der durch sie bewirkten Mehrkosten (Art. 108 ZPO)		
Zeitpunkt (Lockerungen)	**bei Verhandlungsmaxime**	**rein schriftliches Verfahren**	nach dem Rechtsschriftenwechsel sind echte Noven bis zur Entscheidfällung zulässig, unechte Noven nur, wenn sie trotz zumutbarer Sorgfalt nicht schon im Rechtsschriftenwechsel vorgebracht werden konnten die Noven sind ohne Verzug vorzutragen
		Verfahren mit Verhandlung	nach der (letzten) Verhandlung sind echte Noven bis zur Entscheidfällung zulässig, unechte Noven nur, wenn sie trotz zumutbarer Sorgfalt nicht schon bis zur (letzten) Verhandlung vorgebracht werden konnten die Noven sind ohne Verzug vorzutragen
	bei Untersuchungsmaxime	neue Vorbringen sind bis zur Entscheidfällung möglich (Art. 229 Abs. 3 ZPO) die Noven sind ohne Verzug vorzutragen	

Substanziierung Zulassungsgrund	Zulässigkeit der Noven ist – zu begründen, wo besondere Voraussetzungen bestehen ⇒ Fälle von Art. 229 Abs. 1 ZPO – nicht zu begründen, wenn sie offenkundig bzw. unzweifelhaft ist ⇒ Fälle von Art. 229 Abs. 3 ZPO[191]

X. Protokoll

17.12 Wie im ordentlichen und vereinfachten Verfahren → Rz 15.12

XI. Beendigung des Verfahrens

17.13 Wie im ordentlichen und vereinfachten Verfahren → Rz 15.13

XII. Entscheid/Rechtskraft

17.14 Wie im ordentlichen und vereinfachten Verfahren → Rz 15.14

XIII. Besondere Summarverfahren

1. Rechtsschutz in klaren Fällen («Befehlsverfahren»)

17.15

Grundlage	**Art. 257 ZPO**
Charakter	– Erkenntnisverfahren zum raschen Erhalt eines rechtskräftigen und vollstreckbaren Entscheids – auf Antrag der obsiegenden Partei können im Endentscheid Vollstreckungsmassnahmen angeordnet werden (Art. 236 Abs. 3 ZPO)[192]

191 Je nach Sachlage auch gewisse Fälle von Art. 229 Abs. 1 lit. a ZPO.

192 LGVE 2011 I Nr. 33.

<table>
<tr><td rowspan="2">Zulässigkeit</td><td>Grundsatz</td><td colspan="2">für alle Ansprüche (auch für Geldforderungen)[193]</td></tr>
<tr><td>Ausnahme</td><td colspan="2">unzulässig:
– wenn Streitsache dem Offizialgrundsatz unterliegt, d.h. wenn das Gericht nicht an die Parteianträge gebunden ist (Art. 257 Abs. 2 ZPO)
– für Ehescheidungs-, Ehetrennungs- und Eheungültigkeitsklagen
– für Klagen auf Auflösung und Ungültigerklärung der eingetragenen Partnerschaft</td></tr>
<tr><td>Abgrenzung zum ordentlichen und vereinfachten Verfahren</td><td colspan="3">– klagende Partei kann frei wählen, ob sie den Rechtschutz in klaren Fällen beanspruchen oder den ordentlichen Prozessweg (ordentliches bzw. vereinfachtes Verfahren) beschreiten will
– welches Verfahren die klagende Partei einschlagen will, kann im Zweifel durch Auslegung ihrer Begehren (gestützt auf die Begründung) ermittelt werden</td></tr>
<tr><td>Voraussetzungen</td><td colspan="3">– liquider Sachverhalt (Tatsachen sind widerspruchsfrei und klar vorgetragen[194] und unbestritten oder sofort beweisbar)
– liquide Rechtslage:
Rechtsfolge ergibt sich bei Anwendung des Gesetzes unter Berücksichtigung der Lehre und Rechtsprechung ohne weiteres; Liquidität fehlt in der Regel bei Ermessens- und Billigkeitsentscheiden des Gerichts mit wertender Berücksichtigung der gesamten Umstände[195]
(Art. 257 Abs. 1 ZPO)</td></tr>
<tr><td rowspan="3">Beweis</td><td>Beweismittel</td><td colspan="2">– zulässig sind grundsätzlich nur Urkunden und Augenschein an mitgebrachtem Objekt
– umstritten ist, ob ausnahmsweise (i.S.v. Art. 254 Abs. 2 ZPO) andere Beweismittel zulässig sind[196]
– Expertise ist ausgeschlossen</td></tr>
<tr><td rowspan="2">Beweismass</td><td>Gesuchsteller</td><td>voller (strikter) Beweis für die anspruchsbegründenden Tatsachen[197]</td></tr>
<tr><td>Gesuchsgegner</td><td>«beachtenswerte Einwendungen»
= substanziiert und schlüssig vorgetragene Einwendungen, die in tatsächlicher Hinsicht nicht sofort widerlegt werden können und die geeignet sind, die bereits gebildete richterliche Überzeugung zu erschüttern[198]</td></tr>
</table>

193 Beispiel: LGVE 2014 I Nr. 13.

194 LGVE 2011 I Nr. 34; ZR 113 (2014) Nr. 31: nach beendigtem Mietverhältnis besteht grundsätzlich ein liquider Anspruch auf Räumung des Mietobjekts.

195 BGE 141 III 23 E. 3.2; 138 III 728 E. 3.3; 138 III 123 E. 2.1.2.

196 Das Bundesgericht scheint dies nicht auszuschliessen (BGE 141 III 23 E. 3.2).

197 BGE 141 III 23 E. 3.2.

198 BGE 141 III 23 E. 3.2; 138 III 620 E. 5.1.1. – Zur Einrede der Verrechnung einer Gegenforderung mit der Mietzinsforderung bei Zahlungsrückstand des Mieters (Art. 257d OR) s. BGer 4A_140/2014 und 4A_250/2014 vom 6.8.2014, E. 5.2.

Entscheid	**Voraussetzungen erfüllt**	Gutheissung Gesuch (Anspruch gilt als materiell bejaht)
	Voraussetzungen nicht erfüllt	– Nichteintreten auf Gesuch (Art. 257 Abs. 3 ZPO) – eine materielle Abweisung ist nicht zulässig[199]
Rechtskraft	**gutheissender Entscheid**	formelle und materielle Rechtskraft[200]
	Nichteintretensentscheid	nur formelle, nicht materielle Rechtskraft ⇒ Anspruch kann in einem ordentlichen Prozess (d.h. im ordentlichen oder vereinfachten Verfahren) erneut geltend gemacht werden[201]; dafür wird keine Klagefrist angesetzt

2. Gerichtliches Verbot

17.16

Grundlage	**Art. 258–260 ZPO**
Charakter	nicht streitiges Verfahren auf Erlass eines gerichtlichen Verbots an einen unbestimmten Personenkreis zum Schutz des Grundeigentums (Verhinderung von Besitzesstörung)
Aktivlegitimation	dinglich an einem Grundstück berechtigte Person (insbesondere Eigentümer)
Adressaten	unbestimmter Personenkreis[202]
Inhalt	– Verbot der Besitzesstörung (untersagt werden kann jede denkbare Störung) – Strafandrohung (auf Antrag Busse bis CHF 2000) für Widerhandlungsfall (Art. 258 Abs. 1 ZPO)
Voraussetzungen	– Nachweis des dinglichen Rechts mit Urkunde – Glaubhaftmachung einer bestehenden oder drohenden Störung (Art. 258 Abs. 2 ZPO)

199 BGE 140 III 315 E. 5.

200 Im Gegensatz zum Befehlsverfahren der früheren ZPO LU (§ 226) kann daher der geltend gemachte Anspruch nicht mehr Gegenstand eines späteren ordentlichen Prozesses (ordentliches oder vereinfachtes Verfahren) bilden *(res iudicata)*.

201 Wird der ordentliche Prozess innert eines Monats (oder innert einer kürzeren gesetzlichen Klagefrist des SchKG) seit dem Nichteintretensentscheid beim zuständigen Gericht neu eingereicht, gilt als Zeitpunkt der Rechtshängigkeit das Datum des Gesuchs um Rechtsschutz in klaren Fällen (Art. 63 Abs. 1 und 3 ZPO).

202 Gegen konkrete Besitzesstörung durch bestimmte Personen ist in einem streitigen Verfahren vorzugehen (ordentlicher Prozess, Rechtsschutz in klaren Fällen oder vorsorgliche Massnahme).

<table>
<tr><td>Bekanntmachung Verbot</td><td colspan="2">– öffentliche Bekanntmachung
└ ZH: Amtsblatt des Kantons Zürich
└ BE: Amtsblatt des Kantons Bern
└ LU: Kantonsblatt
– Anbringen Verbotstafel auf dem Grundstück an gut sichtbarer Stelle
(Art. 259 ZPO)</td></tr>
<tr><td>Gültigkeitsdauer</td><td colspan="2">befristet oder unbefristet (Art. 258 Abs. 1 ZPO), entsprechend dem Antrag des Verbotsberechtigten[203]</td></tr>
<tr><td rowspan="4">Einsprache</td><td>Charakter</td><td>kein Rechtsmittel, sondern (rechtsvorschlagsähnlicher) Behelf zur (vorläufigen) Unwirksammachung des Verbots</td></tr>
<tr><td>Form</td><td>schriftliche Einsprache beim Gericht, welches das Verbot erlassen hat (vgl. Art. 29 Abs. 4 ZPO); die Einsprache bedarf keiner Begründung (Art. 260 Abs. 1 ZPO)</td></tr>
<tr><td>Frist</td><td>30 Tage seit Bekanntmachung und Anbringung des Verbots auf dem Grundstück (Art. 260 Abs. 1 ZPO)</td></tr>
<tr><td>Wirkungen</td><td>– Einsprache macht Verbot gegenüber der einsprechenden Person[204] unwirksam
– Verbotsberechtigter hat zur Durchsetzung des Verbots gegenüber der einsprechenden Person den Prozessweg zu beschreiten
(Art. 260 Abs. 2 ZPO)</td></tr>
<tr><td>Aufhebungsklage</td><td colspan="2">in der ZPO nicht erwähnt; der Betroffene kann indessen in einem streitigen Verfahren auf Aufhebung eines Verbots klagen, soweit dieses ein ihm zustehendes Recht beeinträchtigt[205]</td></tr>
</table>

203 Das Gericht kann anstelle eines beantragten unbefristeten auch nur ein befristetes Verbot anordnen, wenn es nur eine vorübergehende und keine dauernde Besitzesstörung als glaubhaft erachtet. Ebenso kann es eine kürzere Befristung des Verbots anordnen, als beantragt ist.

204 Gegenüber den übrigen Verbotsadressaten bleibt das Verbot wirksam.

205 Es handelt sich dabei um eine negative Feststellungklage. Inhalt der Klage ist die Feststellung, dass das Verbot gegenüber dem Betroffenen (Kläger) nicht gilt.

altrechtliche gerichtliche Verbote	**Gültigkeit**	vor Inkrafttreten der ZPO erlassene gerichtliche Verbote bleiben entsprechend dem damaligen kantonalen Recht gültig[206]
	Bestrafung bei Widerhandlung	– war die Sanktionsnorm in der kantonalen ZPO[207] oder in einem in Hinblick auf die schweizerische ZPO aufgehobenen kantonalen Gesetz[208] enthalten, ist mangels einer Übergangsbestimmung in der ZPO und damit einer gesetzlichen Grundlage keine Bestrafung mehr möglich – ist die Sanktionsnorm in einem noch geltenden kantonalen Gesetz enthalten[209], ist eine Bestrafung noch möglich, aber – entsprechend Art. 258 Abs. 1 ZPO – nur noch auf Antrag und nur noch mit einer Busse bis CHF 2000; andere Sanktionen sind nicht mehr zulässig

3. Vorsorgliche Massnahmen

3.1. Übersicht

17.17

Grundlage	**Art. 261–269, 276, 303–304 ZPO**	
Charakter	Gewährung eines vorläufigen Rechtsschutzes für eine Partei vor oder während des Prozesses durch eine gerichtliche, zur Abwendung eines drohenden Nachteils geeignete Anordnung; Entscheid wird nicht materiell rechtskräftig	
Arten	**Sicherungsmassnahmen**	Zweck: Sicherung der Urteilsvollstreckung, Aufrechterhaltung bestehender Zustand während Prozessdauer Beispiele: – Art. 960 ZGB (Vormerkung von Verfügungsbeschränkungen im Grundbuch) – Art. 961 ZGB (Vormerkung von vorläufigen Eintragungen im Grundbuch, z.B. Bauhandwerkerpfandrecht)
	Regelungsmassnahmen	Zweck: vorläufige Gestaltung eines Dauerrechtsverhältnisses Beispiel: Art. 276 ZPO (Regelung des Getrenntlebens im Scheidungsprozess)[210]

206 **ZH:** Die Regelung von § 225 ZPO ZH enthielt keine Befristung von allgemeinen Verboten. – **LU:** Vor dem 1.1.2011 erlassene allgemeine Verbote nach § 229 ZPO LU bleiben damit in Kraft, bis der Berechtigte oder sein Rechtsnachfolger darauf verzichtet oder das Gericht es auf Gesuch eines Interessierten aufhebt, längstens aber 30 Jahre seit Erlass (§ 244 Abs. 2 ZPO LU). Die Erneuerung des Verbots erfolgt dagegen nach neuem Recht (Art. 258 ff. ZPO).

207 **ZH:** § 225 Abs. 2 ZPO ZH.

208 **BE:** Art. 118 EG ZGB.

209 **LU:** § 20 UeStG.

210 LGVE 2011 I Nr. 36. – Ob im Eheschutzverfahren vorsorgliche Massnahmen angeordnet werden können, ist umstritten. Das Bundesgericht hat die Frage mit Hinweis auf die Lehre offengelassen (BGer 5A_870/2013 vom 28.10.2014, E. 5).

(Arten)	**Leistungsmassnahmen**	Zweck: vorläufige Vollstreckung behaupteter Ansprüche während der Prozessdauer Beispiele: – Verbot drohender Persönlichkeitsverletzungen – Publikation einer Gegendarstellung – Hinterlegung und vorläufige Zahlung vor Feststellung der Vaterschaft (Art. 303 ZPO)
	Beweissicherungsmassnahmen	Zweck: Sicherung eines gefährdeten Beweises Beispiel: Art. 158 ZPO (vorsorgliche Beweisführung)
Einschränkungen des Anwendungsbereichs	vorbehalten sind die Bestimmungen – des SchKG über sichernde Massnahmen bei der Vollstreckung von Geldforderungen – des ZGB über die erbrechtlichen Sicherungsmassregeln – des PatG über die Klage auf Lizenzerteilung	
Inhalt	jede geeignete Anordnung zur Abwendung des drohenden Nachteils, insbesondere – Verbot – Anordnung zur Beseitigung eines rechtswidrigen Zustands – Anweisung an eine Registerbehörde oder eine dritte Person – Sachleistung – Geldleistung in den vom Gesetz bestimmten Fällen[211] (Art. 262 ZPO)	
allgemeine Voraussetzungen	**Verfügungsanspruch**	Begründetheit des Hauptbegehrens (Bestehen des materiellrechtlichen Anspruchs)
	Verfügungsgrund	– Gefährdung oder bereits bestehende Verletzung eines materiellrechtlichen Anspruchs – nicht leicht wieder gutzumachender Nachteil rechtlicher oder tatsächlicher Natur (eingeschlossen zeitliche Dringlichkeit)[212] (Art. 261 Abs. 1 ZPO)[213]

211 Für die übrigen Geldleistungen sind die Regeln des SchKG anwendbar.

212 Finanzieller Schaden gilt nur als relevanter Nachteil, wenn die Insolvenz des Gesuchsgegners droht oder die Schadenspositionen kaum bezifferbar sind (ZR 113 [2014] Nr. 33 E. 5).

213 Für die vorsorglichen Massnahmen bei der Vaterschaftsklage müssen nur die in Art. 303 ZPO erwähnten Voraussetzungen erfüllt sein.

zusätzliche Voraussetzungen bei Massnahmen gegen Medien	– Rechtsverletzung kann der gesuchstellenden Partei einen besonders schweren Nachteil verursachen – offensichtliches Fehlen eines Rechtfertigungsgrunds – Verhältnismässigkeit der Massnahme (Art. 266 ZPO)		
Zuständigkeit	**örtlich**	soweit Gesetz nichts anderes bestimmt, besteht zwingender Gerichtsstand am Ort der Zuständigkeit für die Hauptsache oder am Ort der Vollstreckung der Massnahme (Art. 13 ZPO)[214]	
	sachlich	**ZH**	vor Rechtshängigkeit der Hauptsache[215]: – erstinstanzlich: Einzelgericht (§ 24 lit. c GOG; § 142 GOG [vorsorgliche Beweisabnahme]; § 45 GOG i.V.m. Art. 5 Abs. 2 und Art. 6 Abs. 5 ZPO) – Obergericht (§ 43 GOG i.V.m. Art. 5 Abs. 2 ZPO): Kammer (ausser bei besonderer Dringlichkeit; § 31 Abs. 2 VOG) nach Rechtshängigkeit des Hauptsache: – erstinstanzlich: das in der Hauptsache zuständige Gericht[216] – Obergericht/Handelsgericht: Abteilung oder Kammer (ausser bei besonderer Dringlichkeit; § 31 Abs. 2 VOG)
		BE	vor Rechtshängigkeit der Hauptsache: – Regionalgericht (Einzelgericht; Art. 8 Abs. 1 EG ZSJ) – Präsident des Handelsgerichts (Art. 45 Abs. 2 Satz 3 GSOG) – Präsident der Zivilabteilung des Obergerichts (Art. 6 Abs. 2 Satz 2 EG ZSJ) nach Rechtshängigkeit des Hauptsache: – Instruktionsrichter (Art. 12 Abs. 3 lit. c EG ZSJ)
		LU	Einzelrichter des Bezirksgerichts, Arbeitsgerichts oder Kantonsgerichts (§ 18*a* Abs. 1 lit. c, § 35 Abs. 1 lit. c und f JusG)

214 Der Gerichtsstand des Vollstreckungsortes ist nicht auf dringliche Fälle beschränkt (BGE 138 III 555 E. 2).

215 Gemäss ZR 112 (2013) Nr. 21, E. 3.2 ist darunter erst die Rechtshängigkeit vor dem erstinstanzlichen Gericht zu verstehen und nicht bereits jene vor der Schlichtungsbehörde.

216 Darüber, ob für den Erlass von vorsorglichen Massnahmen nach Anhängigmachung des Prozesses (Art. 261 ZPO) das Sachgericht oder mit Blick auf § 24 lit. c GOG das Einzelgericht zuständig ist, besteht Uneinigkeit (vgl. Hauser/Schweri/Lieber, N 77 zu § 24 GOG ZH).

Zeitpunkt	**ZH**	vgl. soeben
	BE	vgl. soeben
	LU	vor oder während Rechtshängigkeit der Hauptsache
Verfahren		→ Rz 17.3–17.14, 17.20, 17.22
Ansetzung Klagefrist		– ist Klage in der Hauptsache noch nicht rechtshängig, setzt Gericht (bei Gutheissung des Massnahmengesuchs) der gesuchstellenden Partei eine Klagefrist an; die Klagefrist wird durch eine Berufung für die Dauer des Rechtsmittelverfahrens gehemmt[217] – Androhung für Nichteinhalten der Frist: Dahinfallen der Massnahme (Art. 263 ZPO)
Beweismass		– Glaubhaftmachung, nicht strikter Beweis glaubhaft machen bedeutet, dass nicht die volle Überzeugung des Richters begründet werden muss; es genügt, wenn für das Vorhandensein der Anspruchsgrundlagen eine Wahrscheinlichkeit spricht[218] – bei Leistungsmassnahmen wird in der Regel an das Glaubhaftmachen ein strengerer Massstab angelegt, weil der Eingriff für die betroffene Partei besonders schwerwiegend sein kann[219], es sei denn, die vorsorgliche Massnahme wird von einer Sicherheitsleistung abhängig gemacht – an die Glaubhaftmachung der Voraussetzungen für den vorläufigen Rechtsschutz sind weniger strenge Anforderungen zu stellen als sonst für die vorsorglichen Massnahmen[220]
Abwehrmöglichkeit		– Gericht kann von vorsorglicher Massnahme absehen, wenn Gegenpartei angemessene Sicherheit leistet (Art. 261 Abs. 2 ZPO) – bei nachträglicher Sicherheitsleistung kann vorsorgliche Massnahme aufgehoben werden (Art. 268 Abs. 1 ZPO)
Schutz der Gegenpartei	**Sicherheitsleistung**	– Gericht kann Anordnung vorsorglicher Massnahmen von einer Sicherheitsleistung der gesuchstellenden Partei abhängig machen, wenn Schaden für die Gegenpartei zu befürchten ist (Art. 264 Abs. 1 ZPO) – die Sicherheit kann auch im Nachhinein angeordnet, herabgesetzt oder erhöht werden – die geleistete Sicherheit ist freizugeben, wenn feststeht, dass keine Schadenersatzklage erhoben wird; bei Ungewissheit setzt das Gericht eine Frist zur Klage an (Art. 264 Abs. 3 ZPO)

217 BGE 139 III 486 E. 3.
218 BGE 132 III 715 E. 3.1; 130 III 321 E. 3.3.
219 BGE 138 III 378 E. 6.4.
220 BGE 137 III 563 E. 3.3; LGVE 2013 I Nr. 36.

(Schutz der Gegenpartei)	**Schadenersatz**	– die gesuchstellende Partei haftet der Gegenpartei (und allfälligen Dritten) für den aus einer ungerechtfertigten vorsorglichen Massnahme entstandenen Schaden; beweist sie, dass sie Gesuch in guten Treuen gestellt hat, so kann Gericht die Ersatzpflicht herabsetzen oder gänzlich von ihr entbinden (⇒ gemilderte Kausalhaftung; Art. 264 Abs. 2 ZPO) – der Schadenersatz gegen die gesuchstellende Partei ist in einem selbständigen Forderungsprozess geltend zu machen
Vollstreckung	**Grundsatz**	Gericht ordnet zugleich mit den vorsorglichen Massnahmen die erforderlichen Vollstreckungsmassnahmen an ⇒ kein separates Vollstreckungsverfahren erforderlich (Art. 267 ZPO)
	Ausnahme	Vollstreckung vorsorglicher Geldzahlungen erfolgt nach den Regeln des SchKG
Änderung/ Aufhebung/ Wegfall	**vor Rechtskraft des Entscheids in der Hauptsache** (Art. 268 Abs. 1 ZPO)	möglich, wenn sich – Umstände geändert haben – Massnahme nachträglich als ungerechtfertigt erweist
	mit Rechtskraft des Entscheids in der Hauptsache (Art. 268 Abs. 2 ZPO)	**Grundsatz:** Massnahmen fallen von Gesetzes wegen dahin **Ausnahme:** Gericht ordnet Weitergeltung an, wenn – es der Vollstreckung dient[221] – das Gesetz dies vorsieht
	mit Ablauf der Klagefrist	vorsorgliche Massnahme vor Rechtshängigkeit der Hauptsache fallen dahin, wenn die angesetzte Klagefrist nicht eingehalten wird (Art. 263 ZPO)
Weitergeltung trotz Verfahrensbeendigung		endet die Rechtshängigkeit einer Scheidungsklage, ohne dass ein Urteil ergangen wäre, wirken die vorsorglichen Massnahmen zur Regelung des Getrenntlebens so lange weiter, wie die Ehegatten getrennt bleiben und keiner von ihnen beim Eheschutzgericht die Abänderung verlangt[222]

221 Beispiel: Verfügungsbeschränkung (Art. 960 Abs. 1 Ziff. 1 ZGB) oder Grundbuchsperre (Art. 178 Abs. 3 ZGB), die bis zur Anpassung des Grundbuchs an das Urteil fortdauern muss.

222 BGE 137 III 614 E. 3.

superprovisorische Massnahmen	**Zweck**	Abwendung einer akuten Gefahr durch sofortige Anordnung einer vorsorglichen Massnahme ohne Anhörung der Gegenpartei[223]	
	Voraussetzungen	– Glaubhaftmachung Verfügungsgrund und Verfügungsanspruch – Glaubhaftmachung der besonderen Dringlichkeit (insbesondere Vereitelungsgefahr) mit schlüssiger Sachverhaltsdarstellung und Belegen (Art. 265 Abs. 1 ZPO) – geleistete Sicherheit, sofern vom Gericht angeordnet (Art. 265 Abs. 3 ZPO)	
	Sicherheitsleistung	Gericht kann gesuchstellende Partei von Amtes wegen zu einer vorgängigen Sicherheitsleistung verpflichten (Art. 265 Abs. 3 ZPO); dies ist angezeigt, wenn eine Schädigung des Gesuchsgegners absehbar ist	
	Verfahren[224]	– ev. Anordnung Sicherheitsleistung – Anordnung superprovisorische Massnahmen ohne Anhörung der Gegenpartei – Fristansetzung an Gegenpartei zu schriftlicher Stellungnahme zu Massnahmengesuch oder Verhandlung (mit mündlicher Stellungnahme der Gegenpartei) – unverzüglicher Entscheid über vorsorgliche Massnahmen	
	Rechtsmittel	kein Rechtsmittel gegen Anordnung superprovisorischer Massnahmen; anfechtbar ist erst der Hauptentscheid über die vorsorglichen Massnahmen[225]	
	Änderung/ Aufhebung	**vor Rechtskraft des Hauptentscheids**	möglich, wenn sich – Umstände geändert haben – Massnahme nachträglich als ungerechtfertigt erweist
		mit Rechtskraft des Hauptentscheids	superprovisorische Massnahmen fallen von Gesetzes wegen dahin[226]

223 Eine superprovisorische Massnahme kann nur im Rahmen eines Gesuchs um vorsorgliche Massnahmen und nicht vor einem solchen Gesuch verlangt werden.

224 Auch bei Abweisung des Antrags auf superprovisorische Massnahme soll die Gegenpartei unverzüglich angehört und der Entscheid unverzüglich getroffen werden (BGE 137 III 417 E. 1.2).

225 BGE 139 III 86 E. 1.1.1; LGVE 2014 II Nr. 14.

226 Wird im Beschwerdeverfahren der rechtskräftige Hauptentscheid aufgehoben und die Sache zur Neubeurteilung an die Vorinstanz zurückgewiesen, leben die superprovisorischen Massnahmen wieder auf (BGE 139 III 86 E. 1.1.1).

3.2. Vergleich mit Rechtsschutz in klaren Fällen

17.18

	vorsorgliche Massnahmen (Art. 261 ff. ZPO)	Rechtsschutz in klaren Fällen (Art. 257 ZPO)
Charakter	vorläufiger Rechtsschutz (zum Teil mit vorläufiger Anspruchsvollstreckung)	definitiver Rechtsschutz (gleichzeitige Vollstreckungsanordnung möglich)
Voraussetzungen	– Gefährdung oder bereits bestehende Verletzung eines materiellrechtlichen Anspruchs – nicht leicht wieder gutzumachender Nachteil – Begründetheit des Hauptbegehrens	– liquide Sachlage – liquide Rechtslage
Beweismass	Glaubhaftmachung	strikter Beweis
nachfolgende Verfahren	– Hauptverfahren über streitigen Anspruch – ev. Vollstreckungsverfahren	ev. Vollstreckungsverfahren

4. Schutzschrift

17.19

Grundlage	**Art. 270 ZPO**
Charakter	vorsorgliche Darlegung des Standpunkts einer potentiellen Gegenpartei als Verteidigungsmittel gegen ein Gesuch um Anordnung von Massnahmen ohne ihre vorgängige Anhörung
Anwendungsbereich	Schutzschrift ist einsetzbar gegen alle Massnahmen, die ohne vorgängige Anhörung verfügt werden können Anwendungsbeispiele: – superprovisorische Massnahmen nach Art. 265 ZPO – Arrest nach Art. 271–281 SchKG – Vollstreckungserklärung nach Art. 38 ff. LugÜ
Form	schriftlich (Papierform oder elektronisch mit anerkannter elektronischer Signatur; Art. 130 ZPO) → Rz 9.3
Anzahl bei Eingabe in Papierform	je ein Exemplar für Gericht und jede Gegenpartei (Art. 131 ZPO) → Rz 9.3

Inhalt	– Bezeichnung Parteien und allfällige Vertreter – Rechtsbegehren – Begründung: └ wenn nötig Ausführungen zu Prozessvoraussetzungen (insbesondere örtliche Zuständigkeit) └ Bezeichnung des möglichen Streitgegenstands └ Gründe (tatsächlicher oder rechtlicher Natur), die gegen die Massnahme oder zumindest gegen deren Anordnung ohne vorgängige Anhörung des Gesuchsgegners sprechen – Datum und Unterschrift	
Beilagen	– Vollmacht (bei Vertretung) – verfügbare, als Beweismittel dienende Urkunden	
Mängel	**formelle und inhaltliche Mängel**	– gerichtliche Nachfrist zur Verbesserung (Art. 132 Abs. 1 ZPO)[227] – bei Nichteinhalten Nachfrist: Schutzschrift gilt als nicht eingereicht, Verfahren wird abgeschrieben (Art. 132 Abs. 1 ZPO)
	querulatorische und missbräuchliche Schutzschrift	unbeachtlich, wird ohne weiteres zurückgeschickt (Art. 132 Abs. 3 ZPO)
Mitteilung an Gegenpartei	nur wenn Gegenpartei das in der Schutzschrift bezeichnete Verfahren einleitet	
zeitliche Wirksamkeit	6 Monate nach Ablauf dieser Frist wird Schutzschrift unbeachtlich und kann der eingereichten Partei ohne weiteres zurückgeschickt werden	
Kosten	– die Kosten für die Entgegennahme der Schutzschrift sind nach dem Verursacherprinzip der einreichenden Partei zu überbinden – für den Fall, dass das in der Schutzschrift bezeichnete Massnahmenverfahren eingeleitet wird, ist eine abweichende Kostenverlegung im Massnahmenverfahren vorzubehalten	

227 Bezüglich inhaltlicher Mängel wird Verbesserung nur im Ausnahmefall angeordnet, z.B. wenn notwendige Angaben zu den (von Amtes wegen zu prüfenden) Prozessvoraussetzungen fehlen.

5. Summarisches eherechtliches Verfahren

17.20

Grundlage	Art. 271–273 ZPO
Anwendungsbereich	Massnahmen zum Schutz der ehelichen Gemeinschaft (in Art. 271 ZPO nicht abschliessend aufgezählte Fälle)
Besonderheiten des Verfahrens	– Untersuchungsgrundsatz (Art. 272, 296 Abs. 1 ZPO) – Offizialgrundsatz bezüglich der Kinderbelange (Art. 296 Abs. 3 ZPO) – in der Regel Verhandlung (ausser bei klarem oder unbestrittenem Sachverhalt) (Art. 273 Abs. 1 ZPO)[228] – Pflicht der Parteien zum persönlichen Erscheinen; Dispensation nur aus wichtigen Gründen möglich (Art. 273 Abs. 2 ZPO) – Verpflichtung des Gerichts zu Durchführung eines Einigungsversuchs (Art. 273 Abs. 3 ZPO) – Zulässigkeit der Beweismittel richtet sich nach Art. 254 ZPO[229]; auf aufwendige Beweismassnahmen kann verzichtet werden[230] – Eheschutzmassnahmen sind vorsorglichen Massnahmen gleichgestellt[231] ∟ ergänzend kommen daher die Regeln von Art. 261 ff. ZPO zur Anwendung ∟ superprovisorische Massnahmen i.S.v. Art. 265 ZPO sind möglich ∟ die Berufung gegen den Entscheid über Eheschutzmassnahmen hat keine aufschiebende Wirkung (Art. 315 Abs. 4 lit. b ZPO); die Vollstreckung kann allerdings unter den Voraussetzungen von Art. 315 Abs. 5 ZPO aufgeschoben werden – vom Eheschutzgericht angeordnete Massnahmen dauern so lange fort, bis sie das Massnahmengericht ändert; sofern kein Zuständigkeitskonflikt besteht, kann der Entscheid des Eheschutzgerichts sogar ergehen, nachdem die Scheidung rechtshängig gemacht wurde[232]

228 LGVE 2014 II Nr. 9.

229 BGer 5A_132/2013 und 5A_133/2013 vom 24.5.2013, E. 2.2.

230 BGer 5A_529/2014 vom 18.2.2015, E. 2.3; BGer 5A_813/2013 vom 12.5.2014, E. 4.3.

231 BGE 137 III 475 E. 4.1; LGVE 2011 I Nr. 35.

232 BGE 138 III 646 E. 3.

6. Summarisches Verfahren für Kinderbelange in familienrechtlichen Angelegenheiten

17.21

Grundlage	**Art. 302 ZPO**	
Anwendungsbereich	– Entscheide nach dem Haager Übereinkommen vom 25. Oktober 1980 über die zivilrechtlichen Aspekte internationaler Kindesentführung[233] – Entscheide nach dem Europäischen Übereinkommen vom 20. Mai 1980 über die Anerkennung und Vollstreckung von Entscheidungen über das Sorgerecht für Kinder und die Wiederherstellung des Sorgerechts[234] – Leistung eines besonderen Beitrags bei nicht vorgesehenen ausserordentlichen Bedürfnissen des Kindes (Art. 286 Abs. 3 ZGB) – Anweisung an die Schuldner und Sicherstellung des Kinderunterhalts ausserhalb eines Prozesses über die Unterhaltspflicht der Eltern (Art. 291 und 292 ZGB) (nicht abschliessende Aufzählung von Art. 302 Abs. 1 ZPO)	
Besonderheiten des Verfahrens	**allgemein**	– Untersuchungsgrundsatz (Art. 296 Abs. 1 ZPO) – Offizialgrundsatz (Art. 296 Abs. 3 ZPO) – der Freibeweis (→ Rz 10.16) ist möglich
	Verfahren betreffend Kindesentführung	zusätzlich gelten die Verfahrensbestimmungen des Bundesgesetzes vom 21. Dezember 2007 über internationale Kindesentführung und die Haager Übereinkommen zum Schutz von Kindern und Erwachsenen (BG-KKE) (Art. 302 Abs. 2 ZPO)

233 SR 0.211.230.02.

234 SR 0.211.230.01.

7. Summarisches Verfahren für vorsorgliche Massnahmen im Unterhaltsprozess

17.22

Grundlage	**Art. 303 f. ZPO**
Anwendungsbereich	– Unterhaltsansprüche bei feststehendem Kindesverhältnis (Art. 303 Abs. 1 ZPO) – Unterhaltsansprüche bei hängiger Vaterschafts- und Unterhaltsklage (Art. 303 Abs. 2 ZPO)
Zuständigkeit	das für die Beurteilung der Hauptsache (Unterhaltsklage bzw. kombinierte Vaterschafts- und Unterhaltsklage) zuständige Gericht entscheidet über – Hinterlegung – vorläufige Zahlung – Auszahlung hinterlegter Beiträge – Rückerstattung vorläufiger Zahlungen (Art. 304 ZPO)
Besonderheiten des Verfahrens	– Untersuchungsgrundsatz (Art. 296 Abs. 1 ZPO) – Offizialgrundsatz (Art. 296 Abs. 3 ZPO)

8. Summarisches Verfahren bei eingetragener Partnerschaft

17.23

Grundlage	**Art. 305–306 ZPO**
Anwendungsbereich	den Eheschutzmassnahmen ähnliche Angelegenheiten (in Art. 305 ZPO aufgezählte Fälle)
Besonderheiten des Verfahrens	– Untersuchungsgrundsatz (wie Art. 272 ZPO) – in der Regel Verhandlung, ausser bei klarem oder unbestrittenem Sachverhalt (wie Art. 273 Abs. 1 ZPO) – Pflicht der Parteien zum persönlichen Erscheinen; Dispensation nur aus wichtigen Gründen möglich (wie Art. 273 Abs. 2 ZPO) – Verpflichtung des Gerichts zu Durchführung eines Einigungsversuchs (wie Art. 273 Abs. 3 ZPO) (Art. 306 ZPO)

9. Vollstreckungsverfahren

17.24 → Rz 22.1 ff. und 22.8 ff.

§ 18 Besondere eherechtliche Verfahren (Art. 274–294 ZPO)

I. Summarisches eherechtliches Verfahren

→ Rz 17.20 18.1

II. Scheidungsverfahren

1. Allgemeines

18.2

Grundlage	**Art. 219–242, 274–293, 296 ZPO**	
Charakter	eigenständige Prozessart; die Bestimmungen über das ordentliche Verfahren sind aber ergänzend anwendbar (vgl. Art. 219 ZPO)[235]	
Einheit des Entscheids	**Grundsatz**	gleichzeitiger Entscheid über die Ehescheidung und deren Folgen (Art. 283 Abs. 1 ZPO)
	Ausnahmen	– Verweisung der güterrechtlichen Auseinandersetzung in separates Verfahren aus wichtigen Gründen (insbesondere bei komplexen Verhältnissen) nach Ermessen des Gerichts (Art. 283 Abs. 2 ZPO)[236] – Prozessüberweisung an das zuständige Sozialversicherungsgericht zum Entscheid über die Austrittsleistungen (Art. 281 Abs. 3 ZPO) in diesen Fällen ist das im Scheidungspunkt in (Teil-)Rechtskraft erwachsene Urteil den zuständigen Behörden mitzuteilen (Art. 40 Abs. 1 lit. d, Art. 43 ZStV); es gilt als Nachweis für die Auflösung der Ehe (Art. 96 ZGB) und löst die Frist zur Namensänderung (Art. 119 ZGB) aus

235 Das Scheidungsverfahren könnte daher auch als besonderes ordentliches Verfahren bezeichnet werden.

236 Die Verweisung in ein separates Verfahren ist eine prozessleitende Verfügung nach Art. 124 Abs. 1 ZPO (BGer 5A_415/2013 vom 15.7.2013, E. 1.1).

Verfahrensgrundsätze	**Verhandlungsgrundsatz**	gilt für – güterrechtliche Auseinandersetzung – nachehelichen Unterhalt (Art. 277 Abs. 1 ZPO) Abschwächungen: – allgemeine gerichtliche Fragepflicht (Art. 56 ZPO) – besondere gerichtliche Hinweispflicht bezüglich notwendiger Urkunden für die Beurteilung vermögensrechtlicher Scheidungsfolgen (Art. 277 Abs. 2 ZPO)[237] und bezüglich Indexierung nachehelicher Unterhaltsrenten (vgl. Art. 282 Abs. 1 lit. d ZPO)[238] – Prüfungspflichten des Gerichts bei Genehmigung einer Vereinbarung bezüglich Güterrecht und nachehelichem Unterhalt (vgl. Art. 279 f. ZPO)
	Untersuchungsgrundsatz	gilt – **uneingeschränkt:** für Kinderbelange (Art. 296 Abs. 1 ZPO) – **eingeschränkt:** für alle übrigen Fragen (Art. 277 Abs. 3 ZPO) wie Scheidungsvoraussetzungen, Fragen der beruflichen Vorsorge etc.
	Offizialgrundsatz	gilt für – Genehmigung der Vereinbarung über die Scheidungsfolgen (Art. 279 f. ZPO) – Teilung der Austrittsleistungen (Art. 281 Abs. 1 und 2 ZPO) – Kinderbelange (Art. 296 Abs. 3 ZPO) – Neubeurteilung nicht angefochtener Kinderunterhaltsbeiträge[239] im Rechtsmittelverfahren (Art. 282 Abs. 2 ZPO)
	Dispositionsgrundsatz	gilt für alle übrigen Fragen
	weitere Verfahrensgrundsätze	→ Rz 3.1 ff.

237 Die Hinweispflicht betriff nur ungenügend substanziierte Beweisanträge, nicht ungenügend substanziierte Tatsachenbehauptungen (BGer 5A_751/2014 vom 28.5.2015, E. 2.3).

238 Art. 277 Abs. 2 ZPO entbindet die Parteien nicht von der Substanziierungs- und Beweisführungspflicht (LGVE 2012 I Nr. 42).

239 Der Offizialgrundsatz gestattet aber keine Neubeurteilung des unangefochtenen Ehegattenunterhalts (BGer 5A_704/2013 vom 15.5.2014, E. 3.4 [nicht publiziert in BGE 140 III 231]).

Einleitung des Verfahrens	– kein vorgängiger Schlichtungsversuch (Art. 198 lit. c ZPO)[240] – Verfahrenseinleitung durch Einreichung eines gemeinsamen Scheidungsbegehrens oder einer Scheidungsklage (Art. 274 ZPO)		
persönliches Erscheinen	**Grundsatz**	persönliches Erscheinen zu Verhandlungen (Art. 278 ZPO)	
	Ausnahme	Dispensation von persönlichem Erscheinen wegen – Krankheit – Alter – anderen wichtigen Gründen (Art. 278 ZPO)	
Anhörung Kinder[241]	– grundsätzliche Anhörungspflicht (Art. 298 Abs. 1 ZPO) – ab vollendetem 6. Altersjahr (Richtlinie) – in der Regel durch Gericht; keine systematische Delegation an Dritte		
Grundlagen der Festlegung von Unterhaltsbeiträgen	Art. 282 ZPO schreibt vor, welche Entscheidgrundlagen in die Vereinbarung über die Scheidungsfolgen oder in das Scheidungsurteil aufzunehmen sind; Gründe: – Erleichterung des Abänderungsverfahrens – Klarheit über Gläubiger bei Vollstreckung – genaue Grundlage für Bevorschussung der Kinderalimente		
vorsorgliche Massnahmen	**Inhalt**	alle nötigen, geeigneten und verhältnismässigen Massnahmen möglich ⇒ kein *numerus clausus* (Art. 276 Abs. 1 ZPO)	
	Anordnung	**Grundsatz**	auf Gesuch einer Partei
		Ausnahme	in Kinderbelangen auch von Amtes wegen möglich (Art. 296 Abs. 3 ZPO)
	Verhältnis zu bereits angeordneten Eheschutzmassnahmen	– Eheschutzmassnahmen dauern weiter – für Aufhebung oder Änderung Eheschutzmassnahmen ist das Scheidungsgericht zuständig (Art. 276 Abs. 2 ZPO) Scheidungsgericht kann Eheschutzmassnahmen auch mit weiteren vorsorglichen Massnahmen ergänzen	
	Zeitpunkt	– bis zur Rechtskraft des Scheidungsurteils – bei Teilrechtskraft im Scheidungspunkt können vorsorgliche Massnahmen noch angeordnet werden, solange Verfahren über Scheidungsfolgen andauert (Art. 276 Abs. 3 ZPO)	

240 Diese Funktion übernimmt bei der Scheidungsklage die Einigungsverhandlung des angerufenen Gerichts (Art. 291 Abs. 2 ZPO).

241 BGer 5A_911/2012 vom 14.2.2013, E. 7.2.

(vorsorgliche Massnahmen)	**Dauer**	– bis zur Rechtskraft des Scheidungsurteils – bei Beendigung des Scheidungsverfahrens ohne Urteil Weitergeltung für die Dauer des Getrenntlebens bzw. bis zum Abänderungsentscheid des Eheschutzrichters[242]	
	Verfahren	→ Rz 17.17	
Änderung rechtskräftig entschiedener Scheidungsfolgen	**örtliche Zuständigkeit**	– Abänderungsverfahren bei Gericht: Gericht am Wohnsitz einer Partei (Art. 23 Abs. 1 ZPO) – Abänderungsverfahren bei Kindesschutzbehörde: nach Art. 315 ZGB	
	sachliche Zuständigkeit	– Abgrenzung der sachlichen Zuständigkeit von Gericht und Kindesschutzbehörde: Art. 134 Abs. 3 und 4 ZGB (Art. 284 Abs. 1 ZPO) – sachliche Zuständigkeit des Gerichts: nach kantonalem Recht (Art. 4 Abs. 1 ZPO)	
	Voraussetzungen	gemäss Art. 129 und Art. 134 Abs. 1 und 2 ZGB (Art. 284 Abs. 1 ZPO)	
	nicht streitige Änderungen	**Grundsatz**	Vereinbarung der Parteien (einfache Schriftlichkeit) möglich (Art. 284 Abs. 2 ZPO) ⇒ keine gerichtliche Genehmigung erforderlich
		Ausnahme	Änderungen bezüglich Kinderbelange erfordern – mit Ausnahme des persönlichen Verkehrs – Mitwirkung der Kindesschutzbehörde nach Art. 134 Abs. 3 ZGB (Art. 284 Abs. 2 ZPO)
	streitige Änderungen	singgemässe Anwendung der Vorschriften über die Scheidungsklage (Art. 284 Abs. 3 ZPO)	

242 BGE 137 III 614 E. 3.

2. Verfahrensablauf

2.1. Scheidung auf gemeinsames Begehren (Art. 111 ZGB, Art. 285 ff. ZPO) – Standardablauf

18.3

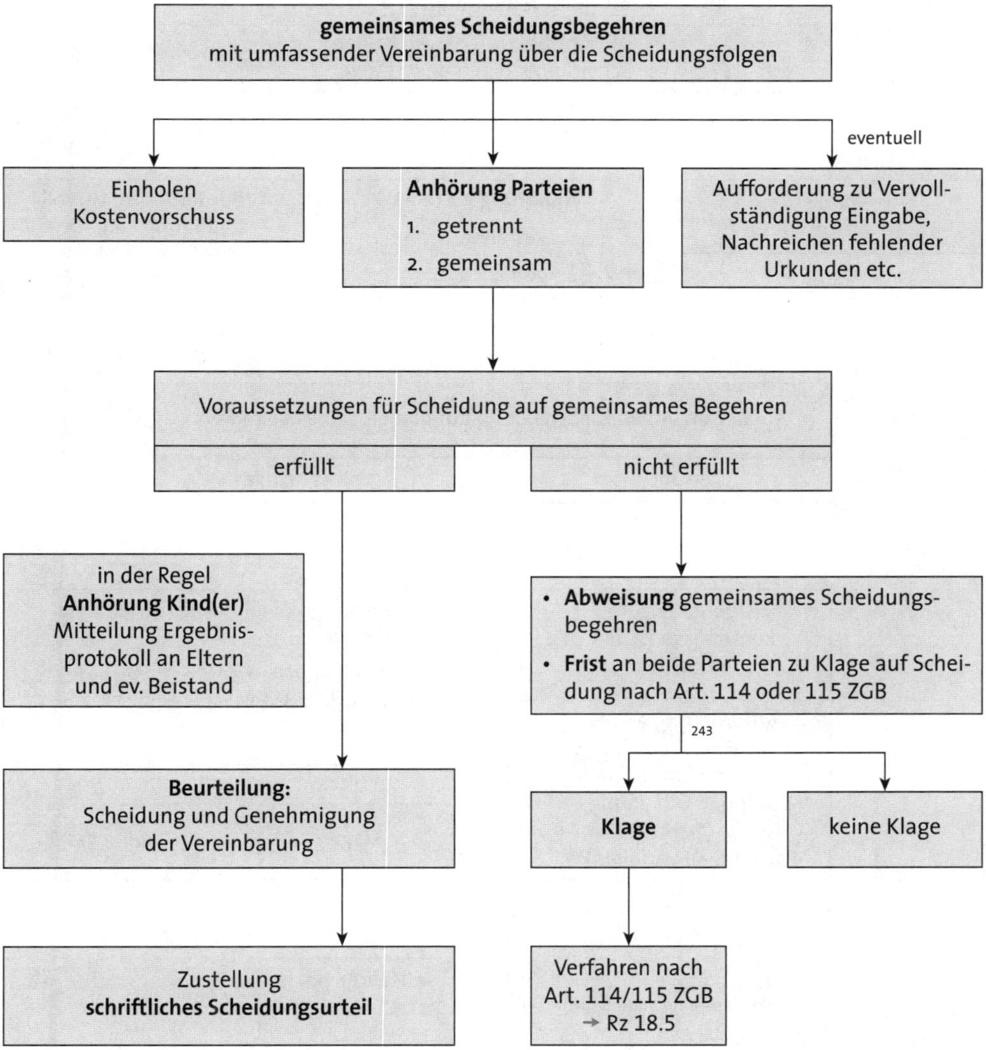

243 Das Verfahren bleibt während der Klagefrist rechtshängig und allfällige vorsorgliche Massnahmen gelten weiter (Art. 288 Abs. 3 ZPO).

2.2. Scheidung auf gemeinsames Begehren (Art. 112 ZGB, Art. 286 ff. ZPO) – Standardablauf

18.4

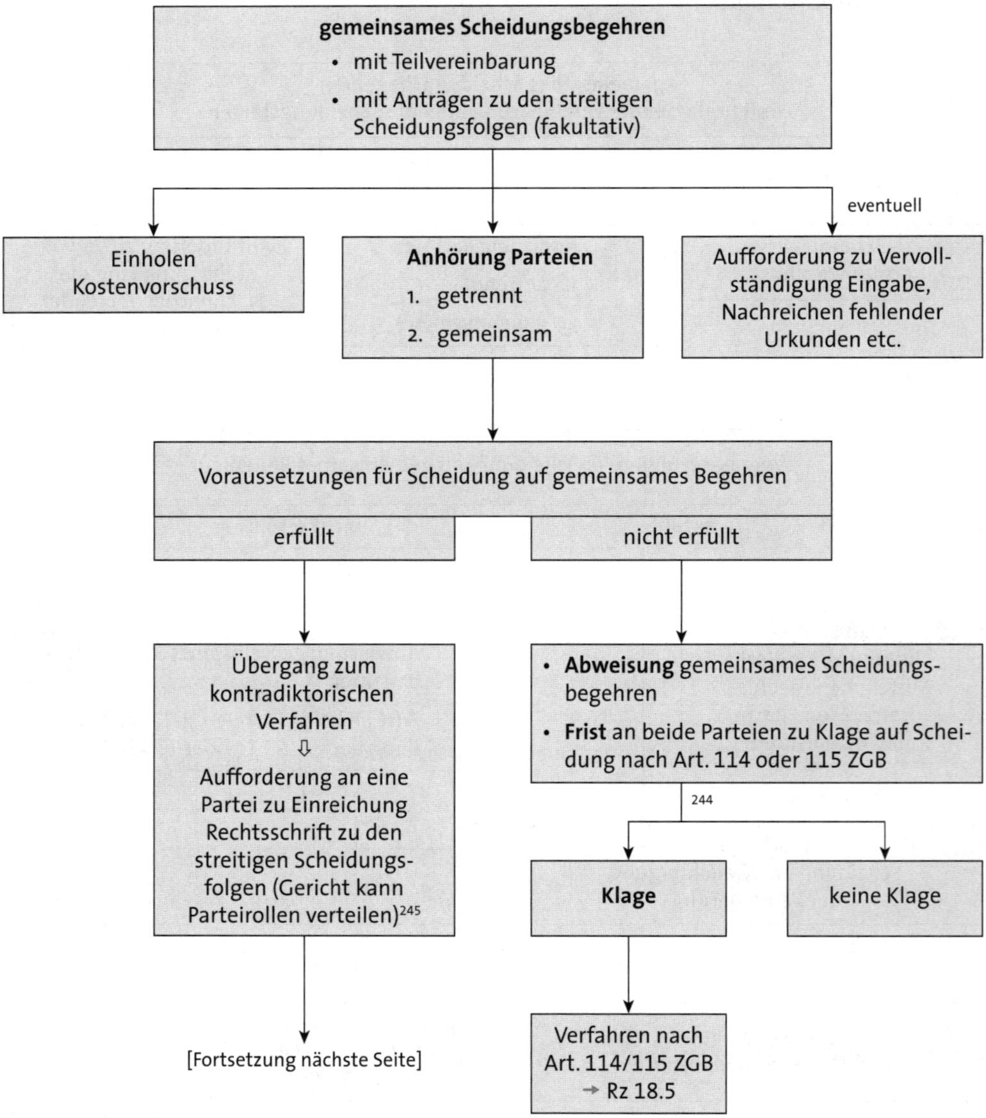

244 Das Verfahren bleibt während der Klagefrist rechtshängig und allfällige vorsorgliche Massnahmen gelten weiter (Art. 288 Abs. 3 ZPO).

245 Der Rechtsschriftenwechsel entfällt, wenn die Parteien bereits im gemeinsamen Scheidungsbegehren begründete Anträge zu den streitigen Scheidungsfolgen gestellt haben (Art. 286 Abs. 2 ZPO).

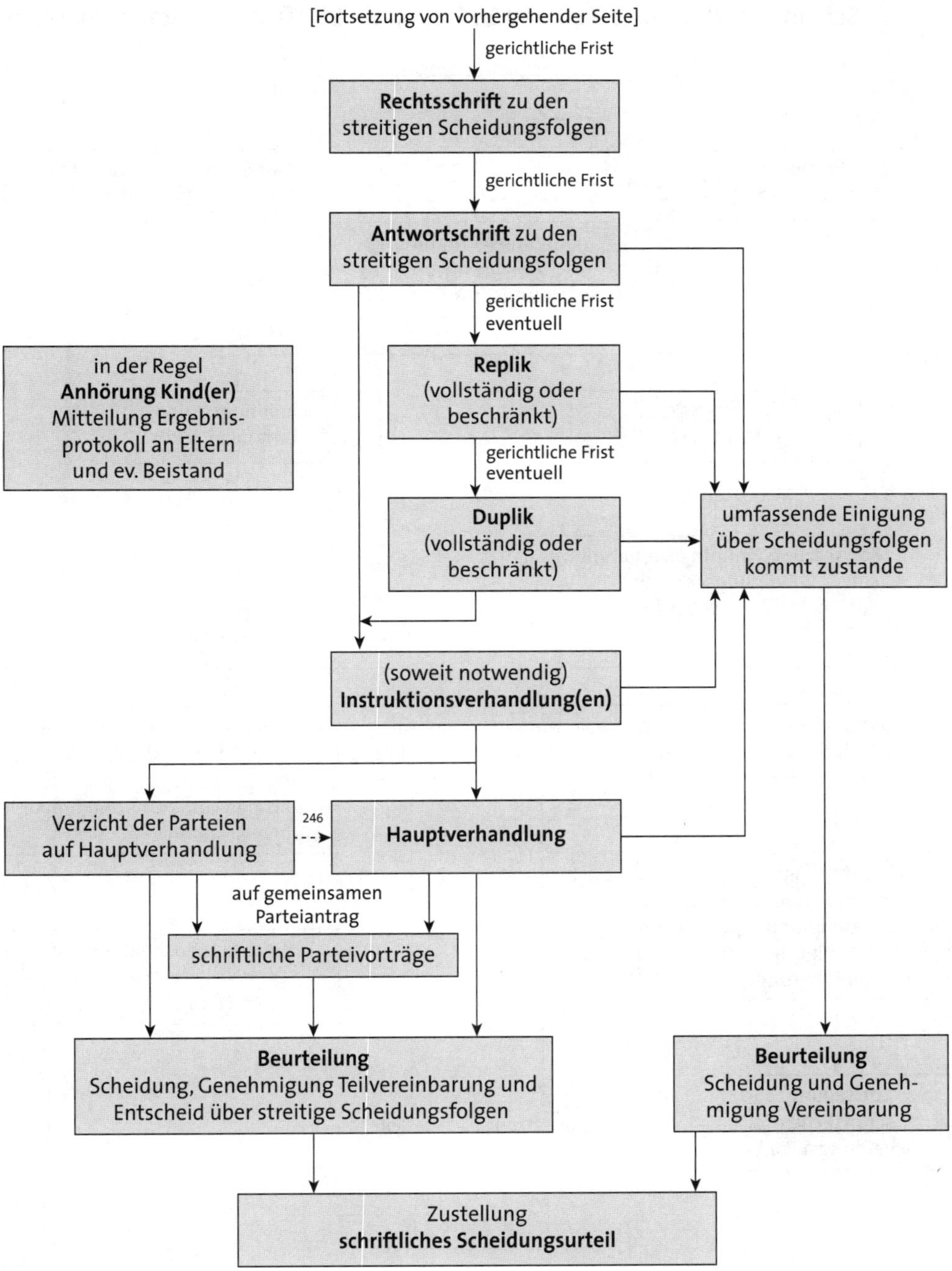

246 Gericht kann trotz Verzichts der Parteien eine Hauptverhandlung durchführen, wenn für streitige Scheidungsfolgen die Offizialmaxime gilt.

2.3. Scheidungsklage (Art. 114 und 115 ZGB, Art. 290 ff. ZPO) – Standardablauf

18.5

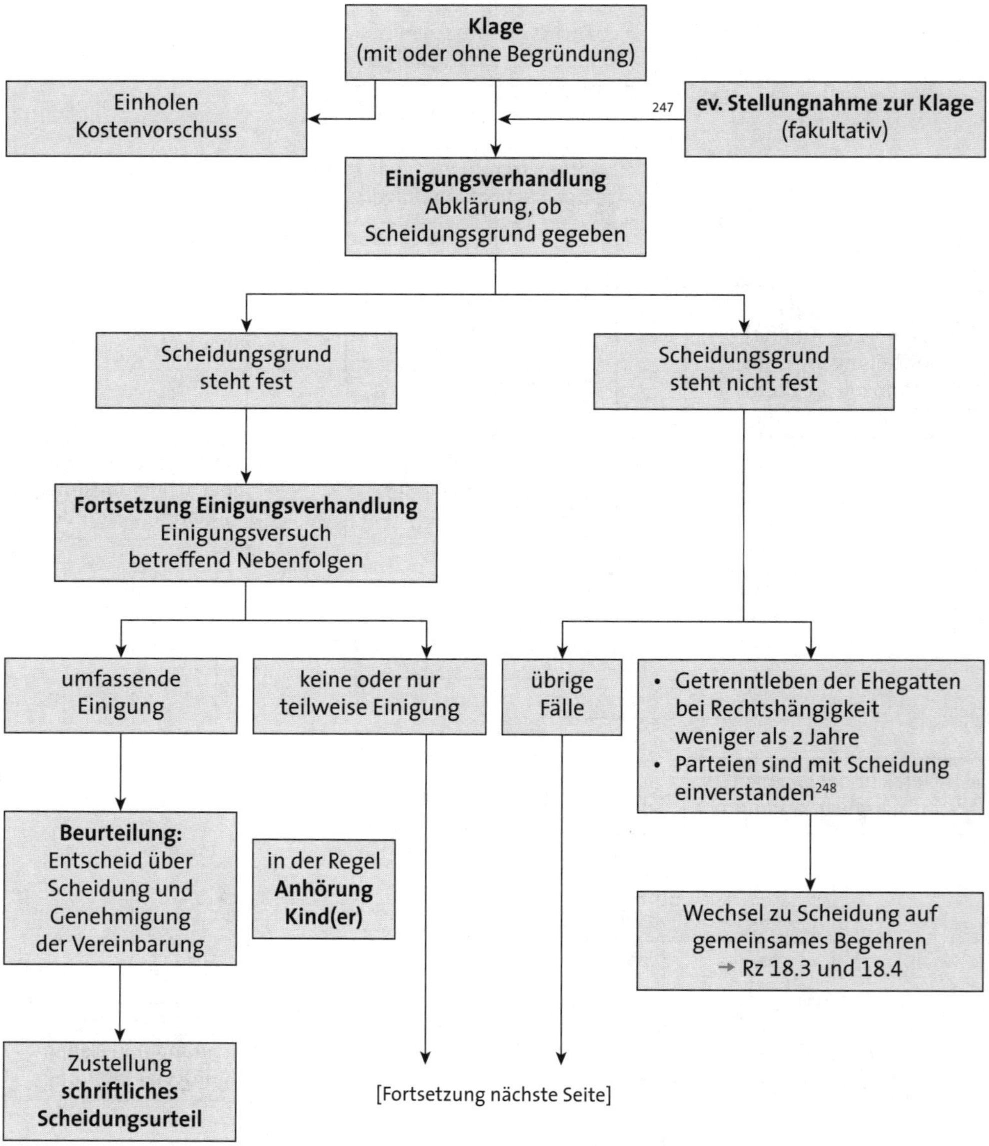

247 BGE 138 III 366 E.3.2.2.

248 Das Einverständnis zur Scheidung kann sich auch in einer eigenen Scheidungsklage an einem anderen Gerichtsstand manifestieren (BGE 139 III 482 E. 3).

[Fortsetzung von vorhergehender Seite]

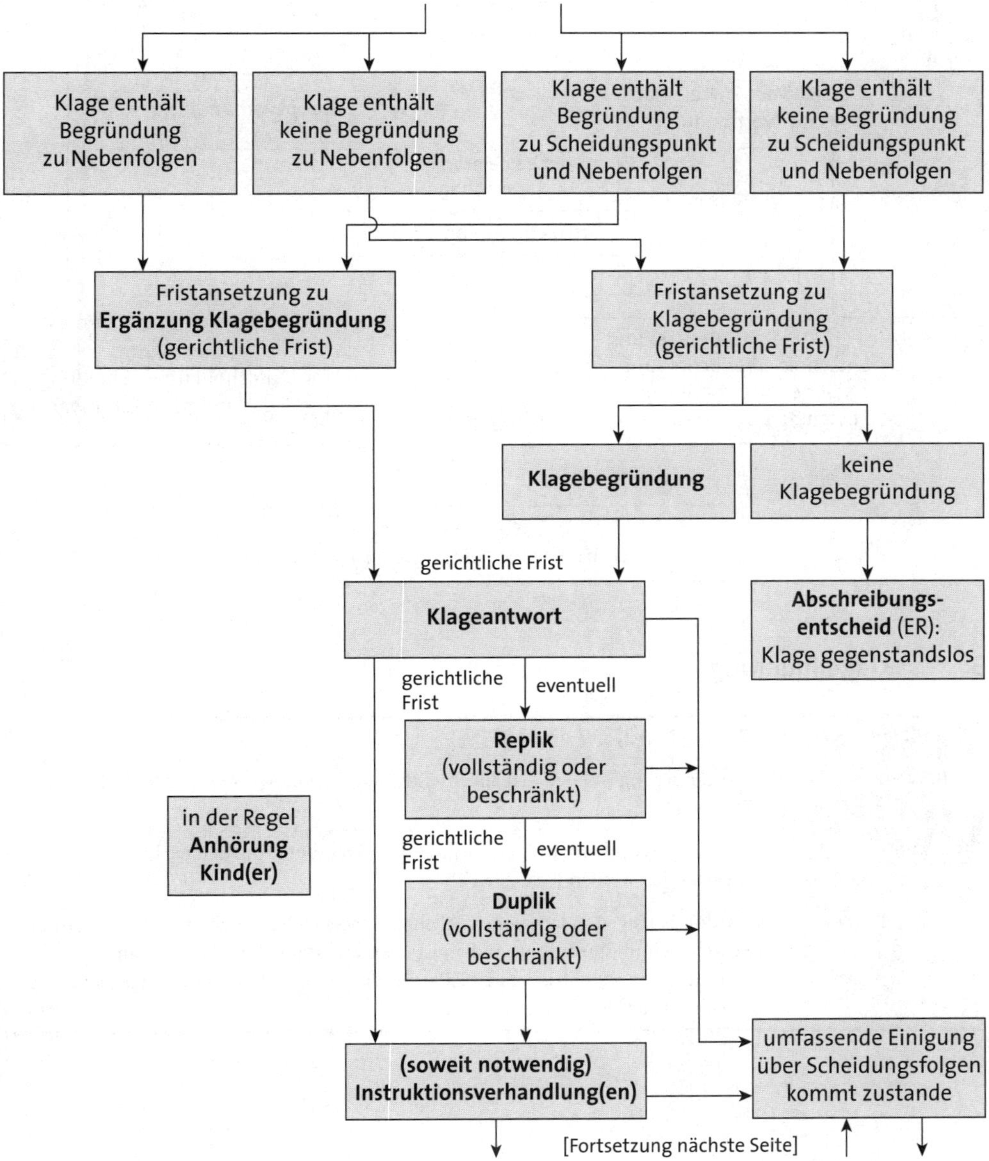

[Fortsetzung nächste Seite]

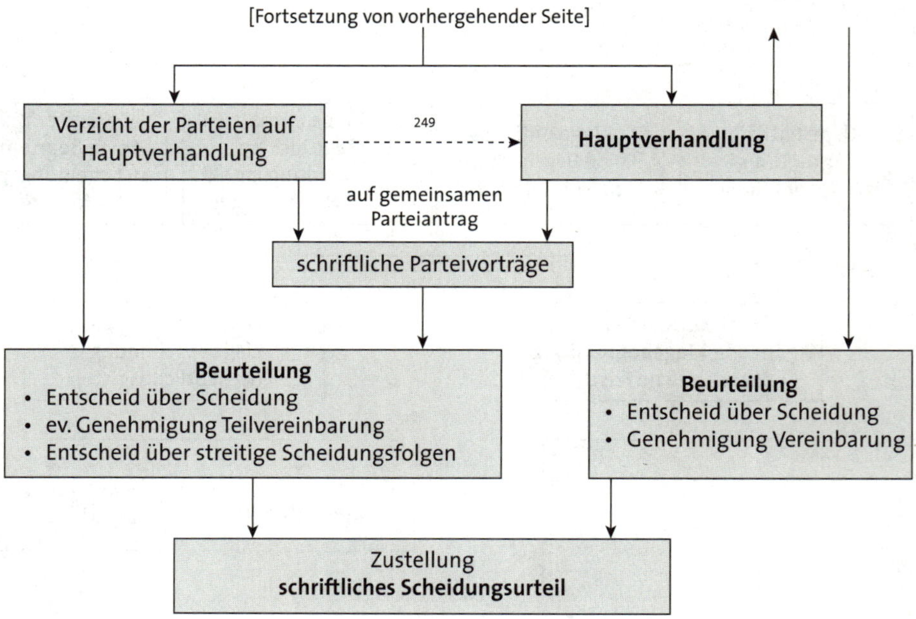

3. Klageänderung

18.6

Grundlage	**Art. 227, 230, 293, 317 Abs. 2 ZPO**
Grundsatz	die Klageänderung ist nach den allgemeinen Regeln von Art. 227, 230 und 317 Abs. 2 ZPO zulässig
Ausnahmen	– Scheidungsklage kann bis zum Beginn der Urteilsberatung in eine Trennungsklage umgewandelt werden (Art. 293 ZPO) – in Kinderbelangen in familienrechtlichen Angelegenheiten gilt der uneingeschränkte Untersuchungsgrundsatz; zudem ist das Gericht nicht an die Parteianträge gebunden (Art. 296 Abs. 1 und 3 ZPO); entsprechende Klageänderungen sind deshalb bis zur Urteilsberatung zulässig

249 Gericht kann trotz Verzichts der Parteien eine Hauptverhandlung durchführen (da Offizialmaxime gilt).

III. Eheungültigkeit und Ehetrennung

18.7

Grundlage	Art. 294 ZPO	
Verfahren	– die allgemeinen Bestimmungen von Art. 274–284 ZPO sind (sinngemäss) anwendbar – die Ehetrennung auf gemeinsames Begehren richtet sich sinngemäss nach den Vorschriften über die Scheidung auf gemeinsames Begehren (Art. 285–289)[250] – für die Eheungültigkeits- und Ehetrennungsklage gelten sinngemäss die Vorschriften über die Scheidungsklage (Art. 290–293 ZPO)	
Klageänderung	Grundsatz	die Klageänderung ist nach den allgemeinen Regeln von Art. 227, 230 und 317 Abs. 2 ZPO zulässig
	Ausnahme	– Trennungsklage kann bis zum Beginn der Urteilsberatung in eine Scheidungsklage umgewandelt werden (Art. 294 Abs. 2 ZPO) – in Kinderbelangen in familienrechtlichen Angelegenheiten gilt der uneingeschränkte Untersuchungsgrundsatz; zudem ist das Gericht nicht an die Parteianträge gebunden (Art. 296 Abs. 1 und 3 ZPO); entsprechende Klageänderungen sind deshalb bis zur Urteilsberatung zulässig

250 Eine Eheungültigerklärung auf gemeinsames Begehren ist dagegen nicht möglich.

§ 19 Kinderbelange in familienrechtlichen Angelegenheiten (Art. 295–301 ZPO)

I. Allgemeines

19.1

Grundlage	**Art. 295–296 ZPO**
Verfahrensart	für alle selbständigen Klagen[251] gilt – unabhängig von Streitwert – das vereinfachte Verfahren nach Art. 244–247 ZPO (Art 295 ZPO)
Verfahrensgrundsätze	es gelten: – uneingeschränkter Untersuchungsgrundsatz (Art. 296 Abs. 1 ZPO) → Rz 3.5 – Offizialgrundsatz ⇒ keine Bindung des Gerichts an Parteianträge (Art. 296 Abs. 3 ZPO)[252] → Rz 3.10
besondere Mitwirkungspflicht	in Statusprozessen haben die Parteien und Dritte an allen Untersuchungen mitzuwirken, die nötig und ohne Gefahr für die Gesundheit sind; die Bestimmungen über die Verweigerungsrechte der Parteien und von Dritten (Art. 163 ff. ZPO) sind nicht anwendbar (Art. 296 Abs. 2 ZPO); die Mitwirkungspflicht der Partei darf unter die Strafdrohung gemäss Art. 292 StGB gestellt werden[253]
Abgrenzung	Klage einer volljährigen Person (oder des in ihrem Anspruch subrogierten Gemeinwesens) auf Bezahlung von Verwandtenunterstützungsbeiträgen: der Prozess ist je nach Streitwert im ordentlichen Verfahren (Art. 219 ff. ZPO) oder im vereinfachten Verfahren (mit Geltung des Verhandlungsgrundsatzes mit erweiterter Fragepflicht; Art. 247 Abs. 1 ZPO) zu führen[254]

251 Beispiele: selbständige Unterhaltsklage, Klage auf Feststellung des Kindesverhältnisses.

252 Die Parteien haben dennoch (vollständige) Anträge zu stellen; bei deren Fehlen wird keine Nachfrist zur Verbesserung (Art. 132 Abs. 1 ZPO) angesetzt (vgl. BGE 137 III 617 E. 4 ff.).

253 BGer 5A_745/2014 vom 16.3.2015, E. 4.

254 BGE 139 III 368 E. 3.

II. Eherechtliche Verfahren

1. Anhörung und Mediation

19.2

Grundlage	**Art. 297–298 ZPO**	
Anhörung der Eltern	– sind Anordnungen über ein Kind zu treffen, müssen die Eltern persönlich angehört werden (Art. 297 Abs. 1 ZPO) – auf Anhörung kann nur verzichtet werden, wenn diese unmöglich ist (z.B. unbekannter Aufenthalt eines Elternteils)	
Mediation	Gericht kann Eltern zu einem Mediationsversuch auffordern (Art. 297 Abs. 2 ZPO)[255]; die Parteien haben in diesem Fall Anspruch auf eine unentgeltliche Mediation, wenn ihnen die erforderlichen Mittel fehlen (Art. 218 Abs. 2 ZPO)	
Anhörung des Kindes	**Grundsatz**	Kind ist durch das Gericht oder eine beauftragte Drittperson in geeigneter Weise persönlich anzuhören (Art. 298 Abs. 1 ZPO; Art. 12 UN-KRK)[256]
	Ausnahme	Alter (Richtlinie: unter 6 Jahren[257]) oder andere wichtige Gründe sprechen gegen eine Anhörung (Art. 298 Abs. 1 ZPO)
	Protokoll	– festgehalten werden nur die für den Entscheid wesentlichen Ergebnisse – die Eltern und der allfällige Beistand werden über diese Ergebnisse informiert (Art. 298 Abs. 2 ZPO)
	Rechtsmittel gegen Verweigerung der Anhörung	urteilsfähiges Kind kann Verweigerung der Anhörung mit Beschwerde (Art. 319 ff. ZPO) anfechten (Art. 298 Abs. 3 ZPO)

2. Anordnung einer Vertretung des Kindes

19.3

Grundlage	**Art. 299–300 ZPO**
Charakter	prozessleitende Verfügung (Art. 124 Abs. 1 ZPO)
Zuständigkeit	in der Sache entscheidendes Gericht

255 Die Eltern können vom Gericht aber nicht zu einem Mediationsversuch gezwungen werden. Die Nichtbeachtung der Aufforderung kann nicht sanktioniert werden.

256 BGer 5A_821/2013 vom 16.6.2014, E. 4.

257 BGE 133 III 553 E. 3.

Voraussetzung	**Grundsatz**	Vertretung des Kindes ist anzuordnen, wenn sie notwendig ist (Art. 299 Abs. 1 ZPO); die Notwendigkeit der Vertretung ist von Amtes wegen zu prüfen; der Entscheid obliegt dem freien Ermessen des Gerichts unter Berücksichtigung des Kindeswohls[258] Anordnung der Vertretung kommt insbesondere in Betracht, wenn – Eltern bezüglich Zuteilung der elterlichen Obhut oder Sorge oder bezüglich wichtiger Fragen des persönliches Verkehrs unterschiedliche Anträge stellen – die Kindesschutzbehörde oder ein Elternteil eine Vertretung beantragen – das Gericht auf Grund der Anhörung der Eltern oder des Kindes oder aus anderen Gründen erhebliche Zweifel an der Angemessenheit der gemeinsamen Anträge der Eltern über die Zuteilung der elterlichen Obhut oder Sorge oder über den persönlichen Verkehr hat – das Gericht auf Grund der Anhörung der Eltern oder des Kindes oder aus anderen Gründen den Erlass von Kindesschutzmassnahmen erwägt (Art. 299 Abs. 2 ZPO)
	Ausnahme	– Vertretung muss immer angeordnet werden, wenn das urteilsfähige Kind sie beantragt – das Kind kann die Nichtanordnung mit Beschwerde (Art. 319 ff. ZPO) anfechten (Art. 299 Abs. 3 ZPO)
Vertreter	als Beistand ist eine in fürsorgerischen und rechtlichen Fragen erfahrene Person zu bezeichnen (Art. 299 Abs. 1 ZPO)	
Konsequenzen der Vertretung	bezüglich – Zuteilung der elterlichen Obhut oder Sorge – wichtiger Fragen des persönlichen Verkehrs – Kindesschutzmassnahmen kann Vertretung des Kindes – Anträge stellen – Rechtsmittel einlegen (Art. 300 ZPO)	
Kosten der Vertretung	stellen Gerichtskosten dar (Art. 95 Abs. 2 lit. e ZPO)	

258 LGVE 2012 I Nr. 43.

3. Eröffnung des Entscheids

Grundlage	Art. 301 ZPO
Eröffnung	ein Entscheid wird eröffnet: – den Eltern – dem Kind, welches das 14. Altersjahr vollendet hat – gegebenenfalls dem Beistand, soweit es um die Zuteilung der elterlichen Obhut oder Sorge, um wichtige Fragen des persönlichen Verkehrs oder um Kindeschutzmassnahmen geht

19.4

III. Summarisches Verfahren

→ Rz 17.2–17.14 und 17.21 19.5

IV. Unterhalts- und Vaterschaftsklage

1. Allgemeines

→ Rz 19.1 19.6

2. Vorsorgliche Massnahmen

→ Rz 17.2–17.14 und 17.22 19.7

§ 20 Verfahren bei eingetragener Partnerschaft (Art. 305–307 ZPO)

I. Summarisches Verfahren

20.1 → Rz 17.2–17.14 und 17.23

II. Auflösung und Ungültigkeit der eingetragenen Partnerschaft

20.2

Grundlage	**Art. 307 ZPO**
Verfahren	die Bestimmungen über das Scheidungsverfahren (Art. 274 ff. ZPO) gelten sinngemäss

§ 21 Rechtsmittel (Art. 308–334 ZPO)

I. Funktion der Rechtsmittel

21.1

Rechtsmittelart	Funktionen
Rechtsmittel	– Überprüfung und allfällige Verbesserung der erstinstanzlichen Entscheidung – Fortführung erstinstanzlicher Prozess in der Rechtsmittelinstanz in eingeschränktem Masse: └ nur im Umfang zulässiger neuer Vorbringen └ nur auf der Grundlage des in erster Instanz anwendbaren Verfahrens[259] └ Klageänderung nur im Berufungsverfahren (und nur unter den Voraussetzungen von Art. 317 Abs. 2 ZPO) zulässig damit erkennbar ist, inwieweit der Rechtsmittelkläger die angefochtene Entscheidung nicht akzeptiert, muss er sich mit ihr auseinandersetzen und genau ausführen, was er tatsächlich oder rechtlich beanstandet (Rügepflicht); dies gilt auch im Anwendungsbereich der Untersuchungsmaxime
Rechtsbehelf	– Klarstellung und Verdeutlichung eines Urteilsspruchs (Erläuterung) – Korrektur offensichtlicher Erklärungsfehler (Berichtigung) – Wiederherstellung einer Frist oder eines Termins – Unwirksammachen eines richterlichen Entscheids (Ablehnung Urteilsvorschlag, Einsprache gegen gerichtliches Verbot)
Abgrenzung Rechtsmittel – Rechtsbehelf	→ Rz 21.8

259 Vgl. LGVE 2004 I Nr. 23.

II. Arten der Rechtsmittel

1. Vollkommenes – unvollkommenes Rechtsmittel

21.2

	vollkommenes Rechtsmittel	unvollkommenes Rechtsmittel
Kognition	umfassend; anfechtbar ist – jede falsche Tatsachenfeststellung – jede falsche Rechtsanwendung	beschränkt; anfechtbar ist z.B. – nur willkürliche Tatsachenfeststellung (wie Aktenwidrigkeit oder unhaltbare Beweiswürdigung)[260] – nur Verletzung verfassungsmässiger Rechte

2. Ordentliches – ausserordentliches Rechtsmittel

21.3

	ordentliches Rechtsmittel	ausserordentliches Rechtsmittel
Anfechtungsobjekt	formell nicht rechtskräftiger (= nicht endgültiger) Entscheid	formell rechtskräftiger (= endgültiger) Entscheid

3. Suspensives – nicht suspensives Rechtsmittel

21.4

	suspensives Rechtsmittel	nicht suspensives Rechtsmittel
Grundsatz	hemmt den Eintritt von Rechtskraft und Vollstreckbarkeit im Umfang der Rechtsmittelanträge[261]	hemmt den Eintritt von Rechtskraft und Vollstreckbarkeit nicht
Ausnahmen	– Bewilligung der vorzeitigen Vollstreckung – keine aufschiebende Wirkung in bestimmten im Gesetz genannten Fällen	Erteilung der aufschiebenden Wirkung (= Aufschub der Vollstreckbarkeit)

260 BGE 140 III 264 E. 2.3. Nicht willkürlich ist eine einfache falsche Tatsachenfeststellung, bei welcher richterliches Ermessen mitwirkt.

261 Der nicht angefochtene Teil der Entscheidung erwächst in (Teil-)Rechtskraft.

4. Reformatorisches – kassatorisches Rechtsmittel

21.5

	reformatorisches Rechtsmittel	kassatorisches Rechtsmittel
Grundsatz	Rechtsmittelinstanz fällt neuen Entscheid in der Sache	Rechtsmittelinstanz hebt bei Gutheissung des Rechtsmittels den angefochtenen Entscheid auf und weist Sache zu neuer Entscheidung an Vorinstanz zurück
Ausnahme	Rechtsmittelinstanz kann – allenfalls unter bestimmten gesetzlichen Voraussetzungen – den angefochtenen Entscheid aufheben und die Sache zu neuer Entscheidung an die Vorinstanz zurückweisen	Rechtsmittelinstanz kann neuen Entscheid in der Sache fällen, wenn diese spruchreif ist

5. Devolutives – nicht devolutives Rechtsmittel

21.6

	devolutives Rechtsmittel	nicht devolutives Rechtsmittel
Rechtsmittel-instanz	nächsthöhere Instanz	Instanz, die den angefochtenen Entscheid erlassen hat

6. Rechtsmittel mit Novenrecht – Rechtsmittel ohne Novenrecht

21.7

	Rechtsmittel mit Novenrecht	Rechtsmittel ohne Novenrecht
Umfang der Überprüfung angefochtener Entscheid	neue Vorbringen im Rechtsmittelverfahren zulässig (im gesetzlich vorgegebenen Rahmen) ⇒ Überprüfung des angefochtenen Entscheids und Weiterführung des Prozesses im Umfang des Novenrechts	neue Vorbringen im Rechtsmittelverfahren unzulässig ⇒ Überprüfung des angefochtenen Entscheids auf erstinstanzlicher Grundlage

III. Rechtsmittelsystem der ZPO

21.8

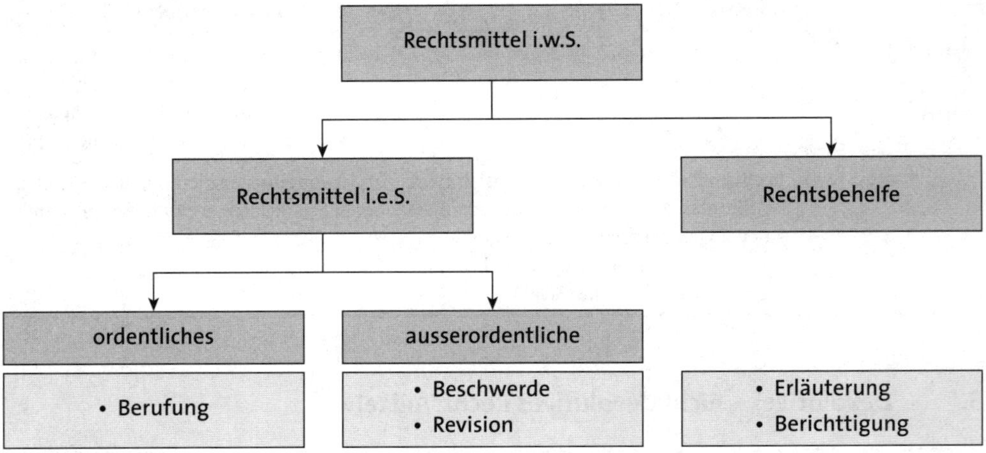

Bemerkungen

- die Übersicht basiert auf dem funktionellen Rechtsmittelbegriff; nach ihrer formellen Bezeichnung wären auch die Erläuterung und die Berichtigung Rechtsmittel und nicht Rechtsbehelfe
- nach Bundesgericht stellt die Revision kein eigentliches Rechtsmittel dar[262]
- weitere Rechtsbehelfe neben den im 9. Titel des 2. Teils der ZPO («Rechtsmittel») erwähnten (Erläuterung und Berichtigung) sind:
  - Wiederherstellung einer Frist oder eines Termins (Art. 148 f. ZPO)
  - Ablehnung des Urteilsvorschlags (Art. 211 ZPO)
  - Einsprache gegen ein gerichtliches Verbot (Art. 260 ZPO)

262 BGE 138 III 382 E. 3.2.

IV. Vorgaben der Bundesrechtspflege

1. Prinzip der *double instance*

21.9

Grundlage	Art. 75 BGG
Grundsatz	jeder erstinstanzliche Entscheid unterliegt einem innerkantonalen Rechtsmittel, bevor er mit Beschwerde ans Bundesgericht weitergezogen werden kann
Ausnahmen	– erstinstanzlicher Entscheid ist unanfechtbar: └ superprovisorische Verfügung (Art. 265 ZPO)[263] – erstinstanzlicher Entscheid ist mit keinem kantonalen Rechtsmittel anfechtbar: └ Entscheid über Bewilligung des Rechtsvorschlags bei neuem Vermögen (Art. 265*a* Abs. 1 SchKG)[264] – direkte Beschwerde ans Bundesgericht bei Fehlen einer kantonalen Rechtsmittelinstanz: └ Entscheid der einzigen kantonalen Instanz (Art. 5–8 ZPO) └ Schiedsspruch des Schiedsgerichts (Art. 389 Abs. 1 ZPO), sofern Parteien nicht Anfechtung beim zuständigen kantonalen Gericht vereinbaren (Art. 390 Abs. 1 ZPO)[265] – Beschwerde ans Bundesgericht ist ausgeschlossen: └ Schiedsspruch des Schiedsgerichts (Art. 389 Abs. 1 ZPO), wenn Parteien Anfechtung beim zuständigen kantonalen Gericht vereinbaren (Art. 390 ZPO)[266]

2. Kognition

21.10

Grundlage	Art. 111 Abs. 3 BGG
Grundsatz	der letzten kantonalen Instanz darf keine geringere Kognition zukommen als dem Bundesgericht

263 BGE 139 III 86 E. 1.1.1.

264 BGE 138 III 44 E. 1.3. Die Beschwerde ist zulässig, wenn allein der Kostenpunkt angefochten wird (BGE 130 III 130 E. 2; LGVE 2015 I Nr. 5 E. 3.1).

265 In diesem Fall ist aber ein Weiterzug ans Bundesgericht nicht möglich (Art. 390 Abs. 2 ZPO); damit wird das Prinzip des einstufigen Rechtsmittelwegs gewahrt.

266 Ausnahme: → Rz 29.3.

V. Berufung

1. Übersicht

21.11

Grundlage	**Art. 308–318 ZPO**		
Charakter	ordentliches, vollkommenes, devolutives, grundsätzlich suspensives, grundsätzlich reformatorisches Rechtsmittel mit Novenrecht		
Subsidiarität	nein		
Anschluss	**Zulässigkeit**	**Grundsatz**	zulässig; Anschlussberufung ist in der Berufungsantwort zu erheben und zu begründen (Art. 313 Abs. 1 ZPO)[267]
		Ausnahme	unzulässig, wenn sich Berufung gegen einen Entscheid im summarischen Verfahren richtet (Art. 314 Abs. 2 ZPO)
	Umfang	Anschlussberufung ist nicht auf den Gegenstand der Berufung beschränkt; sie kann sich auf einen beliebigen Teil des angefochtenen Urteils beziehen[268]	
	Dahinfallen	Anschlussberufung ist abhängig von Berufung und fällt deshalb dahin (Art. 313 Abs. 2 ZPO), wenn – die Rechtsmittelinstanz nicht auf die Berufung eintritt – die Berufung als offensichtlich unbegründet abgewiesen wird – die Berufung vor Beginn der Urteilsberatung[269] zurückgezogen wird	
Fristen	**Dauer**	gesetzliche (d.h. nicht erstreckbare) Frist für Berufung und Berufungsantwort[270]: – 10 Tage bei Berufung gegen Entscheid im summarischen Verfahren (Art. 314 Abs. 1 ZPO) – 30 Tage in allen übrigen Fällen (Art. 311 Abs. 1, Art. 312 Abs. 2 ZPO), auch für die Anschlussberufungsantwort (analoge Anwendung von Art. 312 Abs. 2 ZPO[271])	
	Beginn	Fristbeginn für Berufung: Zustellung des begründeten Entscheids oder nachträgliche Zustellung der Entscheidbegründung nach Art. 239 Abs. 2 ZPO (Art. 311 Abs. 1 ZPO)	

267 Werden in der Berufungsantwort materielle Ansprüche gestellt, die über die blosse Bestätigung des angefochtenen Urteils hinausgehen, kann die Eingabe als Anschlussberufung entgegengenommen werden (BGer 5A_618/2012 vom 27.5.2013, E. 4.1).

268 BGE 138 III 788 E. 4.4.

269 BGE 138 III 788 E. 4.2.

270 Beim Ausbleiben der Berufungsantwort wird dem Berufungsbeklagten keine Nachfrist (i.S.v. Art. 223 Abs. 1 ZPO) angesetzt. Eine «fristwahrende» Berufung, die erst nach Ablauf der Berufungsfrist vollständig begründet wird, ist nicht möglich (BGer 5A_979/2014 vom 12.2.2015, E. 2.4).

271 BGE 138 III 568 E. 3.1.

Rechtsmittelinstanz	**ZH**	Obergericht (§ 48 GOG)
	BE	Obergericht (Art. 6 Abs. 1 EG ZSJ)
	LU	Kantonsgericht (§ 15 lit. b JusG)
Anfechtungsobjekt	**+**	berufungsfähig (Art. 308 Abs. 1 ZPO) sind – erstinstanzliche End- und Zwischenentscheide – erstinstanzliche Entscheide über vorsorgliche Massnahmen
	–	nicht berufungsfähig sind: – Entscheide in vermögensrechtlichen Angelegenheiten mit Streitwert unter CHF 10 000[272] (Art. 308 Abs. 2 ZPO) – Entscheide des Vollstreckungsgerichts nach Art. 335–352 ZPO (Art. 309 lit. a ZPO)[273] – Entscheide in folgenden SchKG-Angelegenheiten (Art. 309 lit. b ZPO): └ Aufhebung des Rechtsstillstands (Art. 57*d* SchKG) └ Bewilligung des nachträglichen Rechtsvorschlags (Art. 77 SchKG) └ Rechtsöffnung (Art. 80–84 SchKG) └ Aufhebung oder Einstellung der Betreibung (Art. 85 SchKG) └ Bewilligung des Rechtsvorschlags in der Wechselbetreibung (Art. 185 SchKG) └ Arrest (Art. 272 und 278 SchKG) └ Entscheide, die nach SchKG in die Zuständigkeit des Konkurs- oder des Nachlassgerichts fallen – alle Entscheide, wenn nur deren Kostenspruch allein angefochten ist (Art. 110 ZPO) – Erläuterungs- und Berichtigungsentscheide (Art. 334 Abs. 3 ZPO)
Anfechtungsgrund	ganzer Prozessstoff des erstinstanzlichen Verfahrens: – unrichtige Rechtsanwendung[274] – unrichtige Feststellung des Sachverhalts (Art. 310 ZPO)	
Kognition	umfassend ⇒ freie Überprüfung aller Rügen	

272 Der Streitwert (Art. 91 ff. ZPO) richtet sich nach dem Betrag, der im Zeitpunkt des erstinstanzlichen Entscheids noch streitig war (Art. 308 Abs. 2 ZPO). Dies gilt auch bei einfacher Streitgenossenschaft; es spielt keine Rolle, ob alle Streitgenossen Berufung erklären (vgl. LGVE 2008 I Nr. 26). Die Streitwertgrenze gilt auch für vorsorgliche Massnahmen in vermögensrechtlichen Angelegenheiten.

273 Die Schuldneranweisung nach Art. 291 ZGB ist keine reine Vollstreckungsmassnahme und daher (bei gegebenem Streitwert) mit Berufung anfechtbar (LGVE 2011 I Nr. 37).

274 Gerügt werden kann die unrichtige Anwendung von materiellem Recht und von Verfahrensrecht, von Bundesrecht und von kantonalem Recht sowie die falsche Anwendung oder die Nichtanwendung von ausländischem Recht.

Legitimation	– erstinstanzliche Parteien[275] – Rechtsnachfolger der Parteien (Art. 83 ZPO) – Nebenintervenient (Art. 76 Abs. 1 ZPO) – streitberufene Person (Art. 79 Abs. 1 ZPO) – Dritter bei direktem Eingriff in seine Rechtsstellung (z.B. Vertreter des Kindes in eherechtlichem Verfahren; Art. 300 ZPO)		
Rechtsmittel-gegner	– erstinstanzliche Gegenpartei(en) – erstinstanzliche Parteien (wenn Dritter Berufung einlegt)		
aufschiebende Wirkung	**generell**	**Grundsatz**	– Hemmung von Rechtskraft und Vollstreckbarkeit des angefochtenen Entscheids im Umfang der Anträge (Art. 315 Abs. 1 ZPO) – unangefochtener Teil des Entscheids erwächst in (Teil-)Rechtskraft und kann vollstreckt werden Teilrechtskraft kann auch im Verlauf des Berufungsverfahrens eintreten bzw. sich ausdehnen, wenn Berufungsanträge nachträglich reduziert oder zum Teil fallengelassen werden
		Ausnahmen	Hemmung der formellen Rechtskraft, aber keine aufschiebende Wirkung[276] bei Entscheiden über – Gegendarstellungsrecht – vorsorgliche Massnahmen[277] (Art. 315 Abs. 4 ZPO)

275 Legitimiert ist auch die Partei, welche das Gericht zu Unrecht nicht zum Verfahren zugelassen hat.

276 BGE 139 III 486 E. 3.

277 Darunter fallen auch Eheschutzmassnahmen.

(aufschiebende Wirkung)	**im Einzelfall (richterliche Anordnung)**	– Rechtsmittelinstanz bewilligt die vorzeitige Vollstreckbarkeit noch nicht rechtskräftiger Entscheide[278] sie ordnet nötigenfalls sichernde Massnahmen oder Sicherheitsleistung an (Art. 315 Abs. 2 ZPO) bei Gestaltungsurteilen kann die aufschiebende Wirkung nicht entzogen werden (Art. 315 Abs. 3 ZPO) – Rechtsmittelinstanz kann auf Antrag oder bei Offizialmaxime auch von Amtes wegen die Vollstreckbarkeit vorsorglicher Massnahmen ausnahmsweise aufschieben, wenn betroffener Partei ein nicht leicht wiedergutzumachender Nachteil droht (Art. 315 Abs. 5 ZPO)[279] ein Gesuch um vorzeitige Vollstreckbarkeit oder um Aufschub der Vollstreckbarkeit vorsorglicher Massnahmen kann jederzeit (bis zur Urteilsfällung) gestellt werden
Noven[280]	**Grundsatz**	– im Bereich der **Verhandlungsmaxime** und der **beschränkten Untersuchungsmaxime** zulässig unter folgenden kumulativen Voraussetzungen (Art. 317 Abs. 1 ZPO): ∟ Noven werden ohne Verzug vorgebracht ∟ (unechte) Noven konnten trotz zumutbarer Sorgfalt nicht schon vor erster Instanz vorgebracht werden die Zulässigkeit der Noven ist zu begründen, sofern sie nicht offenkundig bzw. unzweifelhaft ist (bei unechten Noven ist eine detaillierte Begründung bezüglich Sorgfalt erforderlich)[281]; das Gericht prüft die Zulässigkeit der Noven von Amtes wegen – im Bereich der **unbeschränkten Untersuchungsmaxime** zulässig bis zur Urteilsberatung[282]
	Ausnahme	Noven sind unzulässig bei Anfechtung eines Entscheids im Rechtsschutz in klaren Fällen; die Anforderungen von Art. 257 Abs. 1 ZPO müssen schon im erstinstanzlichen Verfahren erfüllt sein[283]

278 Beispielsweise beim Rechtsschutz in klaren Fällen (Art. 257 ZPO). Auch bei Geldurteil zulässig (vollstreckbar erklärter Entscheid ermöglicht trotz fehlender Rechtskraft definitive Rechtsöffnung).

279 Grundsätze für Vollstreckungsaufschub bei Zuteilung der Obhut über Kinder: BGE 138 III 565 E. 4.3. – Bei Leistungsmassnahmen, die endgültige Wirkung haben können, darf der Aufschub nur bei offensichtlich unbegründeter oder unzulässiger Berufung verweigert werden (BGE 138 III 378 E. 6).

280 Zum Begriff «Noven» → Rz 15.11.

281 BGer 5A_330/2013 vom 24.9.2013, E. 3.5.1; LGVE 2012 I Nr. 45 und 46.

282 Dies ist allerdings umstritten. Das Bundesgericht schliesst in BGE 138 III 625 E. 2 eine analoge Anwendung von Art. 229 Abs. 3 ZPO auf das Berufungsverfahren aus.

283 BGer 4A_420/2012 vom 7.11.2012, E. 5.

Klageänderung	– zulässig unter folgenden kumulativen Voraussetzungen (Art. 227 Abs. 1, Art. 317 Abs. 2 ZPO): └ geänderter oder neuer Anspruch ist nach der gleichen Verfahrensart zu beurteilen └ geänderter oder neuer Anspruch steht mit dem bisherigen Anspruch in einem sachlichen Zusammenhang oder Gegenpartei stimmt Klageänderung zu └ Klageänderung beruht auf neuen Tatsachen oder Beweismitteln – in Verfahren, die der Offizialmaxime unterliegen, können Berufungsanträge auch nach der gesetzlich vorgegebenen Frist abgeändert werden; das Gericht ist jedoch an diese Anträge nicht gebunden		
Verfahren	→ Rz 21.12 die erstinstanzlichen Verfahrensmaximen gelten im Berufungsverfahren grundsätzlich weiter[284]		
Entscheid	**Inhalt**	**Grundsatz**	Sachentscheid[285] im Rahmen der Parteianträge[286]; Möglichkeiten (Art. 318 Abs. 1 lit. a und b ZPO): – Bestätigung angefochtener Entscheid – neuer Entscheid
		Ausnahme	ausnahmsweise Rückweisung der Sache an erste Instanz in folgenden Fällen (Art. 318 Abs. 1 lit. c ZPO): – wesentlicher Teil der Klage wurde nicht beurteilt – Sachverhalt ist in wesentlichen Teilen zu vervollständigen die erste Instanz ist an die Erwägungen des oberen Gerichts gebunden[287] gegen den neuen Entscheid ist grundsätzlich wieder die Berufung zulässig; die obere Instanz ist an ihren ersten Entscheid gebunden[288]

284 LGVE 2011 I Nr. 36.

285 Wenn eine Prozessvoraussetzung (Art. 59–61 ZPO) fehlt, ergeht ein Prozessentscheid (Nichteintretensentscheid). Wenn der Prozess durch Parteidisposition (Vergleich, Klageanerkennung, Klagerückzug) oder wegen Gegenstandslosigkeit erledigt wird (Art. 241 f. ZPO), ergeht ein deklaratorischer Entscheid (Abschreibungsentscheid). → Rz 15.13 und 15.14.

286 Im Geltungsbereich des Offizialgrundsatzes ist das Gericht nicht an die Parteianträge gebunden.

287 BGer 4A_22/2013 vom 31.7.2013, E. 2.1.

288 LGVE 2012 I Nr. 44.

(Entscheid)	**Form**	Entscheid mit schriftlicher Begründung[289] (Art. 318 Abs. 2 ZPO)	
	Kosten	**erstinstanzliche Kosten**	– Bestätigung des erstinstanzlichen Entscheids: es bleibt grundsätzlich beim erstinstanzlichen Kostenspruch; wurde der Kostenspruch ausdrücklich und begründet angefochten, kann er von der Rechtsmittelinstanz abgeändert werden – Rückweisung der Sache zur Neubeurteilung an die Vorinstanz: Vorinstanz hat im Rahmen der Neubeurteilung auch neu über die erstinstanzlichen Kosten zu befinden – neuer Entscheid der Rechtsmittelinstanz: neuer Entscheid über erstinstanzliche Kosten
		des Berufungsverfahrens	immer Entscheid über Kosten[290]

289 Art. 239 ZPO (Eröffnung Entscheid ohne schriftliche Begründung) ist nicht anwendbar. – Anforderungen an Begründung: BGer 4A_538 vom 19.3.2014, E. 3.1; BGer 4A_434/2013 vom 19.12.2013, E. 1.2.

290 Die Kosten des Berufungsverfahrens sind aber nur definitiv zu verlegen, soweit in der Sache endgültig entschieden wird oder soweit sich aufgrund des Rückweisungsentscheids bereits ein Obsiegen bzw. Unterliegen ergibt. Ist dies nicht der Fall, hat die Rechtmittelinstanz die Gerichts- und Parteikosten des Berufungsverfahrens masslich festzusetzen und die Vorinstanz anzuweisen, in ihrem Endentscheid diese Kosten zu verlegen.

2. Verfahrensablauf

21.12

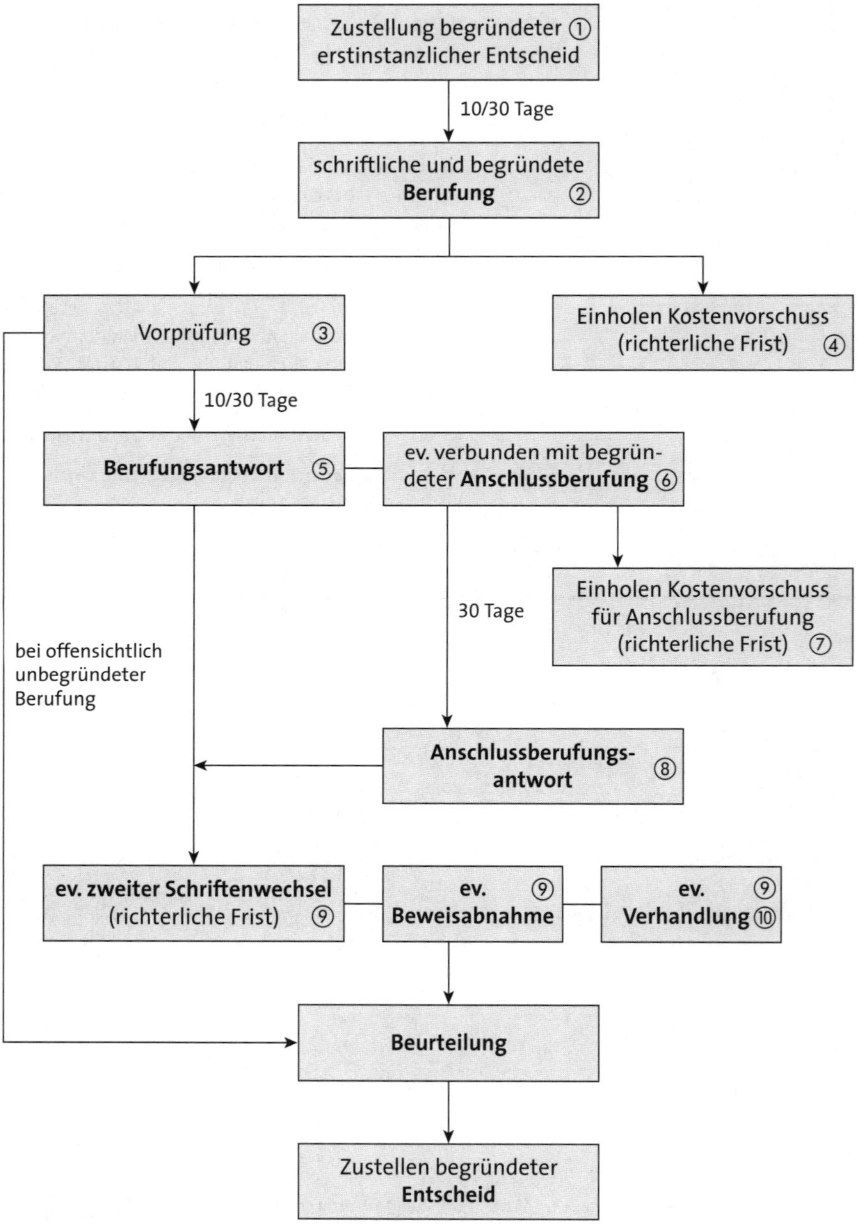

① Wurde der Entscheid ohne schriftliche Begründung eröffnet (Art. 239 Abs. 1 ZPO), beginnt die Berufungsfrist erst mit der nachträglichen Zustellung der Entscheidbegründung nach Art. 239 Abs. 2 ZPO.

② Die Berufung muss Rechtsbegehren und eine Begründung enthalten, auch im Anwendungsbereich der Offizial- und der Untersuchungsmaxime. Das Rechtsbegehren muss so bestimmt sein, dass es bei Gutheissung unverändert zum Urteil erhoben werden kann. Ein Berufungsantrag auf Geldzahlung ist daher zu beziffern (auch bei Unterhaltsbeiträgen; LGVE 2014 II Nr. 17 E. 3.3). Bei Fehlen der Bezifferung ist keine Nachfrist zur Verbesserung nach Art. 132 Abs. 1 ZPO anzusetzen (BGE 137 III 617 E. 4 ff.).
Die Berufung muss sich mit dem angefochtenen Entscheid auseinandersetzen. Eine bloss allgemeine Kritik des angefochtenen Entscheids oder ein blosser Verweis auf die Akten genügt nicht (BGE 138 III 374 E. 3.4.1).
In familienrechtlichen Verfahren ist es zulässig, die Berufung und die Beschwerde gegen einen erstinstanzlichen Entscheid in einer Rechtsmitteleingabe zu vereinen (LGVE 2013 II Nr. 6).

③ Ist die Berufung unzulässig (z.B. verspätet), wird darauf nicht eingetreten.

④ Wird der Kostenvorschuss nicht oder verspätet geleistet, wird auf die Berufung nicht eingetreten.
In Verfahren ohne Gerichtskosten (Art. 114, 116 ZPO) entfällt das Einholen eines Kostenvorschusses.

⑤ Wird keine oder eine verspätete Berufungsantwort eingereicht, wird aufgrund der Vorbringen in der Berufung und der Akten entschieden. Im Bereich der Untersuchungsmaxime oder bei erheblichen Zweifeln an der Richtigkeit einer nicht streitigen Tatsache sind ergänzende Abklärungen möglich.
In der Berufungsantwort vorgetragene Noven gelten als unbestritten, wenn der Berufungskläger nicht reagiert, z.B. in einer unaufgeforderten Replik (BGer 4A_747/2012 vom 5.4.2013, E. 3.2 f.).

⑥ Die Anschlussberufung muss nicht zwingend in der gleichen Rechtsschrift wie die Berufungsantwort und nicht gleichzeitig mit dieser, jedoch innert der 30-tägigen Frist von Art. 312 Abs. 2 ZPO erfolgen (LGVE 2013 II Nr. 3 E. 2.2).

⑦ Wird der Kostenvorschuss nicht oder verspätet geleistet, wird auf die Anschlussberufung nicht eingetreten.

⑧ Frist für Anschlussberufungsantwort: 30 Tage (analog Art. 312 ZPO; BGE 138 III 268 E. 3).
Wird keine oder eine verspätete Anschlussberufungsantwort eingereicht, wird aufgrund der Vorbringen in der Berufung, der Berufungsantwort, der Anschlussberufung und der Akten entschieden. Im Bereich der Untersuchungsmaxime oder bei erheblichen Zweifeln an der Richtigkeit einer nicht streitigen Tatsache sind ergänzende Abklärungen möglich.

⑨ Die Berufungsinstanz entscheidet nach freiem Ermessen, ob sie einen zweiten formellen Rechtsschriftenwechsel und ob sie eine Verhandlung durchführen will. Die Parteien haben darauf keinen Anspruch. Ein zweiter Rechtsschriftenwechsel ist allerdings nur mit Zurückhaltung anzuordnen, bei Berufung gegen Summarentscheide nur in Ausnahmefällen (BGE 138 III 252 E. 2.1).
Die Berufungsinstanz entscheidet auch frei über die Vornahme von Beweiserhebungen. Art. 316 Abs. 3 ZPO räumt kein Recht auf eine Beweisabnahme ein (BGE 138 III 374 E. 4.3.1).

⑩ Erscheint eine Partei (ohne genügende Entschuldigung) nicht zur Verhandlung, wird diese ohne die säumige Partei durchgeführt (Art. 147 Abs. 2 ZPO). Das Gericht entscheidet aufgrund der Akten und der Vorbringen der erscheinenden Partei; die säumige Partei hat keinen Anspruch, zu den Vorbringen an der Verhandlung noch nachträglich Stellung nehmen zu können.

Hinweise

- Die Parteien haben nach dem Grundsatz des rechtlichen Gehörs das Recht, sich zu allen Eingaben der Gegenpartei äussern zu können. → Rz 3.2
- Es kann keine Nachfrist zur Ergänzung einer den formellen Anforderungen nicht genügenden Rechtsschrift gewährt werden (BGE 137 III 617 E. 6.4).

VI. Beschwerde

1. Übersicht

21.13

Grundlage	**Art. 319–327*a* ZPO**	
Charakter	ausserordentliches, unvollkommenes, devolutives, grundsätzlich nicht suspensives, grundsätzlich kassatorisches Rechtsmittel ohne Novenrecht	
Subsidiarität	die Beschwerde ist: – primäres Rechtsmittel für die Anfechtung der sog. Inzidenzentscheide und bei Rechtsverzögerungen (Art. 319 lit. b und c ZPO) – subsidiäres Rechtsmittel im Verhältnis zur Berufung (Art. 319 lit. a ZPO)	
Anschluss	nein, Anschlussbeschwerde ist ausgeschlossen (Art. 323 ZPO)	
Fristen	**Dauer**	gesetzliche (d.h. nicht erstreckbare) Frist für Beschwerde und Beschwerdeantwort: – 5 Tage bei Beschwerde gegen Entscheid über die Bewilligung des Rechtsvorschlags in der Wechselbetreibung (Art. 321 Abs. 2 und Art. 322 Abs. 2 ZPO i.V.m. Art. 185 SchKG) – 10 Tage bei Beschwerde gegen übrige Entscheide im summarischen Verfahren und gegen prozessleitende Verfügungen (Art. 321 Abs. 2, Art. 322 Abs. 2 ZPO) – 1 Monat bei Beschwerde eines Schuldners[291] mit Wohnsitz in der Schweiz gegen erteilte Vollstreckbarerklärung nach Art 43 Ziff. 5 LugÜ (Art. 327*a* Abs. 3 ZPO) – 2 Monate bei Beschwerde eines Schuldners[292] mit Wohnsitz ausserhalb der Schweiz gegen erteilte Vollstreckbarerklärung nach Art 43 Ziff. 5 LugÜ (Art. 327*a* Abs. 3 ZPO) – 30 Tage in allen übrigen Fällen (Art. 321 Abs. 1 ZPO) – jederzeit gegen Rechtsverzögerung (Art. 321 Abs. 4 ZPO)
	Fristbeginn	Zustellung des begründeten Entscheids oder nachträgliche Zustellung der Entscheidbegründung nach Art. 239 Abs. 2 ZPO (Art. 321 Abs. 1 ZPO)
Rechtsmittelinstanz	**ZH**	Obergericht (§ 48 GOG)
	BE	Obergericht (Art. 6 Abs. 1 EG ZSJ)
	LU	Kantonsgericht (§ 15 lit. b JusG)

291 Für die Beschwerde eines unterlegenen Gläubigers sieht das LugÜ keine besondere Frist vor. Es gilt daher die allgemeine Frist (bei Summarentscheiden) von 10 Tagen.

292 Für die Beschwerde eines unterlegenen Gläubigers sieht das LugÜ keine besondere Frist vor. Es gilt daher die allgemeine Frist (bei Summarentscheiden) von 10 Tagen.

Anfechtungsobjekt	mit Beschwerde sind anfechtbar (Art. 319 ZPO): – nicht berufungsfähige erstinstanzliche End- und Zwischenentscheide – nicht berufungsfähige erstinstanzliche Entscheide über vorsorgliche Massnahmen – alle erstinstanzlichen Entscheide, wenn nur deren Kostenspruch allein angefochten ist (Art. 110 ZPO) – Entscheide des Vollstreckungsgerichts (Art. 309 lit. a, Art. 335–352 ZPO) – Rechtsverzögerung[293] einer Schlichtungsbehörde oder eines erstinstanzlichen Gerichts – erstinstanzlicher Entscheid über Revisionsgesuch (Art. 332 ZPO) – erstinstanzliche Erläuterungs- und Berichtigungsentscheide (Art. 334 Abs. 3 ZPO) – andere erstinstanzliche Entscheide und prozessleitende Verfügungen └ in den vom Gesetz bestimmten Fällen[294] └ wenn durch sie ein nicht leicht wiedergutzumachender Nachteil droht[295]
Anfechtungsgrund	– unrichtige Rechtsanwendung (Art. 320 lit. a ZPO)[296] – offensichtlich unrichtige Feststellung des Sachverhalts (Art. 320 lit. b ZPO) – Rechtsverzögerung (Art. 319 lit. c ZPO)
Kognition	– umfassend bezüglich Rechtsanwendung[297] – beschränkt bezüglich Sachverhaltsfeststellung (Ausnahme: umfassend bei Beschwerde gegen Vollstreckungsentscheid nach Art. 38–52 LugÜ; Art. 327*a* Abs. 1 ZPO)
Legitimation	– erstinstanzliche Parteien[298] – Rechtsnachfolger der Parteien (Art. 83 ZPO) – Nebenintervenient (Art. 76 Abs. 1 ZPO) – streitberufene Person (Art. 79 Abs. 1 ZPO) – Dritter bei direktem Eingriff in seine Rechtsstellung (z.B. Vertreter des Kindes in eherechtlichem Verfahren [Art. 300 ZPO], von Vollstreckungsentscheid betroffener Dritter [Art. 346 ZPO])

293 Darunter fällt auch die qualifizierte Form der Rechtsverweigerung.

294 Art. 50 Abs. 2, Art. 75 Abs. 2, Art. 82 Abs. 4, Art. 103, 121, 126 Abs. 2 (nur bei Anordnung der Sistierung, die Abweisung des Sistierungsgesuchs fällt unter Art. 319 lit. b Ziff. 2 ZPO; OG LU 1C 12 29 vom 12.7.2012), Art. 127 Abs. 2, Art. 128 Abs. 4, Art. 167 Abs. 3, Art. 184 Abs. 3, Art. 298 Abs. 3, Art. 299 Abs. 3 ZPO.

295 Umstritten ist, ob es sich um einen rechtlichen Nachteil handeln muss oder ob auch ein Nachteil tatsächlicher Natur genügt (so OG LU 1C 12 29 vom 12.7.2012). Die Beschwerde sollte zumindest auch bei einem erheblichen tatsächlichen Nachteil zugelassen werden. Praxis des Bundesgerichts: BGE 137 III 380.

296 Gerügt werden kann die unrichtige Anwendung von materiellem Recht und von Verfahrensrecht, von Bundesrecht und von kantonalem Recht sowie die falsche Anwendung oder die Nichtanwendung von ausländischem Recht.

297 Die Beschwerdeinstanz überprüft Ermessensentscheide generell mit einer gewissen Zurückhaltung (LGVE 2014 II Nr. 15, 2013 I Nr. 22 E. 5.2).

298 Legitimiert ist auch die Partei, welche das Gericht zu Unrecht nicht zum Verfahren zugelassen hat.

Rechtsmittel-gegner	– erstinstanzliche Gegenpartei(en)[299] – erstinstanzliche Parteien (wenn Dritter Beschwerde einlegt) – Gericht oder Schlichtungsbehörde (bei Rechtsverzögerungsbeschwerde) – Erstinstanz bzw. deren Hoheitsträger (bei Beschwerde des UR-Gesuchstellers)[300]	
aufschiebende Wirkung	**Grundsatz**	keine Hemmung von Rechtskraft und Vollstreckbarkeit des angefochtenen Entscheids (Art. 325 Abs. 1 ZPO)
	Ausnahmen	– Rechtsmittelinstanz kann Vollstreckung aufschieben[301] (das entsprechende Gesuch kann bis zur Urteilsfällung gestellt werden; bei Untersuchungsmaxime ist kein Parteiantrag nötig); sie ordnet nötigenfalls sichernde Massnahmen oder Sicherheitsleistung an (Art. 325 Abs. 2 ZPO) – Beschwerde gegen Vollstreckungsentscheid nach Art. 38–52 LugÜ hat aufschiebende Wirkung (Art. 327*a* Abs. 2 ZPO)
Noven/ Klage-änderung[302]	**Grundsatz**	ausgeschlossen[303] (Art. 326 Abs. 1 ZPO)
	Ausnahmen	– Gesetz erlaubt ausdrücklich Noven[304] oder Klageänderung (Art. 326 Abs. 2 ZPO) – erst Entscheid der Vorinstanz gibt Anlass zu Noven[305] – bei Beschwerden gegen Vollstreckungsentscheid nach Art. 38–52 LugÜ sind Noven in analoger Anwendung von Art. 317 Abs. 1 ZPO (→ Rz 21.11) zulässig[306]
Verfahren	→ Rz 21.14 die erstinstanzlichen Verfahrensmaximen gelten im Beschwerdeverfahren grundsätzlich weiter[307]	

299 Die Gegenpartei ist Rechtsmittelgegner, auch wenn nur die Höhe der Gerichtskosten angefochten wird und das Verhältnis zwischen den Parteien nicht direkt betroffen ist (LGVE 2012 I Nr. 47).

300 BGE 140 III 501 E. 4.

301 Der Entscheid erfolgt aufgrund einer Interessenabwägung; das Gericht darf dabei den mutmasslichen Ausgang des Beschwerdeverfahrens berücksichtigen (BGer 4A_674/2014 vom 19.2.2015, E. 5).

302 Zum Begriff «Noven» → Rz 15.11.

303 Der Novenausschluss gilt auch für Verfahren, die der Untersuchungsmaxime unterliegen (LGVE 2012 I Nr. 37).

304 Beispiele: Art. 174 Abs. 1 SchKG (Anfechtung Konkursentscheid, wobei aber Noven nur vom Schuldner vorgebracht werden können; BGer 5A_711/2012 vom 17.12.2012, E. 5.2), Art. 278 Abs. 3 SchKG (Einsprache gegen Arrestbefehl).

305 BGE 139 III 466 E. 3.4.

306 BGE 138 III 82 E. 3.5.3; BGer 5A_568/2012 vom 24.1.2013, E. 4.

307 LGVE 2011 I Nr. 36.

Entscheid	**Inhalt**	Sachentscheid[308] im Rahmen der Parteianträge[309]; Möglichkeiten (Art. 327 Abs. 3 und 4 ZPO): – Bestätigung angefochtener Entscheid – Aufhebung angefochtener Entscheid/angefochtene prozessleitende Verfügung und Rückweisung der Sache an Vorinstanz[310] – neuer Entscheid, wenn die Sache spruchreif ist – Entscheid über Rechtsverzögerung[311]	
	Form	Entscheid mit schriftlicher Begründung[312] (Art. 327 Abs. 5 ZPO)	
	Kosten	**erster Instanz**	– Bestätigung des erstinstanzlichen Entscheids: es bleibt grundsätzlich beim erstinstanzlichen Kostenspruch[313] – Rückweisung der Sache an die Vorinstanz zur Neubeurteilung: Vorinstanz hat im Rahmen der Neubeurteilung auch neu über die erstinstanzlichen Kosten zu befinden – neuer Entscheid der Rechtsmittelinstanz: neuer Entscheid über erstinstanzliche Kosten
		zweiter Instanz	immer Entscheid über Kosten des Beschwerdeverfahrens[314]

308 Wenn eine Prozessvoraussetzung (Art. 59–61 ZPO) fehlt, ergeht ein Prozessentscheid (Nichteintretensentscheid). Wenn der Prozess durch Parteidisposition (Vergleich, Klageanerkennung, Klagerückzug) oder wegen Gegenstandslosigkeit erledigt wird, ergeht ein deklaratorischer Entscheid (Abschreibungsentscheid). → Rz 15.13 und 15.14.

309 Im Geltungsbereich des Offizialgrundsatzes ist das Gericht nicht an die Parteianträge gebunden.

310 Die erste Instanz ist an die Erwägungen des oberen Gerichts gebunden. Gegen den neuen Entscheid ist grundsätzlich wieder die Beschwerde zulässig.

311 Bei Gutheissung der Beschwerde kann die Rechtsmittelinstanz der Vorinstanz eine Frist zur Behandlung der Sache setzen.

312 Art. 239 ZPO (Eröffnung Entscheid ohne schriftliche Begründung) ist nicht anwendbar.

313 Wurde der Kostenspruch ausdrücklich und begründet angefochten, kann er – trotz Bestätigung des vorinstanzlichen Urteils in der Sache – von der Rechtsmittelinstanz abgeändert werden.

314 Die Kosten des Beschwerdeverfahrens sind aber nur definitiv zu verlegen, soweit in der Sache endgültig entschieden wird oder soweit sich aufgrund des Rückweisungsentscheids bereits ein Obsiegen bzw. Unterliegen ergibt. Ist dies nicht der Fall, hat die Rechtsmittelinstanz die Gerichts- und Parteikosten des Beschwerdeverfahrens masslich festzusetzen und die Vorinstanz anzuweisen, in ihrem Endentscheid diese Kosten zu verlegen. – Wird eine Beschwerde wegen Rechtsverzögerung (Art. 319 lit. c ZPO) gutgeheissen, muss der Kanton nach Art. 106 Abs. 1 ZPO eine Parteientschädigung zahlen, ausser gestützt auf Art. 116 ZPO erlassenes kantonales Recht befreie ihn davon (BGE 139 III 471 E. 3).

2. Verfahrensablauf

21.14

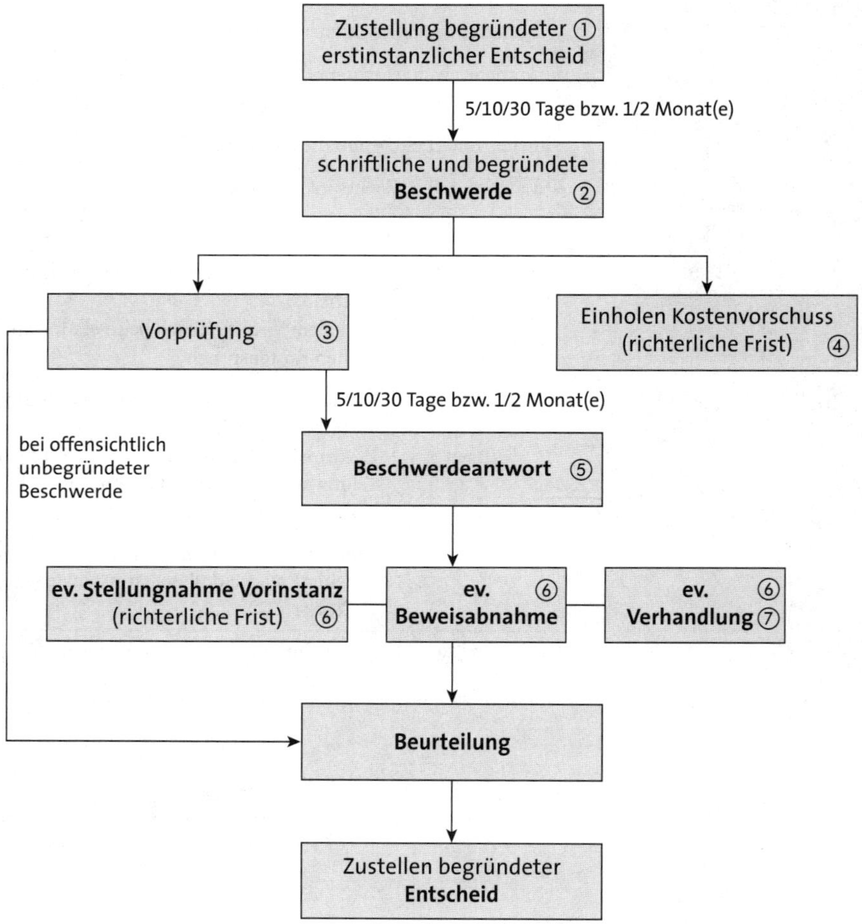

① Wurde der Entscheid ohne schriftliche Begründung eröffnet (Art. 239 Abs. 1 ZPO), beginnt die Beschwerdefrist erst mit der nachträglichen Zustellung der Entscheidbegründung nach Art. 239 Abs. 2 ZPO.

② Die Beschwerde hat konkrete Anträge zu enthalten, aus denen hervorgeht, in welchem Umfang der vorinstanzliche Entscheid angefochten wird. Dabei hat der Beschwerdeführer zu erklären, ob er einen kassatorischen oder einen reformatorischen Entscheid anstrebt; im zweiten Fall hat er Anträge in der Sache zu stellen (LGVE 2012 I Nr. 48). Für die Beschwerde gelten (mindestens) dieselben Begründungsanforderungen wie für die Berufung (BGer 5A_247/2013 vom 15.10.2013, E. 3.3 f.).
In familienrechtlichen Verfahren ist es zulässig, die Berufung und die Beschwerde gegen einen erstinstanzlichen Entscheid in einer Rechtsmitteleingabe zu vereinen (LGVE 2013 II Nr. 6).

③ Ist die Beschwerde unzulässig (z.B. verspätet), wird darauf nicht eingetreten.

④ Wird Kostenvorschuss nicht oder verspätet geleistet, wird auf die Beschwerde nicht eingetreten. In Verfahren ohne Gerichtskosten (Art. 114, 116 ZPO) entfällt das Einholen eines Kostenvorschusses.

⑤ Wird keine oder eine verspätete Beschwerdeantwort eingereicht, wird aufgrund der Vorbringen in der Beschwerde und der Akten entschieden. Im Bereich der Untersuchungsmaxime oder bei erheblichen Zweifeln an der Richtigkeit einer nicht streitigen Tatsache sind ergänzende Abklärungen möglich.

⑥ Die Beschwerdeinstanz entscheidet nach freiem Ermessen, ob sie eine Stellungnahme der Vorinstanz einholen will. Eine solche wird vor allem bei Beschwerden gegen prozessleitende Verfügungen (die in der Regel keine Begründung enthalten) und bei Rechtsverzögerungsbeschwerden angezeigt sein.
Ebenso steht es der Beschwerdeinstanz frei, ob sie eine Verhandlung durchführen und Beweise abnehmen will.
Die Parteien haben auf alle diese Vorkehren keinen Anspruch.
In der Regel wird das Beschwerdeverfahren allerdings rein schriftlich ablaufen.

⑦ Erscheint eine Partei (ohne genügende Entschuldigung) nicht zur Verhandlung, wird diese ohne die säumige Partei durchgeführt (Art. 147 Abs. 2 ZPO). Das Gericht entscheidet aufgrund der Akten und der Vorbringen der erscheinenden Partei; die säumige Partei hat keinen Anspruch, zu den Vorbringen an der Verhandlung noch nachträglich Stellung nehmen zu können.

Hinweise

- Die Parteien haben nach dem Grundsatz des rechtlichen Gehörs das Recht, sich zu allen Eingaben der Gegenpartei äussern zu können. → Rz 3.2
  Eine Beschwerdeergänzung auf dem Weg der Replik ist nur insoweit statthaft, als die Ausführungen in der Beschwerdeantwort oder in einer Stellungnahme der Vorinstanz dazu Anlass geben. Ausgeschlossen sind hingegen in diesem Rahmen Anträge und Rügen, die der Beschwerdeführer bereits vor Ablauf der Beschwerdefrist hätte erheben können (vgl. BGE 135 I 19 E. 2.2).
- Es kann keine Nachfrist zur Ergänzung einer den formellen Anforderungen nicht genügenden Rechtsschrift gewährt werden (BGE 137 III 617 E. 6.4).

VII. Revision

1. Übersicht

21.15

Grundlage	**Art. 328–333 ZPO**
Charakter	ausserordentliches, unvollkommenes, nicht devolutives, grundsätzlich nicht suspensives, reformatorisches Rechtsmittel mit Novenrecht
Subsidiarität	ja[315]
Anschluss	nein, Anschlussrevision ist ausgeschlossen

315 Die Revision ist nur zulässig, wenn kein ordentliches Rechtsmittel mehr ergriffen werden kann.

Fristen	**relative Frist**	90 Tage seit Entdeckung des Revisionsgrundes[316] (Art. 329 Abs. 1 ZPO)	
	absolute Frist	**Grundsatz**	10 Jahre seit Eintritt der Rechtskraft des Entscheids (Art. 329 Abs. 2 ZPO)
		Ausnahme	keine absolute Frist im Fall von Art. 328 Abs. 1 lit. b ZPO[317] (Art. 329 Abs. 2 ZPO)
Rechtsmittelinstanz	Gericht, das in der Sache als letzte Instanz entschieden hat (Art. 328 Abs. 1 ZPO)		
Anfechtungsobjekt	formell und materiell rechtskräftige[318] End- und Zwischenentscheide eines Gerichts oder einer Schlichtungsbehörde		
Anfechtungsgrund	Revisionsgründe der ZPO: – unechte Noven: Partei erfährt nachträglich erhebliche Tatsache oder findet entscheidende Beweismittel, die sie im früheren Verfahren aus entschuldbaren Gründen[319] nicht beibringen konnte, damals aber schon bestanden (Art. 328 Abs. 1 lit. a ZPO) – strafbare Handlung: Strafverfahren hat ergeben, dass durch ein Verbrechen oder Vergehen zum Nachteil der betreffenden Partei auf den Entscheid eingewirkt wurde[320] (Art. 328 Abs. 1 lit. b ZPO) – Unwirksamkeit einer Parteidisposition: Klageanerkennung, Klagerückzug oder gerichtlicher Vergleich ist unwirksam[321] (Art. 328 Abs. 1 lit. c ZPO) – Verletzung der EMRK: Europäischer Gerichtshof für Menschenrechte hat in einem endgültigen Urteil festgestellt, dass die EMRK oder die Protokolle dazu verletzt worden sind und die Verletzung kann nicht anders, insbesondere nicht durch Entschädigung, ausgeglichen oder beseitigt werden (Art. 328 Abs. 2 ZPO)		
Kognition	beschränkt auf Vorliegen von Revisionsgründen[322]		

316 Mit «Entdeckung» ist die (hinreichend) sichere Kenntnis gemeint (BGer 4A_277/2014 vom 26.8.2014, E. 3.3).

317 D.h. wenn ein Strafverfahren ergeben hat, dass durch ein Verbrechen oder ein Vergehen zum Nachteil der betreffenden Partei auf den Entscheid eingewirkt wurde.

318 BGE 138 III 382 E. 3.2.1; ein Entscheid, mit dem vorsorgliche Massnahmen erlassen wurden, kann ausnahmsweise in Revision gezogen werden, wenn Leistungsmassnahmen erlassen wurden und der Entscheid auch nicht rückwirkend abgeändert werden kann (ZR 113 [2014] Nr. 16).

319 Das Bestehen entschuldbarer Gründe wird nur zurückhaltend bejaht. So ist Unsorgfalt anzunehmen, wenn die unechten Noven bei Nachforschungen entdeckt werden, die schon im vorinstanzlichen Verfahren hätten vorgenommen werden können (BGer 5A_111/2014 vom 16.7.2014, E. 2).

320 Eine Verurteilung durch das Strafgericht ist nicht erforderlich. Ist das Strafverfahren nicht durchführbar, so kann der Beweis auf andere Weise erbracht werden.

321 In Frage kommen vorab Willensmängel (Art. 21 ff. OR).

322 BGer 5A_641/2013 vom 25.2.2014, E. 2.

Legitimation	– Parteien des früheren Verfahrens[323] – Rechtsnachfolger der Parteien (allerdings nur im Umfang der Nachfolge in die beurteilten Rechte und Pflichten und nicht bezüglich höchstpersönlicher Rechte) – Nebenintervenient (Art. 76 Abs. 1 ZPO) – streitberufene Person (Art. 79 Abs. 1 ZPO) – Dritter bei direktem Eingriff in seine Rechtsstellung (z.B. Vertreter des Kindes in eherechtlichem Verfahren [Art. 300 ZPO], von Vollstreckungsentscheid betroffener Dritter [Art. 346 ZPO])	
Rechtsmittelgegner	– Gegenpartei des früheren Verfahrens – Parteien des früheren Verfahrens (wenn Dritter Revision einlegt)	
aufschiebende Wirkung	**Grundsatz**	keine Hemmung von Rechtskraft und Vollstreckbarkeit des angefochtenen Entscheids (Art. 331 Abs. 1 ZPO)
	Ausnahme	Gericht kann Vollstreckung aufschieben; es ordnet nötigenfalls sichernde Massnahmen oder Sicherheitsleistung an (Art. 331 Abs. 2 ZPO)
Noven	**Zulässigkeit**	nur unechte Noven (Art. 328 Abs. 1 lit. a ZPO)[324]
	Geltendmachung	im Revisionsgesuch (Art. 329 Abs. 1 ZPO)
Verfahren	→ Rz 21.16	
Entscheid	**Inhalt**	Möglichkeiten: – Gutheissung Revisionsgesuch (Art. 333 Abs. 1 ZPO): └ Aufhebung früherer Entscheid └ neuer Sachentscheid[325] – Abweisung Revisionsgesuch
	Form	– Entscheid mit schriftlicher Begründung in folgenden Fällen vorgeschrieben: └ alle Entscheide der oberen Instanz (Art. 112 Abs. 1 BGG) └ neuer Sachentscheid einer unteren Instanz (bei Gutheissung des Revisionsgesuchs; Art. 333 Abs. 3 ZPO) – Zustellung/Eröffnung Dispositiv (Art. 239 Abs. 1 ZPO) in den übrigen Fällen möglich

323 Legitimiert ist auch die Partei, welche das Gericht zu Unrecht nicht zum Verfahren zugelassen hat.

324 S. dazu BGer 5A_313/2013 vom 11.10.2013, E. 4.1 f.

325 Die obere Instanz kann auch von einem eigenen neuen Sachentscheid absehen und die Sache zur Neubeurteilung an die untere Instanz zurückweisen.

(Entscheid)	**Kosten**	**des früheren Verfahrens**	– Abweisung Revisionsgesuch: es bleibt beim Kostenspruch des früheren Entscheids – Gutheissung Revisionsgesuch: neuer Kostenentscheid (im neuen Sachentscheid)
		des Revisionsverfahrens	– Abweisung Revisionsgesuch: Kostenentscheid im Revisionsentscheid – Gutheissung Revisionsgesuch: Kostenentscheid im neuen Sachentscheid
Rechtsmittel	**gegen Revisionsentscheid**	**einer unteren Instanz**	Beschwerde (Art. 319 ff. ZPO) an obere Instanz (Art. 332 ZPO)
		der oberen Instanz[326]	– wenn Voraussetzungen erfüllt: Beschwerde in Zivilsachen an Bundesgericht (Art. 72 ff. BGG) – sonst: subsidiäre Verfassungsbeschwerde an Bundesgericht (Art. 113 ff. BGG)
	gegen neuen Sachentscheid	**einer unteren Instanz**	– wenn Voraussetzungen erfüllt: Berufung an obere Instanz (Art. 308 ff. ZPO) – sonst: Beschwerde an obere Instanz (Art. 319 ff. ZPO)
		der oberen Instanz	– wenn Voraussetzungen erfüllt: Beschwerde in Zivilsachen an Bundesgericht (Art. 72 ff. BGG) – sonst: subsidiäre Verfassungsbeschwerde an Bundesgericht (Art. 113 ff. BGG)

326 Die Gutheissung des Revisionsgesuchs durch eine obere Instanz mit Rückweisung der Sache zur Neubeurteilung an die Vorinstanz stellt einen Zwischenentscheid (Art. 93 BGG) dar.

2. Verfahrensablauf

21.16

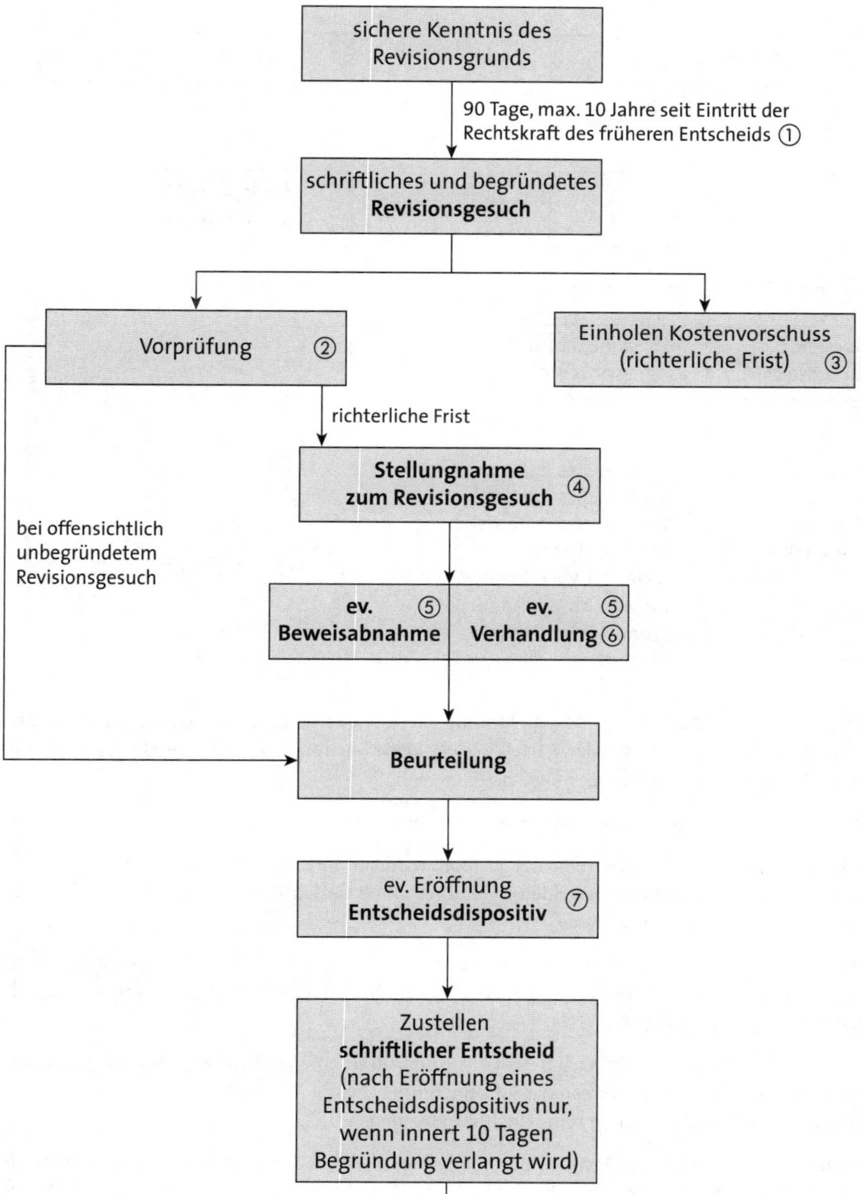

[Fortsetzung nächste Seite]

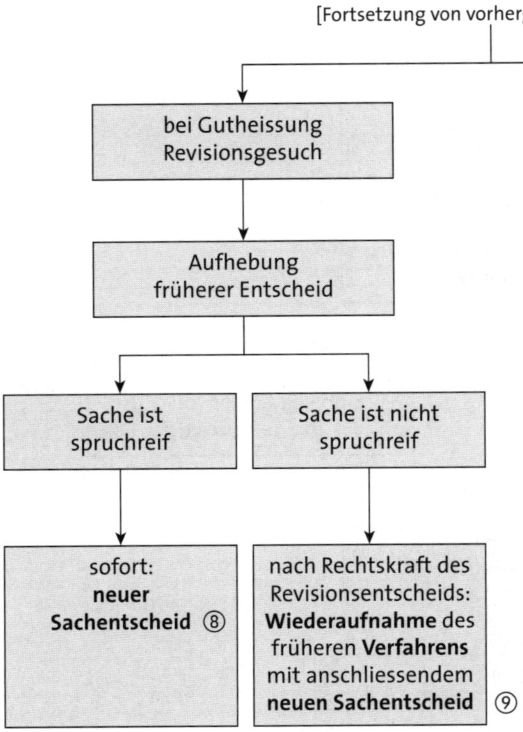

① Im Fall von Art. 328 Abs. 1 lit. b ZPO (Einwirkung durch ein Verbrechen oder ein Vergehen auf den Entscheid zum Nachteil der betreffenden Partei) besteht keine Maximalfrist (Art. 329 Abs. 2 ZPO). Die Revision ist daher zeitlich unbeschränkt möglich.

② Ist die Revision unzulässig (z.B. verspätet), wird darauf nicht eingetreten.

③ Wird Kostenvorschuss nicht oder verspätet geleistet, wird auf die Revision nicht eingetreten.
Bei Revisionsgesuchen gegen Entscheide in Verfahren ohne Gerichtskosten (Art. 114, 116 ZPO) entfällt das Einholen eines Kostenvorschusses.

④ Wird keine oder eine verspätete Stellungnahme zum Revisionsgesuch eingereicht, wird aufgrund der Vorbringen im Revisionsgesuch und der Akten entschieden. Im Bereich der Untersuchungsmaxime sind ergänzende Abklärungen möglich.

⑤ Die Revisionsinstanz entscheidet nach freiem Ermessen, ob sie eine Verhandlung durchführen und Beweise abnehmen will. Die Parteien haben darauf keinen Anspruch.
Meist wird das Revisionsverfahren rein schriftlich ablaufen.

⑥ Erscheint eine Partei (ohne genügende Entschuldigung) nicht zur Verhandlung, wird diese ohne die säumige Partei durchgeführt (Art. 147 Abs. 2 ZPO). Das Gericht entscheidet aufgrund der Akten und der Vorbringen der erscheinenden Partei; die säumige Partei hat keinen Anspruch, zu den Vorbringen an der Verhandlung noch nachträglich Stellung nehmen zu können.

⑦ Ausgenommen bei Revisionsentscheiden der oberen Instanz, die immer eine Begründung enthalten müssen (Art. 112 Abs. 1 BGG).

⑧ Der neue Sachentscheid wird mit dem Revisionsentscheid verbunden.

⑨ Bei Gutheissung der Revision wird das Verfahren in den Stand vor Fällung des früheren Entscheids zurückversetzt.

Hinweise

- Die Parteien haben nach dem Grundsatz des rechtlichen Gehörs das Recht, sich zu allen Eingaben der Gegenpartei äussern zu können. → Rz 3.2
- Es kann keine Nachfrist zur Ergänzung einer den formellen Anforderungen nicht genügenden Rechtsschrift gewährt werden (BGE 137 III 617 E. 6.4).

VIII. Erläuterung

1. Übersicht

21.17

Grundlage	Art. 334 ZPO
Charakter	auf Klarstellung (nicht auf Änderung) eines Entscheiddispositivs gerichteter Rechtsbehelf
Subsidiarität	nein
Verfahrenseinleitung	auf Parteibegehren oder von Amtes wegen (Art. 334 Abs. 1 ZPO)
Frist	keine Frist[327]; Erläuterung ist möglich, solange ein Rechtsschutzinteresse besteht
Erläuterungsinstanz	Schlichtungsbehörde oder Gericht, die bzw. das den zu erläuternden Entscheid erlassen hat (Art. 334 Abs. 1 ZPO)
Erläuterungsobjekt	Dispositiv aller Entscheide (inkl. noch nicht rechtskräftige oder bereits vollstreckte Entscheide)[328]
Erläuterungsgrund	– unklares Dispositiv – widersprüchliches Dispositiv – unvollständiges Dispositiv – Dispositiv steht im Widerspruch zur Begründung (Art. 334 Abs. 1 ZPO)
Kognition	– beschränkt auf Klarstellung des zu erläuternden Dispositivpunkts – der Entscheid darf inhaltlich nicht geändert werden[329]; materielle Fehler sind mit den zulässigen Rechtsmitteln zu rügen

327 BGE 139 III 379 E. 2.1.

328 Nicht erläuterungsfähig sind prozessleitende Verfügungen. Möglich ist aber der Erlass einer neuen prozessleitenden Verfügung.

329 Ein unvollständiger Dispositivpunkt darf aber ergänzt werden, soweit damit keine inhaltliche Änderung des Entscheids erfolgt. Ebenso ist eine blosse Umformulierung des Dispositivpunkts zur besseren Verständlichkeit zulässig.

Legitimation	– Parteien – Rechtsnachfolger der Parteien (bei rechtskräftigen Entscheiden nur im Umfang der Nachfolge in die beurteilten Rechte und Pflichten) – Nebenintervenient (Art. 76 Abs. 1 ZPO) – streitberufene Person (Art. 79 Abs. 1 ZPO) – Dritter bei direktem Eingriff in seine Rechtsstellung (z.B. Vertreter des Kindes in eherechtlichem Verfahren [Art. 300 ZPO], von Vollstreckungsentscheid betroffener Dritter [Art. 346 ZPO])	
Rechtsbehelfsgegner	– Gegenpartei(en) – alle Parteien (wenn Dritter Erläuterung verlangt)	
aufschiebende Wirkung	**Grundsatz**	keine Hemmung von Rechtskraft und Vollstreckbarkeit des angefochtenen Entscheids (Art. 334 Abs. 2 i.V.m. Art. 331 Abs. 1 ZPO)
	Ausnahme	Gericht kann Vollstreckung aufschieben; es ordnet nötigenfalls sichernde Massnahmen oder Sicherheitsleistung an (Art. 334 Abs. 2 i.V.m. Art. 331 Abs. 2 ZPO)
Noven	nicht möglich, da Entscheid inhaltlich nicht überprüft wird	
Verfahren	→ Rz 21.18	
Entscheid	**Inhalt**	Möglichkeiten bei Vornahme Erläuterung: – Ergänzung Dispositiv – Umformulierung Dispositiv – ergänzende Hinweise zum erläuterungsbedürftigen Dispositiv
	Form	Entscheid mit schriftlicher Begründung
	Kosten	bei Gutheissung des Erläuterungsgesuchs Kostenüberbindung an sich widersetzende Gegenpartei (Art. 106 Abs. 1 ZPO) oder an den Kanton (Art. 107 Abs. 2 ZPO)[330]
Rechtsmittel	Beschwerde (Art. 319 ff. ZPO) gegen – Abweisung des Erläuterungsgesuchs – Erläuterung selbst (bezüglich des von der Erläuterung nicht berührten Teils des Dispositivs wird durch den Erläuterungsentscheid keine neue Rechtsmittelfrist ausgelöst[331]) (Art. 334 Abs. 3 ZPO)	

330 Möglich ist auch ein Verzicht auf die Erhebung von Gerichtskosten.

331 Vgl. BGer 4A_258/2013 vom 13.6.2013 (zum analogen Fall der Berichtigung).

2. Verfahrensablauf

21.18

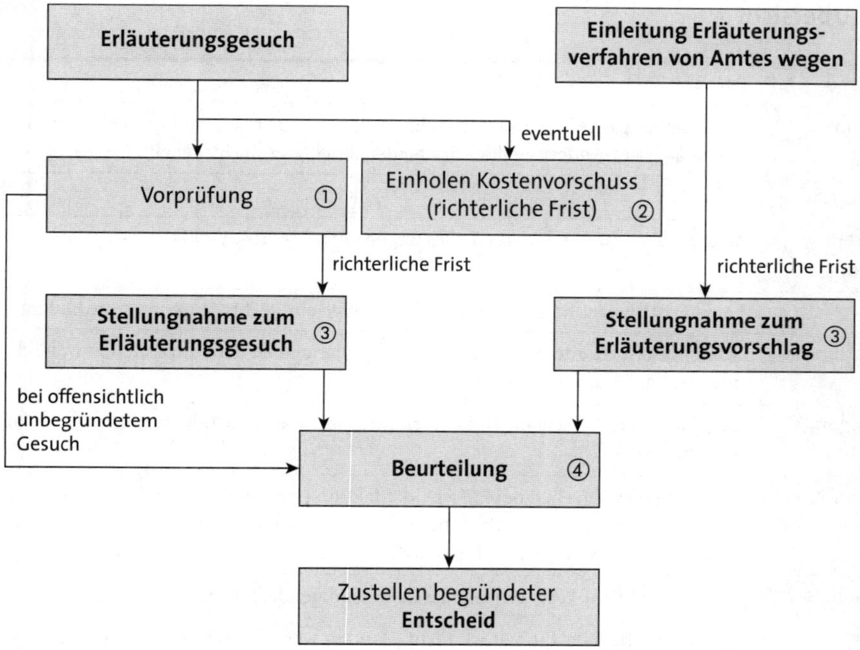

① Ist das Erläuterungsgesuch unzulässig, wird darauf nicht eingetreten.

② Wird Kostenvorschuss nicht oder verspätet geleistet, wird auf das Erläuterungsgesuch nicht eingetreten. In Verfahren ohne Gerichtskosten (Art. 114, 116 ZPO) entfällt das Einholen eines Kostenvorschusses in jedem Fall.

③ Wird keine oder eine verspätete Stellungnahme eingereicht, wird aufgrund der Vorbringen im Erläuterungsgesuch bzw. aufgrund des Erläuterungsvorschlags und der Akten entschieden.

④ Art. 334 Abs. 3 und 4 ZPO scheint ein zweistufiges Verfahren vorzugeben (zuerst Entscheid über das Erläuterungsgesuch und anschliessend Vornahme der Erläuterung in einem separaten Entscheid). Das unkompliziertere einstufige Verfahren (Beurteilung des Erläuterungsgesuchs und Vornahme der Erläuterung in einem Entscheid) ist vorzuziehen.

IX. Berichtigung

1. Übersicht

21.19

Grundlage	**Art. 334 ZPO**
Charakter	auf Behebung eines offenkundigen Erklärungsfehlers in einem Entscheiddispositiv (nicht aber auf Änderung des Entscheids) gerichteter Rechtsbehelf
Subsidiarität	nein
Verfahrenseinleitung	auf Parteibegehren oder von Amtes wegen (Art. 334 Abs. 1 ZPO)
Frist	keine Frist[332]; Berichtigung ist möglich, solange ein Rechtsschutzinteresse besteht
Berichtigungsinstanz	Schlichtungsbehörde oder Gericht, die bzw. das den zu berichtigenden Entscheid erlassen hat (Art. 334 Abs. 1 ZPO)
Berichtigungsobjekt	Dispositiv aller Entscheide (inkl. noch nicht rechtskräftige oder bereits vollstreckte Entscheide)[333]
Berichtigungsgrund	offenkundiges Versehen bei Entscheidredaktion (wie z.B. Schreibfehler, Rechnungsfehler, Verwechslung einer Parteibezeichnung, ganzes oder teilweises Fehlen eines Dispositivpunkts)[334] (Art. 334 Abs. 1 ZPO)
Kognition	– beschränkt auf Verbesserung des zu berichtigenden Dispositivpunkts – der Entscheid darf inhaltlich nicht geändert werden; materielle Fehler sind mit den zulässigen Rechtsmitteln zu rügen[335]
Legitimation	– Parteien – Rechtsnachfolger der Parteien (bei rechtskräftigen Entscheiden nur im Umfang der Nachfolge in die beurteilten Rechte und Pflichten) – Nebenintervenient (Art. 76 Abs. 1 ZPO) – streitberufene Person (Art. 79 Abs. 1 ZPO) – Dritter bei direktem Eingriff in seine Rechtsstellung (z.B. Vertreter des Kindes in eherechtlichem Verfahren [Art. 300 ZPO], von Vollstreckungsentscheid betroffener Dritter [Art. 346 ZPO])
Rechtsbehelfsgegner	– Gegenpartei(en) – alle Parteien (wenn Dritter Berichtigung verlangt)

332 BGE 139 III 379 E. 2.1.

333 Nicht berichtigungsfähig sind prozessleitende Verfügungen. Möglich ist aber der Erlass einer neuen prozessleitenden Verfügung.

334 Im Gegensatz zum Erläuterungsverfahren ist der Wille des Gerichts bezüglich seines Entscheids offenkundig.

335 Beispiel: LGVE 2012 I Nr. 35 E. 6.1.2.

aufschiebende Wirkung	**Grundsatz**	keine Hemmung von Rechtskraft und Vollstreckbarkeit des angefochtenen Entscheids (Art. 334 Abs. 2 i.V.m. Art. 331 Abs. 1 ZPO)
	Ausnahme	Gericht kann Vollstreckung aufschieben; es ordnet nötigenfalls sichernde Massnahmen oder Sicherheitsleistung an (Art. 334 Abs. 2 i.V.m. Art. 331 Abs. 2 ZPO)
Noven	nicht möglich, da Entscheid inhaltlich nicht überprüft wird	
Verfahren	→ Rz 21.20	
Entscheid	**Inhalt**	Möglichkeiten bei Vornahme Berichtigung: – Ergänzung Dispositiv – Umformulierung Dispositiv
	Form	Entscheid mit schriftlicher Begründung
	Kosten	bei Vornahme der Berichtigung: – meist wohl Verzicht auf die Erhebung von Gerichtskosten oder Überbindung Gerichtskosten an den Kanton (Art. 107 Abs. 2 ZPO) – in der Regel angesichts des geringen Aufwands keine Zusprechung von Parteikosten
Rechtsmittel	Beschwerde (Art. 319 ff. ZPO) gegen – Abweisung des Berichtigungsgesuchs – Berichtigung selbst (bezüglich des von der Berichtigung nicht berührten Teils des Dispositivs wird durch den Berichtigungsentscheid keine neue Rechtsmittelfrist ausgelöst[336]) (Art. 334 Abs. 3 ZPO)	

336 BGer 4A_258/2013 vom 13.6.2013.

2. Verfahrensablauf

21.20

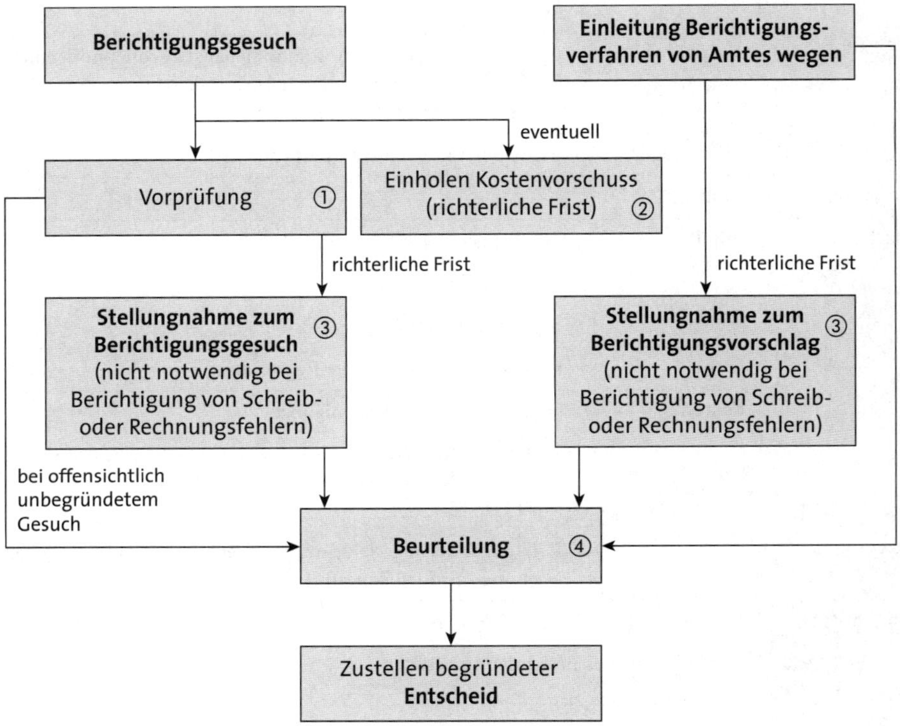

① Ist das Berichtigungsgesuch unzulässig, wird darauf nicht eingetreten.

② Wird Kostenvorschuss nicht oder verspätet geleistet, wird auf das Berichtigungsgesuch nicht eingetreten. In Verfahren ohne Gerichtskosten Art. 114, 116 ZPO) entfällt das Einholen eines Kostenvorschusses in jedem Fall.

③ Wird keine oder eine verspätete Stellungnahme eingereicht, wird aufgrund der Vorbringen im Berichtigungsgesuch bzw. aufgrund des Berichtigungsvorschlags und der Akten entschieden.

④ Art. 334 Abs. 3 und 4 ZPO scheint ein zweistufiges Verfahren vorzugeben (Entscheid über das Berichtigungsgesuch und anschliessend Vornahme der Berichtigung in einem separaten Entscheid). Das unkompliziertere einstufige Verfahren (Beurteilung des Berichtigungsgesuchs und Vornahme der Berichtigung in einem Entscheid) ist vorzuziehen.

§ 22 Vollstreckung (Art. 335–352 ZPO)

I. Vollstreckung von Entscheiden

1. Inländische Entscheide

1.1. Allgemeines

22.1

Grundlage	**Art. 335–346 ZPO**		
Geltungsbereich	**Ansprüche auf Geldzahlung oder Sicherheitsleistung**	Vollstreckung nach SchKG (Art. 335 Abs. 2 ZPO)	
	andere Ansprüche	Vollstreckung nach ZPO = Realvollstreckung (Art. 335 Abs. 1 ZPO)	
Vollstreckbarkeit	vollstreckbar sind (Art. 336 Abs. 1 ZPO): – rechtskräftige Entscheide (wenn Gericht Vollstreckung nicht aufgeschoben hat) – noch nicht rechtskräftige Entscheide (wenn Gericht vorzeitige Vollstreckung bewilligt hat)		
Zuständigkeit	**örtlich**	zwingender alternativer Gerichtsstand (Art. 339 Abs. 1 ZPO): – Wohnsitz oder Sitz der unterlegenen Partei – Ort, wo die Massnahmen zu treffen sind – Ort, wo der zu vollstreckende Entscheid gefällt worden ist	
	sachlich	Regelung im kantonalen Recht (Art. 4 Abs. 1 ZPO)	
		ZH	Einzelgericht (§ 24 lit. e GOG)
		BE	Einzelrichter am Regionalgericht (Art. 8 Abs. 1 EG ZSJ i.V.m. Art. 81 Abs. 4 GSOG)
		LU	Einzelrichter des Bezirksgerichts (§§ 31 und 35 Abs. 1 lit. c JusG)
Vollstreckbarkeitsbescheinigung (Art. 336 Abs. 2 ZPO)	– auf Verlangen einer Partei[337] – durch Gericht, das den zu vollstreckenden Entscheid getroffen hat – Form (**ZH/BE/LU**): in der Regel mit einem Stempel oder mit einem Vermerk auf dem einzureichenden Originalentscheid		

337 Im Kt. **LU** wird praxisgemäss den Parteien unaufgefordert ein mit einer Vollstreckbarkeitsbescheinigung versehenes Scheidungsurteil zugestellt, sobald dieses in Rechtskraft erwachsen ist.

1.2. Vollstreckungsmassnahmen

22.2

Verpflichtung	mögliche Massnahmen[338]
Verpflichtung zu Tun, Unterlassen oder Dulden	– indirekter Zwang (Art. 343 Abs. 1 lit. a–c ZPO): └ Strafandrohung nach Art. 292 StGB └ Ordnungsbusse bis CHF 5000 └ Ordnungsbusse bis CHF 1000 für jeden Tag der Nichterfüllung – direkter Zwang (Art. 343 Abs. 1 lit. d–e ZPO): └ Zwangsmassnahme wie Wegnahme einer beweglichen Sache oder Räumung eines Grundstücks └ Ersatzvornahme es ist dem Vollstreckungsgericht überlassen, welche Massnahme es anordnen will; es können auch mehrere Massnahmen kombiniert werden die verpflichtete Partei und Dritte haben die erforderlichen Auskünfte zu erteilen und die notwendigen Durchsuchungen zu dulden (Art. 343 Abs. 2 ZPO); die Bestimmungen von Art. 165 ff. ZPO bezüglich Verweigerungsrechte Dritter sind analog anwendbar; in ihren Rechten betroffenen Dritten ist vor Erlass des Vollstreckungsentscheids das rechtliche Gehör zu gewähren mit der Vollstreckung betraute Person kann die Hilfe der zuständigen Behörde in Anspruch nehmen (Art. 343 Abs. 3 ZPO); im Kt. **ZH** kann das Gericht den Gemeindeammann mit der Vollstreckung von Anordnungen gemäss Art. 343 Abs. 1 lit. d und e ZPO beauftragen; dieser kann nötigenfalls die Hilfe der Polizei beanspruchen (§ 147 GOG); im Kt. **BE** ist das Betreibungsamt oder die Polizei die zuständige Behörde, im Kt. **LU** die Polizei (§ 81 lit. c JusG)
Abgabe einer Willenserklärung	– die abzugebende Willenserklärung wird durch den vollstreckbaren Entscheid des urteilenden Gerichts ersetzt (Art. 344 Abs. 1 ZPO); eine zusätzliche Vollstreckung durch das Vollstreckungsgericht ist nicht nötig – betrifft die Erklärung ein öffentliches Register[339], erfolgen Anweisungen an die registerführende Person ebenfalls durch das urteilende Gericht und nicht durch das Vollstreckungsgericht (Art. 344 Abs. 2 ZPO)

338 Die möglichen Zwangsmassnahmen sind grundsätzlich abschliessend aufgezählt. Einzig Art. 343 Abs. 1 lit. d ZPO lässt ähnliche Massnahmen zu.

339 Beispiele: Grundbuch, Handelsregister, Eigentumsvorbehaltsregister, Schiffsregister, Markenregister.

1.3. Verfahren

22.3

Verfahrensart	summarisches Verfahren nach Art. 252 ff. ZPO (Art. 339 Abs. 2 ZPO) → Rz 17.2–17.14	
Gesuch	**Inhalt**	– blosser Vollstreckungsantrag genügt; Vollstreckungsgericht kann Vollstreckungsmittel von Amtes wegen festlegen – gesuchstellende Partei hat die Voraussetzungen der Vollstreckbarkeit darzulegen und zu beweisen, insbesondere durch Auflegen der erforderlichen Urkunden (Art. 338 Abs. 2 ZPO)
	Form	Papierform oder elektronisch mit anerkannter elektronischer Signatur (Art. 130 ZPO) → Rz 9.3
	Anzahl bei Eingabe in Papierform	je ein Exemplar für Gericht und jede Gegenpartei (Art. 131 ZPO) → Rz 9.3
Stellungnahme	mögliche Einwendungen: – Eintritt vollstreckungshindernder Tatsachen (wie Tilgung, Stundung, Verjährung, Verwirkung); Tilgung und Stundung sind mit Urkunden zu beweisen (Art. 341 Abs. 3 ZPO) – prozessuale Hindernisse (z.B. fehlende Prozessvoraussetzung, unzulässige oder unverhältnismässige Vollstreckungsmassnahme)	
sichernde Massnahmen (Art. 340 ZPO)	**Inhalt**	nur Sicherungsmassnahmen (wie Verbote, Beschlagnahme, Verfügungsbeschränkungen, Hinterlegung)[340]
	Voraussetzungen	– vollstreckbarer Entscheid – Nichterfüllung des Entscheids[341]
	Anhörung der Gegenpartei	– erforderlich – vorgängig können superprovisorische Massnahmen angeordnet werden
Entscheid	**Prüfung der Vollstreckbarkeit**	von Amtes wegen (Art. 341 Abs. 1 ZPO)
	Inhalt (Möglichkeiten)	– Anordnung der Vollstreckung mit Festlegung der Vollstreckungsmassnahmen – Abweisung Vollstreckungsgesuch

340 Statt Sicherungsmassnahmen nach Art. 340 ZPO können vorsorgliche Leistungsmassnahmen nach Art. 261 ff. ZPO angeordnet werden, wenn die entsprechenden Voraussetzungen erfüllt sind.

341 Diese Voraussetzung muss nur behauptet, nicht aber nachgewiesen werden.

Rechtsmittel	Entscheide des Vollstreckungsgerichts sind mit Beschwerde anfechtbar (Art. 319 lit. a i.V.m. Art. 309 lit. a und Art. 346 ZPO) Beschwerdelegitimation: – Parteien – Rechtsnachfolger der Parteien (Art. 83 ZPO) – von Vollstreckungsentscheid betroffener Dritter (Art. 346 ZPO)

1.4. Direkte Vollstreckung

22.4

Grundlage	**Art. 337 ZPO**	
Zweck	Vermeidung eines separaten Vollstreckungsverfahrens	
Voraussetzung	Anordnung konkreter Vollstreckungsmassnahmen durch das urteilende Gericht im Entscheid im Erkenntnisverfahren[342] die Anordnung kann auch bedingt erfolgen, für den Fall, dass die verpflichtete Partei das Urteil nicht fristgemäss erfüllt; der Eintritt dieser Bedingung ist aber vom Vollstreckungsgericht festzustellen	
Einstellung der Vollstreckung	**Voraussetzungen (alternativ)**	– Beweis der verpflichteten Partei, dass seit Eröffnung des Entscheids vollstreckungshindernde Tatsachen eingetreten sind (wie Tilgung, Stundung, Verjährung, Verwirkung) – Vollstreckung ist aus prozessualen Gründen nicht möglich (z.B. fehlende Prozessvoraussetzung, unzulässige oder unverhältnismässige Vollstreckungsmassnahme)
	Zuständigkeit	– örtlich: Art. 339 Abs. 1 ZPO – sachlich: Vollstreckungsgericht (nicht urteilendes Gericht; Art. 339 Abs. 2 ZPO)
	Verfahren	summarisches Verfahren → Rz 17.2.–17.14
	Frist	bis zum Abschluss der Vollstreckung oder zur Erfüllung des Anspruchs

342 Direkte Vollstreckungsmassnahmen können bei klarer Rechts- und Sachlage auch im summarischen Verfahren angeordnet werden (LGVE 2011 I Nr. 33). – Werden später zusätzliche Vollstreckungsanordnungen notwendig, ist nicht mehr das urteilende Gericht, sondern das Vollstreckungsgericht zuständig. – Bei einem Entscheid auf Abgabe einer Willenserklärung ersetzt der Entscheid des urteilenden Gerichts die Willenserklärung (Art. 344 ZPO). Es müssen daher keine Vollstreckungsmassnahmen i.S.v. Art. 337 Abs. 1 ZPO angeordnet werden und die verpflichtete Partei kann nicht um die Einstellung der Vollstreckung (Art. 337 Abs. 2 ZPO) ersuchen.

1.5. Vollstreckung einer suspensiv bedingten Leistung

22.5

Grundlage	**Art. 342 ZPO**	
Anwendungsbereich	zu vollstreckende Leistung – ist von einer Bedingung abhängig oder – hat Zug um Zug zu erfolgen	
Vollstreckungsvoraussetzung	Vollstreckungsgericht hat festzustellen, dass – die Bedingung eingetreten ist oder – die Gegenleistung gehörig erbracht, angeboten oder sichergestellt worden ist	
Beweislast	die Beweislast für die Vollstreckungsvoraussetzung trägt die berechtigte Partei	
Beweismittel	Verfahrenszweck (Entscheid über Vollstreckungsvoraussetzung) erfordert allenfalls ein ausgedehntes Beweisverfahren ⇒ keine Beweismittelbeschränkung (Art. 254 Abs. 2 lit. b ZPO)	
Verfahren (Möglichkeiten nach Wahl des Vollstreckungsklägers)	**einstufig**	Feststellung der Vollstreckungsvoraussetzung und Anordnung der Vollstreckungsmassnahmen in einem einzigen Verfahren
	zweistufig	zwei selbständige Verfahren: – Verfahren auf Feststellung der Vollstreckungsvoraussetzung – Verfahren auf Anordnung der Vollstreckungsmassnahmen

1.6. Schadenersatz und Umwandlung in Geld

22.6

Grundlage	**Art. 345 ZPO**
Zweck	– Umwandlung des nach Art. 335 ff. ZPO vollstreckbaren Anspruchs in einen Anspruch auf Geldzahlung (sog. Taxationsverfahren) – Umwandlung ist nur bei geldwerten Leistungen möglich
Aktivlegitimation	nur berechtigte Partei

Anwendungsfälle	**Missachtung der gerichtlichen Anordnungen**	– erst nach erfolglosem Vollstreckungsversuch – Schadenersatz ersetzt die ursprüngliche Realleistung[343] – Schadenersatz besteht aus dem objektiven Wert der ursprünglichen Realleistung im Urteilszeitpunkt nebst Verzugszins ab Urteilsdatum (ein weiterer Schaden, wie z.B. entgangener Gewinn, müsste in einem neuen Prozess geltend gemacht werden) – der Schadenersatz kann (auf Antrag der berechtigten Partei) schon durch das urteilende Gericht festgesetzt werden (= bedingter Entscheid); das Vollstreckungsgericht hat dann nur den Eintritt der Bedingung (erfolgloser Vollstreckungsversuch) festzustellen (Art. 342 ZPO)
	Umwandlung der Realforderung in eine Geldforderung	– kein erfolgloser Vollstreckungsversuch vorausgesetzt (Umwandlung kann sofort verlangt werden, wenn verpflichtete Partei nicht freiwillig erfüllt) – Geldleistung ersetzt die ursprüngliche Realleistung[344] – Geldforderung setzt sich zusammen aus dem objektiven Wert der ursprünglichen Realleistung im Urteilszeitpunkt nebst Verzugszins ab Urteilsdatum (ein weiterer Schaden, wie z.B. entgangener Gewinn, müsste in einem neuen Prozess geltend gemacht werden)[345] – der Schadenersatz bzw. die Geldleistung kann (auf Antrag der leistungsberechtigten Partei) schon durch das urteilende Gericht festgesetzt werden; das Vollstreckungsgericht hat dann nur den Eintritt der Bedingung (Nichterfüllung der ursprünglichen Realleistung) festzustellen (Art. 342 ZPO)
Beweislast	die berechtigte Partei trägt die Beweislast für Bestand und Umfang des Schadens (Art. 345 Abs. 1 lit. a ZPO) bzw. die Höhe des Umwandlungsbetrags (Art. 345 Abs. 1 lit. b ZPO)	
Beweismittel	Verfahrenszweck (Festlegung eines Geldbetrags) erfordert allenfalls ein ausgedehntes Beweisverfahren ⇒ keine Beweismittelbeschränkung (Art. 254 Abs. 2 lit. b ZPO)	
Durchsetzung Entscheid	auf Betreibungsweg Entscheid = definitiver Rechtsöffnungstitel (Art. 80 f. SchKG)	

343 Diese geht aber erst mit der Bezahlung des Schadenersatzes unter. Bis dahin darf die leistungspflichtige Partei noch die ursprüngliche Realleistung erbringen.

344 Diese geht aber erst mit der Bezahlung der Geldforderung unter. Bis dahin darf die leistungspflichtige Partei noch die ursprüngliche Realleistung erbringen.

345 In der Literatur ist umstritten, ob die Festlegung des Schadenersatzes (Art. 345 Abs. 1 lit. a ZPO) und die Festlegung der Geldleistung (Art. 345 Abs. 1 lit. b ZPO) identisch erfolgt.

2. Ausländische Entscheide

Grundsatz	Anerkennung, Vollstreckbarerklärung und Vollstreckung ausländischer Entscheide richten sich nach Art. 335–346 ZPO, soweit weder ein Staatsvertrag noch das IPRG etwas anderes bestimmen (Art. 335 Abs. 3 ZPO)	22.7
Besonderheiten	– Vollstreckung ausländischer Entscheide setzt das Exequatur (Anerkennung und Vollstreckbarerklärung) voraus – die besondere Vorschriften in Staatsverträgen (z.B. LugÜ) und IPRG gelten nur für das Exequatur; die Vollstreckung erfolgt nach den Regeln der ZPO bzw. des SchKG	

II. Vollstreckung öffentlicher Urkunden

1. Vollstreckbare öffentliche Urkunde

Grundlage	**Art. 347–352 ZPO**		22.8
Zweck	– direkte Vollstreckung des beurkundeten Anspruchs ohne vorgängige Durchführung eines Zivilprozesses – die gerichtliche Beurteilung der geschuldeten Leistung (auf Klage der berechtigten oder der verpflichteten Partei) ist jedoch in jedem Fall möglich (Art. 352 ZPO)		
Form	öffentliche Beurkundung; Zuständigkeit und Verfahren richten sich nach kantonalem Recht		
Anwendungsbereich	**Grundsatz**	Leistungen jeder Art (Geldleistungen, Realleistungen) (Art. 347 ZPO)	
	Ausnahmen	Leistungen – nach dem Gleichstellungsgesetz – aus Miete und Pacht von Wohn- und Geschäftsräumen sowie aus landwirtschaftlicher Pacht – nach dem Mitwirkungsgesetz – aus dem Arbeitsverhältnis und nach dem Arbeitsvermittlungsgesetz – aus Konsumentenverträgen (Art. 348 ZPO)	

notwendiger Inhalt	– Unterwerfungserklärung der verpflichteten Partei (bedingungslose, ausdrückliche Anerkennung der direkten Vollstreckung) – Rechtsgrund der geschuldeten Leistung[346] – genügend bestimmte Leistung (wie z.B. geschuldeter Kapitalbetrag, Zinssatz und Zinsbeginn, genau umschriebene Realleistung) – Anerkennung der geschuldeten Leistung durch die verpflichtete Partei – Fälligkeit der geschuldeten Leistung (Art. 347 ZPO)

2. Vollstreckung von Urkunden über eine Geldleistung

22.9

Grundlage	**Art. 349, 352 ZPO**	
Vollstreckung	**Grundsatz**	die Vollstreckung erfolgt auf dem Betreibungsweg nach den Bestimmungen des SchKG (vgl. Art. 335 Abs. 2 ZPO)
	Verfahren	die vollstreckbare öffentliche Urkunde bildet einen – definitiven Rechtsöffnungstitel nach Art. 80 f. SchKG (Art. 349 ZPO) – Arrestgrund (Art. 271 Abs. 1 Ziff. 6 SchKG) im Rechtsöffnungsverfahren ist der Schuldner mit seinen Einwendungen nicht beschränkt: er kann die gleichen Einwendungen erheben wie bei einer provisorischen Rechtsöffnung (Art. 82 Abs. 2 SchKG); im Gegensatz zu provisorischen Rechtsöffnung muss er aber seine Einwendungen sofort beweisen (womit in der Regel der Urkundenbeweis zu erbringen ist), eine blosse Glaubhaftmachung reicht nicht (Art. 81 Abs. 2 SchKG) nach Erteilung der Rechtsöffnung kann die verpflichtete Partei auf Feststellung klagen, dass der Anspruch nicht mehr besteht oder gestundet ist (Art. 352 ZPO); in Frage kommen: – negative Feststellungsklage nach Art. 85*a* SchKG – Rückforderungsklage nach Art. 86 SchKG (wenn Schuldner unter dem Druck der Betreibung schon geleistet hat)

346 Die Angabe des Rechtsgrundes genügt. Es muss nicht das ganze Verpflichtungsgeschäft öffentlich beurkundet werden.

3. Vollstreckung von Urkunden über eine andere Leistung

22.10

Grundlage	Art. 350–352 ZPO	
Vollstreckung	Grundsatz	die Vollstreckung erfolgt in einem besonderen, der Betreibung nachgebildeten Verfahren
	Einleitungsverfahren	Ansetzen einer Erfüllungsfrist (Art. 350 Abs. 1 ZPO): – Antrag der berechtigten Partei an Urkundsperson[347] – Urkundsperson stellt verpflichteter Partei beglaubigte Kopie der Urkunde zu[348] und setzt ihr eine (nicht erstreckbare) Erfüllungsfrist von 20 Tagen an; die berechtigte Partei erhält eine Kopie der Zustellung
	Vollstreckungsverfahren	– Vollstreckungsgesuch an Vollstreckungsgericht (Art. 350 Abs. 2 ZPO): └ nach unbenütztem Ablauf der Erfüllungsfrist └ durch berechtigte Partei – Gerichtsverfahren richtet sich nach Art. 339–346 ZPO → Rz 22.1 – die verpflichtete Partei kann formelle und materielle Einwendungen erheben; sie muss ihre Einwendungen gegen die Leistungspflicht jedoch sofort beweisen (Art. 351 Abs. 1 ZPO), womit in der Regel der Urkundenbeweis zu erbringen ist – ist die Abgabe einer Willenserklärung geschuldet, so wird die Erklärung durch den Entscheid des Vollstreckungsgerichts ersetzt; betrifft die Erklärung ein öffentliches Register[349], erteilt das Vollstreckungsgericht die Anweisungen an die registerführende Person (Art. 351 Abs. 2 mit Verweis auf Art. 344 Abs. 2 ZPO) – die verpflichtete Partei kann jederzeit auf Feststellung klagen, dass der Anspruch nicht mehr besteht oder gestundet ist (Art. 352 ZPO); in Frage kommen: └ Feststellungsklage nach Art. 88 ZPO (erfordert im Gegensatz zur Klage nach Art. 85*a* SchKG den Nachweis eines schutzwürdigen Feststellungsinteresses) └ Rückforderungsklage (wenn verpflichtete Partei freiwillig oder aufgrund des Vollstreckungsentscheids schon geleistet hat)

347 Die Zuständigkeit der Urkundsperson bestimmt das kantonale Recht. **BE** und **LU**: Zuständig ist grundsätzlich die Urkundsperson, welche die Urkunde ausgefertigt hat und das Original aufbewahrt. Im Kt. LU gilt sodann die Sondervorschrift, wonach die berechtige Person den Antrag bei einer anderen Urkundsperson stellen kann, falls die eigentlich zuständige Urkundsperson abwesend, verhindert, nicht mehr tätig ist oder andere Gründe dagegen sprechen (§ 30a BeurkV). **ZH**: In der zürcherischen Notariatsverordnung (LS 242.2) findet sich keine entsprechende Bestimmung. Aufgrund von § 3 der Notariatsverordnung kann daher grundsätzlich jeder Notar des Kantons Zürich für die Vollstreckung zuständig sein.

348 Die Zustellung erfolgt nach den Regeln von Art. 136 ff. ZPO.

349 Beispiele: Grundbuch, Handelsregister, Eigentumsvorbehaltsregister, Schiffsregister, Markenregister.

SCHIEDSGERICHTSBARKEIT 3. Teil

§ 23 Allgemeine Bestimmungen (Art. 353–356 ZPO)

I. Geltungsbereich

1. Inländische und ausländische Schiedsgerichtsbarkeit

23.1

Grundlage	Art. 353 Abs. 1 ZPO; Art. 176 Abs. 1, Art. 194 IPRG	
inländische Schiedsgerichtsbarkeit	nationale Schiedsgerichtsbarkeit	Voraussetzungen (*e contrario* Art. 176 Abs. 1 IPRG): – Sitz des Schiedsgerichts befindet sich in der Schweiz – bei Abschluss der Schiedsvereinbarung hatten alle Parteien ihren Wohnsitz/Sitz oder ihren gewöhnlichen Aufenthalt in der Schweiz
	internationale Schiedsgerichtsbarkeit	Voraussetzungen (Art. 176 Abs. 1 IPRG): – Sitz des Schiedsgerichts befindet sich in der Schweiz – bei Abschluss der Schiedsvereinbarung hatte wenigstens eine Partei ihren Wohnsitz/Sitz oder ihren gewöhnlichen Aufenthalt nicht in der Schweiz
ausländische Schiedsgerichtsbarkeit	Voraussetzung: Sitz des Schiedsgerichts befindet sich ausserhalb der Schweiz für die Anerkennung und Vollstreckung ausländischer Schiedssprüche gilt Art. 194 IPRG, der auf das New Yorker Übereinkommen vom 10. Juni 1958 über die Anerkennung und Vollstreckung ausländischer Schiedssprüche[1] verweist	

2. Inländische Schiedsgerichtsbarkeit: anwendbares Recht

23.2

Grundlage	Art. 353 ZPO; Art. 176 IPRG	
Grundsatz	nationale Schiedsgerichtsbarkeit (Binnenschiedsgerichtsbarkeit)	Regelung in **ZPO** (Art. 353 ff.)
	internationale Schiedsgerichtsbarkeit	Regelung in **IPRG** (Art. 176 ff.)
Ausnahmen	– Parteien erklären (in der Form von Art. 358 ZPO) in der Schiedsvereinbarung oder in einer späteren Übereinkunft für eine nationale Schiedssache das IPRG anwendbar (Art. 353 Abs. 2 ZPO) – Parteien erklären in der Schiedsvereinbarung oder in einer späteren Übereinkunft für eine internationale Schiedssache die ZPO anwendbar (Art. 176 Abs. 2 IPRG)	

1 SR 0.277.12.

II. Schiedsfähigkeit

23.3

Grundlage	**Art. 354 ZPO**
Grundsatz	schiedsfähig ist jeder Anspruch, über den die Parteien frei verfügen können[2] die freie Verfügbarkeit des Anspruchs beurteilt sich nach dem auf die Sache anwendbaren materiellen Recht
Prüfung der Schiedsfähigkeit	nur auf Einrede einer Partei (Art. 359 Abs. 2 ZPO)

III. Sitz des Schiedsgerichts

23.4

Grundlage	**Art. 355 ZPO**	
Bestimmung des Sitzes	**Grundsatz**	Sitzbestimmung erfolgt primär durch – die Parteien[3] oder – eine von den Parteien beauftragte Stelle[4]
	Ersatzzuständigkeiten	– keine Sitzbestimmung durch Parteien oder von Parteien beauftragter Stelle ⇒ Schiedsgericht bestimmt seinen Sitz selbst – Sitzbestimmung weder durch Parteien oder von Parteien beauftragter Stelle noch durch Schiedsgericht ⇒ Schiedsgericht hat Sitz am Ort des nach den allgemeinen Regeln von Art. 9 ff. ZPO zuständigen staatlichen Gerichts sind mehrere staatliche Gerichte zuständig, so hat das Schiedsgericht seinen Sitz am Ort des staatlichen Gerichts, das als erstes in Anwendung von Art. 356 ZPO angerufen wird
Tagungsort	**Grundsatz**	Schiedsgericht kann an einem beliebigen Ort verhandeln, Beweise abnehmen und beraten
	Ausnahme	durch Vereinbarung der Parteien wird Verhandlungs-, Beweisabnahme- und Beratungsort örtlich festgelegt

---

2 Im Gegensatz zur internationalen Schiedsgerichtsbarkeit (vgl. Art. 177 Abs. 1 IPRG) sind auch nicht vermögensrechtliche Streitigkeiten schiedsfähig; es muss die freie Verfügbarkeit des eingeklagten Anspruchs geprüft werden.

3 Z.B. in einer Schiedsvereinbarung oder durch Anwendbarerklärung eines Schiedsreglements, das den Sitz festlegt.

4 Z.B. durch Festlegung einer privaten oder öffentlichen Stelle in der Schiedsvereinbarung oder durch Anwendbarerklärung eines Reglements einer Schiedsinstitution, das die Sitzbestimmung durch ein Organ der Institution vorsieht.

IV. Zuständige staatliche Gerichte

23.5

Grundlage	Art. 356, 389 ZPO
Funktion der staatlichen Gerichte im Schiedsverfahren	– Rechtsmittelinstanz nach Art. 389 ff. und 396 ff. ZPO (Art. 356 Abs. 1 lit. a ZPO) – Gewährung von Vollstreckungshilfe (Art. 356 Abs. 1 lit. b ZPO) – Hilfeleistung für Schiedsgericht (Art. 356 Abs. 2 ZPO): └ Entscheide betreffend Ernennung, Ablehnung, Abberufung und Ersetzung der Schiedsrichter (Art. 362, 369 Abs. 3, Art. 370 Abs. 2 und Art. 371 Abs. 2 ZPO) └ Verlängerung der Amtsdauer des Schiedsgerichts (Art. 366 Abs. 2 lit. b ZPO) └ Unterstützung des Schiedsgerichts bei Verfahrenshandlungen (Art. 375 Abs. 2 ZPO)

zuständige staatliche Gerichte

Gericht		Aufgabe
Bundesgericht		Beschwerdeinstanz (Art. 389 Abs. 1 ZPO)
oberes kantonales Gericht		– Beschwerdeinstanz (Art. 390 Abs. 1 ZPO) – Revisionsinstanz (Art. 396 Abs. 1 ZPO) – Gewährung von Vollstreckungshilfe (Art. 356 Abs. 1 lit. b ZPO)
ZH	Obergericht (§ 46 GOG)	
BE	Obergericht (Art. 6 Abs. 3 EG ZSJ)	
LU	erste Abteilung des Kantonsgerichts (§ 15 lit. e JusG; § 14 lit. d GOKG)	
anderes oder anders zusammengesetztes kantonales Gericht		Hilfeleistung für Schiedsgericht (Art. 356 Abs. 2 ZPO)
ZH	Obergericht (§ 46 GOG) für Hilfeleistungen für Schiedsgericht gemäss Art. 356 Abs. 2 lit. a und b ZPO Einzelgericht (§ 32 GOG) für Unterstützung des Schiedsgerichts bei Verfahrenshandlungen gemäss Art. 356 Abs. 2 lit. c ZPO	
BE	Regionalgerichte (Art. 8 Abs. 2 EG ZSJ)	
LU	Einzelrichter des Arbeitsgerichts[5] (§ 32 lit. b, § 35 Abs. 1 lit. j JusG)	

5 Die auf den ersten Blick etwas merkwürdig erscheinende Zuständigkeitsbestimmung erklärt sich damit, dass man die wenigen Fälle einem einzigen Gericht übertragen wollte und das Arbeitsgericht das einzige für den ganzen Kanton zuständige erstinstanzliche Gericht ist.

§ 24 Schiedsvereinbarung (Art. 357–359 ZPO)

I. Schiedsvereinbarung

24.1

<table>
<tr><td>Grundlage</td><td colspan="2">Art. 357 ZPO</td></tr>
<tr><td>Charakter</td><td colspan="2">Übereinkunft bestimmter oder bestimmbarer Parteien, bestehende oder künftige Streitigkeiten durch ein Schiedsgericht unter Ausschluss der staatlichen Gerichtsbarkeit nach einer unmittelbar oder mittelbar bestimmten rechtlichen Ordnung entscheiden zu lassen[6]</td></tr>
<tr><td>Arten</td><td colspan="2">– Schiedsvertrag ⇒ für bestehende Streitigkeit aus einem bestimmten Rechtsverhältnis vertraglicher oder nichtvertraglicher Art[7]
– Schiedsklausel in einem Vertrag ⇒ für künftige Streitigkeit aus einem bestimmten Rechtsverhältnis vertraglicher oder nichtvertraglicher Art[8]
(Art. 357 Abs. 1 ZPO)</td></tr>
<tr><td rowspan="2">auf Schiedsvereinbarung anwendbares Recht</td><td>Grundsatz</td><td>schweizerisches Recht</td></tr>
<tr><td>Ausnahme</td><td>Parteien wählen ausdrücklich ausländisches Recht[9]; zwingende Bestimmungen des schweizerischen Rechts sind allerdings nicht ausschliessbar</td></tr>
<tr><td>hauptsächlichste Erscheinungsformen</td><td colspan="2">– Schiedsklausel in Vertrag
– statutarische Schiedsklausel
– testamentarische Schiedsklausel[10]
– Schiedsklausel in Preisausschreiben</td></tr>
<tr><td>Inhalt</td><td>Minimalinhalt</td><td>Schiedsgericht muss eindeutig bestimmt oder jedenfalls bestimmbar sein ⇒ erforderlich:
– Bezeichnung der Parteien[11]
– Bezeichnung der konkreten Streitigkeit
– verbindliche Unterstellung der Streitentscheidung unter privates Schiedsgericht</td></tr>
</table>

6 BGE 140 III 134 E. 3.1; 138 III 29 E. 2.2.3.

7 Der Schiedsvertrag (auch als Schiedsabrede bezeichnet) kann sich auch auf mehrere bestimmte Rechtsverhältnisse beziehen.

8 Die Schiedsklausel kann sich auch auf mehrere bestimmte Rechtsverhältnisse beziehen.

9 Die Rechtswahl muss sich ausdrücklich auf die Schiedsvereinbarung beziehen; die Rechtswahl des auf die Streitsache anwendbaren Rechts genügt dazu nicht.

10 Die Verbindlichkeit der testamentarischen Schiedsklausel insbesondere für die gesetzlichen Erben ist jedoch umstritten. Eine Schiedsklausel in einem Erbvertrag ist für die Vertragsparteien verbindlich.

11 Die Parteien müssen bestimmt oder zumindest bestimmbar sein.

(Inhalt)	**weiterer Inhalt**	empfehlenswert sind insbesondere folgende Regelungen: – Sitz des Schiedsgerichts – Anzahl Schiedsrichter – Verfahren zur Bestellung des Schiedsgerichts – Verfahrenssprache
Form	schriftlich oder in einer anderen Form, die den Nachweis durch Text ermöglicht (Art. 358 ZPO)	
Auslegung der Schiedsvereinbarung	nach den allgemein geltenden Grundsätzen für die Auslegung privater Willenserklärungen[12]	
Autonomie der Schiedsvereinbarung	Schiedsvereinbarung ist unabhängig vom zu beurteilenden Hauptvertrag ⇒ gegen die Schiedsvereinbarung kann nicht eingewendet werden, der Hauptvertrag sei ungültig (Art. 357 Abs. 2 ZPO)	

II. Bestreitung der Zuständigkeit des Schiedsgerichts

24.2

Grundlage	**Art. 359 ZPO**	
Zuständigkeitsprüfung	– nur auf Einrede der beklagten Partei (keine Zuständigkeitsprüfung von Amtes wegen) – eine Einlassung auf ein Schiedsverfahren vor einem unzuständigen Schiedsgericht ist möglich	
Entscheid über Zuständigkeit	**Grundsatz**	über die Gültigkeit der Schiedsvereinbarung, ihren Inhalt, ihre Tragweite oder die richtige Konstituierung entscheidet das angerufene Schiedsgericht der Kompetenzentscheid erfolgt in einem Zwischenentscheid oder im Entscheid über die Hauptsache (Art. 359 Abs. 1 ZPO)
	Ausnahme	bei Klage vor staatlichem Gericht vor Einleitung des Schiedsverfahrens entscheidet das staatliche Gericht über die Einrede der Schiedsgerichtsbarkeit und damit über die Zuständigkeit des Schiedsgerichts → Rz 3.18
Zeitpunkt der Einrede der Unzuständigkeit	die Einrede der Unzuständigkeit des Schiedsgerichts muss vor der Einlassung auf die Hauptsache erhoben werden (Art. 359 Abs. 2 ZPO)[13]	

12 BGer 4A_74/2014 vom 28.8.2014, E. 5.2.1 (nicht publiziert in BGE 140 III 477); BGE 140 III 134 E. 3.2.

13 Wird die Einrede der Unzuständigkeit gleichzeitig mit den ersten Äusserungen zur Sache erhoben, ist sie noch zuzulassen und zu beurteilen. Die Äusserungen zur Sache erfolgen in diesem Fall eventualiter und können daher nicht als vorbehaltlose Einlassung betrachtet werden.

§ 25 Bestellung des Schiedsgerichts (Art. 360–366 ZPO)

I. Anzahl der Mitglieder

25.1

Grundlage	**Art. 360 ZPO**	
Festlegung durch Parteivereinbarung	**Grundsatz**	Parteien können die Anzahl der Mitglieder frei bestimmen (Art. 360 Abs. 1 Satz 1 ZPO) zulässig ist daher auch die Festlegung einer geraden Anzahl Mitglieder
	gesetzliche Ergänzung	es wird vermutet, dass ein Schiedsgericht nur dann aus einer geraden Anzahl Mitglieder besteht, wenn dies dem effektiven Parteiwillen entspricht; fehlt eine entsprechende eindeutige Vereinbarung, ist anzunehmen, dass eine zusätzliche Person als Präsident zu bestimmen ist (Art. 360 Abs. 2 ZPO)
Anzahl bei fehlender Parteivereinbarung	das Schiedsgericht besteht aus drei Mitgliedern (Art. 360 Abs. 1 Satz 2 ZPO)	

II. Ernennung der Mitglieder

25.2

Grundlage	**Art. 361–362 ZPO**		
Ernennung durch die Parteien	**nach Parteivereinbarung**	**Grundsatz**	Ernennung des Schiedsgerichts nach der Vereinbarung der Parteien (Art. 361 Abs. 1 ZPO)
		Schranke	Gleichbehandlung der Parteien ⇒ keine Partei darf überwiegenden Einfluss auf die Ernennung ausüben
		Arten	– direkte Ernennung – indirekte Ernennung: Verweis auf die Regeln einer Schiedsinstitution bzw. einer Schiedsordnung oder Übertragung der Ernennung an eine dritte (private oder öffentliche) Stelle

(Ernennung durch die Parteien)	**bei fehlender Parteivereinbarung**	– jede Partei wählt gleiche Anzahl Mitglieder – gewählte Mitglieder wählen einstimmig eine weitere Person als Präsidenten (können sich die gewählten Schiedsrichter nicht auf die Wahl des Präsidenten einigen, ist er durch das staatliche Gericht zu ernennen) (Art. 361 Abs. 2 ZPO)
	Ernennung der Stellung nach	– wird ein Schiedsrichter der Stellung nach bezeichnet, gilt als ernannt, wer diese Stellung bei Abgabe der Annahmeerklärung (Art. 364 ZPO) bekleidet (Art. 361 Abs. 3 ZPO) – die bezeichnete Stellung kann in einer privaten oder in einer öffentlichen Funktion bestehen[14] – wird die Funktion durch mehrere Personen ausgeübt, gelten – soweit die Auslegung der Schiedsvereinbarung nicht etwas anderes ergibt – alle Personen als ernannt – das Ausscheiden eines Schiedsrichters aus der bezeichneten Stellung hat keine Folgen; der so ernannte Schiedsrichter hat sein Schiedsrichtermandat weiter zu erfüllen (Ausnahme: Rücktritt aus wichtigen Gründen)
	gesetzliche Einschränkung	in den Angelegenheiten aus Miete und Pacht von Wohnräumen können die Parteien einzig die paritätische Schlichtungsbehörde (Art. 200 Abs. 1 ZPO) als Schiedsgericht einsetzen (Art. 361 Abs. 4 ZPO)
Ernennung durch das angerufene staatliche Gericht	**Subsidiarität**	das staatliche Gericht kommt nur dann zum Zug, wenn die ordentliche Konstituierung blockiert ist
	zuständiges staatliches Gericht	zuständig ist das staatliche Gericht nach Art. 356 Abs. 2 ZPO → Rz 23.5
	Voraussetzungen	– Schiedsvereinbarung sieht keine andere Ernennungsstelle vor oder diese Stelle ernennt die Mitglieder des Schiedsgerichts nicht innert angemessener Frist (Art. 362 Abs. 1 ZPO) – Antrag einer Partei

14 Die Tätigkeit als Schiedsrichter ist aber immer privater Natur (BGE 107 Ia 152 E. 2c).

(Ernennung durch das angerufene staatliche Gericht)	**gesetzlich geregelte Anwendungsfälle**	– die Parteien einigen sich nicht über die Ernennung des Einzelschiedsrichters oder des Präsidenten (Art. 362 Abs. 1 lit. a ZPO) – eine Partei ernennt die von ihr zu bezeichnenden Mitglieder des Schiedsgerichts nicht innert 30 Tagen seit Aufforderung (Art. 362 Abs. 1 lit. b ZPO) – die Schiedsrichter einigen sich nicht innert 30 Tagen seit ihrer Ernennung über die Wahl des Präsidenten (Art. 362 Abs. 1 lit. c ZPO)	
	gesetzlich nicht geregelte Anwendungsfälle	– die Parteien einigen sich nicht über gemeinsam zu bestellende Mitglieder des Schiedsgerichts – die Parteien einigen sich nicht über die von ihnen in der Schiedsvereinbarung vorbehaltene namentliche Bezeichnung der Schiedsrichter – in der Schiedsvereinbarung namentlich genannte Personen können oder wollen das Schiedsrichteramt nicht ausüben – mehrere Streitgenossen einigen sich nicht über das von ihnen zu ernennende Mitglied des Schiedsgerichts	
	Mehrparteienschiedssache	– die Bestellung des Schiedsgerichts erfolgt primär nach Vereinbarung der Parteien – können sich mehrere Parteien auf der einen Seite nicht auf einen gemeinsamen Schiedsrichter einigen, kann das staatliche Gericht alle Mitglieder des Schiedsgerichts ernennen (Art. 362 Abs. 2 ZPO)	
Ernennung durch das beauftragte staatliche Gericht	**zuständiges Gericht**	zuständig ist ein von den Parteien bestimmtes Gericht oder das staatliche Gericht nach Art. 356 Abs. 2 ZPO das Gericht handelt als beauftragte Stelle, nicht als Gericht im Sinne von Art. 362 Abs. 1 ZPO	
	Ernennungsverpflichtung	**Grundsatz**	Gericht muss die Ernennung vornehmen (Art. 362 Abs. 3 ZPO)
		Ausnahme	summarische Prüfung ergibt, dass zwischen den Parteien keine Schiedsvereinbarung besteht (Art. 362 Abs. 3 ZPO)

III. Offenlegungspflicht

25.3

Grundlage	**Art. 363 ZPO**
Inhalt	Existenz kritischer Umstände, welche Zweifel an der Unabhängigkeit oder Unparteilichkeit des Schiedsrichters wecken können (Art. 363 Abs. 1 ZPO) zum Schutz von Geheimhaltungspflichten (wie z.B. des Anwaltsgeheimnisses) beschränkt sich die Offenlegungspflicht auf die Existenz der Umstände; die geheimnisrelevanten Umstände selber müssen nicht offengelegt werden
Zeitpunkt	– unverzüglich nach Antragung des Schiedsrichteramtes (Art. 363 Abs. 1 ZPO) – Pflicht bleibt während der gesamten Verfahrensdauer bestehen (Art. 363 Abs. 2 ZPO)
Folgen der Missachtung	– Ablehnungsgrund (Art. 367 Abs. 1 lit. c ZPO) – Beschwerdegrund (Art. 393 lit. a ZPO) bei abgewiesenem Ablehnungsgesuch oder wenn die Geltendmachung der Ablehnung nicht verspätet ist – Revisionsgrund (Art. 396 Abs. 1 lit. a ZPO) bei Kenntnis des Ablehnungsgrundes erst nach Ablauf der Beschwerdefrist – vertragliche Sanktionen (nach Bestimmungen des Schiedsrichtervertrags oder bei deren Fehlen nach den Regeln der Vertragsverletzung im OR)

IV. Annahme des Amtes

25.4

Grundlage	**Art. 364 ZPO**
Amtsannahme	– keine Pflicht zur Annahme des Amtes – Annahme des Amtes erfolgt durch entsprechende Erklärung des Schiedsrichters – mit Annahme wird zwischen den Parteien und dem Schiedsrichter der Schiedsrichtervertrag geschlossen Schiedsrichtervertrag erlischt mit └ Abschluss des Schiedsverfahrens └ Ausstand des Schiedsrichters └ Abberufung des Schiedsrichters └ Rücktritt des Schiedsrichters aus wichtigem Grund └ Tod des Schiedsrichters └ Ablauf der Amtsdauer des Schiedsgerichts
Form der Erklärung	keine Formvorschriften; stillschweigende bzw. konkludente Annahme oder Ablehnung ist möglich
Konstituierung des Schiedsgerichts	Schiedsgericht ist erst konstituiert, wenn alle Mitglieder die Annahme des Amtes erklärt haben (Art. 364 Abs. 2 ZPO)

V. Sekretariat

25.5

Grundlage	**Art. 365 ZPO**
Bestellung	durch Schiedsgericht (Art. 365 Abs. 1 ZPO)
Aufgaben	– Festlegung durch Parteien oder (subsidiär) durch Schiedsgericht typische Aufgaben: administrative Arbeiten, Protokollführung in Verhandlungen, Abfassen des Schiedsspruchs nach Anweisung des Schiedsgerichts – keine Entscheidfunktion Parteien bzw. Schiedsgericht können dem Sekretariat aber beratende Stimme zuerkennen
Offenlegungspflicht	Offenlegungspflicht nach Art. 363 Abs. 1 ZPO (→ Rz 25.3) gilt auch für das Sekretariat (Art. 365 Abs. 2 ZPO) Möglichkeiten zur Beendigung des Mandats des Sekretariats nach seiner Bestellung wegen Zweifel an der Unabhängigkeit oder der Unparteilichkeit: – Ablehnungsantrag (Art. 367 Abs. 1 lit. c ZPO) – Abberufung mittels schriftlicher Vereinbarung der Parteien – Abberufung durch das Schiedsgericht
Ablehnung	sinngemäss wie Ablehnung eines Mitglieds des Schiedsgerichts nach Art. 367–369 ZPO (Art. 365 Abs. 2 ZPO)

VI. Amtsdauer

25.6

Grundlage	**Art. 366 ZPO**		
Beginn	mit Konstituierung des Schiedsgerichts, d.h. im Zeitpunkt der letzten Amtsannahme eines Mitglieds (Art. 364 Abs. 2 ZPO)		
Ende	**ohne Befristung**	Amtsdauer endet mit Erledigung des Schiedsverfahrens[15]	
	mit Befristung	**Grundsatz**	Parteien können Amtsdauer des Schiedsgerichts in Schiedsvereinbarung oder in späterer Vereinbarung befristen (Art. 366 Abs. 1 ZPO)
		Form	keine Formvorschriften
		Bedeutung	Schiedsgericht hat Schiedsspruch vor Ablauf der Amtsdauer zu fällen und zu eröffnen

15 Wird ein Rechtsmittel gegen den Schiedsspruch ergriffen, lebt die Schiedsabrede wieder auf.

(Ende)	**(mit Befristung)**	**Fristenlauf**	keine Hemmung der Frist durch Ablehnung- oder Abberufungsverfahren, Ersetzungsverfahren (Art. 371 Abs. 4 ZPO), Verlängerungsverfahren, Beschwerdeverfahren oder Revisionsverfahren
Verlängerung	**durch Parteien**	**Grundsatz**	Parteien (oder durch sie beauftragte Dritte) können Befristung der Amtsdauer aufheben oder verlängern (Art. 366 Abs. 2 lit. a ZPO)
		Form	keine Formvorschriften (auch konkludent möglich, z.B. durch Teilnahme an Prozesshandlungen des Schiedsgerichts)
	durch staatliches Gericht	**Verfahrenseinleitung**	auf Antrag einer Partei oder des Schiedsgerichts (Art. 366 Abs. 2 lit. b ZPO)
		zuständiges Gericht	zuständig ist das staatliche Gericht nach Art. 356 Abs. 2 ZPO
		Voraussetzung	sachlicher Grund für Verlängerung Amtsdauer
		Entscheid	möglich ist nur die Verlängerung der Befristung der Amtsdauer, nicht aber die gänzliche Aufhebung der Befristung
nach Ablauf der Amtsdauer eröffneter Schiedsspruch	nach Ablauf der Amtsdauer eröffneter Schiedsspruch ist – nicht nichtig – mit Beschwerde anfechtbar (Beschwerdegrund: unzuständiges Schiedsgericht, Art. 393 lit. b ZPO)[16]		

16 BGE 140 III 75 E. 4.1.

§ 26 Ablehnung, Abberufung und Ersetzung der Mitglieder des Schiedsgerichts (Art. 367–371 ZPO)

I. Ablehnung

1. Ablehnung eines Mitglieds

26.1

Grundlage	Art. 367 ZPO	
Ablehnungs-gründe	nach Parteiver-einbarung	– Mitglied entspricht den vereinbarten Anforderungen nicht (Art. 367 Abs. 1 lit. a ZPO) – in vereinbarter Verfahrensordnung vorgesehener Ablehnungsgrund liegt vor (Art. 367 Abs. 1 lit. b ZPO)
	nach Gesetz	es bestehen berechtigte Zweifel an der Unabhängigkeit oder Unparteilichkeit des Mitglieds (Art. 367 Abs. 1 lit. c ZPO)
Einschrän-kungen	– nach dem Grundsatz von Treu und Glauben kann eine Partei ein Mitglied, das sie ernannt hat oder an dessen Ernennung sie mitgewirkt hat, nur aus Gründen ablehnen, von denen sie erst nach der Ernennung Kenntnis erhalten hat – der Ablehnungsgrund ist dem Schiedsgericht und der anderen Partei unverzüglich mitzuteilen; andernfalls ist der Ablehnungsanspruch verwirkt (Art. 367 Abs. 2 ZPO)	
Folgen der Ablehnung	abgelehnter Schiedsrichter ist nach Art. 371 ZPO zu ersetzen, sofern die Schiedsvereinbarung nichts anderes vorsieht	

2. Ablehnung des Schiedsgerichts

26.2

Grundlage	Art. 368 ZPO
Anwendungs-bereich	– Ablehnung des Schiedsgerichts als Ganzes – Ablehnungsgründe nach Art. 367 ZPO müssen bei den einzelnen Mitgliedern des Schiedsgerichts nicht vorliegen
Ablehnungs-grund	überwiegender Einfluss einer Partei auf die Ernennung der Mitglieder des Schiedsgerichts (Art. 368 Abs. 1 Satz 1 ZPO)
Einschränkung	die Ablehnung ist dem Schiedsgericht und der anderen Partei unverzüglich mitzuteilen (Art. 368 Abs. 1 Satz 2 ZPO); andernfalls ist der Ablehnungsanspruch verwirkt

Neubestellung Schiedsgericht	– im Verfahren nach Art. 361 und 362 ZPO (Art. 368 Abs. 2 ZPO) → Rz 25.2 – Mitglieder des abgelehnten Schiedsgerichts können wieder als Schiedsrichter ernannt werden (Art. 368 Abs. 3 ZPO)[17]
Wirkung auf das Verfahren	– Rechtshängigkeit des Schiedsverfahrens bleibt bestehen – neu bestelltes Schiedsgericht muss Verfahren neu beginnen[18]

3. Ablehnungsverfahren

26.3

Grundlage	**Art. 369 ZPO**	
Anwendungsbereich	– Ablehnung eines Mitglieds (Art. 367 ZPO) – Ablehnung des Schiedsgerichts als Ganzes (Art. 368 ZPO)	
Grundsatz der Parteiautonomie	Parteien können Ablehnungsverfahren frei vereinbaren (Art. 369 Abs. 1 ZPO)	
subsidiäre gesetzliche Regelung[19]	**Ablehnungsgesuch**	schriftliches und begründetes Ablehnungsgesuch ist innert 30 Tagen seit Kenntnis des Ablehnungsgrundes an das abgelehnte Mitglied zu richten und den übrigen Mitgliedern mitzuteilen (Art. 369 Abs. 2 ZPO); bei Nichteinhalten der Frist verwirkt der entsprechende Ablehnungsgrund
	mögliche Folgen des Ablehnungsgesuchs	– abgelehntes Mitglied erklärt den Rücktritt[20] – Gegenpartei stimmt dem Ablehnungsgesuch schriftlich zu ⇒ das abgelehnte Mitglied ist damit abberufen (Art. 370 Abs. 1 ZPO) – abgelehntes Mitglied bestreitet die Ablehnung[21] ⇒ gesuchstellende Partei kann innert 30 Tagen von der von den Parteien bezeichneten Stelle oder, wenn keine solche bezeichnet wurde, von dem nach Art. 356 Abs. 2 ZPO zuständigen staatlichen Gericht einen Entscheid verlangen (Art. 369 Abs. 3 ZPO); bei Nichteinhalten der Frist verwirkt der entsprechende Ablehnungsgrund

17 Jedes Mitglied des neu bestellten Schiedsgerichts kann aber abgelehnt werden, wenn ein Ablehnungsgrund nach Art. 367 Abs. 1 ZPO gegeben ist.

18 Instruktionshandlungen des abgelehnten Schiedsgerichts behalten nur dann ihre Gültigkeit, wenn das neu bestellte mit dem abgelehnten Schiedsgericht personell identisch ist.

19 Art. 369 ZPO spricht nur vom abgelehnten Mitglied, ist aber bei Ablehnung des Schiedsgerichts als Ganzes sinngemäss anzuwenden.

20 Sofern das Ablehnungsgesuch nicht offensichtlich haltlos ist, stellt es einen wichtigen Grund für den Rücktritt dar.

21 Die Ablehnung gilt auch als bestritten, wenn das abgelehnte Mitglied nicht reagiert.

(subsidiäre gesetzliche Regelung)	**Einfluss auf das Verfahren**	– Schiedsgericht kann während des Ablehnungsverfahrens das Schiedsverfahren ohne Ausschluss der abgelehnten Personen bis und mit Schiedsspruch weiterführen, wenn die Parteien nichts anderes vereinbart haben (Art. 369 Abs. 4 ZPO); möglich ist auch eine Sistierung bis zur Erledigung des Ablehnungsverfahrens – bei Gutheissung des Ablehnungsgesuchs entscheiden die Parteien, wie weit die unter Mitwirkung des abgelehnten Mitglieds erfolgten Verfahrenshandlungen gültig sind; bei Nichteinigung der Parteien entscheidet das neu bestellte Schiedsgericht (Art. 371 Abs. 3 ZPO) – ergeht der Schiedsspruch vor Erledigung des Ablehnungsverfahrens, wird dieses gegenstandslos; die Mitwirkung des abgelehnten Mitglieds kann in diesem Fall mit Beschwerde (Art. 393 lit. a ZPO) angefochten werden
Rechtsmittel gegen Ablehnungsentscheid	**des Schiedsgerichts**	– ergeht der Ablehnungsentscheid in Form einer prozessleitenden Verfügung, ist er nicht selbständig anfechtbar, sondern erst zusammen mit dem Schiedsspruch (Art. 369 Abs. 5 ZPO) – ergeht der Ablehnungsentscheid in Form eines Zwischenschiedsspruchs (Art. 392 lit. b ZPO), ist er selbständig mit Beschwerde anfechtbar (Anfechtungsgrund: Art. 393 lit. a ZPO)
	einer bezeichneten privaten Stelle	Ablehnungsentscheid ist nicht selbständig anfechtbar, sondern erst zusammen mit dem Schiedsspruch (Art. 369 Abs. 5 ZPO)
	des nach Art. 356 Abs. 2 ZPO zuständigen staatlichen Gerichts	Ablehnungsentscheid ist nicht selbständig anfechtbar, sondern erst zusammen mit dem Schiedsspruch (Art. 369 Abs. 5 ZPO)[22]

22 Dies ist allerdings umstritten; es bestehen auch Lehrmeinungen, dass der Ablehnungsentscheid weder selbständig noch zusammen mit dem Schiedsspruch anfechtbar ist.

II. Abberufung

26.4

Grundlage	**Art. 370 ZPO**	
Abberufung	– jedes Mitglied des Schiedsgerichts kann – unabhängig von seiner Ernennungsart – durch schriftliche Vereinbarung der Parteien abberufen werden (Art. 370 Abs. 1 ZPO) – die Abberufung ist in jedem Verfahrensstadium möglich – es muss kein besonderer Abberufungsgrund vorliegen	
Absetzung	**Grund**	Mitglied des Schiedsgerichts ist ausser Stande, seine Aufgabe innert nützlicher Frist oder mit der gehörigen Sorgfalt zu erfüllen (Art. 370 Abs. 2 ZPO)
	Zuständigkeit	von den Parteien bezeichnete Stelle oder, wenn keine solche bezeichnet wurde, staatliches Gericht nach Art. 356 Abs. 2 ZPO (Art. 370 Abs. 2 ZPO)
	Voraussetzung	Antrag einer Partei (Art. 370 Abs. 2 ZPO)
Folgen der Abberufung/ Absetzung	abberufenes bzw. abgesetztes Mitglied ist nach Art. 371 ZPO zu ersetzen	
Rechtsmittel	**Abberufung**	keine Anfechtung möglich
	Absetzung	Absetzungsentscheid der von den Parteien bezeichneten Stelle oder des staatlichen Gerichts nach Art. 356 Abs. 2 ZPO ist nicht selbständig anfechtbar, sondern erst zusammen mit dem Schiedsspruch (Art. 370 Abs. 3 i.V.m. Art. 369 Abs. 5 ZPO)

III. Ersetzung eines Mitglieds

26.5

Grundlage	**Art. 371 ZPO**	
Anwendungsbereich	bei Ausscheiden eines Schiedsrichters aus seinem Amt durch: – Ablehnung (Art. 367 ff. ZPO) – Abberufung/Absetzung (Art. 370 ZPO) – Rücktritt – Tod	
Ersetzung nach Parteivereinbarung	Grundsatz der Parteiautonomie ⟹ Parteien können Ersetzungsverfahren frei vereinbaren (Art. 371 Abs. 1 ZPO)	
Ersetzung nach subsidiärer gesetzlicher Regelung	**Regel**	gleiches Verfahren wie für die Ernennung des zu ersetzenden Mitglieds (Art. 371 Abs. 1 ZPO) → Rz 25.2
	Ausnahme	kann Ersetzung nicht im gleichen Verfahren wie Ernennung erfolgen, wird das neue Mitglied durch das nach Art. 356 Abs. 2 ZPO zuständige staatliche Gericht ernannt, ausser – Schiedsvereinbarung schliesst diese Möglichkeit aus – Schiedsvereinbarung fällt nach dem Ausscheiden des Mitglieds dahin (Art. 371 Abs. 2 ZPO)
Einfluss auf das Verfahren	**Wiederholung von Prozesshandlungen**	Entscheid über Wiederholung von Prozesshandlungen, an denen das ersetzte Mitglied mitgewirkt hat, erfolgt – primär durch Parteien – bei Nichteinigung der Parteien durch das neu konstituierte Schiedsgericht (Art. 371 Abs. 3 ZPO)
	Amtsdauer	ist die Amtsdauer des Schiedsgerichts befristet (Art. 366 Abs. 1 ZPO), wird der Fristenlauf durch das Ersetzungsverfahren nicht gehemmt (Art. 371 Abs. 4 ZPO)

§ 27 Schiedsverfahren (Art. 372–380 ZPO)

I. Rechtshängigkeit

27.1

Grundlage	**Art. 372 ZPO**		
Eintritt	**Zeitpunkt**	**Schiedsvereinbarung bezeichnet Schiedsgericht**	Schiedsverfahren ist rechtshängig, sobald eine Partei das Schiedsgericht anruft (Art. 372 Abs. 1 lit. a ZPO)
		Schiedsvereinbarung bezeichnet Schiedsgericht nicht	Schiedsverfahren ist rechtshängig, sobald eine Partei – das Verfahren zur Bestellung des Schiedsgerichts einleitet oder – das von den Parteien vereinbarte vorausgehende Schlichtungsverfahren einleitet (Art. 372 Abs. 1 lit. b ZPO)
	Inhalt der Parteierklärung	in der Anrufungserklärung bzw. Einleitungsanzeige muss der Streitgegenstand genügend identifiziert sein (erforderlich ist die Bezeichnung des Streitgegenstands, nicht aber ein bestimmtes Rechtsbegehren)	
Wirkungen	**prozessuale**	– Sperrwirkung └ Verfahren zwischen den gleichen Parteien über den gleichen Streitgegenstand vor einer später angerufenen Instanz (staatliches Gericht oder Schiedsgericht) ist nicht mehr zulässig └ das zuletzt angerufene Gericht setzt das Verfahren aus, bis das zuerst angerufene Gericht über seine Zuständigkeit entschieden hat (Art. 372 Abs. 2 ZPO) – weitere Wirkungen[23] ergeben sich aus dem nach Art. 373 ZPO anwendbaren Verfahrensrecht	

23 Beispiele: Parteifixierung, Erschwerung der Klageänderung, Fortführungslast.

(Wirkungen)	**materiell-rechtliche**	– Unterbrechung der Verjährung (Art. 135 Ziff. 2 OR) die blosse Anrufung des Schiedsgerichts bzw. die blosse Einleitung des Schiedsverfahrens genügt aber nicht; erforderlich ist ein spezifisches Rechtsbegehren (bei Geldforderungen: Bezifferung) Art. 63 ZPO (Perpetuierung der Rechtshängigkeit) und Art. 134 Abs. 1 Ziff. 6 OR (Hinderung bzw. Stillstand der Verjährung) sind im Schiedsverfahren analog anwendbar – Wahrung der Verwirkungsfrist es gelten die gleichen Grundsätze wie bei der Verjährungsunterbrechung; die zur Fristwahrung notwendige Handlung ergibt sich aus der jeweiligen Rechtsnorm

II. Allgemeine Verfahrensregeln

27.2

Grundlage	**Art. 373 ZPO**		
Wahl des Verfahrens	**durch die Parteien**	**Grundsatz**	Privatautonomie ⇒ primär steht es den Parteien zu, das Verfahren zu regeln (Art. 373 Abs. 1 ZPO)
		Möglichkeiten	– eigene Verfahrensregeln (Art. 373 Abs. 1 lit. a ZPO) – Verweis auf eine schiedsgerichtliche Verfahrensordnung[24] (Art. 373 Abs. 1 lit. b ZPO) – Unterstellung unter ein Verfahrensrecht ihrer Wahl[25] (Art. 373 Abs. 1 lit. c ZPO)
	durch das Schiedsgericht	**Grundsatz**	Schiedsgericht hat Verfahren festzulegen, wenn dies die Parteien nicht geregelt haben (Art. 373 Abs. 2 ZPO) ⇒ subsidiäre Kompetenz des Schiedsgerichts Festlegung des Verfahrens erfolgt durch verfahrensleitende Verfügung, die nicht selbständig, sondern erst zusammen mit dem Schiedsspruch anfechtbar ist
		Möglichkeiten	wie bei Wahl durch die Parteien

24 Beispiele: SIA Norm 150, ICC Rules, UNCITRAL Rules.

25 Beispiele: Schweizerische ZPO, frühere kantonale Prozessordnung.

Delegation	Entscheid über einzelne Verfahrensfragen kann an den Präsidenten des Schiedsgerichts delegiert werden; Voraussetzung: entsprechende Ermächtigung der Parteien oder aller anderen Mitglieder des Schiedsgerichts (Art. 373 Abs. 3 ZPO)	
Minimal-garantien	die Freiheit der Parteien und des Schiedsgerichts in der Verfahrenswahl wird durch gewisse zwingende Regeln beschränkt (Art. 373 Abs. 4 ZPO): – Gleichbehandlung der Parteien – Anspruch der Parteien auf rechtliches Gehör: └ Recht auf Akteneinsicht └ Äusserungsrecht └ Recht auf Abnahme form- und fristgerecht angebotener erheblicher Beweismittel └ Recht zur Teilnahme an Verhandlungen[26] └ Hinweis- und Fragepflicht des Schiedsgerichts – Durchführung eines kontradiktorischen Verfahrens	
Vertretung	**Zulässigkeit**	– jede Partei kann sich durch Beauftragte ihrer Wahl vertreten lassen (Art. 373 Abs. 5 ZPO) – die Beschränkung der berufsmässigen Vertretung auf Anwälte (Art. 68 Abs. 2 lit. a ZPO) gilt nur vor dem staatlichen Gericht als mitwirkender Behörde (Art. 356 Abs. 2 ZPO) oder als Rechtsmittelinstanz (Art. 356 Abs. 1 lit. a ZPO), nicht aber vor dem Schiedsgericht selbst
	Vollmacht	das Schiedsgericht kann vom Vertreter eine schriftliche Vollmacht verlangen
Rügepflicht	Verstösse gegen die Verfahrensregeln sind sofort zu rügen, sonst ist der entsprechende Beschwerdegrund verwirkt (Art. 373 Abs. 6 ZPO)	

26 Dagegen besteht grundsätzlich kein Anspruch der Parteien auf Durchführung einer Verhandlung. Ein solcher Anspruch kann sich allerdings aus dem von den Parteien oder dem Schiedsgericht gewählten Verfahren ergeben.

III. Vorsorgliche Massnahmen

27.3

Grundlage	**Art. 374 ZPO**	
Arten	– Regelungsmassnahmen – Leistungsmassnahmen – Sicherungsmassnahmen – Beweissicherungsmassnahmen → Rz 17.17	
Inhalt	jede geeignete Anordnung zur Abwendung des drohenden Nachteils	
Voraussetzungen	**Verfügungsanspruch**	Begründetheit des Hauptbegehrens (Bestehen des materiellrechtlichen Anspruchs)
	Verfügungsgrund	– Gefährdung oder bereits bestehende Verletzung eines materiellrechtlichen Anspruchs – nicht leicht wieder gutzumachender Nachteil (eingeschlossen zeitliche Dringlichkeit) (wie Art. 261 Abs. 1 ZPO)
Beweismass	Glaubhaftmachung, nicht strikter Beweis	
Zuständigkeit	**sachlich**	wahlweise (Art. 374 Abs. 1 ZPO) – staatliches Gericht (gemäss kantonalem Recht)[27] – Schiedsgericht (sofern Parteien dessen Zuständigkeit nicht durch Vereinbarung ausgeschlossen haben)
	örtlich	für das staatliche Gericht besteht zwingender Gerichtsstand am Ort der Zuständigkeit für die Hauptsache oder am Ort der Vollstreckung der Massnahme (Art. 13 ZPO)
Verfahren	**vor staatlichem Gericht**	summarisches Verfahren (Art. 261 ff. ZPO) → Rz 17.3–17.14
	vor Schiedsgericht	gemäss den aufgrund der Verfahrenswahl (→ Rz 27.2) anwendbaren Regeln

27 Zuständig ist das ordentliche Massnahmengericht, nicht das nach Art. 356 Abs. 2 ZPO bezeichnete Gericht.

super-provisorische Massnahmen	können vom staatlichen Gericht wie auch vom Schiedsgericht angeordnet werden	
Schutz der Gegenpartei	**Sicherheits-leistung**	– Schiedsgericht oder staatliches Gericht kann Anordnung vorsorglicher Massnahmen von einer Sicherheitsleistung der gesuchstellenden Partei abhängig machen, wenn Schaden für die Gegenpartei zu befürchten ist (Art. 374 Abs. 3 ZPO) – die Sicherheit kann auch im Nachhinein angeordnet, herabgesetzt oder erhöht werden – die geleistete Sicherheit ist freizugeben, wenn feststeht, dass keine Schadenersatzklage erhoben wird; bei Ungewissheit setzt das Schiedsgericht eine Frist zur Klage an (Art. 374 Abs. 5 ZPO)
	Schadenersatz	– die gesuchstellende Partei haftet der Gegenpartei (und allfälligen Dritten) für den aus einer ungerechtfertigten vorsorglichen Massnahme entstandenen Schaden; beweist sie, dass sie ihr Gesuch in guten Treuen gestellt hat, so kann das Gericht die Ersatzpflicht herabsetzen oder gänzlich von ihr entbinden (⇒ gemilderte Kausalhaftung; Art. 374 Abs. 4 Sätze 1 und 2 ZPO) – die geschädigte Partei kann den Schadenersatz gegen die gesuchstellende Partei im hängigen Schiedsverfahren geltend machen (Art. 374 Abs. 4 Satz 3 ZPO)[28] oder beim staatlichen Richter
Vollstreckung	**Grundsatz**	Schiedsgericht kann keinen direkten Zwang ausüben ⇒ unterzieht sich die betroffene Person einer vom Schiedsgericht angeordneten Massnahme nicht freiwillig, so kann das staatliche Gericht[29] angerufen werden (Art. 374 Abs. 2 ZPO)

28 Auch wenn die vorsorgliche Massnahme von einem staatlichen Gericht angeordnet wurde.

29 Zuständig ist das ordentliche Vollstreckungsgericht, nicht das nach Art. 356 Abs. 2 ZPO bezeichnete Gericht.

(Vollstreckung)	**Verfahren vor dem staatlichen Gericht**	**Einleitung**	durch Antrag – des Schiedsgerichts – einer Partei mit Zustimmung des Schiedsgerichts (Art. 374 Abs. 2 ZPO)
		Art der Mitwirkung	– staatliches Gericht erlässt keine neue vorsorgliches Massnahme, sondern trifft nur die zur Vollstreckung notwendigen Anordnungen – keine inhaltliche Überprüfung des Massnahmenentscheids des Schiedsgerichts – staatliches Gericht darf Mitwirkung nur verweigern, wenn zu vollstreckende Massnahme nach seinem Recht unzulässig ist
		anwendbares Recht	staatliches Gericht – wendet eigenes Recht an – kann die vom Schiedsgericht angeordneten Massnahmen umformulieren oder modifizieren, um sie mit dem eigenen Recht in Einklang zu bringen – kann im Gegensatz zum Schiedsgericht eine Ungehorsamsstrafe nach Art. 292 StGB androhen
Änderung/ Aufhebung/ Wegfall	sinngemäss wie im Massnahmenverfahren vor dem staatlichen Gericht → Rz 17.17		

IV. Beweisabnahme

27.4

Grundlage	**Art. 375 ZPO**		
Beweisabnahme durch das Schiedsgericht	**Grundsatz**	Schiedsgericht nimmt Beweise selbst ab (Art. 375 Abs. 1 ZPO)	
	Gegenstand	form- und fristgerecht vorgetragene, bestrittene, für Entscheidfindung relevante Tatsachenbehauptungen	
	Beweismittel	**Grundsatz**	primär liegt es in der Kompetenz der Parteien, sekundär in der Kompetenz des Schiedsgerichts, die zulässigen Beweismittel zu bestimmen (Art. 373 Abs. 1 und 2 ZPO)

(Beweisabnahme durch das Schiedsgericht)	**(Beweismittel)**	**Ausnahmen**	zu beachten sind Beweismittelbeschränkungen – aus dem anwendbaren Recht – aus verfahrensrechtlichen Minimalgarantien (→ Rz 27.2) – aus dem Grundsatz von Treu und Glauben[30]
	Beweisabnahme	– nach den Regeln des anwendbaren Verfahrensrechts (Art. 373 ZPO) – Schiedsgericht darf bei Beweisabnahme keinen Zwang ausüben – Entscheid über Zulässigkeit und Relevanz der beantragten Beweismittel durch Schiedsgericht – Parteien haben Anspruch auf Teilnahme an Beweisabnahme	
	Beweiswürdigung	– es gilt der Grundsatz der freien Beweiswürdigung – antizipierte Beweiswürdigung ist zulässig – unrichtige Beweiswürdigung stellt keinen Beschwerdegrund (Art. 393 lit. d oder e ZPO) dar und kann daher nicht angefochten werden	
Mitwirkung des staatlichen Gerichts	**Gegenstand**	– Rechtshilfe bei der Beweisabnahme – Rechtshilfe bei sonstigen Handlungen	
	Voraussetzungen	schutzwürdiges Interesse: staatliche Rechtshilfe ist erforderlich (Art. 375 Abs. 2 ZPO)[31]	
	Antrag	durch das Schiedsgericht oder durch eine Partei mit Zustimmung des Schiedsgerichts	
	Zuständigkeit	zuständiges staatliches Gericht nach Art. 356 Abs. 2 ZPO	
	Verfahren	– staatliches Gericht wendet sein eigenes Prozessrecht an – die Mitglieder des Schiedsgerichts können an den Verfahrenshandlungen des staatlichen Gerichts teilnehmen und Fragen stellen (Art. 375 Abs. 3 ZPO) – auch die Parteien haben das Recht, an den Verfahrenshandlungen des staatlichen Gerichts teilzunehmen	

30 Beispiel: nur beschränkte Verwertbarkeit rechtswidrig erlangter Beweismittel → Rz 10.2.

31 Beispiele: Schiedsgericht kann Beweishandlung nicht selber vornehmen (Anwendung von Zwang); tatsächliche Schwierigkeiten bei der Beweisabnahme (wie etwa Einvernahme eines weit entfernt wohnenden Zeugen).

V. Streitgenossenschaft, Klagenhäufung und Beteiligung Dritter

27.5

Grundlage	**Art. 376 ZPO**		
Streitgenossenschaft	**Geltungsbereich**	Art. 376 Abs. 1 ZPO gilt für einfache und notwendige Streitgenossenschaften[32]	
	Voraussetzungen	Schiedsverfahren kann von oder gegen Streitgenossen geführt werden, wenn (kumulativ) – alle Parteien unter sich durch eine oder mehrere übereinstimmende Schiedsvereinbarungen verbunden sind – die geltend gemachten Ansprüche identisch sind oder in einem sachlichen Zusammenhang stehen (Art. 376 Abs. 1 ZPO)	
objektive Klagenhäufung	Zulässigkeitsvoraussetzungen (Art. 376 Abs. 2 ZPO): – sachlicher Zusammenhang zwischen den zu beurteilenden Ansprüchen – Ansprüche bestehen zwischen den identischen Parteien (oder ihren Rechtsnachfolgern) – Ansprüche sind Gegenstand übereinstimmender Schiedsvereinbarungen		
Beteiligung Dritter	**Arten**	– Hauptintervention – (freiwillige) Nebenintervention – Streitverkündungsklage – Verfahrensbeitritt aufgrund einfacher Streitverkündung	
	Voraussetzungen	**Intervention und Streitverkündungsklage**	– Schiedsvereinbarung zwischen der dritten Person und den Streitparteien – Zustimmung des Schiedsgerichts (Art. 376 Abs. 3 ZPO)
		einfache Streitverkündung	Voraussetzungen von Art. 376 Abs. 3 ZPO gelten nur, wenn der Streitberufene dem Prozess beitreten will

32 Zu den Streitgenossenschaften → Rz 5.7 f.

VI. Verrechnung und Widerklage

27.6

Grundlage	**Art. 377 ZPO**	
Verrechnung	**Grundsatz**	Schiedsgericht kann Verrechnungseinrede beurteilen, auch wenn zur Verrechnung gestellte Forderung nicht unter die Schiedsvereinbarung fällt oder für sie eine andere Schiedsvereinbarung oder eine Gerichtsstandsvereinbarung besteht (Art. 377 Abs. 1 ZPO) anderseits kann ein staatliches Gericht über die Verrechnung mit einem unter eine Schiedsvereinbarung fallenden Anspruch entscheiden
	Ausnahme	Parteien vereinbaren einen Verrechnungsverzicht über die Gültigkeit und den Umfang des Verrechnungsverzichts entscheidet das Schiedsgericht oder gegebenenfalls das staatliche Gericht
Widerklage	**Zulässigkeit**	ja
	Voraussetzung	Widerklage betrifft eine Streitsache, die unter eine übereinstimmende Schiedsvereinbarung der Parteien fällt (Art. 377 Abs. 2 ZPO) zwischen Klage und Widerklage muss kein sachlicher Zusammenhang bestehen
	Verfahren	nach dem anwendbaren Verfahrensrecht (Art. 373 ZPO)

VII. Kosten

27.7

Grundlage	**Art. 378–380 ZPO**	
Verfahrens-kosten	Verfahrenskosten bestehen aus: – Honorare der Schiedsrichter – Auslagen (Reisekosten, Porti, Telefonkosten, Miete von Räumlichkeiten etc.) – Vergütung des Sekretariats nicht zu den Verfahrenskosten gehören die Parteientschädigungen (vgl. Art. 384 Abs. 1 lit. f ZPO)	
Kosten-vorschuss	**Grundsatz**	Schiedsgericht kann einen Vorschuss für die mutmasslichen Verfahrenskosten verlangen[33] Schiedsgericht kann die Durchführung des Schiedsverfahrens von der Leistung des Kostenvorschusses abhängig machen (Art. 378 Abs. 1 Satz 1 ZPO)
	Vorschuss-pflichtige	beide Parteien
	Höhe	– wird vom Schiedsgericht festgelegt, soweit die Parteien nichts anderes vereinbart haben – Schiedsgericht entscheidet nach Ermessen über die Verteilung des Kostenvorschusses auf die Parteien (Art. 378 Abs. 1 Satz 2 ZPO)

33 Für die zu Beginn des Verfahrens kaum abschätzbaren Beweiskosten kann das Schiedsgericht zusätzliche Vorschüsse einfordern.

(Kostenvorschuss)	**Folgen der Nichtleistung**	**Nichtleistung durch beide Parteien**	wenn darüber keine Parteivereinbarung besteht, bestimmt Schiedsgericht die Folgen der Nichtleistung und das weitere Vorgehen
		Nichtleistung durch eine Partei	Schiedsgericht kann das Verfahren trotzdem fortführen oder der nicht säumigen Partei das Wahlrecht nach Art. 378 Abs. 2 Satz 1 ZPO einräumen, – die gesamten Kosten vorzuschiessen (Folge: Weiterführung des Verfahrens) oder – auf das Schiedsverfahren zu verzichten (Folge: Abschreibungsentscheid des Schiedsgerichts) der Verzicht auf das Schiedsverfahren führt nicht zum Dahinfallen der Schiedsvereinbarung; die nicht säumige Partei kann aber für diese Streitsache an Stelle eines neuen Schiedsverfahrens auch eine Klage vor dem staatlichen Gericht erheben (Art. 378 Abs. 2 Satz 2 ZPO)
Sicherstellung der Parteientschädigung	**Gründe**	– klagende Partei erscheint zahlungsunfähig (Art. 379 Satz 1 ZPO) – andere Gründe für erhebliche Gefährdung der Parteientschädigung (vgl. Art. 99 Abs. 1 ZPO)	
	Höhe	mutmassliche Parteientschädigung (Anwaltshonorar, Auslagen, Kostenvorschüsse) (Art. 379 Satz 1 ZPO)	
	Einleitung des Verfahrens	Antrag der beklagten Partei (Art. 379 Satz 1 ZPO)	
	Folgen der Nichtleistung	beklagte Partei kann in analoger Anwendung von Art. 378 Abs. 2 auf die Fortsetzung des Schiedsverfahrens verzichten; sie kann später ein neues Schiedsverfahren einleiten oder eine Klage vor dem staatlichen Gericht erheben (Art. 379 Satz 2 ZPO)	
unentgeltliche Rechtspflege	– die unentgeltliche Rechtspflege ist ausgeschlossen (Art. 380 ZPO) – eine Partei, die nach Abschluss der Schiedsvereinbarung unvorhergesehen ihre finanzielle Leistungsfähigkeit einbüsst, kann die Schiedsvereinbarung aus wichtigem Grund kündigen und in einem nachfolgenden Verfahren vor einem staatlichen Gericht um die unentgeltliche Rechtspflege ersuchen		

§ 28 Schiedsspruch (Art. 381–388 ZPO)

I. Anwendbares Recht

28.1

Grundlage	Art. 381 ZPO	
Rechtswahl der Parteien	Grundsatz	Parteien können das anwendbare Recht frei wählen (Art. 381 Abs. 1 ZPO) die Rechtswahl bedarf keiner besonderen Form; sie kann auch indirekt oder konkludent erfolgen
	Möglichkeiten	– Wahl von staatlichen oder nichtstaatlichen Rechtsregeln – Ermächtigung des Schiedsgerichts, nach Billigkeit zu entscheiden[34] (Art. 381 Abs. 1 ZPO)
fehlende Rechtswahl der Parteien	Grundsatz	das Schiedsgericht entscheidet nach dem Recht, das ein staatliches Gericht anwenden würde (Art. 381 Abs. 2 ZPO)
	internationale Streitigkeiten	anwendbares Recht bestimmt sich nach dem einschlägigen Staatsvertrag oder, wenn ein solcher fehlt, nach dem IPRG
	nationale Streitigkeiten	anwendbar ist schweizerisches Recht

II. Beratung und Abstimmung

28.2

Grundlage	Art. 382 ZPO	
Mitwirkung an Beratung	Mitwirkungspflicht	alle Mitglieder des Schiedsgerichts haben an den Beratungen und Abstimmungen teilzunehmen (Art. 382 Abs. 1 ZPO) ⇒ Stimmzwang
	Vertraulichkeit	die Mitglieder des Schiedsgerichts unterstehen dem Beratungs- und Abstimmungsgeheimnis
	Mitwirkungsverweigerung	verweigert ein Mitglied die Teilnahme an einer Beratung oder Abstimmung, so können die übrigen Mitglieder des Schiedsgerichts trotzdem die Beratung durchführen und entscheiden, sofern die Parteien nichts anderes vereinbart haben (Art. 382 Abs. 2 ZPO)

34 Die Ermächtigung zur Billigkeitsentscheidung bezieht sich nur auf den Entscheid in der Sache, nicht aber auf verfahrensrechtliche Fragen.

Mehrheitsprinzip	**Grundsatz**	Schiedsgericht fällt Schiedsspruch mit Stimmenmehrheit (Art. 382 Abs. 3 ZPO)
	Ausnahme	anderslautende Vereinbarung der Parteien wie Einstimmigkeit oder qualifiziertes Mehr (Art. 382 Abs. 3 ZPO)
	Stichentscheid des Präsidenten	ergibt sich keine Stimmenmehrheit, so fällt der Präsident den Schiedsspruch (Art. 382 Abs. 4 ZPO); er kann damit den Schiedsspruch unabhängig von den Meinungen der übrigen Mitglieder des Schiedsgerichts fällen

III. Arten des Schiedsentscheids

28.3

Grundlage	**Art. 383–384 ZPO**	
Endentscheid	**Begriff**	Entscheid, der das Verfahren vor dem Schiedsgericht gesamthaft abschliesst (materieller Entscheid oder Nichteintretensentscheid)
	Inhalt	– zwingender Inhalt (Art. 384 Abs. 1 ZPO): ∟ Zusammensetzung des Schiedsgerichts ∟ Angabe des Sitzes des Schiedsgerichts ∟ Bezeichnung der Parteien und ihrer Vertreter ∟ Rechtsbegehren der Parteien oder, bei Fehlen von Anträgen, eine Umschreibung der Streitfrage ∟ Sachverhalt, rechtliche Entscheidungsgründe bzw. gegebenenfalls Billigkeitserwägungen (sofern die Parteien nicht auf diese Inhalte verzichtet haben) ∟ Dispositiv und Kostenentscheid[35] ∟ Datum des Schiedsspruchs – nicht vorgeschrieben ist eine Rechtsmittelbelehrung[36]
	Form	– Schriftform – Schiedsspruch ist (mindestens) vom Präsidenten zu unterzeichnen (Art. 384 Abs. 2 ZPO)
	Wirkungen	materielle Rechtskraft
	Anfechtbarkeit	ja (Art. 392 lit. a ZPO)

35 Die Parteien können auf den Kostenentscheid verzichten. Sie können insbesondere die Kosten selber oder durch Verweis auf eine institutionelle Schiedsordnung regeln.

36 BGer 4A_35/2014 vom 28.5.2014, E. 3.3 (nicht publiziert in BGE 140 III 267).

Teilentscheid	**Begriff**	endgültiger Entscheid über einen Teil der Rechtsbegehren	
	Zulässigkeit	– zulässig, wenn die Parteien nichts anderes vereinbart haben (Art. 383 Abs. 1 ZPO) – Erlass eines Teilentscheids liegt im Ermessen des Schiedsgerichts[37]	
	Form und Inhalt	**Grundsatz**	wie Endentscheid
		Ausnahme	Kostenentscheid ist nicht notwendig
	Wirkungen	materielle Rechtskraft	
	Anfechtbarkeit	ja (Art. 392 lit. a ZPO)	
Vor- oder Zwischenentscheid	**Begriff**	Entscheid über eine Vorfrage prozessualer oder materiellrechtlicher Natur, der das Verfahren weder ganz noch teilweise beendet	
	Zulässigkeit	– zulässig, wenn die Parteien nichts anderes vereinbart haben (Art. 383 Abs. 1 ZPO) – Erlass eines Vor- oder Zwischenentscheids liegt im Ermessen des Schiedsgerichts[38]	
	Form und Inhalt	**Grundsatz**	wie Endentscheid
		Ausnahme	Kostenentscheid ist nicht notwendig und kaum sinnvoll
	Wirkungen	keine materielle Rechtskraft	
	Anfechtbarkeit	nur begrenzt mit den Beschwerdegründen von Art. 393 lit. a und b ZPO (Art. 392 lit. b ZPO)	

37 Ein Teilentscheid muss aber erlassen werden, wenn dies die Parteien so vereinbart haben bzw. übereinstimmend verlangen.

38 Ein Vor- oder Zwischenentscheid muss aber erlassen werden, wenn dies die Parteien so vereinbart haben bzw. übereinstimmend verlangen.

IV. Streiterledigung durch die Parteien

28.4

Grundlage	**Art. 385 ZPO**		
Möglichkeiten	– Vergleich – Klageanerkennung – Klagerückzug		
Abschluss des Schiedsverfahrens	**mit Schiedsspruch** (Art. 385 ZPO)	**Voraussetzung**	Antrag einer Partei oder beider Parteien
		Wirkung	materielle Rechtskraft und Vollstreckbarkeit
	mit Abschreibungsentscheid	**Voraussetzung**	Orientierung des Schiedsgerichts über Streiterledigung
		Wirkung	keine materielle Rechtskraft und keine Vollstreckbarkeit[39]

V. Zustellung und Hinterlegung des Schiedsspruchs

28.5

Grundlage	**Art. 386 ZPO**	
Zustellung	**Zuständigkeit**	Schiedsgericht stellt den Parteien den Schiedsspruch selber zu (Art. 386 Abs. 1 ZPO) das Schiedsgericht kann bei Bedarf (z.B. bei Annahmeverweigerung) das zuständige staatliche Gericht um Unterstützung ersuchen (Art. 356 Abs. 2 lit. c ZPO)
	Form	nach den anwendbaren Verfahrensregeln (Art. 373 ZPO)
Hinterlegung	– jede Partei kann auf ihre Kosten beim nach Art. 356 Abs. 1 ZPO zuständigen staatlichen Gericht ein Exemplar des Schiedsspruchs hinterlegen (Zweck: sichere Aufbewahrung) – Hinterlegung hat keine Bedeutung für Rechtskraft und Vollstreckbarkeit des Schiedsspruchs	
Vollstreckbarkeitsbescheinigung	**Zuständigkeit**	nach Art. 356 Abs. 1 ZPO zuständiges staatliches Gericht
	Zweck	Vereinfachung der Vollstreckbarkeit (Nachweis, dass Schiedsspruch rechtskräftig und vollstreckbar ist)[40]
	Voraussetzung	Antrag einer Partei

39 Der Einigungsvertrag kann allenfalls einen provisorischen Rechtsöffnungstitel darstellen.

40 Die Vollstreckbarkeitsbescheinigung ist an sich nicht notwendig, da Rechtskraft und Vollstreckbarkeit mit Eröffnung des Schiedsspruchs eintreten. Sie kann aber die Vollstreckung vereinfachen.

VI. Wirkungen des Schiedsspruchs

28.6

Grundlage	**Art. 387 ZPO**		
Eröffnung des Schiedsspruchs	– in aller Regel schriftlich – mündliche Eröffnung genügt unter Umständen für die Begründung der Rechtskraft und der Vollstreckbarkeit, nicht aber für die Auslösung der Rechtsmittelfristen		
Wirkungen der Eröffnung	**Rechtskraft**	Schiedsspruch erwächst mit Eröffnung in formelle und materielle Rechtskraft	
	Vollstreckbarkeit	**Grundsatz**	Schiedsspruch wird mit Eröffnung vollstreckbar
		Ausnahmen	– einer Beschwerde an das Bundesgericht wird die aufschiebende Wirkung gewährt (Art. 389 Abs. 2 ZPO i.V.m. Art. 103 Abs. 3 BGG) – einer Beschwerde an das kantonale Gericht wird die aufschiebende Wirkung gewährt (Art. 390 Abs. 2 i.V.m. Art. 325 Abs. 2 ZPO) – einer Revision wird die aufschiebende Wirkung gewährt (Art. 398 i.V.m. Art. 331 Abs. 2 ZPO)
Vollstreckung	**in der Schweiz**	**Zuständigkeit**	nur staatliche Behörden, nicht Schiedsgericht
		Verfahren	– nach SchKG (Geldzahlungen und Sicherheitsleistungen) – nach Art. 335 ff. ZPO (Realvollstreckung)
	im Ausland	– primär nach den Bestimmungen des New Yorker Übereinkommens über die Anerkennung und Vollstreckung ausländischer Schiedssprüche vom 10. Juni 1958[41] oder des Protokolls über die Schiedsklauseln vom 24. September 1923[42] oder allfälliger anderer Staatsverträge – subsidiär nach dem Recht des Vollstreckungsstaats	

41 SR 0.277.12.

42 SR 0.277.11.

VII. Berichtigung, Erläuterung und Ergänzung des Schiedsspruchs

28.7

Grundlage	**Art. 388 ZPO**	
Charakter	Rechtsbehelfe zur – Behebung von Redaktions- oder Rechnungsfehlern – Verbesserung unklarer Formulierungen – Ergänzung des Schiedsspruchs bezüglich nicht behandelter Ansprüche	
Zuständigkeit	Schiedsgericht, das den Schiedsspruch gefällt hat	
die einzelnen Rechtsbehelfe	**Berichtigung**	berichtigt werden können Redaktions- und Rechnungsfehler (Art. 388 Abs. 1 lit. a ZPO), nicht aber Fehler in der Willensbildung des Schiedsgerichts ⇒ keine materielle Überprüfung des Schiedsspruchs
	Erläuterung	– erläutert werden können nur bestimmte Teile des Schiedsspruchs (im Dispositiv oder in der Begründung); eine generelle Erläuterung ist ausgeschlossen (Art. 388 Abs. 1 lit. b ZPO) – erläuterungsfähig sind unklare, widersprüchliche oder unvollständige Formulierungen
	Ergänzung	das Schiedsgericht fällt einen ergänzenden Schiedsspruch über Ansprüche, die form- und fristgerecht geltend gemacht, aber im Schiedsspruch nicht behandelt worden sind (Art. 388 Abs. 1 lit. c ZPO)
Verfahren	**Voraussetzung**	Antrag einer Partei (Art. 388 Abs. 1 ZPO); das Schiedsgericht kann nicht von sich aus tätig werden
	Frist	Antragsfrist (Art. 388 Abs. 2 ZPO): – 30 Tage seit Entdecken des Fehlers oder der erläuterungs- und ergänzungsbedürftigen Teile des Schiedsspruchs – längstens ein Jahr seit Zustellung des Schiedsspruchs
	Verhältnis zu Rechtsmitten	– Antrag hemmt die Rechtsmittelfristen von Art. 389 f. und Art. 397 ZPO nicht (Art. 388 Abs. 3 Satz 1 ZPO) – wird eine Partei durch eine Berichtigung, Erläuterung oder Ergänzung beschwert, so läuft für sie bezüglich dieser Änderung (nicht aber für die übrigen Teile des ursprünglichen Schiedsspruchs) eine neue Rechtsmittelfrist (Art. 388 Abs. 3 Satz 2 ZPO) – zum Teil kann ein Mangel des Schiedsspruchs mit einem Rechtsbehelf beim Schiedsgericht und einem Rechtsmittel bei der Rechtsmittelinstanz angefochten werden (z.B. Nichtbeurteilung eines Rechtsbegehrens; Art. 388 Abs. 1 lit. c, Art. 393 lit. c ZPO)

§ 29 Rechtsmittel (Art. 389–399 ZPO)

I. Rechtsmittelsystem

29.1

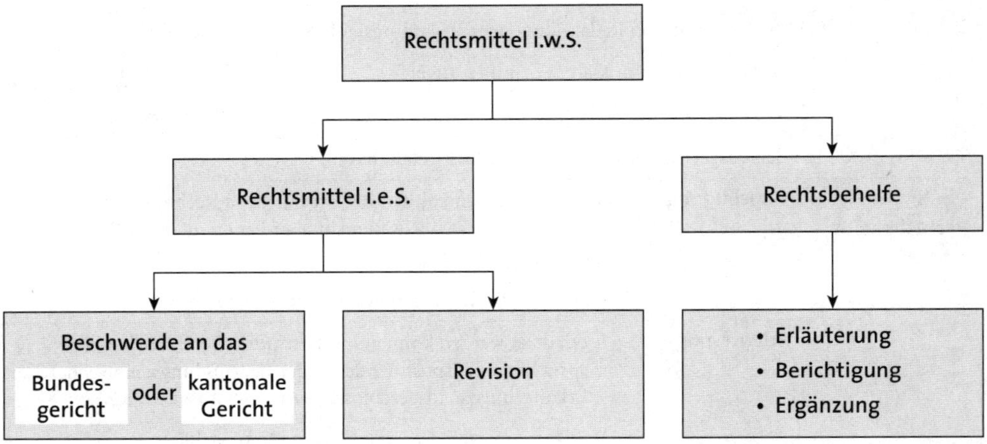

Bemerkungen

- Die Beschwerde ist erst nach Ausschöpfung eines von den Parteien vereinbarten schiedsgerichtlichen Instanzenzugs zulässig (Art. 391 ZPO).
- Bezüglich der Beschwerde gilt das Prinzip der einzigen staatlichen Instanz. Ist das kantonale Gericht Beschwerdeinstanz, kann sein Entscheid nicht ans Bundesgericht weitergezogen werden.
- Hingegen kann der Revisionsentscheid des kantonalen Gerichts beim Bundesgericht angefochten werden.

II. Beschwerde an das Bundesgericht

29.2

Grundlage	**Art. 389, 391–395 ZPO; Art. 72 ff. BGG**	
Charakter	ausserordentliches[43], unvollkommenes, devolutives, grundsätzlich nicht suspensives, grundsätzlich kassatorisches Rechtsmittel mit stark eingeschränktem Novenrecht	
Zulässigkeit	**Grundsatz**	der Schiedsspruch ist mit Beschwerde in Zivilsachen beim Bundesgericht anfechtbar (Art. 389 Abs. 1 ZPO, Art. 77 Abs. 1 lit. b BGG) die Beschwerde ist auch zulässig, wenn die Streitwertgrenzen von Art. 74 Abs. 1 BGG (CHF 30 000 bzw. 15 000) nicht erreicht sind[44]
	Ausnahme	Parteien haben das kantonale obere Gericht (Art. 356 Abs. 1 lit. a ZPO) als Rechtsmittelinstanz vereinbart
anwendbare Gesetzesbestimmungen	– primär: Art. 389–395 ZPO – subsidiär: Bestimmungen des BGG (Art. 389 Abs. 2 ZPO)	
Anschluss	nein, Anschlussbeschwerde ist ausgeschlossen	
Fristen	**Beschwerde**	gesetzliche (d.h. nicht erstreckbare) Frist von 30 Tagen (Art. 100 Abs. 1 BGG) ab Zustellung Schiedsspruch
	Beschwerdeantwort	richterliche Frist (Art. 102 Abs. 1 BGG)
Anfechtungsobjekt	**+**	mit Beschwerde sind anfechtbar (Art. 392 ZPO): – jeder Teil- oder Endschiedsspruch – ein Zwischenschiedsspruch (Vor- oder Zwischenentscheid) nur aus den Gründen von Art. 393 lit. a und b ZPO
	–	nicht selbständig mit Beschwerde sind anfechtbar: – prozessleitende Verfügungen des Schiedsgerichts[45] – Entscheide des Schiedsgerichts über vorsorgliche oder sichernde Massnahmen

43 Umstritten ist, ob es sich bei der Beschwerde in Zivilsachen um ein ordentliches oder ein ausserordentliches Rechtsmittel handelt (Marugg/Jupitz, Berner Komm. ZPO, Art. 389 N 11).

44 Diese Frage ist allerdings umstritten und bisher vom Bundesgericht noch nicht entschieden.

45 BGE 136 III 597 E. 4.2.

Anfechtungsgründe	– vorschriftswidrige Bestellung des Schiedsgerichts[46] – falscher Zuständigkeitsentscheid – Entscheid über nicht unterbreitete Streitpunkte/Nichtbeurteilung von Rechtsbegehren[47] (Entscheid *ultra*, *extra* oder *infra petita*[48]) – Verletzung des Grundsatzes der Gleichbehandlung oder des Grundsatzes des rechtlichen Gehörs[49] – willkürliches Ergebnis (wegen offensichtlich aktenwidriger tatsächlicher Feststellungen oder wegen offensichtlicher Verletzung des materiellen Rechts oder der Billigkeit, nicht aber wegen unrichtiger Beweiswürdigung)[50] – offensichtlich zu hohe Entschädigungen und Auslagen der Mitglieder des Schiedsgerichts (Art. 393 ZPO; die Aufzählung der Anfechtungsgründe ist abschliessend)	
Kognition	**Sachverhalt**	– grundsätzlich ist das Bundesgericht an die Sachverhaltsfeststellungen des Schiedsgerichts gebunden (Art. 105 Abs. 1 BGG) – die Sachverhaltsfeststellungen des Schiedsgerichts können aber im Rahmen der Beschwerdegründe von Art. 393 lit. d und e ZPO überprüft werden – eine Berichtigung oder Ergänzung des Sachverhalts von Amtes wegen (Art. 105 Abs. 2 BGG) ist ausgeschlossen (Art. 77 Abs. 2 BGG)
	Rechtsanwendung	– grundsätzlich keine Rechtsanwendung von Amtes wegen (striktes Rügeprinzip)[51] – die eigene Zuständigkeit und die Zulässigkeit des Rechtsmittels prüft das Bundesgericht mit voller Kognition
Legitimation	– erstinstanzliche Haupt- und Nebenparteien[52] – Rechtsnachfolger der Haupt- und Nebenparteien	
Rechtsmittelgegner	erstinstanzliche Gegenpartei(en)	

46 Die Mängel der Bestellung sind sofort nach Kenntnisnahme zu rügen, sonst verwirkt die Rüge (vgl. Art. 369 Abs. 2 und Art. 373 Abs. 6 ZPO). – Die Befangenheit eines Schiedsrichters beurteilt sich nach den für den staatlichen Richter geltenden Grundsätzen, unter Berücksichtigung der Besonderheiten des Schiedsverfahrens (BGE 136 III 605 E. 3.2.1; BGer 4A_598/2014 vom 14.1.2015, E. 2.2.1).

47 Gestützt auf Art. 393 lit. c ZPO kann jedoch nicht geltend gemacht werden, das Schiedsgericht habe die Streitsache nicht unter allen rechtlichen Aspekten geprüft (BGer 4A_117/2014 vom 23.7.2014, E. 2.1).

48 BGer 4A_378/2014 vom 24.11.2014, E. 3.1; BGer 4A_511/2013 vom 27.2.2014, E. 2.2.2.

49 BGer 4A_599/2014 vom 1.4.2015, E. 3.2; BGer 4A_439 und 457/2012 vom 8.5.2013, E. 5.1.

50 BGE 131 I 45 E. 3.4 ff.; BGer 4A_378/2014 vom 24.11.2014, E. 2.1; BGer 4A_190/2014 und 4A_191/2014 vom 19.11.2014, E. 4.1; BGer 4A_511/2013 vom 27.2.2014, E. 2.3.2. Prozessfehler können nur gerügt werden, wenn sie den verfahrensrechtlichen *Ordre public* verletzen (BGer 4A_358/2014 vom 14.1.2015, E. 2.3.1). Begriff der Willkür: BGE 140 III 16 E. 2.1; 139 III 334 E. 3.2.5.

51 Art. 106 Abs. 1 BGG wird durch Art. 77 Abs. 2 BGG ausgeschlossen.

52 Legitimiert ist auch die Partei, welche das Schiedsgericht zu Unrecht nicht zum Verfahren zugelassen hat.

aufschiebende Wirkung	**Grundsatz**	keine Hemmung von Rechtskraft und Vollstreckbarkeit des angefochtenen Entscheids (Art. 103 Abs. 1 BGG)[53]
	Ausnahme	Instruktionsrichter des Bundesgerichts kann von Amtes wegen oder auf Antrag die aufschiebende Wirkung gewähren und damit die Vollstreckbarkeit aufschieben (Art. 103 Abs. 3 BGG)
Noven[54]	**Grundsatz**	ausgeschlossen (Art. 99 Abs. 1 BGG)
	Ausnahme	insoweit zulässig, als erst der Schiedsspruch dazu Anlass gibt (Art. 99 Abs. 1 BGG)
Klageänderung	ausgeschlossen (Art. 99 Abs. 2 BGG)	
Rückweisung zur Berichtigung, Erläuterung oder Ergänzung	**Zweck/ Voraussetzungen**	– Sachdienlichkeit ⇒ Aufhebung des Schiedsspruch scheint weder nützlich noch notwendig und das Schiedsgericht ist in der Lage, die Mängel zu beheben – Rückweisung liegt im Ermessen des Bundesgerichts
	Verfahren	– Anhörung der Parteien notwendig (Art. 394 ZPO)[55] – Fristansetzung zur Berichtigung, Erläuterung oder Ergänzung des Schiedsspruchs mit genauer Bezeichnung der zu verbessernden Mängel – Schiedsgericht ist frei, ob es die verlangte Verbesserung der Mängel vornehmen will – verbessert Schiedsgericht die Mängel und beseitigt damit alle Beschwerdegründe, wird das Beschwerdeverfahren als gegenstandslos abgeschrieben (mit Kostenentscheid) – verbessert Schiedsgericht die Mängel, ohne damit alle Beschwerdegründe zu beseitigen, so setzt das Bundesgericht das Beschwerdeverfahren fort und beurteilt die noch bestehenden Beschwerdegründe – verbessert Schiedsgericht die Mängel nicht oder ungenügend, so setzt das Bundesgericht das Beschwerdeverfahren fort (Art. 395 Abs. 1 ZPO)

53 Dies gilt auch bei Gestaltungsurteilen, da Art. 77 Abs. 2 BGG Art. 103 Abs. 2 BGG ausschliesst.

54 Zum Begriff «Noven» → Rz 15.11.

55 Es genügt eine Anhörung zur Sache (im Rahmen des Rechtsschriftenwechsels). Eine spezielle Anhörung zur Frage der Rückweisung ist nicht erforderlich.

Entscheid	**Natur des Entscheids**	**Grundsatz**	kassatorisch (Art. 395 Abs. 1 ZPO)
		Ausnahme	reformatorisch: – Entscheid über Entschädigungen und Auslagen der Schiedsrichter (Art. 395 Abs. 4 ZPO) – Feststellung der Zuständigkeit oder Unzuständigkeit des Schiedsgerichts[56] – Entscheid über Ablehnung von Schiedsrichtern[57]
	Inhalt	Sachentscheid[58] im Rahmen der Parteianträge; Möglichkeiten: – Abweisung der Beschwerde – Aufhebung des gesamten Schiedsspruchs und Rückweisung der Sache an das Schiedsgericht (Art. 395 Abs. 1 und 2 ZPO) – Aufhebung einzelner Teile des Schiedsspruchs (sofern die andern nicht davon abhängen) und Rückweisung der Sache an das Schiedsgericht (Art. 395 Abs. 3 ZPO) – neuer Entscheid über Entschädigungen und Auslagen der Schiedsrichter (Art. 395 Abs. 4 ZPO), über Zuständigkeit oder über Ablehnung	
	Form	schriftlich mit Begründung	
	Kosten	**erstinstanzliche Kosten**	– Abweisung der Beschwerde: es bleibt beim Kostenspruch des Schiedsgerichts – Rückweisung der Sache an das Schiedsgericht zur Neubeurteilung: Schiedsgericht hat im Rahmen der Neubeurteilung auch neu über die Kosten zu befinden
		Kosten des Beschwerdeverfahrens	Kostenentscheid nach Art. 65, 66 und 68 BGG

56 BGer 4A_74/2014 vom 28.8.2014, E. 2.4 (nicht publiziert in BGE 140 III 477); BGE 136 III 605 E. 3.3.4. – Ausnahme: Das Bundesgericht kann nicht reformatorisch entscheiden, wenn das Schiedsgericht seine Unzuständigkeit lediglich mangels Schiedsfähigkeit festgestellt, aber das gültige Zustandekommen der Schiedsvereinbarung noch nicht geprüft hat.

57 BGE 136 III 605 E. 3.3.4.

58 Fehlt eine Prozessvorausetzung, ergeht ein Prozessentscheid (Nichteintretensentscheid). – Bei Streiterledigung durch die Parteien (Vergleich, Klageanerkennung, Klagerückzug; Art. 385 ZPO) wird das Verfahren mit einem Schiedsspruch oder einem Abschreibungsentscheid abgeschlossen (→ Rz 28.4). – Bei Gegenstandslosigkeit ergeht ein Abschreibungsentscheid.

Folgen der Rückweisung an das Schiedsgericht	– Schiedsabrede und Schiedsrichterverträge leben wieder auf[59] – Schiedsgericht hat neuen Schiedsspruch nach Massgabe der Erwägungen im Rückweisungsentscheid zu fällen (Art. 395 Abs. 2 ZPO) – der neue Schiedsspruch ist wiederum mit Beschwerde nach Art. 389 ff. ZPO anfechtbar

III. Beschwerde an das kantonale Gericht

29.3

Grundlage	**Art. 319–327, 390–395 ZPO**
Charakter	ausserordentliches, unvollkommenes, devolutives, grundsätzlich nicht suspensives, grundsätzlich kassatorisches Rechtsmittel mit stark eingeschränktem Novenrecht
Subsidiarität	die Beschwerde ist nur zulässig, wenn die Parteien anstelle des Bundesgerichts (Art. 389 ZPO) das obere kantonale Gericht als Rechtsmittelinstanz vereinbart haben (Art. 390 Abs. 1 ZPO)[60] der Entscheid des kantonalen Gerichts kann nicht mit Beschwerde an das Bundesgericht weitergezogen werden (Art. 390 Abs. 2 ZPO)
anwendbare Gesetzesbestimmungen	– primär: Art. 390–395 ZPO – subsidiär: Art. 319–327 ZPO (Art. 390 Abs. 2 ZPO)
Anschluss	nein, Anschlussbeschwerde ist ausgeschlossen (Art. 323 ZPO)
Fristen	gesetzliche (d.h. nicht erstreckbare) Frist für Beschwerde und Beschwerdeantwort: 30 Tage (Art. 321 Abs. 1 und Art. 322 Abs. 1 ZPO) seit Zustellung Schiedsspruch bzw. seit Zustellung Beschwerde
Rechtsmittelinstanz	nach Art. 356 Abs. 1 ZPO zuständiges oberes kantonales Gericht (Art. 390 Abs. 1 ZPO) → Rz 23.5

59 Ausnahmen: kein Wiederaufleben, wenn Schiedsspruch wegen Unzuständigkeit des Schiedsgerichts aufgehoben wird; wird Schiedsspruch wegen vorschriftswidriger Zusammensetzung des Schiedsgerichts aufgehoben, ist das Schiedsgericht korrekt zu besetzen.

60 Anforderungen an die Vereinbarung: BGE 140 III 267 E. 2.1.

Anfechtungsobjekt	+	mit Beschwerde sind anfechtbar (Art. 392 ZPO): – jeder Teil- oder Endschiedsspruch – ein Zwischenschiedsspruch (Vor-oder Zwischenentscheid) nur aus den Gründen von Art. 393 lit. a und b ZPO
	–	nicht selbständig mit Beschwerde sind anfechtbar: – prozessleitende Verfügungen des Schiedsgerichts[61] – Entscheide des Schiedsgerichts über vorsorgliche oder sichernde Massnahmen
Anfechtungsgründe		– vorschriftswidrige Bestellung des Schiedsgerichts[62] – falscher Zuständigkeitsentscheid – Entscheid über nicht unterbreitete Streitpunkte/Nichtbeurteilung von Rechtsbegehren[63] (Entscheid *ultra*, *extra* oder *infra petita*[64]) – Verletzung des Grundsatzes der Gleichbehandlung oder des Grundsatzes des rechtlichen Gehörs[65] – willkürliches Ergebnis (wegen offensichtlich aktenwidriger tatsächlicher Feststellungen oder wegen offensichtlicher Verletzung des materiellen Rechts oder der Billigkeit)[66] – offensichtlich zu hohe Entschädigungen und Auslagen der Mitglieder des Schiedsgerichts (Art. 393 ZPO; die Aufzählung der Anfechtungsgründe ist abschliessend)
Kognition		– umfassend bezüglich Rechtsanwendung – beschränkt bezüglich Sachverhaltsfeststellung (Art. 320 ZPO)
Legitimation		– erstinstanzliche Haupt- und Nebenparteien[67] – Rechtsnachfolger der Haupt- und Nebenparteien
Rechtsmittelgegner		erstinstanzliche Gegenpartei(en)

61 BGE 136 III 597 E. 4.2.

62 Die Mängel der Bestellung sind sofort nach Kenntnisnahme zu rügen, sonst verwirkt die Rüge (vgl. Art. 369 Abs. 2 und Art. 373 Abs. 6 ZPO). – Die Befangenheit eines Schiedsrichters beurteilt sich nach den für den staatlichen Richter geltenden Grundsätzen, unter Berücksichtigung der Besonderheiten des Schiedsverfahrens (BGE 136 III 605 E. 3.2.1; BGer 4A_598/2014 vom 14.1.2015, E. 2.2.1).

63 Gestützt auf Art. 393 lit. c ZPO kann jedoch nicht geltend gemacht werden, das Schiedsgericht habe die Streitsache nicht unter allen rechtlichen Aspekten geprüft (BGer 4A_117/2014 vom 23.7.2014, E. 2.1).

64 BGer 4A_378/2014 vom 24.11.2014, E. 3.1; BGer 4A_511/2013 vom 27.2.2014, E. 2.2.2.

65 BGer 4A_599/2014 vom 1.4.2015, E. 3.2; BGer 4A_439/2012 und 4A_457/2012 vom 8.5.2013, E. 5.1.

66 BGE 131 I 45 E. 3.4 ff.; BGer 4A_378/2014 vom 24.11.2014, E. 2.1; BGer 4A_190/2014 und 4A_191/2014 vom 19.11.2014, E. 4.1; BGer 4A_511/2013 vom 27.2.2014, E. 2.3.2. Prozessfehler können nur gerügt werden, wenn sie den verfahrensrechtlichen *Ordre public* verletzen (BGer 4A_117/2014 vom 23.7.2014, E. 3.1). – Begriff der Willkür: BGE 140 III 16 E. 2.1; 139 III 334 E. 3.2.5.

67 Legitimiert ist auch die Partei, welche das Gericht zu Unrecht nicht zum Verfahren zugelassen hat.

aufschiebende Wirkung	**Grundsatz**	keine Hemmung von Rechtskraft und Vollstreckbarkeit des angefochtenen Entscheids (Art. 325 Abs. 1 ZPO)
	Ausnahme	Rechtsmittelinstanz kann Vollstreckung aufschieben (das entsprechende Gesuch kann bis zur Urteilsfällung gestellt werden); sie ordnet nötigenfalls sichernde Massnahmen oder Sicherheitsleistung an (Art. 325 Abs. 2 ZPO)
Noven[68]	**Grundsatz**	ausgeschlossen (Art. 326 Abs. 1 ZPO)
	Ausnahme	– Gesetz erlaubt ausdrücklich Noven (Art. 326 Abs. 2 ZPO) – erst der Schiedsspruch gibt Anlass zu Noven[69]
Klageänderung	**Grundsatz**	ausgeschlossen (Art. 326 Abs. 1 ZPO)
	Ausnahme	Gesetz erlaubt ausdrücklich Klageänderung (Art. 326 Abs. 2 ZPO)
Verfahren	→ Rz 21.14	
Rückweisung zur Berichtigung, Erläuterung oder Ergänzung	**Zweck/ Voraussetzungen**	– Sachdienlichkeit ⇒ Aufhebung des Schiedsspruch scheint weder nützlich noch notwendig und das Schiedsgericht ist in der Lage, die Mängel zu beheben – Rückweisung liegt im Ermessen des Gerichts
	Verfahren	– Anhörung der Parteien notwendig (Art. 394 ZPO)[70] – Fristansetzung zur Berichtigung, Erläuterung oder Ergänzung des Schiedsspruchs mit genauer Bezeichnung der zu verbessernden Mängel – Schiedsgericht ist frei, ob es die verlangte Verbesserung der Mängel vornehmen will – verbessert Schiedsgericht die Mängel und beseitigt damit alle Beschwerdegründe, wird das Beschwerdeverfahren als gegenstandslos abgeschrieben (mit Kostenentscheid) – verbessert Schiedsgericht die Mängel, ohne damit alle Beschwerdegründe zu beseitigen, so setzt das Gericht das Beschwerdeverfahren fort und beurteilt die noch bestehenden Beschwerdegründe – verbessert Schiedsgericht die Mängel nicht oder ungenügend, so setzt das Gericht das Beschwerdeverfahren fort (Art. 395 Abs. 1 ZPO)

68 Zum Begriff «Noven» → Rz 15.11.

69 BGE 139 III 466 E. 3.4.

70 Es genügt eine Anhörung zur Sache (im Rahmen des Rechtsschriftenwechsels). Eine spezielle Anhörung zur Frage der Rückweisung ist nicht erforderlich.

Entscheid	**Natur des Entscheids**	**Grundsatz**	kassatorisch (Art. 395 Abs. 1 ZPO)
		Ausnahme	reformatorisch: – Entscheid über Entschädigungen und Auslagen der Schiedsrichter (Art. 395 Abs. 4 ZPO) – Feststellung der Zuständigkeit oder der Unzuständigkeit des Schiedsgerichts[71] – Entscheid über Ablehnung von Schiedsrichtern[72]
	Inhalt		Sachentscheid[73] im Rahmen der Parteianträge; Möglichkeiten: – Abweisung der Beschwerde – Aufhebung des gesamten Schiedsspruchs und Rückweisung der Sache an das Schiedsgericht (Art. 395 Abs. 1 und 2 ZPO) – Aufhebung einzelner Teile des Schiedsspruchs (sofern die andern nicht davon abhängen) und Rückweisung der Sache an das Schiedsgericht (Art. 395 Abs. 3 ZPO) – neuer Entscheid über Entschädigungen und Auslagen der Schiedsrichter (Art. 395 Abs. 4 ZPO), über Zuständigkeit
	Form		schriftlich mit Begründung
	Kosten	**erstinstanzliche Kosten**	– Abweisung der Beschwerde: es bleibt beim Kostenspruch des Schiedsgerichts – Rückweisung der Sache an das Schiedsgericht zur Neubeurteilung: Schiedsgericht hat im Rahmen der Neubeurteilung auch neu über die Kosten zu befinden
		Kosten des Beschwerdeverfahrens	Kostenentscheid nach Art. 95 und 104 ff. ZPO

71 BGer 4A_74/2014 vom 28.8.2014, E. 2.4 (nicht publiziert in BGE 140 III 477); BGE 136 III 605 E. 3.3.4. Ausnahme: Das Gericht kann nicht reformatorisch entscheiden, wenn das Schiedsgericht seine Unzuständigkeit lediglich mangels Schiedsfähigkeit festgestellt, aber das gültige Zustandekommen der Schiedsvereinbarung noch nicht geprüft hat.

72 BGE 136 III 605 E. 3.3.4.

73 Fehlt eine Prozessvoraussetzung, ergeht ein Prozessentscheid (Nichteintretensentscheid). – Bei Streiterledigung durch die Parteien (Vergleich, Klageanerkennung, Klagerückzug; Art. 385 ZPO) wird das Verfahren mit einem Schiedsspruch oder einem Abschreibungsentscheid abgeschlossen (→ Rz 28.4). – Bei Gegenstandslosigkeit ergeht ein Abschreibungsentscheid.

Rechtsmittel	**Grundsatz**	kein Weiterzug des Beschwerdeentscheids ans Bundesgericht möglich (Art. 390 Abs. 2 ZPO)
	Ausnahme	positiver oder negativer Zuständigkeitsentscheid des kantonalen Gerichts kann beim Bundesgericht angefochten werden (mit Beschwerde in Zivilsachen oder subsidiärer Verfassungsbeschwerde)[74]
Folgen der Rückweisung an das Schiedsgericht	– Schiedsabrede und Schiedsrichterverträge leben wieder auf[75] – Schiedsgericht hat neuen Schiedsspruch nach Massgabe der Erwägungen im Rückweisungsentscheid zu fällen (Art. 395 Abs. 2 ZPO) – der neue Schiedsspruch ist wiederum mit Beschwerde nach Art. 390 ff. ZPO anfechtbar	

IV. Revision

29.4

Grundlage	**Art. 396–399 ZPO**		
Charakter	ausserordentliches, unvollkommenes, devolutives, grundsätzlich nicht suspensives, kassatorisches Rechtsmittel mit beschränktem Novenrecht		
Subsidiarität	nein[76]		
Anschluss	nein, Anschlussrevision ist ausgeschlossen		
Fristen	**relative Frist**	90 Tage seit Entdeckung des Revisionsgrundes[77] (Art. 397 Abs. 1 ZPO)	
	absolute Frist	**Grundsatz**	10 Jahre seit Eintritt der Rechtskraft des Schiedsspruchs (Art. 397 Abs. 2 ZPO)
		Ausnahme	keine absolute Frist im Fall von Art. 396 Abs. 1 lit. b ZPO[78] (Art. 397 Abs. 2 ZPO)
Rechtsmittelinstanz	nach Art. 356 Abs. 1 ZPO zuständiges staatliches Gericht (Art. 396 Abs. 1 ZPO) → Rz 23.5		

74 BGE 140 III 267 E. 1.2.1 ff.

75 Ausnahmen: kein Wiederaufleben, wenn Schiedsspruch wegen Unzuständigkeit des Schiedsgerichts aufgehoben wird; wird Schiedsspruch wegen vorschriftswidriger Zusammensetzung des Schiedsgerichts aufgehoben, ist das Schiedsgericht korrekt zu besetzen.

76 Die Revision kann ergriffen werden, auch wenn die Beschwerdefrist noch nicht abgelaufen oder ein Beschwerdeverfahren noch hängig ist.

77 Mit «Entdeckung» ist die hinreichend sichere Kenntnis gemeint.

78 D.h. wenn ein Strafverfahren ergeben hat, dass durch ein Verbrechen oder ein Vergehen zum Nachteil der betreffenden Partei auf den Schiedsspruch eingewirkt wurde.

Anfechtungsobjekt	das Schiedsgericht bindende – Endschiedssprüche – Teilschiedssprüche – Zwischenschiedssprüche (Vor- oder Zwischenentscheide) → Rz 28.3	
Anfechtungsgrund	Revisionsgründe von Art. 396 ZPO: – unechte Noven: Partei erfährt nachträglich erhebliche Tatsache oder findet entscheidende Beweismittel, die sie im früheren Verfahren aus entschuldbaren Gründen nicht beibringen konnte, damals aber schon bestanden (Art. 396 Abs. 1 lit. a ZPO) – strafbare Handlung: Strafverfahren hat ergeben, dass durch ein Verbrechen oder Vergehen zum Nachteil der betreffenden Partei auf den Schiedsspruch eingewirkt wurde[79] (Art. 396 Abs. 1 lit. b ZPO) – Unwirksamkeit einer Parteidisposition: Klageanerkennung, Klagerückzug oder schiedsgerichtlicher Vergleich ist unwirksam[80] (Art. 396 Abs. 1 lit. c ZPO) – Verletzung der EMRK: Europäischer Gerichtshof für Menschenrechte hat in einem endgültigen Urteil festgestellt, dass die EMRK oder die Protokolle dazu verletzt worden sind und die Verletzung kann nicht anders, insbesondere nicht durch Entschädigung, ausgeglichen oder beseitigt werden (Art. 396 Abs. 2 ZPO)	
Kognition	beschränkt auf Vorliegen von Revisionsgründen	
Legitimation	– Haupt- und Nebenparteien des Schiedsgerichtsverfahrens[81] – Rechtsnachfolger der Haupt- und Nebenparteien (allerdings nur im Umfang der Nachfolge in die beurteilten Rechte und Pflichten)	
Rechtsmittelgegner	Gegenpartei des früheren Verfahrens	
aufschiebende Wirkung	**Grundsatz**	keine Hemmung von Rechtskraft und Vollstreckbarkeit des angefochtenen Entscheids (Art. 398 i.V.m. 331 Abs. 1 ZPO)
	Ausnahme	Gericht kann Vollstreckung aufschieben; es ordnet nötigenfalls sichernde Massnahmen oder Sicherheitsleistung an (Art. 398 i.V.m. 331 Abs. 2 ZPO)

79 Eine Verurteilung durch das Strafgericht ist nicht erforderlich. Ist das Strafverfahren nicht durchführbar, so kann der Beweis auf andere Weise erbracht werden.

80 In Frage kommen vorab Willensmängel (Art. 21 ff. OR).

81 Legitimiert ist auch die Partei, welche das Schiedsgericht zu Unrecht nicht zum Verfahren zugelassen hat.

Noven	**Zulässigkeit**	nur unechte Noven zulässig (Art. 396 Abs. 1 lit. a ZPO)	
	Geltendmachung	im Revisionsgesuch (analog Art. 329 Abs. 1 ZPO)	
Verfahren	– kontradiktorisch; ausser bei einem offensichtlich unzulässigen oder offensichtlich unbegründeten Gesuch ist eine Stellungnahme der Gegenpartei einzuholen (Art. 398 i.V.m. Art. 330 ZPO) – auch dem Schiedsgericht kann Gelegenheit zur Stellungnahme gewährt werden – Verfahrensablauf → Rz 21.16 (Abweichung: die Revisionsinstanz kann nicht selber einen neuen Sachentscheid fällen)		
Entscheid	**Inhalt**	Möglichkeiten: – Gutheissung Revisionsgesuch ⇒ Aufhebung Schiedsspruch und Rückweisung der Sache an das Schiedsgericht zur Neubeurteilung (Art. 399 Abs. 1 ZPO)[82] – Abweisung Revisionsgesuch	
	Form	Entscheid mit schriftlicher Begründung (Art. 112 Abs. 1 BGG)	
	Kosten	**des früheren Verfahrens**[83]	– Abweisung Revisionsgesuch: es bleibt beim Kostenspruch des angefochtenen Schiedsspruchs – Gutheissung Revisionsgesuch: neuer Kostenentscheid (im neuen Schiedsspruch)
		des Revisionsverfahrens	Kostenentscheid im Revisionsentscheid
Rechtsmittel gegen Revisionsentscheid[84]	– wenn Voraussetzungen erfüllt: Beschwerde in Zivilsachen an das Bundesgericht[85] (Art. 72 ff. BGG) – sonst: subsidiäre Verfassungsbeschwerde an das Bundesgericht (Art. 113 ff. BGG)		

82 Möglich ist eine nur teilweise Aufhebung, wenn der Revisionsgrund nur einzelne, von den übrigen unabhängige Teile des Schiedsspruchs betrifft. Das Schiedsgerichtsverfahren ist dann nur im Umfang der Aufhebung zu wiederholen.

83 Soweit der angefochtene Schiedsspruch überhaupt einen Kostenspruch enthält.

84 Die Abweisung des Revisionsgesuchs und das Nichteintreten auf ein Revisionsgesuch sind Endentscheide i.S.v. Art. 90 BGG. Die Gutheissung des Revisionsgesuchs mit Aufhebung des Schiedsspruchs und Rückweisung der Sache an das Schiedsgericht zur Neubeurteilung stellt dagegen einen Zwischenentscheid i.S.v. Art. 93 Abs. 1 BGG dar.

85 BGE 138 III 542 E. 1.1.

Folgen der Rückweisung an das Schiedsgericht	– Schiedsabrede und Schiedsrichterverträge leben wieder auf – ist das Schiedsgericht nicht mehr vollständig, so ist Art. 371 ZPO (Ersetzung eines Mitglieds des Schiedsgerichts) anwendbar (Art. 399 Abs. 2 ZPO) – Schiedsgericht hat neuen Schiedsspruch zu fällen; es ist dabei nicht an die Erwägungen im Rückweisungsentscheid gebunden, hat aber die zusätzlichen Voraussetzungen von Art. 396 ZPO zu berücksichtigen – der neue Schiedsspruch ist wiederum mit Beschwerde nach Art. 389 ff. ZPO anfechtbar

GESETZESREGISTER

Gesetzesregister

Zunächst sind die Bestimmungen der ZPO aufgeführt, daran anschliessend die Bestimmungen der alphabetisch nach ihrer Abkürzung geordneten übrigen Erlasse.

ZPO

Art./§	Abs.	lit.	Seite	Rz
6	4	b	14	1.13
6	5		12	1.10
6	5		142	10.10
6	5		264	17.17
7			19	2.1
7			40	3.13
7			68	5.13
7			70	5.14
7			170	13.1
7			293	21.9
8			9	1.8
8			12	1.10
8			14	1.13
8			17	1.16
8			20	2.1
8			40	3.13
8			68	5.13
8			70	5.14
8			143	10.10
8			226	16.1
8			293	21.9
8	1		20	2.1
8	1		86	7.1
9	1		22	2.3
9	2		22	2.3
9 ff.			21	2.2
9 ff.			332	23.4
10			22	2.3
11			22	2.3
12			22	2.3
13			22	2.3
13			143	10.10
13			264	17.17
13			350	27.3
14			20	2.1
14			22	2.3
14			49	4.5
14			80	6.6
14			194	15.6
14			251	17.7
15			22	2.3
15			191	15.4
15			231	16.5
15	1		59	5.7
15	1		60	5.8
15	1		78	6.3
15	2		78	6.3
15	2		195	15.6
15	2		249	17.5
16			22	2.3
16			64	5.12
17			20	2.1
17			22	2.3
17	2		161	10.20
18			22	2.3
18			45	3.17
19			22	2.3
20			22	2.3
21			22	2.3
22			22	2.3
23			22	2.3
23	1		276	18.2
24			22	2.3
25			22	2.3
26			22	2.3
27			22	2.3
28	1		22	2.3
28	2		22	2.3
28	3		22	2.3
29	1		22	2.3

Art./§	Abs.	lit.	Seite	Rz
29	2		22	2.3
29	3		22	2.3
29	4		22	2.3
29	4		261	17.16
30	1		22	2.3
30	2		22	2.3
31			22	2.3
32			22	2.3
33			22	2.3
34			22	2.3
35	1		22	2.3
35	2		22	2.3
36			22	2.3
37			22	2.3
38			22	2.3
38*a*			22	2.3
39			21	2.2
39			22	2.3
40			22	2.3
41			22	2.3
42			22	2.3
43			22	2.3
44			21	2.2
44			22	2.3
45			22	2.3
46			21	2.2
46			22	2.3
47			23	2.4
47	1		23	2.4
47	1	a	23	2.4
47	1	b	23	2.4
47	1	b	183	14.1
47	1	c	23	2.4
47	1	d	23	2.4
47	1	e	23	2.4
47	1	f	23	2.4
47	1	f	35	3.7
47	2	a	23	2.4
47	2	b	23	2.4
47	2	c	23	2.4
47	2	d	23	2.4
47	2	e	23	2.4
48			23	2.4
48			24	2.4
49			23	2.4
49	1		24	2.4
49	2		25	2.4
49 f.			94	8.6
49 f.			244	17.1
50			23	2.4
50	1		25	2.4
50	1		39	3.12
50	1		120	9.1
50	2		25	2.4
50	2		121	9.1
51			23	2.4
51	1		25	2.4
51	1		136	10.2
51	2		25	2.4
51	2		136	10.2
51	3		24	2.4
52			26	3.1
52			79	6.4
52 ff.			245	17.3
53			27	3.2
53			138	10.5
53	1		141	10.8
54			29	3.3
55	1		29	3.4
55	1		137	10.3

Art./§	Abs.	lit.	Seite	Rz
55	2		30	3.5
55	2		138	10.3
56			34	3.7
56			35	3.7
56			198	15.8
56			200	15.9
56			235	16.7
56			237	16.11
56			239	16.12
56			254	17.8
56			274	18.2
57			36	3.8
57			83	6.8
58	1		36	3.9
58	1		79	6.4
58	2		37	3.10
59			180	13.6
59	2		43	3.16
59	2	d	49	4.5
59 ff.			61	5.10
60			32	3.6
60			37	3.10
60			246	17.3
61			43	3.16
61			45	3.17
61			46	3.18
62			180	13.6
62	1		129	9.6
62	1		184	14.2
63			51	4.6
63			182	13.8
63			348	27.1
63	1		131	9.6
63	1		220	15.24
63	2		131	9.6

Art./§	Abs.	lit.	Seite	Rz
64	1		49	4.3
64	1	b	43	3.16
64	2		49	4.4
65			51	4.6
65			182	13.8
65			220	15.24
66			47	4.1
66			52	5.1
67			53	5.2
67	3	a	54	5.2
67	3	b	54	5.2
68			55	5.4
68	1		55	5.4
68	1		199	15.8
68	1		200	15.9
68	1		238	16.11
68	1		240	16.12
68	1		255	17.8
68	2		56	5.4
68	2	a	349	27.2
68	3		204	15.11
68	4		55	5.4
68	4		199	15.8
68	4		200	15.9
68	4		238	16.11
68	4		240	16.12
68	4		254	17.8
68	4		255	17.8
69			57	5.5
69	1		132	9.8
69	1		199	15.8
69	1		200	15.9
69	1		238	16.11
69	1		240	16.12
69	1		255	17.8

Art./§	Abs.	lit.	Seite	Rz
70			58	5.7
70			60	5.9
70	1		191	15.4
70	1		195	15.6
70	1		231	16.5
70	1		249	17.5
71			59	5.8
71	1		78	6.3
71	1		191	15.4
71	1		195	15.6
71	1		231	16.5
71	1		249	17.5
71	2		78	6.3
71	3		191	15.4
71	3		193	15.5
71	3		195	15.6
71	3		197	15.7
71	3		231	16.5
71	3		234	16.6
71	3		249	17.5
71	3		251	17.6
72			59	5.7
72			60	5.8
73			60	5.9
73			71	5.15
73	1		20	2.1
74 ff.			61	5.10
74 ff.			71	5.15
75	1		61	5.10
75	1		124	9.3
75	2		39	3.12
75	2		120	9.1
75	2		121	9.1
76			63	5.11
76	1		296	21.11

Art./§	Abs.	lit.	Seite	Rz
76	1		303	21.13
76	1		309	21.15
76	1		314	21.17
76	1		316	21.19
77			63	5.11
78 ff.			62	5.11
78 ff.			71	5.15
79	1		296	21.11
79	1		303	21.13
79	1		309	21.15
79	1		314	21.17
79	1		316	21.19
79	1	a	61	5.10
79	1	a	63	5.11
79	1	b	63	5.11
79	2		63	5.11
81			64	5.12
81			191	15.4
81	1		20	2.1
81	1		64	5.12
81	2		64	5.12
81	3		64	5.12
81	3		231	16.5
81	3		249	17.5
81 f.			71	5.15
82			39	3.12
82			64	5.12
82			65	5.12
82			120	9.1
82			244	17.1
82	1		124	9.3
82	3		193	15.5
82	3		197	15.7
82	4		66	5.12
82	4		121	9.1

Art./§	Abs.	lit.	Seite	Rz
138	4		126	9.5
139			126	9.5
140			127	9.5
141			126	9.5
141	1	c	127	9.5
141	1	c	132	9.8
142	1		128	9.6
142	2		128	9.6
142	2		129	9.6
142	3		129	9.6
142 ff.			128	9.6
143	1		129	9.6
143	2		129	9.6
143	3		129	9.6
144			128	9.6
144	1		130	9.6
144	2		39	3.12
144	2		40	3.13
144	2		120	9.1
144	2		130	9.6
144	2		193	15.5
144	2		197	15.7
144	2		233	16.6
144	2		250	17.6
145	1		129	9.6
145	1		130	9.6
145	1		180	13.6
145	2		130	9.6
145	3		130	9.6
145	4		130	9.6
145	4		131	9.7
145 f.			132	9.7
146			130	9.6
147			132	9.8
147	1		132	9.8
147	2		132	9.8
147	2		199	15.8
147	2		200	15.9
147	2		235	16.7
147	2		238	16.11
147	2		240	16.12
147	2		255	17.8
147	2		301	21.12
147	2		307	21.14
147	2		312	21.16
147	3		133	9.8
147	3		146	10.11
148			133	9.9
148	1		133	9.9
148	1		134	9.9
148	1		213	15.17
148	2		133	9.9
148	3		133	9.9
148 f.			132	9.7
148 f.			244	17.1
148 f.			292	21.8
149			133	9.9
149			134	9.9
150			135	10.1
150	1		135	10.1
150	2		36	3.8
150 ff.			174	13.4
150 ff.			182	13.8
150 ff.			255	17.9
150 ff.			256	17.9
151			135	10.1
152			136	10.2
152	1		136	10.2
152	2		137	10.2
153			137	10.3

Art./§	Abs.	lit.	Seite	Rz
208	1		179	13.5
208	2		176	13.4
208	2		177	13.4
208	2		179	13.5
208	2		220	15.24
209			44	3.16
209			179	13.5
209			180	13.6
209	1		180	13.6
209	2	b	81	6.6
209	2	b	84	6.8
209	3		129	9.6
209	3		180	13.6
209	4		180	13.6
209	4		188	15.3
209	4		228	16.4
209 ff.			132	9.8
210			174	13.4
210			179	13.5
210			181	13.7
210	1		171	13.2
210	1		173	13.3
210	1		181	13.7
210	1	b	180	13.6
210	1	c	86	7.1
210	2		181	13.7
210 f.			211	15.16
211			179	13.5
211			181	13.7
211			292	21.8
211	1		132	9.8
211	1		181	13.7
211	1		220	15.24
211	2		180	13.6
211	2		181	13.7
211	2	a	180	13.6
211	4		181	13.7
212			130	9.6
212			171	13.2
212			174	13.4
212			178	13.4
212			179	13.5
212			182	13.8
212			211	15.16
212			216	15.19
212	1		86	7.1
212	1		182	13.8
212	1		220	15.24
212	2		182	13.8
213			183	14.1
213			184	14.2
213	1		184	14.2
213	2		184	14.2
213	3		180	13.6
213	3		184	14.2
213 ff.			109	8.14
213 ff.			169	12.1
213 ff.			183	14.1
214			183	14.1
214			184	14.3
214	1		184	14.3
214	2		184	14.3
214	3		184	14.3
215			184	14.2
215			184	14.3
216	1		183	14.1
216	2		183	14.1
217			185	14.4
217			220	15.24
218			91	8.1

Art./§	Abs.	lit.	Seite	Rz
218			186	14.5
218	1		186	14.5
218	2		186	14.5
218	2		285	19.2
218	3		93	8.5
218	3		94	8.5
218	3		186	14.5
219			187	15.1
219			227	16.2
219			273	18.2
219 ff.			64	5.12
219 ff.			169	12.1
219 ff.			273	18.2
219 ff.			284	19.1
220 ff.			227	16.2
221			124	9.3
221			190	15.4
221			193	15.5
221	1		190	15.4
221	1		192	15.5
221	1		194	15.6
221	1		250	17.6
221	1		252	17.7
221	1	b	84	6.8
221	1	d	84	6.8
221	2		190	15.4
221	2		195	15.6
221	2		197	15.7
221	2		248	17.5
221	2		250	17.6
221	2		252	17.7
221	3		190	15.4
221	3		192	15.5
221	3		195	15.6
221	3		248	17.5
221	3		250	17.6
221	3		252	17.7
222			192	15.5
222	1		193	15.5
222	1		233	16.6
222	2		124	9.3
222	2		192	15.5
222	2		193	15.5
222	2		197	15.7
222	2		233	16.6
222	2		250	17.6
222	3		40	3.13
222	3		45	3.17
222	3		124	9.3
222	3		192	15.5
222	3		233	16.6
223			133	9.8
223			192	15.5
223	1		193	15.5
223	1		197	15.7
223	1		233	16.6
223	2		193	15.5
223	2		193	15.5
223	2		233	16.6
223	2		235	16.7
224			44	3.16
224			80	6.6
224			194	15.6
224	1		80	6.6
224	1		81	6.6
224	1		194	15.6
224	1		195	15.6
224	1		251	17.7
224	1		252	17.7
224	2		20	2.1

Art./§	Abs.	lit.	Seite	Rz
224	2		80	6.4
224	2		80	6.6
224	2		194	15.6
224	3		81	6.6
225			196	15.7
226			42	3.15
226			198	15.8
226			237	16.11
226	2		205	15.11
226	2		242	16.14
227			83	6.8
227			201	15.9
227			202	15.10
227			204	15.11
227			240	16.12
227			241	16.12
227			256	17.10
227			282	18.6
227			283	18.7
227	1		41	3.14
227	1		42	3.14
227	1		43	3.16
227	1		83	6.8
227	1		202	15.10
227	1		256	17.10
227	1		257	17.10
227	1		298	21.11
227	2		20	2.1
227	2		49	4.5
227	2		84	6.8
227	2		203	15.10
227	3		20	2.1
227	3		43	3.16
227	3		84	6.8
227	3		203	15.10

Art./§	Abs.	lit.	Seite	Rz
227	3		257	17.10
228			201	15.9
228			240	16.12
228 ff.			42	3.15
228 ff.			199	15.9
228 ff.			239	16.12
229			84	6.8
229			196	15.7
229			201	15.9
229			204	15.11
229			240	16.12
229			241	16.12
229			242	16.14
229			257	17.11
229	1		35	3.7
229	1		41	3.14
229	1		137	10.2
229	1		205	15.11
229	1		242	16.14
229	1		243	16.14
229	1		258	17.11
229	2		35	3.7
229	2		41	3.14
229	2		137	10.2
229	2		205	15.11
229	2		242	16.14
229	2		243	16.14
229	3		35	3.7
229	3		41	3.14
229	3		137	10.2
229	3		205	15.11
229	3		242	16.14
229	3		243	16.14
229	3		257	17.11
229	3		258	17.11

Art./§	Abs.	lit.	Seite	Rz
273	2		272	17.23
273	3		270	17.20
273	3		272	17.23
274			275	18.2
274 ff.			97	8.7
274 ff.			169	12.1
274 ff.			273	18.2
274 ff.			283	18.7
274 ff.			288	20.2
275			50	4.5
276			49	4.5
276			169	12.1
276			244	17.1
276			245	17.3
276			262	17.17
276	1		275	18.2
276	2		20	2.1
276	2		275	18.2
276	3		275	18.2
277	1		274	18.2
277	2		34	3.7
277	2		35	3.7
277	2		274	18.2
277	3		31	3.6
277	3		274	18.2
278			55	5.4
278			275	18.2
279 f.			37	3.10
279 f.			274	18.2
279 ff.			185	14.4
281	1		37	3.10
281	1		274	18.2
281	2		37	3.10
281	2		274	18.2
281	3		273	18.2

Art./§	Abs.	lit.	Seite	Rz
282			275	18.2
282	1	d	274	18.2
282	2		37	3.10
282	2		221	15.26
282	2		274	18.2
283	1		273	18.2
283	2		120	9.1
283	2		273	18.2
284	1		20	2.1
284	1		276	18.2
284	2		276	18.2
284	3		276	18.2
285			283	18.7
285 f.			124	9.3
285 ff.			277	18.3
286			283	18.7
286	2		80	6.5
286 ff.			278	18.4
287			283	18.7
288			283	18.7
289			283	18.7
290			124	9.3
290 ff.			280	18.5
291	1		42	3.15
291	2		42	3.15
291	3		133	9.8
293			41	3.14
293			83	6.8
293			84	6.8
293			282	18.6
294			283	18.7
294	1		55	5.4
294	1		124	9.3
294	2		41	3.14
294	2		83	6.8

Art./§	Abs.	lit.	Seite	Rz
356	1	a	365	29.2
356	1	b	333	23.5
356	2		17	1.16
356	2		333	23.5
356	2		337	25.2
356	2		338	25.2
356	2		341	25.6
356	2		343	26.3
356	2		344	26.3
356	2		345	26.4
356	2		346	26.5
356	2		349	27.2
356	2		353	27.4
356	2	a	12	1.10
356	2	a	333	23.5
356	2	b	12	1.10
356	2	b	333	23.5
356	2	c	333	23.5
356	2	c	361	28.5
357			334	24.1
357	1		334	24.1
357	2		335	24.1
358			3	1.1
358			331	23.2
358			335	24.1
359			335	24.2
359	1		335	24.2
359	2		332	23.3
359	2		335	24.2
360			336	25.1
360	1		336	25.1
360	2		336	25.1
361			336	25.2
361			343	26.2
361	1		336	25.2
361	2		337	25.2
361	3		337	25.2
361	4		337	25.2
362			244	17.1
362			333	23.5
362			336	25.2
362			343	26.2
362	1		337	25.2
362	1		338	25.2
362	1	a	338	25.2
362	1	b	338	25.2
362	1	c	338	25.2
362	2		338	25.2
362	3		338	25.2
363			339	25.3
363	1		339	25.3
363	1		340	25.5
363	2		339	25.3
364			337	25.2
364			339	25.4
364	2		339	25.4
364	2		340	25.6
365			340	25.5
365	1		340	25.5
365	2		340	25.5
366			340	25.6
366	1		340	25.6
366	2	a	341	25.6
366	2	b	244	17.1
366	2	b	333	23.5
366	2	b	341	25.6
367			340	25.5
367			342	26.1
367			342	26.2
367			343	26.3

Art./§	Abs.	lit.	Seite	Rz
367	1	a	342	26.1
367	1	b	342	26.1
367	1	c	339	25.3
367	1	c	340	25.5
367	1	c	342	26.1
367	2		342	26.1
367 ff.			346	26.5
368			340	25.5
368			342	26.2
368			343	26.3
368	1		342	26.2
368	2		244	17.1
368	2		343	26.2
368	3		343	26.2
369			340	25.5
369			343	26.3
369	1		343	26.3
369	2		343	26.3
369	3		244	17.1
369	3		333	23.5
369	3		343	26.3
369	4		344	26.3
369	5		344	26.3
369	5		345	26.4
370			345	26.4
370			346	26.5
370	1		343	26.3
370	1		345	26.4
370	2		333	23.5
370	2		345	26.4
370	3		345	26.4
371			342	26.1
371			345	26.4
371			346	26.5
371			376	29.4

Art./§	Abs.	lit.	Seite	Rz
371	1		346	26.5
371	2		333	23.5
371	2		346	26.5
371	3		344	26.3
371	3		346	26.5
371	4		341	25.6
371	4		346	26.5
372			47	4.1
372			347	27.1
372	1	a	347	27.1
372	1	b	347	27.1
372	2		347	27.1
373			347	27.1
373			348	27.2
373			353	27.4
373			355	27.6
373			361	28.5
373	1		348	27.2
373	1		352	27.4
373	1	a	348	27.2
373	1	b	348	27.2
373	1	c	348	27.2
373	2		348	27.2
373	2		352	27.4
373	3		349	27.2
373	4		349	27.2
373	5		349	27.2
373	6		349	27.2
374			350	27.3
374	1		244	17.1
374	1		350	27.3
374	2		244	17.1
374	2		351	27.3
374	2		352	27.3
374	3		351	27.3

Art./§	Abs.	lit.	Seite	Rz
374	4		351	27.3
374	5		351	27.3
375			352	27.4
375	1		352	27.4
375	2		333	23.5
375	2		353	27.4
375	3		353	27.4
376			354	27.5
376	1		354	27.5
376	2		354	27.5
376	3		354	27.5
377			355	27.6
377	1		355	27.6
377	2		355	27.6
378			356	27.7
378	1		356	27.7
378	1		356	27.7
378	2		357	27.7
379			356	27.7
379			357	27.7
380			109	8.14
380			356	27.7
380			357	27.7
381			358	28.1
381	1		358	28.1
381	2		358	28.1
382			358	28.2
382	1		358	28.2
382	2		358	28.2
382	3		359	28.2
382	4		359	28.2
383			359	28.3
383	1		360	28.3
384			359	28.3
384	1		359	28.3

Art./§	Abs.	lit.	Seite	Rz
384	1	f	356	27.7
384	2		359	28.3
385			361	28.4
386			361	28.5
386	1		361	28.5
387			220	15.24
387			362	28.6
388			363	28.7
388	1	a	363	28.7
388	1	b	363	28.7
388	1	c	363	28.7
388	2		363	28.7
388	3		363	28.7
389			365	29.2
389			369	29.3
389	1		293	21.9
389	1		333	23.5
389	1		365	29.2
389	2		362	28.6
389	2		365	29.2
389 f.			363	28.7
389 ff.			333	23.5
389 ff.			369	29.2
389 ff.			376	29.4
390			293	21.9
390			365	29.2
390	1		293	21.9
390	1		333	23.5
390	1		369	29.3
390	2		362	28.6
390	2		369	29.3
390	2		373	29.3
390 ff.			369	29.3
390 ff.			373	29.3
391			364	29.1

AnwG [ZH]

AnwGebV [ZH]

BankG

BG-KKE

BGG

BV

DesG

DSG

Art./§	Abs.	lit.	Seite	Rz
35			147	10.12

EAV [BE]

Art./§	Abs.	lit.	Seite	Rz
1			112	8.15
1			115	8.19
1			116	8.19

EG SchKG [LU]

Art./§	Abs.	lit.	Seite	Rz
4	1		17	1.16
4	2		17	1.16

EG SchKG [ZH]

Art./§	Abs.	lit.	Seite	Rz
1	1		13	1.11
16			13	1.11

EG ZSJ [BE]

Art./§	Abs.	lit.	Seite	Rz
6	1		295	21.11
6	1		302	21.13
6	2		14	1.13
6	2		142	10.10
6	2		264	17.17
6	3		333	23.5
7			14	1.13
7			19	2.1
8	1		14	1.13
8	1		264	17.17
8	1		319	22.1
8	2		333	23.5
9	2		56	5.4
12			119	9.1

Art./§	Abs.	lit.	Seite	Rz
12			121	9.1
12			134	9.9
12	2	c	254	17.8
12	3		96	8.7
12	3	c	264	17.17
12	4		254	17.8
12	5		211	15.16
13			108	8.13
13	1		110	8.15
13	2		110	8.15
14*a*			117	8.20
18			25	2.4

EMRK

Art./§	Abs.	lit.	Seite	Rz
6	1		23	2.4
6	1		27	3.2
6	1		40	3.13
6	1		119	9.1

FusG

Art./§	Abs.	lit.	Seite	Rz
105	3		91	8.1
105	3		108	8.12

GebV OG [ZH]

Art./§	Abs.	lit.	Seite	Rz
2	1		102	8.11
5	1		102	8.11
10	2		216	15.19

GIG

Art./§	Abs.	lit.	Seite	Rz
3			82	6.7
4			82	6.7
7			11	1.10
7	1		81	6.7
7	1		82	6.7

GOG [ZH]

GOKG [LU]

GSOG [BE]

IPRG

JusG [LU]

JusKV [LU]

JusV [LU]

KAG

KAG [BE]

KAV [BE]

KHG

Art./§	Abs.	lit.	Seite	Rz
27			91	8.1
27			101	8.11

KV [LU]

Art./§	Abs.	lit.	Seite	Rz
7			123	9.2

KV [ZH]

Art./§	Abs.	lit.	Seite	Rz
48			123	9.2

LPG

Art./§	Abs.	lit.	Seite	Rz
17	2		11	1.10
26			11	1.10
28			11	1.10

LugÜ

Art./§	Abs.	lit.	Seite	Rz
27			47	4.1
27			49	4.3
38 ff.			268	17.19
38 ff.			304	21.13

MitwG

Art./§	Abs.	lit.	Seite	Rz
9 ff.			82	6.7
15	2		81	6.7
15	2		82	6.7

MSchG

Art./§	Abs.	lit.	Seite	Rz
52			82	6.7
55	1		82	6.7
56			81	6.7
59			143	10.10

NotG [ZH]

Art./§	Abs.	lit.	Seite	Rz
2			13	1.11

OR

Art./§	Abs.	lit.	Seite	Rz
21 ff.			179	13.5
53			141	10.9
105	1		50	4.5
134	1		348	27.1
135			142	10.10
135			180	13.6
135			184	14.2
135			348	27.1
168	3		50	4.5
204	2		143	10.10
253*a*			11	1.10
259*g*			7	1.4
259*g*	1		9	1.8
266*l*	2		9	1.8
269*d*	1		9	1.8
273	2		75	6.1
273	3		75	6.1
276			11	1.10
288			7	1.4
319 ff.			17	1.16
357*b*	1	a	76	6.1
367	2		143	10.10
427	1		143	10.10
479	1		50	4.5
530 ff.			53	5.1
530 ff.			58	5.7

PartG

SchKG

StGB

Art./§	Abs.	lit.	Seite	Rz
292			149	10.14
292			284	19.1
292			320	22.2
292			351	27.3
306			164	10.22
307			154	10.17
307			158	10.20
318			156	10.18
320			158	10.20
321			147	10.12
321			148	10.13
321			150	10.15
321bis			147	10.12
321ter			147	10.12

StPO

Art./§	Abs.	lit.	Seite	Rz
119	2	b	21	2.2

UN-KRK

Art./§	Abs.	lit.	Seite	Rz
12			285	19.2

URG

Art./§	Abs.	lit.	Seite	Rz
65			143	10.10

UWG

Art./§	Abs.	lit.	Seite	Rz
9	1		82	6.7
9	1	c	76	6.1
9	2		82	6.7
10	2	a	81	6.7
10	2	b	81	6.7

VKD [BE]

VMWG

VOG [ZH]

ZGB

ZStV